Helmut Eller

Entwicklungsstufen des werdenden Menschen

Helmut Eller

Entwicklungsstufen des werdenden Menschen

Zur Menschenkunde der Waldorfpädagogik

Verlag Freies Geistesleben

1. Auflage 2020

Verlag Freies Geistesleben
Landhausstraße 82, 70190 Stuttgart
www.geistesleben.com

ISBN 978-3-7725-1645-0

Gestaltung & Satz: Bianca Bonfert
Umschlagfoto: Charlotte Fischer
Fotos: iStockphoto (S. 11); photocase
Druck: GGP Media GmbH, Pößneck
Printed in Germany

FSC
www.fsc.org
MIX
Papier aus verantwortungsvollen Quellen
FSC® C014496

Inhalt

Vorwort

Das vorliegende Buch hat ein Thema zum Inhalt, über das ich bis vor ein paar Jahren immer wieder in Vortragsform vor den Eltern in verschiedenen Waldorfschulen sprechen durfte. Damals gab es rund um Hamburg Initiativen zur Gründung einer neuen Waldorfschule, und dort kam dieses Thema gerade recht, weil es einen großen Überblick über die ganze Schulzeit gibt. Im Anschluss an meine Darstellungen wurde ich häufiger gefragt, wo man all das nachlesen könnte. Ich blieb die Antwort schuldig, deutete aber manchmal schmunzelnd an, dass ich es vielleicht in einem Buch einmal aufschreiben würde.

Nachdem ich inzwischen Bücher über die Arbeit des Klassenlehrers und über die vier Temperamente veröffentlichen durfte,[1] machte mir der Verlag im Zusammenhang mit dem jährlichen Weihnachtsgruß mehrmals Mut, ein drittes Buch zu wagen. Das habe ich hiermit getan.

Es soll einen Überblick über alle Entwicklungsstufen des Kindes und Jugendlichen von der Geburt bis zum einundzwanzigsten Lebensjahr geben – bis zu dem Augenblick, in dem wir im Vollbesitz unserer Ich-Kräfte sind. Im Zusammenhang damit versuche ich zu zeigen, wie die Unterrichtsinhalte der Waldorfpädagogik und ihr Lehrplan darauf ausgerichtet sind.

Während des Schreibens wurde immer deutlicher, dass wir zu einem tieferen Verständnis der Phänomene die geisteswissenschaftlichen Grundlagen Rudolf Steiners, die Anthroposophie und seine «pädagogische Menschenkunde», d.h. eine pädagogische Anthropologie, benötigen. Da ich diese beim Leser nicht voraussetzen kann, sind meine Ausführungen zugleich eine Einführung in diese Thematik. Mittlerweile besteht die Waldorfpädagogik mehr als einhundert Jahre, ihre Früchte sind allgemein bekannt und wirken auf viele Menschen anziehend. Wir dürfen es daher auch wagen, hier einige ihrer Grundlagen im Zusammenhang mit der Entwicklung des Kindes und Jugendlichen darzustellen.

Vergleichen wir einmal die Waldorfpädagogik mit einem reifen Obstbaum, der aus Wurzel, Stamm und Krone mit Blättern und Früchten besteht. In der Öffentlichkeit weiß man von den Früchten, die bekanntlich einige genießen, andere bestaunen, wieder andere ablehnen, weil sie anderes Obst bevorzugen. Wurzel und Stamm sind zwar lebensnotwendig und unentbehrlich, finden aber im Allgemeinen beim Betrachten eines Obstbaumes kaum Beachtung. Wenn wir uns der Waldorfpädagogik zuwenden, ist die «Menschenkunde», die Anthropologie, dem Stamm vergleichbar, und die Geisteswissenschaft oder Anthroposophie entspricht den Wurzeln unter der Erde. Ohne diese könnte auch die Waldorfpädagogik nicht leben, der «Baum» müsste verdorren.

Ich bin dem Verlag sehr dankbar, besonders dem Verleger Jean-Claude Lin für die wiederholte Anregung zum Schreiben und dem Lektor Martin Lintz, der ein drittes Mal alles so bearbeitet hat, dass es gedruckt werden kann. In Hamburg war es wieder mein Freund Rolf Speckner, der alle Texte gründlich durcharbeitete und mir wertvolle Anregungen gab. Gemeinsam veranstalten wir seit Jahren Einführungskurse in die Anthroposophie. Auch meiner lieben Frau Cynthia habe ich herzlich zu danken. Sie hat mir alle meine Texte vorgelesen, unmögliche Formulierungen kritisch angemerkt und immer wieder viel Mut gemacht weiterzuschreiben.

Ich hoffe, dass das Buch dazu beiträgt, Kinder und Jugendliche aus innerer Begeisterung heraus erziehen und unterrichten zu können.

Hamburg, im Mai 2020 *Helmut Eller*

Einleitung

Über einzelne Phasen oder auch größere Abschnitte der Entwicklung des Kindes wurde schon so viel geschrieben, dass es vermessen erscheinen mag zu meinen, alles das reiche nicht aus. Bei genauerem Hinsehen zeigt sich aber, dass eine ausführliche Gesamtbetrachtung aller Entwicklungsstufen bisher nicht vorgenommen wurde. Das Gleiche gilt für eine menschenkundliche und anthroposophische Darstellung, ergänzt durch die Antworten des Waldorflehrplans mit all seinen Unterrichtsfächern auf die Entwicklungssituation der Heranwachsenden: Wie ausführlich und gründlich auch all diese Lebensabschnitte in dieser Hinsicht erarbeitet und beschrieben worden sind, steht doch eine umfassende Schilderung noch aus. Eine solche Beschreibung möchte ich im vorliegenden Buch versuchen.

Sofort stellte sich mir auch die Frage, wo ich sinnvollerweise mit der Darstellung beginnen sollte. Da ich beabsichtigte, die Phänomene der einzelnen Entwicklungsphasen möglichst anschaulich zu schildern und sie dann im Sinne von Rudolf Steiners pädagogischer Menschenkunde und Geisteswissenschaft (Anthroposophie) verständlich zu machen, konnte ich nicht erst bei der Geburt des Kindes anfangen. Da von einer Präexistenz des Menschen auszugehen ist, war es sinnvoll, ja sogar notwendig, mit dem Vorgeburtlichen zu beginnen.

Das Wesen des Kindes, das wir als eine unsterbliche und autonome Persönlichkeit auffassen wollen, ergreift aktiv seine Leiblichkeit und macht sie sich in der Kindheit und Jugend schrittweise zu eigen. Dies geschieht in größeren und kleineren Rhythmen, die ineinanderschwingen. Wir werden als einen größeren Rhythmus die ersten drei Jahrsiebte betrachten, also insgesamt einundzwanzig Jahre, und innerhalb eines jeden Jahrsiebts einen kleineren, einen Dreierrhythmus, der uns dreimal als ein «Dreischritt» begegnen wird.

Von Anfang an möchte ich betonen, dass jeder Mensch diese Phasen ganz *individuell* durchläuft. Die einen haben es etwas eiliger oder neigen zu viel schnelleren Rhythmen, die anderen haben es weniger eilig, lassen sich viel Zeit und gehen durch diese Rhythmen etwas verzögert oder sogar auffallend langsam. In den eingefügten schematischen Zeichnungen zu diesen Phasen wählen wir einen mittleren Wert, sodass sich in der Entwicklung bis zum einundzwanzigsten Lebensjahr drei gleich große Abschnitte ergeben – und sich innerhalb dieser drei Jahrsiebte wiederum drei gleich große Bögen ergeben; mathematisch genau beträgt ein solcher Bogen dann zweieindrittel Jahre. Wir werden sehen, dass mit diesen größeren und kleineren Abschnitten tatsächlich biografische Veränderungen und Einschnitte verbunden sind; allerdings variiert die genaue Dauer und Abfolge dieser Rhythmen in der Entwicklung jedes einzelnen Kindes und Jugendlichen vielfältig. Es wird sich zeigen, dass innerhalb der ersten einundzwanzig Jahre der menschlichen Entwicklung die Entfaltung unserer drei Seelenkräfte, Wollen, Fühlen und Denken, mit diesem Rhythmus, dem Dreierrhythmus, in enger Beziehung steht. In den ersten drei Lebensjahren verbinden wir uns durch hohe

Eigenaktivität schrittweise mit diesen drei Kräften, die von da an immer von uns weiterentwickelt werden, am Anfang aber wie ein Urbild für unser weiteres Leben erscheinen.

Im ersten Kapitel wenden wir uns der Tatsache zu, dass einige schwangere Mütter (und auch werdende Väter) bereits vor der Geburt oder sogar vor der Schwangerschaft mit dem Wesen ihres Kindes geistig kommunizieren. Neu ist, dass sie heute den Mut haben, darüber zu sprechen, und dass sie nicht ausgelacht werden.

Seit über einhundert Jahren ist uns durch die Forschungen und Darstellungen Rudolf Steiners bekannt, dass die Individualität eines jeden Kindes seine Eltern schon vor der Geburt kennt, sie innig liebt und zu ihnen hinstrebt, um von ihnen ins Leben geleitet zu werden. Wenn wir allein diese wenigen Gedanken ernst nehmen, spüren wir, dass das für alle weiteren Betrachtungen Folgen hat. Es entstehen konsequenterweise eine Fülle von Fragen, von denen einige wenige hier genannt seien: Wer ist die Persönlichkeit, die da zu ihren Eltern, Geschwistern und Verwandten hinstrebt? Kennen sie sich von früher, aus einem vorigen Leben? Welche Lebensziele hat dann das Kind dieses Mal, wie möchte es sich verwirklichen? Welche Aufgaben stellen sich für uns Erzieher, für uns Lehrer und für den Unterricht in der Schule? Es ergeben sich weitreichende Konsequenzen für den Umgang mit den Kindern; es tauchen die Fragen nach Schicksal und Wiedergeburt auf; es stellt sich die Frage nach dem Sinn des Lebens. Wenn wir am Ende eines Lebens in das «Buch des Lebens» ein neues Blatt einfügen, wird es uns sicherlich interessieren, ob es uns gelungen ist, uns wenigstens ein Stück weiter zu vervollkommnen.

Auf diese umfangreichen Lebensfragen wollen wir wenigstens ansatzweise eingehen, wenn wir nach den Entwicklungsschritten in der Kindheit und Jugend noch einen Blick auf den gesamten Lebenslauf werfen und auch diesen als den *ganz großen* «Entwicklungsschritt» betrachten. Abschließend wollen wir eine Brücke bauen vom Ende unseres Lebens, vom «Nachtodlichen» hin zum «Vorgeburtlichen», das wir am Anfang dieses Buches in den Blick genommen haben; auf diese Weise schließt sich der Kreis. Denn es ist doch berechtigt zu fragen, was nach dem Tod mit all dem geschieht, was wir uns im Leben an Fähigkeiten erworben, mit Fleiß und hoher Aktivität, vielleicht unter größter Mühsal und Leid abgerungen haben. Dass auch das Gegenteil der Fall sein kann, gehört zur Freiheit des Menschen und wird sicherlich auch eine Rolle spielen, wenn sich der Kreis wieder schließt.

Methodisch wollen wir so vorgehen, dass wir zunächst die ins Auge fallenden Merkmale einer jeden Phase betrachten und dabei auch die jeweiligen charakteristischen Veränderungen anschauen. Nach jedem Dreischritt blicken wir zurück, um das Wesentliche des dargestellten Jahrsiebts mit seinen Entwicklungsschritten zusammenzufassen und diese daraufhin menschenkundlich und geisteswissenschaftlich zu beleuchten und zu verstehen.

Mit jedem dieser Schritte ergibt sich im vorschulischen Bereich die Frage, wie die Erzieherinnen ihn altersgemäß und sinnvoll begleiten können. In der Schule wird bei jeder Phase und den zu ihr gehörenden Schuljahren zu fragen sein, wie der Lehrplan, die Unterrichtsinhalte und die Methodik innig zusammengehören. Fasst man jede einzelne Phase der Kindesentwicklung wie eine Frage auf, so gibt der Waldorflehrplan die treffende Antwort darauf; man kann ihn, zusammen mit der gesamten Unterrichtsmethodik, wie eine Art Kunstwerk auffassen.

Nicht selten wird heute angenommen oder eingewendet, der Lehrplan der Waldorfschule sei doch inzwischen veraltet; schließlich habe Rudolf Steiner ihn schon vor etwa hundert Jahren entwickelt. Aber diese Annahme oder dieser Einwand trifft in dieser Form nicht zu. Tatsächlich wurden von Waldorfpädagogen in den letzten Jahren und Jahrzehnten alle Unterrichtsfächer intensiv in den Blick genommen, veraltete Themen gestrichen, andere ergänzt, erweitert oder ganz neue aufgenommen. Die inzwischen 700 Seiten umfassende, von Tobias Richter herausgegebene Darstellung *Pädagogischer Auftrag und Unterrichtsziele – vom Lehrplan der Waldorfschule* wurde 2016 erneut von einem Team überarbeitet und aktualisiert;[2] und dieser Aktualisierungsprozess geschieht fortlaufend. Deshalb habe ich mich bemüht, sämtliche Fächer, die ich beschreibe, damit abzugleichen. Ich freue mich, dass mir das Buch *Entwicklungsaufgaben und Kompetenzen. Zum Bildungsplan der Waldorfschule* von den drei Kollegen Wenzel M. Götte, Peter Löbell und Klaus-Michael Maurer mit seiner umfangreichen, gründlichen Lehrplanüberarbeitung rechtzeitig für meine die Oberstufe betreffenden Ausarbeitungen in die Hände kam und ich es durcharbeiten und einbeziehen konnte.[3] Das gilt auch für die Zusammenfassung der Unterrichtsinhalte in der Unter- und Mittelstufe, die Claus-Peter Röh und Robert Thomas unter dem Titel *Unterricht gestalten – im 1. bis 8. Schuljahr der Waldorf-/Rudolf Steiner-Schulen* herausgegeben haben.[4]

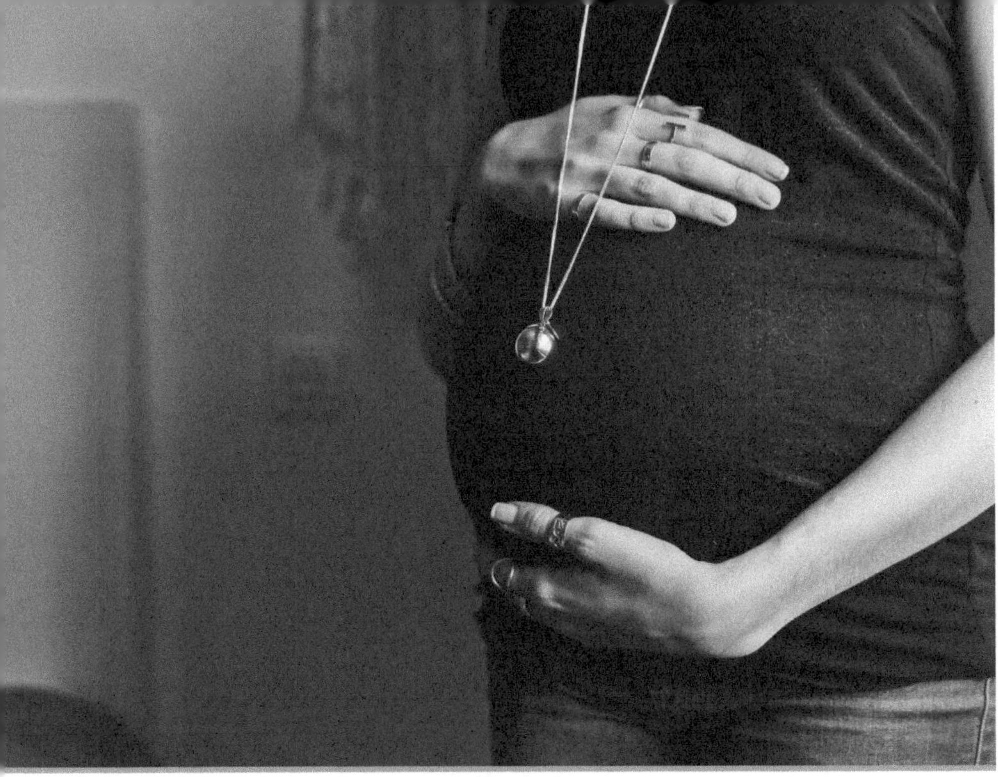

Der Beginn des Erdenlebens

Vorgeburtliche Aspekte und Schwangerschaft

1986 wurde in Deutschland ein bemerkenswertes Buch veröffentlicht: *Gespräche mit Ungeborenen.*[5] Die Autoren, Dietrich Bauer, Max Hoffmeister und Harmut Görg, hatten jahrelang versucht, Mütter zu finden, die vor oder während der Schwangerschaft bereits eine intime Beziehung zu ihrem künftigen Kind hatten. Diese Beziehungen und die damit verbundenen Erlebnisse waren unterschiedlichster Art. Viele der Mütter hatten bisher nicht den Mut gehabt, darüber zu sprechen, um nicht ausgelacht oder gar verspottet zu werden. Es fiel manchen von ihnen auch schwer, selbst daran zu glauben, dass solche von ihnen erlebten und empfundenen Dinge möglich sein sollen. Bevor wir uns diesen Darstellungen zuwenden, erscheint es mir wichtig und sinnvoll zu sein, dass wir versuchen, alle Vorurteile auf die Seite zu schieben und uns zugleich völlig ungewohnten Gedanken gegenüber zu öffnen. Es kommt auch nicht darauf an, das Geschilderte einfach zu glauben. Sollte es uns aber gelingen, die Berichte der Mütter zu akzeptieren oder wenigstens für möglich zu halten, werden wir uns konsequenterweise an den Gedanken heranwagen müssen, dass das künftige Kind bereits vor der Schwangerschaft als ein Wesen existiert.

Die Erlebnisse der Mütter und vereinzelter Väter mit ihrem Kind, das sich noch in einem vorgeburtlichen Bereich befindet, sind unterschiedlichster Art. In den meisten Fällen sind es Träume, durch die sich die Kinder ankündigen und nachts, aber auch tagsüber als sogenannte Wachträume, auftreten können. Mitunter sind die Mütter noch gar nicht schwanger, sehen jedoch oder hören bereits den neuen Erdenbürger. Einige träumen den Namen oder hören, wie das Kind mit ihnen spricht, andere haben schon ein Bild vor Augen, wie es aussehen wird. Eine Mutter nimmt sogar wahr, dass jedes ihrer Kinder von einem Engel begleitet wird, und schließlich fanden die Autoren sogar Familien, bei denen die Kinder mit ihren Worten von wiederholten Erdenleben zu erzählen wissen.

Wir zitieren hier einige Passagen aus dem Buch und bringen zunächst Beispiele für prophetische Traumerlebnisse während der Schwangerschaft. (Die Namen der Mütter wurden nicht veröffentlicht, lediglich durch einen Buchstaben gekennzeichnet.)

Frau B.: «Als ich mit meiner Tochter im fünften Monat schwanger war, hatte ich in der Nacht einen Traum, der sich mir stark eingeprägt hat. Ich sah ein Embryo-Gesicht mit großen, offenen Augen. Ganz zarter Flaum wuchs auf seinem Kopf und auf der Haut des Gesichtchens. Es schaute mich an, mit einem unendlich tiefen, friedvollen Blick. Es schien fast zu lächeln, und ohne dass es die Lippen bewegte, fühlte ich es zu mir sprechen. Es gab mir zu verstehen, dass es sich auf mich freute, dass es sich freute, geboren zu werden und in meinen Armen zu liegen. Lange sah dies ungeborene Kind mich an, seine Augen waren voller Liebe. Dann drehte es den Kopf von mir weg, und ich begriff, es war müde und ich sollte es nicht länger stören. Dieser Traum war so lebendig und eindrucksvoll, dass ich ihn nie vergessen werde. – Als meine Tochter geboren war und, wenige Tage alt, in meinen Armen lag, öffnete sie ihre Augen und sah mich an. Es war derselbe Blick, dieselben Augen, die mich damals im Traum angesehen hatten. Unendlich tiefe, weise Augen. Für einen Moment wiederholte sich dasselbe Erlebnis, das ich vorher im Traum hatte.»[6]

Wir dürfen davon ausgehen, dass das Kind mit der Mutter durch tiefste Liebe verbunden ist.

Eine *Frau R.* träumte im siebten Monat der ersten Schwangerschaft von der Geburt. Sie sah sich im Krankenhaus liegen, und da kam ein kleiner blonder, blauäugiger Junge auf sie zugelaufen, gab ihr die Hand und sagte: «So, da bin ich.» Seinen Namen wusste sie schon seit dem dritten Monat. Als der Junge ein Jahr und sieben Monate alt war, sah er so aus, wie sie ihn im Traum gesehen hatte.

War es im ersten Beispiel ein im Voraus geträumter Blick, so ist es im zweiten die ganze Gestalt, die sich der Mutter im Traum zeigt. In beiden Fällen sind es nächtliche Träume. Es gibt aber auch die Möglichkeit, tagsüber für ganz kurze Augenblicke zu träumen. Man kann solche Momente «Wachträume» nennen: Es sind für Augenblicke aufleuchtende Bilder. Hier ein Beispiel einer Mutter, die bereits zwei Kinder hat.

Frau P. schilderte, dass sich ihr drittes und später ihr viertes Kind folgendermaßen ankündigten: Sie deckte den Tisch, die beiden Großen saßen daran, und plötzlich saß noch ein drittes Kind dabei. Sie sah es ganz deutlich, allerdings nur für einen Augenblick. Als dieses dritte Kind später im Kinderwagen saß und sie mit ihren dreien auf dem Spielplatz war, «sah» sie plötzlich ihr drittes Kind außerhalb des Kinderwagens, größer geworden, mit den anderen herumlaufen – und: ihr künftiges viertes Kind, das hinterherlief! Die beiden sahen sich sehr ähnlich. Frau P. betonte, dass es kein Traum gewesen sei, sondern dass es am hellen Tag wie ein kurzes Aufblitzen geschah, beim vierten Kind etwa ein halbes Jahr vor der Konzeption.

Frau R. wachte nachts im dritten Monat ihrer zweiten Schwangerschaft plötzlich auf und sah zu ihrem Mann hinüber. Da lag auf ihm ein Baby, groß und rund, mit offenen Augen und einer Nase wie der Großvater. Vor Schreck schloss sie schnell wieder ihre Augen und wagte sie nicht mehr zu öffnen.

In Berlin hatte *Herr C.* folgendes Erlebnis, noch bevor er seine Frau kennenlernte: Er schildert, dass er wohl im November oder Dezember den sehr arbeitsreichen Tag mit einem erholsamen Spaziergang durch stille nächtliche Straßen unter sternklarem Himmel ausklingen ließ. Mit einem Mal erfüllte ihn eine starke Ahnung, dass aus den kosmischen Weiten, für die der Sternenhimmel äußerer Abglanz in der Sinnenwelt ist, das Wesen eines Kindes zu ihm unterwegs sei. Dies war für ihn umso bemerkenswerter, als in dieser Zeit noch nichts darauf hindeutete, dass er in absehbarer Zeit verheiratet sein würde.

Das Buch berichtet auch, wie Eltern in Träumen vorauserlebten, dass die Kinder, die erwartet werden, nicht bleiben können. In einigen Träumen sind es Blumen, die der Mutter das Kindeswesen ankündigen. Aber im Bild des Verblühens ist schon angedeutet, dass die Kinder nicht hierbleiben, sondern zurückkehren werden in die Welt, aus der sie kommen. Der Schmerz der Eltern wird durch die Erinnerung an den Traum nicht geringer, doch kann er sich wandeln und die Einsicht in die Notwendigkeit eines solchen Geschehens bringen.

Frau E. berichtet, dass sie bei der sechsten Schwangerschaft im Traum ein Waldstück mit Buschwindröschen vor sich sah, die ihre Blätter verloren. Ihr Töchterchen war nicht lebensfähig und starb einen Tag nach dem notwendigen Kaiserschnitt.

Frau W. erzählt von einem Traum während der Schwangerschaft, in dem ihr Kind viel zu dünn angezogen ist. Beim Wickeln muss sie feststellen, dass es ganz kalt ist. Sie merkt, dass sie unachtsam ist, und da fällt ihr das Kind vom Wickeltisch. Beim Aufwachen wird ihr deutlich, dass der Traum ihr bezeugt, dass sie sich nicht genügend für das Kind interessiert. Bald darauf hat sie einen Abgang und macht sich daraufhin Vorwürfe über ihre mangelnde Bereitschaft für das Kind.

Etliche Eltern berichten, dass sie den Namen ihres künftigen Kindes im Aufwacherlebnis erfahren haben. In einem Fall wird der Mutter der Name zugerufen. *Frau E.* träumt von ihrem zweiten Sohn und will ihm in diesem Traum den Namen geben. Sie will ihn Daniel nennen, aber sie hört in diesem Augenblick eine gewaltige Stimme, die aus düsteren Wolken kommt und ihr zuruft, dass sie ihn nicht Daniel, sondern David nennen soll. Auf diesen Namen wird er dann später auch getauft.

In einem weiteren Bericht ist es ein Mann, der den Namen träumt. *Herr S.* hat das folgende Traumerlebnis, als seine Frau im vierten oder fünften Monat schwanger ist: Er sieht sich in der unmittelbaren Nähe einer Gruppe von mehreren Kindern stehen, als ein Kind auf ihn zugelaufen kommt. Er hört eine innere Stimme, die ihm sagt, dass dies Nathalie sei, die zu ihnen kommen werde. Tatsächlich bekommt seine Frau dann ein Mädchen.

Im Folgenden wird deutlich der Engel wahrgenommen, der das Kindeswesen bringt und der Mutter den Namen des Kindes nennt. Es ist sinnvoll, die Schilderung hier wörtlich wiederzugeben. *Frau K. erzählt:* «Es war in einem Dorf in der Nähe von B., dort lebte eine Bauersfrau, und diese kam oft, um Rat zu erfragen, zu meiner Mutter, die in dem Ort als Lehrerin tätig war. Einmal kam sie ganz aufgeregt und sagte: ‹Fräulein, was sagen Sie denn jetzt dazu? Ich war beim Herrn Pfarrer und sagte ihm, dass ich nun noch einmal ein Kind bekomme, einen Knaben. Da sagte der Herr Pfarrer, das könnte ich doch noch nicht wissen, da das Kind doch noch nicht da sei. Nun sagte ich: Herr Pfarrer, ich hab den Engel von meinem kleinen Buben gesehen und der sagte, er solle Max heißen. Darauf der Herr Pfarrer: Nun, gute Frau, das bilden Sie sich doch nur ein, es gibt doch keine Engel, die man sehen kann. Darauf sagte ich: Herr Pfarrer, das können Sie nicht sagen, ich habe immer die Engel meiner Kinder gesehen, und die gleichen sich auch nicht. Jeder sieht etwas anders aus, aber schön sind sie alle. Sie, Herr Pfarrer, haben halt noch keinen Engel gesehen.› Nun fragte sie meine Mutter, was sie denn dazu sage. Meine Mutter beruhigte die Frau und meinte: ‹Natürlich, wenn Sie die Engel sehen, so stimmt es wohl, und seien Sie froh darüber, aber es ist nicht so selbstverständlich, dass alle Leute die Engel sehen!› Ich aber, als kleines Mädchen, hätte gar zu gern mit der Frau gehen mögen, um auch die Engel zu sehen.»[7]

Es gibt in dem Buch auch Hinweise auf vorgeburtliche Erlebnisse und vergangene Erdenleben. *Eine Frau* berichtet von ihrem vierjährigen Sohn, der ihr eines Tages sagte, er habe, bevor er geboren wurde, auf dem Dach gesessen und auf sie heruntergeschaut. *Herr O.* schildert, wie seine dreijährige Tochter Justina «nachmittags, während eines Gewitters in ihrem Bett wie tanzend, in einem aufgeregten, sehr stark emotionalen Zustand, freudevoll, folgende Sätze – kindlich grammatikalisch nicht ganz richtig – ausgesprochen hatte: ‹Ich bin einmal gestorben und habe mich gemacht!› (tanzend, freudevoll) ‹Ich werde einmal sterben, aber ich mache mich wieder!› ‹Wenn ich sterben werde, werde ich zum bunten Schmetterling, zum Bällchen!› ‹Ich habe schon einmal gelebt, ich war gestorben.›»[8]

Ein Dreijähriger im Gespräch mit seiner Mutter: «‹Mami, wenn ich groß bin, da wirst du wieder klein, gell? Und wie du klein warst, da war ich groß, und weil ich ein Junge bin, darum war ich dein Vater. Fehlt uns bloß noch eine Mutter ... Und wie ich klein war und weil ich ein Junge bin, darum bitte ich dich, meine liebe Mami zu werden.›»[9]

Auf ungewöhnlich bildhafte Weise kann sich eine Schwangerschaft ankündigen, wie das folgende Beispiel zeigt: Einer der Autoren berichtet, eine Frau habe geträumt, dass sie nachts zum unermesslichen Himmelsgewölbe aufblickte. Alsbald sei ihr eine sternähnliche leuchtende Kugel erschienen, die schnell und in spiraligen Kurven zu ihr herabkam. Sie breitete die Arme aus, um sie zu empfangen, als sich plötzlich die Lichtkugel verwandelte und ein kleines Kind in ihren Armen lag. Wenig später wurde die Frau schwanger.

All diese so unterschiedlichen Darstellungen sind ein Hinweis darauf, dass es sich nicht um subjektive, bloß eingebildete Erlebnisse handelt, sondern um reale; die Autoren haben bei ihrer Auswahl auch nur ihnen glaubwürdig erscheinende Erzählungen aufgenommen.

Nehmen wir diese Darstellungen ernst, bedeutet das konsequenterweise: Das Wesen eines Kindes muss bereits vor der Geburt existent sein, ohne eine körperliche Leiblichkeit. Da wir es nicht mit physischen Augen sehen können, müssen wir uns vorstellen, dass es in irgendeiner geistigen Form vorhanden ist und durch einen Erdenleib, den die Eltern dem Kind schenken, später sichtbar werden wird. Auch scheinen die Beziehungen des Kindes zu seinen Eltern etwas anderes zu sein als ein Zufall. Manchen Müttern oder Vätern wird sogar vom herankommenden Kind der Name im Traum verraten. Nehmen wir die obige Erzählung eines Kindes ernst, das vom Wiedergeborenwerden spricht, müssen wir uns obendrein fragen, in welcher Form der Mensch von einem Leben zum nächsten existiert. Das müsste dann ja ebenfalls ein geistiger Zustand sein. Was in dem köstlichen Bericht einer Bäuerin geschildert wird – dass sie den jeweiligen Engel ihrer Kinder geistig geschaut hat und dem Pfarrer freundlich erklärt, er zweifle an der Existenz solcher Wesen, weil er sie selbst nicht schauen könne –, findet ebenfalls durch Rudolf Steiners Forschungen eine Bestätigung. Sie ergeben, dass jeder Mensch von einem Erdenleben zum nächsten von «seinem» persönlichen Engel geführt wird und die Führung auch in diesem Leben fortsetzt. Der Engel kennt den ganzen Lebensplan und auch unsere früheren Erdenleben. Demzufolge sind wir in der geistigen Welt vor der Geburt nicht allein, aber auch während unseres gesamten Erdenlebens nicht!

Rudolf Steiner, der in der Lage war, das Geistige im Menschen, in den Naturreichen, in der Erde wie im Kosmos zu «schauen», und auch deren innere Zusammenhänge geistig zu erkennen, hat in seiner Geisteswissenschaft oder Anthroposophie (= «Weisheit vom Menschen») schon vor über einhundert Jahren in vielen Vorträgen und Büchern seine Forschungen über das Leben zwischen dem Tod und einer neuen Geburt geschildert und veröffentlicht.[10] In zahlreichen Darstellungen und unter verschiedensten Aspekten hat er herausgearbeitet, dass jeder Mensch ein einmaliges Individuum ist, das im nachtodlichen Leben in einer geistigen Welt das vergangene Leben aufarbeitet, lange in ihr verweilt und sich mithilfe geistiger Wesen, die über dem Menschen stehen (sogenannte «Hierarchien»), auf ein neues Leben mit neuen Zielen sowie alten und auch neuen zwischenmenschlichen Beziehungen vorbereitet.

Greifen wir aus der Fülle von Gedanken, die die Anthroposophie zu dem Wesen und der Bedeutung des Menschen und zu seinem Erdenantritt zu sagen hat, wenigstens einige heraus, dann wird deutlich, wie wenig diese Aspekte von der Allgemeinheit bisher aufgenommen wurden und welche Aufgaben sich stellen, sie ins praktische Leben einzuführen.

Geisteswissenschaftlich gesehen hat jedes Kind vor der Geburt zu seinen Eltern tatsächlich eine Beziehung; ja, es wählt sie sogar aus; es kennt sie aus einem früheren Leben; es liebt die Mutter vorgeburtlich so sehr, dass dadurch in ihr die Liebe zu diesem Kind erwacht, ständig größer, tiefer und schließlich zur echten «Mutterliebe» wird. Zu den Geschwistern, die vorher geboren wurden oder später nachfolgen werden, hat es ebenfalls eine Beziehung, ist einverstanden mit der Reihenfolge des Geborenwerdens, hat freilich auch eine Beziehung zu den weiteren Verwandten, zu dem ganzen Vererbungsstrom, in den es sich hineinbegeben wird. Durch Vater und Mutter kommen zwei sehr verschiedene Vererbungsströme der geliebten Eltern zusammen. Dem Kind wird eine Leiblichkeit geschenkt, die es so gewollt hat, wie gerade diese Eltern sie ihm geben können. In diesen Körper will es eintauchen und möchte ihn im Laufe des Lebens zu etwas ganz Eigenem machen.

Betrachten wir vor dem dargestellten Hintergrund die Schwangerschaft. In dem zitierten Buch *Gespräche mit Ungeborenen* heißt es: «Vom Anfang der Schwangerschaft an gehen mit dem Organismus der Frau starke Veränderungen vor sich. Schwangere Frauen bekommen einen besonders schönen, harmonischen Gesichtsausdruck. Sie erscheinen uns wie von einem Himmlischen berührt, und so ist es ja auch.»[11] Eine eindrucksvolle Beobachtung, über die man sich nur freuen kann!

Ein großes Vertrauen bringt also das werdende Kind seinen geliebten Eltern von vornherein entgegen. Es beruht darauf, dass das Kind voller innerer Hingabe und Liebe ist. Wie gut wäre es, wenn alle Eltern das wüssten, sich vorstellen und für möglich halten könnten! Wir dürfen davon ausgehen, dass das Wesen des Kindes, das wir auch «die Persönlichkeit» oder «das Ich des Kindes» nennen können, seine Eltern und die bereits vor ihm angelangten Geschwister geistig umgibt und von nun an unsichtbar immer bei ihnen ist.

Wie kann sich eine werdende Mutter in der Schwangerschaft ihrem erwarteten Kind gegenüber sinnvoll verhalten, wenn sie die hier dargestellten Gedanken ernst zu nehmen vermag? Einige der in dem Buch zitierten Mütter haben ganz ungeniert mit dem Kind gesprochen, haben ihm erzählt, wo sie sind, was sie gerade tun, was sie noch alles vorhaben, wie sehr sie sich auf das große Ereignis freuen, wie dankbar sie sind, dass gerade dieses Kind zu ihnen kommen will. Man kann dem Kind auch etwas versprechen und vieles mehr, was einem auf dem Herzen liegt. Wir ahnen, wie bedeutsam es auch für das werdende Kind sein muss, wenn die Mutter auf bestmögliche Gesundheit achtet, eine gewisse innere Ruhe findet und um Ausgeglichenheit bemüht ist.

Verfolgt man konsequent den hier dargestellten Gedankengang, öffnet sich auch die Möglichkeit, den Abbruch einer Schwangerschaft anders zu beurteilen. Die Individualität des Kindes verbindet sich nach Rudolf Steiners Angaben bis zum Ende der dritten Schwangerschaftswoche mit der heranwachsenden Leiblichkeit. Daraus können wir folgern, dass durch einen Abbruch nach diesem Zeitpunkt einem Menschen-Ich, das sich zu dem auserwählten Menschenpaar hingezogen fühlt, der Weg zu einer Verkörperung abgeschnitten wird.[12] Die Mütter, die einen Abbruch der Schwangerschaft erleben mussten, hatten beispielsweise in einem Traum von verwelkenden Blumen vorausahnen können, dass sich das Kind schmerzlich zurückziehen wird.

Wie dankbar dürfen Eltern und Kind sein, wenn die Mutter eine harmonische Schwangerschaft erlebt und die gesamte Entwicklung harmonisch verläuft! Sie sollten es wie ein Geschenk auffassen. Mitunter aber sieht es ganz anders aus. Es können ja im Laufe der Schwangerschaft Probleme aller Art auftreten – sei es, dass die Mutter sehr krank wird oder einen Unfall hat oder zwischenmenschliche Schwierigkeiten zu seelischen Belastungen führen, ein Sterbefall eintritt usw. Es sind Schicksalsschläge, die wir nicht umgehen können, mit denen wir fertig werden müssen! Wir ahnen, dass diese Dinge auf die Entwicklung des Kindes Einfluss nehmen können, wissen aber, dass wir nichts zu ändern vermögen, und sollten daher auf keinen Fall uns ängstigen, verzagen oder gar verzweifeln.

Das Kind, das sich auf dem Weg zur Erde befindet, ahnt zunächst seine Zukunft und wird sich in das gemeinsame Schicksal mit seinen Verwandten eingliedern, wird sein Schicksal auf sich nehmen wollen und es auf seine Weise tragen. Tritt Unvorhergesehenes ein, fängt die Kunst des Lebens an! Es wäre zwar schön, wenn vieles ideal zuginge, aber die Ideale können wir immer nur mit besten Kräften anstreben, werden sie aber nie ganz erreichen – wenn es wirklich große Ideale sind.

Mehr und mehr nähern wir uns dem Augenblick der Geburt. Der Arzt hat den Termin genau vorausberechnet, kann heute auch schon sehr früh den Eltern sagen, ob es ein Junge oder ein Mädchen sein wird. Dennoch: die Geburtsstunde müssen wir eigentlich abwarten. Rudolf Steiner verdanken wir den Hinweis, dass das Kind die Geburt selbst einleitet, die Wehen der Mutter bewirkt und somit den Weg zur Erde antritt. Und wie steht es mit dem Horoskop? Spielen die Konstellationen am Himmel eine Rolle oder nicht? Manche Menschen verstehen bis ins kleinste Detail ein Horoskop zu lesen und zu deuten. Geisteswissenschaftlich gesehen will der Mensch dann geboren werden, wenn sich am Himmel die Konstellation einstellt, die er benötigt, um seine Aufgaben, die er sich vorgenommen hat, erledigen zu können.

Kurz vor der Geburt – das wussten bereits die Griechen zu schildern – darf der Mensch einen Blick auf seinen gesamten Lebenslauf werfen. Skizzenhaft können wir uns das vorstellen, was der Mensch in diesem Augenblick geistig schaut. Es sind Ziele, bedeutende Lebens- und Schicksalssituationen, die sich bildhaft vor den geistigen Blick stellen; man schaut voraus, welchen Menschen man wiederbegegnen wird, welche man neu kennenlernt; wann Freude und Leid, wann Widerstände sich in den Weg stellen werden und wann fröhliche und schwierige Situationen auftreten, die es zu meistern gilt. Was wir alle in diesem Augenblick erleben, wird nicht dem Gedächtnis einverleibt, sondern darüber breitet sich der Schleier des Vergessens. Die Griechen sprachen davon, dass die Seelen, um wiedergeboren zu werden, Wasser aus dem Fluss der Unterwelt, der «Lethe», trinken mussten, um das Erlebte vergessen zu können. Durch das Vergessen-Können gehen wir unbefangen auf alles zu, dürfen uns frei fühlen und aus uns heraus entscheiden und handeln.

Die Geburt

Die Länge der Schwangerschaft steht im Zusammenhang mit einem Mondrhythmus, und zwar mit dem ungefähr 28 Tage dauernden «siderischen Rhythmus», der auch bei der Regel der Frau eine große Rolle spielt. Gegenüber dem uns geläufigen Monatsrhythmus von 30 oder 31 Tagen und der bekannten Ausnahme im Februar beträgt die Länge des sogenannten «Mondmonats» ungefähr 28 Tage. Die Geburt des neuen Erdenbürgers kann im Allgemeinen nach zehn Mondmonaten – von der letzten Regel an gerechnet – erwartet werden, doch verschiebt sich der tatsächliche Geburtstermin oft individuell nach vorn wie nach hinten.

Die Wesenheit des Kindes, begleitet von den höheren Wesen, mit denen es bisher in der geistigen Welt zusammen war, hat diesen Zeitpunkt gewählt und möchte, wie erwähnt, dann die irdische Welt betreten, wenn am Himmel die Sonne, der Mond und die Planeten so stehen, wie es seinen geistigen Absichten entspricht; diese kündigen sich im Horoskop an oder spiegeln sich in ihm wider. Wir können also sagen: Unser Geburtshoroskop ist die von uns und unseren geistigen, göttlichen Begleitern gewählte Zeigerstellung der Weltenuhr für den Antritt unseres Erdenweges. Wir werden also nicht fremdbestimmt, sondern haben vor der Geburt unter Anleitung der geistigen Schicksalsmächte an der Auswahl unseres Geburtszeitpunktes mitgewirkt. Folglich ist es unser eigenes Schicksal; aber manchmal wollen wir diese Tatsache nicht wahrhaben, weil es uns schwerfällt, mit dem Leben fertig zu werden. Dann kann es eine große Hilfe sein, wenn wir lernen, die Schwierigkeiten zu akzeptieren, sie anzupacken und dabei dem «Herrn unseres Schicksals», der uns nie verlässt, volles Vertrauen zu schenken. Es gibt übrigens ein geistiges Gesetz, das lautet: Es wird keinem Menschen mehr zugemutet oder auferlegt, als er bewältigen kann.

Nicht alle Kinder kommen pünktlich, manche haben es eilig und kommen früher, andere lassen sich Zeit und erscheinen deutlich nach dem errechneten Datum. Viele Kinder treten den Weg ohne große Hilfe an, andere benötigen umfangreiche Hilfe, und manche lassen sich holen. Die Zahl der Geburten per Kaiserschnitt hat in den letzten Jahren stark zugenommen. Nicht alle davon sind medizinisch notwendig und wären durchaus vermeidbar; der tiefergehende Aspekt einer «selbstbestimmten» Geburt, bei der die geistige Individualität des Kindes den Zeitpunkt seines Erscheinens selbst auswählen darf, wird bei einer Entscheidung für oder gegen Kaiserschnitt in der Regel leider nicht mit einbezogen.

Zu den Kindern, die es sehr eilig haben und scheinbar kaum abwarten können, in die Welt zu kommen, zählt meine eigene Tochter. Sie kündigte durch ungefähr um 14 Uhr einsetzende Wehen an, dass es bald so weit sein sollte, und als ich die Hebamme anrief und ihr den derzeitigen Zustand meiner Frau schilderte, meinte sie genau zu wissen, dass es noch lange dauern werde. Ja, sie habe genügend Zeit, um 18 Uhr noch zu ihrem Nähkurs zu gehen, und war sich sicher, dass ich die Rufnummer von dort nicht bräuchte. (Das war 1962, lange bevor es Handys gab.) Aber wie gut, dass ich darauf bestanden hatte, die Telefonnummer zu bekommen! Ich musste die Hebamme dort anrufen, sie war gerade bei ihrem Kurs angekommen und hatte noch nicht einmal Nadel und Faden ausgepackt. Sie erschrak, als ich den derzeitigen Stand mitteilte, und sagte nur: «Ich komme! Stellen Sie schnell einen Kessel mit Wasser auf den Herd und lassen Sie es heiß werden!» Sie raste mit ihrem nicht gerade sehr schnellen Auto, einer «Ente», los und traf eine Viertelstunde vor der Geburt ein! Dabei hatte sie keineswegs leichtsinnig handeln wollen: Aus Erfahrung wusste sie, dass in Hamburg die Babys gern mit dem «auflaufenden Wasser», also mit der Flut, zur Welt kommen, und wenn dieser Zeitpunkt verstrichen ist, kann man gewöhnlich etwa einen halben Tag warten, bis die nächste Flut eintritt. Sie schaute also immer in den sogenannten Tidenkalender. Die Tatsache, dass Ebbe und Flut häufig bei der Geburt der Hamburger Babys eine Rolle spielen, bestätigte uns auch eine weitere Hebamme. Dankbar blicke ich darauf zurück, dass ich bei der Geburt dabei sein durfte.

Ebenso wie die Wehen nur kurze Zeit dauerten, war auch der anschließende Geburtsvorgang unserer Tochter von sehr kurzer Dauer. Sie hatte es eilig – welch eindrucksvolle Geste! Interessanterweise hat sich in all den weiteren Jahren immer wieder gezeigt, dass sie es sehr eilig hat, dass sie energisch, tatkräftig und mutig vorangeht, alles zielstrebig anpackt. Kurz gesagt: Wie sie die Welt betreten hat, spiegelte sich später in ihrer Lebensweise wider! Eine interessante Beobachtung, über die es nachzudenken gilt: War dies bei meiner Tochter eine Ausnahme oder sollte die Art und Weise, wie ein Kind zur Welt kommt, zugleich eine charakteristische Aussage über sein Wesen sein?

Andere haben es hingegen gar nicht eilig, sondern lassen sich vor der Geburt Zeit, eventuell sogar so viel, dass sie geholt werden müssen. Auch bei etlichen dieser Kinder können wir in ihrem weiteren Lebenslauf beobachten, dass sich das Motiv der Geburt in so manchen ihrer Verhaltensweisen widerspiegelt. So lassen sich etwa beim Geburtsgeschehen bereits erste Andeutungen vom hauptsächlichen Temperament des Kindes beobachten – in dem Sinne, wie ich es in meinem Buch über die vier Temperamente dargestellt habe.[13]

Wir können fragen, wie es zu den Wehen kommt, und finden eine Antwort in der neueren Forschung, die besagt, dass der Beginn der Wehen vom Kind selbst ausgeht, und zwar durch Hormone. Das Kind gibt also das Zeichen zur bevorstehenden Geburt. Mutter und Kind sind bis zum entscheidenden Augenblick eine Einheit, und man kann in dem, was nun zu geschehen hat, eine «existenzielle Krisensituation» sehen. Das Kindeswesen, das mit der geliebten Mutter neun Monate eins war, muss sich von ihr trennen, ihr Schmerzen bereiten, sich durch den Geburtskanal zwängen und anschließend die so lebenswichtigen Funktionen wie Atmung und Blutkreislauf selbst übernehmen. Mit dem ersten Schrei setzt das eigene Atmen ein, und dann beginnen die weiteren Veränderungen. Der Schrei, der ja ein Akt des Ausatmens ist, setzt voraus, dass vorher die Luft in die Lungen eingeströmt sein muss, die Lungenflügel damit gefüllt, sie gleichsam aufgeblasen hat und nun der erlösende Atemzug, das Ausatmen, aus eigener Kraft zu leisten ist – als Schrei. Während eines Seminars machte mich eine Mutter darauf aufmerksam, dass all ihre Kinder nicht geschrien, sondern ganz unmerklich ausgeatmet hätten. Das haben mir inzwischen auch andere Menschen bestätigt. Anstatt «Schrei» könnte man auch «Ruf» sagen, denn das Wort «schreien» hat einen etwas unschönen Beigeschmack. Das Kind lässt uns wissen, dass es da ist, gibt uns Kunde von seinem Eintritt ins äußere Dasein durch diesen Ruf.

Von nun an atmet das Kind durch die eigene Lunge ein und aus. Auch Herz und eigener Blutkreislauf beginnen ihre Aufgaben zu übernehmen, nachdem durch Abtrennen der Nabelschnur zur Mutter die Verbindung endgültig unterbrochen ist. Das Kind atmet jetzt die gleiche Erdenluft wie wir alle, wird dadurch zum Erdenbürger. Bisher wurde es über die Nabelschnur von der Mutter ernährt, und auch alle Ausscheidungen fanden auf diesem Wege statt. Welch ein gewaltiger Umbruch hat in so wenigen Minuten zu geschehen und welch große Herausforderung bedeutet es für ein Wesen, das gerade diese neue Welt betritt! Aus einem Wasserwesen wird ein Luftwesen.

Wilhelm zur Linden macht auf etwas aufmerksam, das uns noch mehr staunen lässt, welch großartige Veränderungen in dem Neugeborenen vorgehen müssen, um den Lebensweg antreten zu können: «Was wir bis jetzt schilderten, waren die mehr äußerlichen Geschehnisse; nun aber erfolgen noch weitere gewaltige Umstellungen und Veränderungen im Innern des kindlichen Körpers, die darauf hinweisen, wie grundlegend anders die Lebensbedingungen vor der Geburt im Vergleich mit den jetzigen waren. Der erste Atemzug der Lunge hat zunächst eine erhebliche Umleitung des Blutkreislaufes bewirkt. Bisher strömte das Blut zwar auch durch den kindlichen Körper und trug die von der Mutter durch die Nabelschnur einfließende Nahrung an alle seine Organe heran, aber der Blutstrom umging die Lunge, die ja bis dahin noch nicht entfaltet und tätig war. Jetzt kommt der Lungenkreislauf in Gang, die Zwischenwand zwischen dem rechten und dem linken Herzen schließt sich, und das Blut erfrischt sich in der Lunge durch die Atemluft und strömt dann durch den ganzen Körper weiter. Wie der Blasebalg des Schmiedes das Feuer, so facht das mit Sauerstoff beladene Blut die ganzen Lebensprozesse an. Dadurch erst beginnt im Organismus das selbstständige Leben und Wachsen.»[14]

Betrachten wir noch einmal unter einem anderen Gesichtspunkt den Augenblick, in dem das Kind das Licht der Welt erblickt und noch an der Nabelschnur hängt. Muss dies für das Kind nicht ein gewisses Schockerlebnis sein, an das oft gar nicht gedacht wird? Das Baby durfte ja bisher monatelang in wohliger, gleichbleibender Wärme leben, liebevoll umhüllt von all den mütterlichen Organen, die mitgeholfen haben, diesen Leib aufzubauen und durchzugestalten! Es kannte nur die Temperatur von 36 – 37 °C und muss nun nach dem Geburtsvorgang zum ersten Mal mit der Raumtemperatur, die bei Weitem nicht an die vorherige Temperatur heranreicht, vorliebnehmen. Das kommt gewissermaßen einem Kälteschock gleich. Zwar wird ihm von der Mutter eine schützende Wärmehülle geschenkt, die man Käseschmiere (auch Fruchtschmiere, medizinisch: Vernix caseosa) zu nennen pflegt, doch kommt es auf die Geburtshelfer an, wie sie diese weiße Hülle einschätzen und sie dementsprechend behandeln, ob sie sie schneller als nötig beim Baden abwaschen wollen oder sie dem Kind erst einmal auf der Haut – wenigstens teilweise – belassen. Es muss das

Kunststück vollbracht werden, so schnell wie möglich dafür zu sorgen, dass das Neugeborene eine neue Wärmehülle bekommt. Welch wohliges Gefühl für das Kind, wenn es möglichst bald danach gewogen, gemessen, gebadet, gehegt und gepflegt, in Windeln gewickelt und in warmer und weicher Kleidung in den Armen der geliebten Mutter an ihrer Brust die für es zubereitete Milch saugen darf!

Kann man schon darüber staunen, was das Kind in den wenigen Augenblicken alles gelernt und aus eigener Kraft bewirkt hat, so ist doch in diesem Augenblick erstaunlich, dass das Kind sich im Nu die Fähigkeit «aneignet», saugen zu können. Forschungen haben ergeben, dass der Saugreflex im selben Augenblick einsetzt, wenn die kleinen Händchen liebevoll die Brust der Mutter berühren und zugleich die Lippen die Brustwarzen umfassen. Wie sollte man auch einem Kind mit Worten erklären können, wie es das Saugen zu bewerkstelligen hat?! Die notwendige Aktivität führt freilich auch zur Ermüdung, sodass unser neuer Erdenbürger baldmöglichst den erholsamen Schlaf braucht und schließlich in sein warmes Bettchen darf.

Hin und wieder hört man davon, dass junge Mütter, die sich während der Schwangerschaft nicht auf ihr zu erwartendes Kind freuen konnten und es in dieser Zeit am liebsten gleich nach der Geburt weggeben wollten, ganz verwandelt sind, wenn sie nach dem Geburtsvorgang ihr Kind in die Arme gelegt bekommen. Es erwacht plötzlich die Mutterliebe – wie eine Antwort auf die Liebe, mit der das Kind sich vorgeburtlich nach ihr sehnte.

Natürlich ist es auch für die Väter eine ganz wichtige, elementare Erfahrung, bei der Geburt dabei zu sein; heute ist das in unserer Gesellschaft ja zum Glück die Regel. Und auch für Mutter und Kind ist es bedeutsam, wenn der Vater am ganzen Geschehen regen Anteil nehmen kann.

Das erste Jahrsiebt

Das erste Lebensjahr: sich aufrichten und gehen lernen

Es kann uns erstaunen, dass das Kind von Geburt an drei besonders wichtige, zum Teil lebensnotwendige Fähigkeiten beherrscht: eine, die sich vor allem im Bereich des Kopfes abspielt – das Saugen –, eine weitere, die in erster Linie mit dem Rumpf zu tun hat – das Atmen –, und eine Fähigkeit, die sich in den Gliedmaßen zeigt – das Strampeln. Auf Saugen und Atmen haben wir bereits einen Blick geworfen. Dem Saugen geht als allererstes eigenes Tun das Atmen voraus. Fragen wir eine Mutter, die vielleicht sogar mehrere Kinder zur Welt gebracht hat, ob ein Kind zuerst ein- oder ausgeatmet hat, wird sie oft antworten, nicht sicher zu sein. Die Lungen dürfen ja im Mutterleib noch nicht aufgebläht sein und den Oberkörper während der Geburt vergrößern. In unsere fünf Lungenflügel also strömt, ja presst sich die Außenluft unmittelbar nach dem Verlassen der mütterlichen Hülle hinein, füllt sie bis zum Äußersten mit Luft, und nun hat die Ausatmung zu erfolgen: unsere erste eigene Tat! Dies geschieht mit einem kräftigen «Schrei», den wir, wie erwähnt, auch einen «Ruf» nennen können. Das Kind ruft uns zu, dass es da ist! Zugleich lässt es die eingeatmete Luft nach außen entströmen. Von dem Moment an atmen wir ein ganzes Leben lang, ohne darauf achten zu müssen, und im Augenblick des Todes ist das Letzte, was wir vollziehen, ein Ausatmen – zugleich ein Aushauchen unserer Seele. Die dritte Tätigkeit ist schließlich das Strampeln mit den Gliedmaßen, es ist unsere gesamte Beweglichkeit, die damit zusammenhängt.

Wie wir noch sehen werden, hängt unser ganzes Leben sehr stark von diesen drei Fähigkeiten ab. Ohne das Atmen sind wir gar nicht lebensfähig. Wenn wir den Prozess des Einsaugens nicht beherrschen, sind wir nur bedingt in der Lage, das Leben zu meistern. Auch die Bewegungsfähigkeit unserer Gliedmaßen ist entscheidend für das weitere Leben; allerdings gibt es, wenn wir uns nicht oder nur bedingt bewegen können, dennoch durch die Hilfe anderer Menschen viele Möglichkeiten, ein sehr sinnvolles Leben zu führen.

Betrachten wir zunächst das ganze erste Lebensjahr unter dem Gesichtspunkt, wie sich das Kind in einem Dreischritt aus eigener Kraft und eigenem Antrieb aufrichten lernt und welche Fähigkeiten es sich zugleich aneignet. Anschließend sehen wir uns die einzelnen Abschnitte noch unter weiteren Gesichtspunkten an.

Anfangs ist das Neugeborene ein überwiegend schlafendes Wesen, also ganz der Horizontalen hingegeben. Im Laufe der ersten drei Monate beginnt es sich allmählich die Senkrechte zu erobern, sich mehr und mehr die aufrechte Haltung anzueignen – ein außerordentlicher Willensprozess. Ob es auf dem Rücken oder dem Bauch liegt, immer wieder möchte es seinen Kopf heben, auch wenn es sich unter Umständen sehr anstrengen muss. Die Anstrengung ist nur von kurzer Dauer, dann plumpst das Köpfchen wieder ins Kissen zurück. In demselben Zeitraum, in dem sich das Kind um diesen ersten Schritt des Aufrichtens bemüht, können wir beobachten, wie es sich die Fähigkeit des bewussten Blickens erwirbt. Bis dahin hat es zwar immer wieder die Augen geöffnet und dabei das Köpfchen in verschiedene Richtungen gedreht, aber zu dem, was wir «blicken» nennen, war es noch nicht in der Lage.

Wenn auch jedes Kind seinem individuellen Entwicklungsrhythmus folgt, lässt sich doch ein allgemeiner Rhythmus danebenstellen, den bereits der englische Psychologe William Stern entdeckte[15] und der trotz der gegenwärtigen Beschleunigungstendenzen ein immer noch gültiges Entwicklungsgesetz darstellt und berechtigte Anhaltspunkte bietet. Für diesen ersten Akt des Sich-Aufrichtens und – in Verbindung damit stehend – des Blickens können wir etwa ein Vierteljahr ansetzen. Wir wissen natürlich, dass es Kinder gibt, die es eiliger haben, aber auch solche, die alle Schritte langsamer vollziehen.

Während eines zweiten Vierteljahres versucht das Kind, sich weiter aufzurichten und während dieser Zeit auch das Sitzen anzueignen. Welch freudiges Ereignis, wenn es ihm zum ersten Mal aus eigener Kraft heraus gelingt, sich am Geländer oder Stuhl hochzuziehen und im Sitzen die Welt zu betrachten! Die Augen erblicken ein schönes Spielzeug, die Hände wollen danach greifen – aber siehe da: Das Ergreifen muss auch erlernt und immer wieder geübt werden. In diesem zweiten Zeitraum lernt das Kind, Blick und Griff zu koordinieren.

Hierzu ein Beispiel: Meine Tochter lag in jener Zeit in der Wiege, und ich wunderte mich darüber, wie lange sie ständig die Arme senkrecht hochhielt, sind doch wir Erwachsene daran gewöhnt, dass in solcher Position unsere Arme sehr schnell müde werden. Die Arme wedelten hin und her, wie Pflanzen im Wind, und sie versuchte, immer wieder mit ihren Augen diesen Bewegungen zu folgen. Gelang es ihr, gab sie vergnügte Geräusche von sich, quengelte aber immer wieder, wenn die Augen nicht schnell genug den Gegenstand erblicken konnten, den die Hände ergriffen hatten.

Man kann sagen: Das Kind, der «Säugling», ist in dieser Phase auch zu einem «Sitzling» und zu einem «Greifling» geworden. Dabei hat sich das Kind aus eigener Willensanstrengung ein Oben–Unten und ein Rechts–Links als Raumkoordinaten erworben.

Etwa im Zeitraum des dritten Vierteljahres wird der Drang, sich aufzurichten, zusehends stärker. Die inneren Willenskräfte drängen dazu, die Senkrechte zu erobern. Wo ein Geländer, ein Stuhl oder Tisch so nahe ist, dass man dort anfassen kann, greifen die kleinen Hände danach, und das Kind versucht, sich hochzuziehen und auf die eigenen Beine zu stellen. Immer wieder wird geübt. Welch ein Glücksgefühl überkommt das Kind, wenn es ihm schließlich gelingt! Bei den meisten ist das gegen Ende jenes Zeitraums, nach etwa neun bis zehn Monaten, der Fall. Das Bedürfnis, sich aufzurichten, kündigt sich bei vielen Kindern schon früh an, und dass der Wille zu dieser Aufrichte tief verankert ist, zeigt sich andeutungsweise schon dann, wenn sich, bald nach Beginn des Lebens, das Neugeborene beim sogenannten Schreitreflex in die Senkrechte stemmt und die Beine bewegt. Stellt man das Kind vor sich auf den Wickeltisch, gewissermaßen auf die Beine – wobei die Füße nur schwach den Tisch berühren –, kann es reflexartig Schreitbewegungen ausführen und sich für einen Augenblick in die Höhe stemmen. Was später nach entsprechender Übung aus eigenen Kräften zur selbst errungenen Fähigkeit wird, ist hier bereits durch einen Reflex angelegt, der nach etwa drei Monaten verschwindet. Die Beine können allerdings diese Aufgabe erst erfüllen, wenn sie in dem erwähnten dritten Abschnitt, nach etwa neun bis zehn Monaten, zu kräftigen «Säulen» werden; sie vermögen dann das Kind durch das ganze Leben zu tragen.

Bis zu diesem Zeitpunkt hat das Kind mit aller Kraft das «Oben–Unten» und das «Rechts–Links» errungen, und nun fehlt noch die dritte Raumkoordinate, das «Hinten–Vorn», der Wille, sich in den Raum hineinzubegeben. Der innere Drang ist da, auch wenn die Beine das Tragen des kleinen Körpers noch nicht leisten können. Aber das Kind weiß sich zu helfen! Weiterhin übt es immer wieder das Stehen. Um dann woandershin zu kommen, verlässt es die errungene Senkrechte, geht runter auf den Boden und bemüht sich, auf den Knien krabbelnd, dem Bauch robbend, dem Hosenboden rutschend, auch kriechend und rollend, sein Ziel zu erreichen.

Wieder vergeht einige Zeit, in der das Kind beim Aufrichten und Stehen immer sicherer wird. Es lernt nun auch die Beine zum Gehen zu gebrauchen, und mit großem Eifer und rechter Freude übt es das, wobei es sich zunächst an Stühlen, Tischen, Schränken, Wänden festhält und sich an ihnen entlang fortbewegt oder besonders gern die Hand der Mutter anfasst und sich dort am sichersten fühlt. Im Allgemeinen gegen Ende des ersten Jahres – auch wenn der Zeitpunkt individuell ganz verschieden ist – kommt der große Tag, an dem es gelingt, sich vom sicheren Halt zu lösen und ohne Hilfe auf das Gegenüber zuzugehen. Haben es die Kinder bei ihrem ersten selbstständigen Gehen geschafft, dort, bei einer anderen Person, anzukommen, jauchzen sie vor Freude und sind überglücklich. Welch ein Erlebnis für eine Mutter, wenn ihr Kind mit den ersten Schritten des Lebens gerade auf sie zuläuft und ihr beglückt in die Arme fällt!

Die Willenskräfte unseres Neugeborenen haben bewirkt, dass ohne jede moderne Gehhilfe in Form von Geräten, die das Umfallen verhindern sollen, die Aufrichte erlangt und danach aus eigener Anstrengung das Gehen erlernt wurde. Ist das Kind hier und da einmal «hingeplumpst» und hat vermutlich auch dabei geweint, so hat dieses Wesen, das bisher in einer anderen Welt leben durfte, wichtige irdische Erfahrungen machen dürfen, die zum Ergreifen des irdischen Leibes dazugehören und aus denen es etwas lernen kann.

Nach der Geburt meiner Tochter wohnte in unserem Nachbarhaus eine Familie mit einem etwa gleichaltrigen Kind, das nach dem Gehenlernen besonders gern im Garten die dort vorhandenen Stufen hinunterstieg – aus Freude an diesem Tun und an dem inneren Erlebnis, das ihm dabei zuteilwurde. Die Mutter blieb auf der Terrasse stehen, verfolgte mit ihren Blicken ängstlich jeden Schritt und rief dem Kind immer wieder zu – fast auf jeder Stufe: «Pass auf, dass du nicht fällst!»

Nun, das Kind fiel recht oft hin – und ganz gewiss gerade wegen der ständigen Ermahnungen, die es immer mehr verunsichern mussten.

Vertrauen in die Persönlichkeit dieses Kindes und sein so interessantes Bedürfnis, die Stufen des Gartens selbstständig bewältigen zu lernen, wäre hier hilfreich und notwendig gewesen.

Immer wieder wird hervorgehoben, dass der Mensch in den ersten drei Jahren mehr lernt als irgendwann später im Leben. Welcher Fähigkeit verdankt er in dieser Zeit die so bewundernswerte Möglichkeit des Lernens? Der Fähigkeit der Nachahmung – und der Tatsache, dass das kleine Kind durch das Vorbild der Erwachsenen und größeren Geschwister lernt. «Vorbild und Nachahmung» sind die ersten Zauberworte für die Pädagogik. Was wir Erwachsene vorleben, machen uns die Kinder nach. Voller Hingabe ahmen sie die Eltern nach, schlüpfen innerlich in sie hinein und ergreifen von innen jegliche Art von physischer, seelischer und geistiger Bewegung. Das werden sie ungefähr sieben und einige sogar neun Jahre lang tun. Nicht selten kommt es vor, dass sich an der Gehweise eines Kindes die besondere, manchmal eigentümliche Gangart der Mutter oder des Vaters zeigt, die es sich offensichtlich abgeschaut und angeeignet hat, vielleicht sogar lange beibehält.

Jedes Kind braucht in seiner Umgebung Menschen, um das Sich-Aufrichten und das Gehen erlernen zu können. Es gibt tragische Beispiele, an denen uns dies deutlich werden kann:[16] In Singapur wurden in den Dreißigerjahren zwei Kinder im Wald entdeckt, die nach ihrer Geburt in der Wildnis ausgesetzt worden waren und von Wölfen gefunden, gesäugt und aufgezogen wurden. Als man sie fand, liefen sie auf allen vieren, konnten sich nicht aufrichten und auch nicht sprechen. Sie waren so flink wie ihre Vorbilder, die Wölfe, und liefen schneller auf ihren Armen und Beinen, als wir es im Wettlauf tun könnten. Alle Geräusche, die an ihr Ohr gedrungen waren, also auch das Heulen der Wölfe, Zwitschern und Schreien der Urwaldvögel, Grunzen, Knurren, Jaulen und Brüllen der anderen Tiere, konnten sie einwandfrei nachmachen, ja es waren ihre einzigen Verständigungszeichen. Man nahm sie mit, brachte sie unter Menschen und machte interessante Erfahrungen, die uns an dieser Stelle zum Verständnis hilfreich sein können. Nach einiger Zeit versuchten sie beide, sich aufzurichten, konnten es aber nicht bis zu einer Senkrechten bringen, da ihre Wirbelsäule, die anfangs lediglich verknorpelt und daher biegsam ist, inzwischen der bisherigen, horizontalen Körperhaltung entsprechend verknöchert war. Eines der Kinder verstarb bald darauf, und über das andere Kind werden wir Weiteres erfahren, wenn wir auf das Sprechenlernen blicken.

Inzwischen hat man etliche Kinder aufgefunden, die ausgesetzt und von Tieren aufgezogen wurden: Außer von Wölfen waren es vor allem Bären und Füchse, die Säuglinge wohlbehütet aufnahmen, säugten und gedeihen ließen. All diese Kinder fanden nur in begrenztem Maße innere Aufrichtekräfte und lernten dementsprechend nur eingeschränkt das Gehen, Sprechen und Denken, die drei grundlegenden Fähigkeiten des Menschen. Und sie lernten diese Fähigkeiten erst, nachdem sie es geschafft hatten, sich am menschlichen Vorbild zu orientieren.

Fassen wir die bisher betrachteten Entwicklungsschritte zusammen: Im Kopf, im Rumpf und in den Gliedmaßen bringen wir vor allem drei lebenswichtige Fähigkeiten mit – das Saugen, das Atmen und das Bewegen (Strampeln). Im Laufe des ersten Jahres lernen wir uns in der Gegenwart von Menschen aufzurichten, beginnen dabei mit dem Kopf, ergreifen dann den Rumpf und schließlich die Beine, die zu Säulen werden und uns tragen. Es gleicht einem Akt des Sich-Durchstreckens von oben nach unten. Während dieses Dreischritts erwerben wir uns in jedem der drei Bereiche eine neue Fähigkeit, im Kopf das *Blicken,* im Rumpf das *Greifen* der Hände, in den Beinen das *Gehen.* Dafür werden in der Heilpädagogik oft auch die drei prägnanten Begriffe verwendet: Blick – Griff – Schritt.

Wir haben noch nicht die anderen Reflexe außer dem Saug- und dem Greifreflex erwähnt, urtümliche Bewegungsabläufe, die das Kind von Geburt an beherrscht und vom Arzt bald nach der Geburt überprüft werden. Es ist ein gutes Zeichen, wenn es möglichst alle angeborenen Reflexbewegungen ausführen kann. Lassen wir an dieser Stelle die Mediziner Wolfgang Goebel und Michaela Glöckler zu Wort kommen, die diese ärztlichen Untersuchungen beschreiben: «Berührt man die Wangen des Kindes mit dem Finger, so dreht sich das Köpfchen nach dem Reiz und versucht an ihm zu saugen. Lässt man die Fußsohlen eine Unterlage oder eine Wand berühren, so streckt es den weiter vorn liegenden Fuß von sich weg und beugt den hinteren, sodass nach Wiederholung auf der anderen Seite der Eindruck eines Schreitens entsteht. Legt man seine Finger in die Hand des Kindes, so schließt sich die Faust darum und kann nicht loslassen. Lässt man das Kind im Warmen nackt auf einer Unterlage liegen, so macht es abwechselnde Strampelbewegungen und ausfahrende Bewegungen, die zunächst keine sinnvolle Zuordnung gestatten. Schaut man genauer hin, so erscheinen im Bewegungsspiel Rudimente des Vierfüßlerganges. Erst etwa mit zweieinhalb Monaten beginnen die meisten dieser angeborenen Reflexe zu verschwinden. Das Kind fängt jetzt von sich aus an, die Faust zu schließen, zu saugen, den Kopf zu heben, es hört auf, automatisch zu schreiten, es strampelt weiterhin abwechselnd, die ausfahrenden Bewegungen verschwinden jedoch. Der Verlust der angeborenen Leistungen bedeutet einen wesentlichen Schritt zur Vermenschlichung. Denn das Tier hat die Möglichkeit, aus dem Schreitreflex heraus bald nach der Geburt das Laufen zu lernen. Ein Füllen kann bereits zwei Stunden nach der Geburt mit der Herde mithalten. Der Mensch ist als Säugling noch im Aufbau seines Gehirnes und übrigen Leibes tätig und unterzieht sich einem mühevollen Aufrichte- und Laufiernvorgang. Von daher erklärt sich auch, dass ein zu langes Verweilen der angeborenen Reflexmuster eine Entwicklungsstörung kennzeichnet und der Arzt aufgerufen ist, diese so früh wie möglich zu erkennen.»[17]

Man könnte von einer Grundausstattung sprechen, die uns die Natur für den Beginn mit auf den Weg gibt. Das Kind arbeitet von nun an unbewusst daran, durch eigene Bewegungsabläufe diese Reflexe zu überlagern, um so mehr und mehr die Herrschaft über den eigenen Leib zu gewinnen. Es sind gleichsam geschenkte Reaktionsverhalten für den Anfang des Lebens, die interessanterweise nach einiger Zeit verschwinden – in dem Maße, wie sich das Kind aus eigener Anstrengung ergreifen lernt, angefangen beim

Heben und Drehen des Köpfchens, über den Rumpf mit den beweglichen Armen und greifenden Händen bis in die tragenden Beine und beweglichen Füße. Schließlich hat es die sogenannte motorische Herrschaft über den Körper erlangt. Eine erstaunliche Tat! Beim Krabbeln, Robben, Wälzen, Rollen erübt es dann weitere umfangreiche Bewegungsabläufe.

All diese Bewegungsabläufe muss jedes Kind erlernen, handhabt es aber auf ganz individuelle Weise. Die eine Bewegungsart wird vielleicht sehr langsam und gründlich erübt, eine andere recht schnell oder lediglich flüchtig durchgemacht. Hier zeigt sich, wie das Wesen eines Kindes darum ringt, sich mit der Schwerkraft auseinanderzusetzen und auf seine ihm eigene Weise Einzug in den irdischen Leib zu halten, darin das Gleichgewicht gegenüber den Kräften des Umkreises zu finden und zu halten. Dies können wir als ein erstes Freiheitserlebnis anschauen.

Ist nicht die Entfaltung von Eigenaktivität, das Lernenwollen, der Wille, immer selbstständiger zu werden, das tiefste Bedürfnis des Neuankömmlings? Ist es ihm nicht in der ersten Zeit des Lebens ein ständiges Anliegen, tatkräftig seinen Körper von innen zu ergreifen, um ihn immer geschickter beherrschen zu können? Viele moderne Forschungen fördern Ergebnisse zutage, die zum Umdenken auffordern und deutlich machen, dass das kleine Kind in keiner Weise als passives Wesen angesehen werden kann.

Aber betrachten wir weitere Fähigkeiten, die es im ersten Lebensjahr zu erlernen gilt. Das Kind muss aus eigener Kraft lernen, seine *Sinne* zu betätigen. Wenn es mit seinen Händchen bald nach der Geburt die Brust der Mutter berührt, beginnt es zugleich, seinen Tastsinn zu gebrauchen, und durch das Wickeln lernt es, die Grenzen seines Leibes und die wohlige Wärme durch seinen Wärmesinn zu empfinden. Dabei lernt es den Duft von Mutter und Vater kennen, und es genießt die Muttermilch; sein Geruchssinn wie auch sein Geschmackssinn werden angeregt. Diese Sinne wird das kleine Kind in den nächsten Monaten und Jahren ständig aktiver und bewusster betätigen. Es nimmt aber auch sein inneres Wohlempfinden oder auch sein Unwohlsein wahr. Gewöhnlich spricht man immer noch von lediglich fünf Sinnen, obwohl die moderne Wissenschaft inzwischen weitere Sinne beschrieben hat. Rudolf Steiner hat in seinen geisteswissenschaftlichen Forschungen insgesamt zwölf Sinne entdeckt und ausführlich dargestellt.[18] So nimmt das Kind etwa durch seinen Lebenssinn sein leibliches Befinden wahr und durch den Eigenbewegungssinn die eigenen Bewegungen. Wenn es sich später aufzurichten beginnt, lernt es seinen Gleichgewichtssinn zu betätigen.

Vier Sinne sind es, durch die das Kind *aktiv* seine Leiblichkeit wahrzunehmen lernt, die sogenannten «Leibessinne» (Tast-, Lebens-, Eigenbewegungs- und Gleichgewichtssinn). Durch Geruchs- und Geschmackssinn verbindet es sich seelisch – zunächst unbewusst – mit der Umwelt. Sehsinn und Wärmesinn gehören ebenfalls zu dieser zweiten Gruppe. Es sind die sogenannten «Seelensinne». Der Gehörsinn mit drei weiteren (Sprachsinn, Ichsinn und Gedankensinn) zählt zu den «Geistesssinnen», die wir an passender Stelle besprechen werden.

Betrachten wir nun ausführlicher das Sehenlernen. Dass das Neugeborene erst nach etwa einem Vierteljahr das aktive Blicken beherrscht, haben wir bereits erwähnt. Welche Zwischenschritte haben wir übersprungen? Nach der Geburt kann das Neugeborene mit seinen Augen kaum eine Richtung halten und freilich noch nicht fixieren. Die Schlafphasen überwiegen. Während der folgenden Wochen werden die Zeiten, in denen die Augen geöffnet sind, etwas länger, und nach dem Stillen kann es vorkommen, dass es mit seinem Schauen dem Kopf der Mutter folgt. Es ist auch möglich, dass die Augen wiederholt eine Richtung aufsuchen, ohne dass dort etwas Besonderes zu sehen ist. Hier wird ein angeborener Reflex wirksam, den man «Puppenaugenphänomen» nennt und durch den der Säugling das Richtungssehen erlernt. Immer mehr gelingt es ihm, von innen heraus die Augen zu richten; das heißt, die Sehachsen müssen richtig eingestellt werden, was in der nächsten Zeit langsam dazu führen wird, dass der Reflex gänzlich von der Eigenaktivität überlagert wird.

Noch hat das kleine Kind keine deutliche Sinneswahrnehmung,

und doch nimmt es etwas wahr: den Seelenzustand der Erwachsenen. Ruhig, freudig und aufmerksam ist es bei der ruhigen Mutter, unruhig wird es, wenn Menschen in der Umgebung sind, die unsicher sind, abgehetzt wirken. Gleichzeitig mit dem Richtungssehen taucht die Wahrnehmungsfähigkeit des Seelenzustandes auf.

Das erste bewusste Lächeln tritt oftmals in der fünften Woche auf, und damit beginnt eine neue Phase: Das Schauen in den Umkreis wird verinnerlicht, indem das Kind von nun an der Mutter und dem Vater in die Augen, in die zentral gelegenen Pupillen zu schauen vermag. Eine innere Begegnung findet statt, die hohes Glücksgefühl hervorrufen kann. Es ist ein gegenseitiges Sich-Finden von Seele zu Seele. Auch ist es nicht gleichgültig, was man dem Kind in jenem frühen Alter zum ersten Anfassen in die Hände gibt: Ein Plüschmondgesicht etwa hat nichts mit einem Glockenspiel zu tun, das Material einer Plastikrassel nichts mit den Geräuschen darin, während ein Holzstäbchen dasselbe bleibe, wenn es auch einmal klingt.[19] Das Kind nimmt in dieser Hinsicht Wahrheit und Unwahrheit hin und freut sich daran; da die Eindrücke gerade in diesem Alter noch tief ins Unbewusste sinken, sollte man auf diese Zusammenhänge größten Wert legen.

Ein weiterer Schritt des Sehenlernens wird vollzogen, wenn die Hände etwas ergreifen und die Augen das sehen wollen, was in den Händen gehalten wird. Da wird geübt und geübt. Blick und Griff gilt es zu koordinieren, und es bedarf fleißigen Übens, bis es gelingt, das zu ergreifen, was die Augen entdeckt haben, und umgekehrt das zu sehen, was die Hände zuerst an sich genommen haben.

Nach etwa fünf Monaten kann der Säugling bekannte Gesichter von unbekannten unterscheiden. Er beginnt jetzt zu «fremdeln». Je nach Temperament reagiert er deutlich auf einen Menschen, der ihm fremd ist, und die Eltern können ihm helfen, indem sie mit dem Kind im Arm genügend Abstand halten. Der hier skizzierte «Sehraum» und «Fremdelraum» ist, so charakterisiert es Michaela Glöckler, ein Teilaspekt des kindlichen «Seelenraums».[20] In ihm erlebt es sich schon bewusst.

Wenn wir die Entwicklung des Sehenlernens betrachten, kann deutlich werden, dass der heranwachsende Mensch seinen Augen Schritt für Schritt durch stete Aktivität die Fähigkeit des Sehenlernens selbst beibringt. Um aber das menschliche Sehen tiefer zu verstehen, müssen wir einen kleinen Exkurs in eine wissenschaftliche Betrachtung unternehmen, den wir Rainer Patzlaffs Buch *Sprache – das Lebenselixier des Kindes* entnehmen.[21] Der Autor stellt ausführlich dar, wie in den letzten Jahrzehnten durch Forschungen die Vorstellung, dass das Neugeborene, ja bereits der Fötus ein mehr oder weniger hilfloses, empfindungsunfähiges Wesen sei, gründlich revidiert werden musste. Während man früher meinte, unsere Sinnesorgane seien passive Empfänger von Umweltreizen und beim Betrachten eines Gesichts beispielsweise gelange dementsprechend ein fertiges visuelles Bild – ohne eigene Tätigkeit, wie ein Foto – in unser Gehirn, erkannte man jetzt, dass wir immer nur einen Punkt genau ansehen können und uns das gesamte Bild durch eigene Aktivität erarbeiten müssen. Das tun wir, indem wir mithilfe unserer Augenmuskulatur, die pro Sekunde bis zu 200 blitzschnelle Bewegungen auszuführen vermag, von einem Bildpunkt zum nächsten huschen. Wir tasten gleichsam das ganze Gesicht mithilfe der weitgehend unbewusst bleibenden Augentätigkeit ab. Wie ein Maler in seinem Werk jeden Bildpunkt gestaltet, erarbeiten wir uns von Bildpunkt zu Bildpunkt rasend ein gesamtes Bild. Bei der Sinneswahrnehmung sind wir also höchst aktiv.

Für uns ist an dieser Stelle wichtig zu wissen, dass das Kind die Tätigkeit des Sehens erst lernen muss. Aber kennen wir das nicht längst schon? Haben wir noch nicht bemerkt, wie ein neuer Erdenbürger auf dem Arm von Vater oder Mutter sitzt und seine Augen fasziniert über das Antlitz gleiten lässt, um alles genau sehen zu können – und das immer wieder?

Zum besseren Verständnis sei hier noch ein bekanntes Beispiel angeführt. Menschen, die blind waren und sich einer Operation unterzogen, die zum anschließenden Sehen führte, erlebten, dass sie nun tatsächlich in die Welt blicken, aber nur Farben zu sehen vermochten, keine Umrisse. Warum? Weil wir Sehenden von früher Kindheit an mit unseren Augen täglich geübt haben, die Umrisse aller Dinge, die wir anschauen wollen, blitzschnell zu umfahren und die Augenmuskulatur daran zu gewöhnen. Welch große Leistung vollbringt das Kind auch beim Sehen! Es ist der *Bewegungssinn*, mit dem es durch die Augen hindurch aktiv alle Dinge von früh an umfahren und sich daran gewöhnt hat. Die Blinden hatten nie vorher die Gelegenheit, ihren Bewegungssinn durch die Augen zu betätigen, und müssen das nun mühsam versuchen nachzuholen. Ohne Bewegung keine visuelle Wahrnehmung!

Schon Goethe bemerkte, dass das Auge keine Form sehe[22] und die menschliche Tätigkeit im Auge durch das Erfahren der Formen die Gegenstände erst konstituiert. Damit ist die moderne Forschung, ohne es zu realisieren, auf die Spuren der unbewussten Tätigkeit des Ich in der Außenwelt gestoßen, auf die Steiner Jahrzehnte zuvor eindringlich hingewiesen hat.[23]

Und wie erlernt das Kind das *Hören?* Man staune: Das Hörvermögen beginnt schon ganz früh in der Schwangerschaft, genau am 22. Tag nach der Befruchtung, wenn die Ohrplakoden (Hautverdickungen am Embryo, die sich dann innerhalb einer Woche zu den Ohrbläschen einstülpen und rasch weiterentwickeln) am Embryo sichtbar werden.

Man kann sich fragen, was denn das Ungeborene im Mutterleib hört. Nun, es ist die Stimme der Mutter, aber auch die Geräusche des mütterlichen Organismus. Es hört, wie das Herz der Mutter schlägt, wie sie atmet, auch hört es die Geräusche, die in Magen und Darm entstehen. Das Kind lauscht, wie es der Mutter geht. Es hört aber auch alles Musikalische, das in der Sprache der Mutter wirksam ist, also die Tonhöhe, ihr Tonfall, Rhythmus, Tempo, Pausen, ihre Sprachmelodie («Prosodie»). Der Fötus ist wie ein Genie, nimmt deren Sprache nicht passiv auf, sondern gleichsam wie ein Musiker, kann Klänge und Melodiebögen, Tempoveränderungen wahrnehmen, wie man in vielen Forschungen ermitteln konnte.[24]

Es gibt Berichte von Berufsmusikern, dass sie bestimmte Musikstücke eigentlich nie haben üben müssen, weil ihre Mütter sie schon auf einem Musikinstrument spielten, als sie schwanger waren. In vielen Kulturen, die sehr naturnah geblieben sind, war es üblich, dem noch nicht geborenen Kind etwas vorzusingen, und so kann man verstehen, dass der berühmte Geiger Yehudi Menuhin, der behauptete, schon im Mutterleib mit Musik aufgewachsen zu sein, sich an die moderne Gesellschaft mit der Bitte wandte, für die Ungeborenen zu singen.

Es sind nicht die Wörter und Sätze und schon gar nicht die Gedanken oder einzelnen Laute, die das Kind erleben und innerlich ergreifen kann, sondern einzig und allein alles Musikalische. Also möchte man allen Müttern zurufen, sie möchten doch ihrem Kind nicht nur nach der Geburt, sondern schon vorher viel vorsingen, wobei es gar nicht einmal auf Worte ankommt, sondern auf die Melodie, den Rhythmus, die Freude beim Singen ...

Wir können also mit Berechtigung sagen: Der Mensch ist im Embryonalstadium von Anfang an «ganz Ohr». Er sieht erstaunlicherweise im Mutterleib auch so aus wie ein großes Ohr, wenn er sich in die typische Fötalstellung einrollt, in der er sich auf den Weg zur Geburt begibt. «Das Ohr ist ganz Mensch», kann man andererseits sagen, wenn man bedenkt, dass die Ohrmuscheln physiologisch mit allen Organen und Funktionsbereichen unseres Leibes in Verbindung stehen, was man bekanntlich in der Akupunktur zu nutzen versteht.[25]

Wie steht es nun beim Säugling mit dem Hörsinn? Spielen auch hier, wie beim Sehsinn, Bewegungen eine wesentliche Rolle? Bisher ging man davon aus, dass der Hörvorgang im Ohr ein passives Verhalten ist, da man keinerlei Muskelaktivität der mikroskopisch kleinen Haarzellen in der Hörschnecke (Cochlea) gefunden hatte. Neue Forschungen haben nun ergeben, dass drei Viertel dieser winzigen Härchen auf die vom Schall erzeugte Wanderwelle aktiv in der Lymphe des Innenohrs mit einer «muskulären Bewegungsantwort» reagieren.[26]

Diese muskulären Haarzellen können Töne erzeugen, die nach außen ans Trommelfell abgestrahlt werden. Man nennt sie «otoakustische Emissionen» (OAE), und man kann sie mit hochempfindlichen Mikrofonen auffangen. Sie beweisen, dass auch unser Ohr zu hoher Eigenaktivität veranlagt ist und wir durch unsere Sinne sehr aktiv auf die Welt zugehen und sie in uns hereinnehmen. Die Kraft, mit der wir dies tun können, ist der in uns veranlagte und von uns weiter auszubildende Wille.

Dass das Hören noch viel mehr erfasst als nur die Vorgänge im Ohr, entdeckte der Amerikaner William S. Condon mit modernster Technik: Während wir einem sprechenden Menschen zuhören, führt das Muskelsystem unseres ganzen Körpers winzige Bewegungen aus, die wir nicht bemerken, die man aber mit Hochgeschwindigkeitskameras filmen kann. Vom Kopf bis zu den Füßen laufen synchron zu dem, was der Sprecher sagt, Bewegungen ab. Auch der Sprecher selbst führt die gleichen winzigen Bewegungen aus; der hörende Mensch macht sie ihm also nach. Bildlich gesehen ist es, als ob der ganze Körper des Hörers in präziser und fließender Begleitung zur gesprochenen Sprache tanzt.[27]

Es mag hier genügen, sich an Auge und Ohr das Prinzip und das Wirken unserer Sinne zu verdeutlichen. Das Gleiche gilt auch für alle anderen Sinne und deren Organe. Durch zwölf Sinnestore öffnen wir uns mit Eigenaktivität gegenüber der Welt des Leibes, der Seele und des Geistes.

Es wäre natürlich interessant, bei der Entwicklung des Kindes im ersten Lebensjahr auch auf das Stillen, die weitere Ernährung, das Auftauchen der ersten Zähne, das Vorspiel der Sprachentwicklung, das erste Spielzeug, die Bedeutung der verschiedenen Rhythmen und ihre Anwendung im Täglichen und viele weitere Themen einzugehen. Doch würde dies den Rahmen unserer Ausführungen sprengen und von dem, was wir als wesentlich herausarbeiten wollen, ablenken. Auch gibt es reichlich Literatur zu all diesen Themen mit wertvollen praktischen Anregungen bis ins kleinste Detail.[28]

Fassen wir die wesentlichen Schritte des ersten Lebensjahres zusammen: Das Kind will sich aufrichten, durchdringt von oben nach unten seinen Leib, ergreift mit seinen Willenskräften in einem Dreischritt von innen das Haupt, den Rumpf mitsamt den Armen und Händen, richtet sich ganz auf, ergreift die Beine und die Füße und erringt dabei das Gleichgewicht. Schließlich lernt es in einem weiteren Akt das Gehen aus eigener Kraft. Verschiedene Reflexe dienen anfangs der ersten Beweglichkeit, werden dann durch die Eigenaktivität überwunden und überlagert. Während des ganzen ersten Jahres lernt es, seine verschiedenen Sinne von innen zu ergreifen und sich seelisch immer mehr mit seiner Umgebung zu verbinden.

Wie wir noch genau zu betrachten haben, werden bis zum Ende dieser Zeit auch die nötigen Vorstufen zur Sprechfähigkeit durchlaufen: Das Kind vermag durch sein ständiges Üben alle Laute zu bilden, es kann «lallen» oder «brabbeln». Bei Untersuchungen kam man zu dem erstaunlichen Ergebnis, dass die Kinder überall auf der Welt die gleichen Laute hervorbringen und erst im zweiten Lebensjahr die «Muttersprache» bzw. die Sprache der Umgebung nachahmen und sprechen.[29] Kinder, die in dieser Zeit in eine andere Umgebung «verpflanzt» werden, lernen mühelos die Sprache, die dann an ihr Ohr dringt. Es ist also berechtigt zu sagen, dass wir Menschen in dieser Hinsicht global veranlagt sind.

Aus einer anderen Welt stammend, ist das Kind nun auf der Erde angekommen, kann auf ihr stehen und gehen und sich von irdischer Nahrung ernähren und sich mit anderen Wesen verständigen! Der erste Schritt von den drei großen Schritten am Anfang des Lebens ist vollzogen.

Das zweite Lebensjahr: sprechen lernen

Das Hauptthema des zweiten Lebensjahres ist die Entwicklung des Sprechens. Dass wir Menschen gegenüber dem Tier diese Fähigkeit entwickeln können, verdanken wir auch der Tatsache, dass wir uns aufrichten und die Wirbelsäule in die Senkrechte bringen können. Kinder, die unter Tieren aufwuchsen und nur auf allen vieren laufen konnten, gaben lediglich Tierlaute und Urwaldgeräusche von sich, die sie durch Nachahmung erlernt hatten; sie waren nicht in der Lage zu sprechen. Erst als sie lernten, sich wenigstens einigermaßen aufzurichten, gelang es ihnen nach großer Mühe, menschliche Laute hervorzubringen. So wie wir uns nur aufzurichten lernen, wenn wir unter Menschen aufwachsen, können wir auch nur dann sprechen lernen, wenn wir Sprache hören.

Wie bedeutungsvoll es ist, als Mensch eine Sprache zu hören, kann einem klar werden, wenn man sich Berichte über vermeintliche

Versuche des Stauferkaisers Friedrich II. (1194–1250) mit Neugeborenen vor Augen führt. Laut den Schilderungen soll der Kaiser die Kinder isoliert und dann in die Obhut von Ammen gegeben haben, die sie zwar bestens betreuten, aber nicht mit ihnen sprechen durften; die Kinder sollten ganz ohne sprachliche Äußerungen in ihrer Umgebung aufwachsen. Angeblich wollte Friedrich II. durch die Experimente herausfinden, wie sich Sprache ohne äußeren Einfluss entwickelt. Nach den überlieferten Erzählungen verkümmerten die Kinder und verstarben nach und nach. Auch wenn die Berichte heute in der Regel als antikaiserliche Propaganda von zweifelhaftem Wahrheitsgehalt angesehen werden,[30] werfen sie doch ein Licht auf die Bedeutung der Sprache in der Umgebung des heranwachsenden Kindes. Das Sprechen gehört zum Menschen, ist lebensnotwendig. Ist jemand taubstumm, findet ja trotzdem in seiner Umgebung Sprechen statt, und darum geht es. Sprache ist mehr als nur ein Verständigungsmittel!

Welche Schritte vollziehen die Kinder beim Erlernen des Sprechens? Darüber ist sehr viel geschrieben worden. Am eindrucksvollsten und kompetentesten ist für mich das umfangreiche Buch von Rainer Patzlaff, *Sprache – das Lebenselixier des Kindes.*[31] Es ist ihm gelungen, die sprachlichen Entwicklungsschritte der Babys – unter Einbezug der aktuellen Forschungen – so eindrucksvoll darzustellen, dass ich seine Schilderungen meinen Lesern unbedingt ans Herz legen möchte und hier einige wesentliche Gedanken sehr verkürzt skizzieren werde.

Patzlaff erlaubt sich, abweichend vom Fachjargon, von einer «neunmonatigen Sprachschwangerschaft» zu sprechen, die im ersten Lebensjahr gleich nach der Geburt beginnt und sich in drei Abschnitten von je drei Monaten vollzieht. In dieser Zeit werden in einem Dreischritt alle Organe und Muskeln, die beim Sprechen gebraucht werden, durch ständiges Üben auf die große Aufgabe vorbereitet, die verschiedensten Laute und Klänge bilden zu können; im zweiten Jahr erlernt das Kind dann die Muttersprache durch Nachahmen sprechen zu lernen. Blicken wir zunächst unter diesem Gesichtspunkt auf das erste Jahr zurück.

Sprachentwicklung im ersten Lebensjahr

Erste Phase der «Sprachschwangerschaft» (1. bis 3. Monat)

Mit dem ersten Schrei bei der Geburt – aufzufassen wie ein «Vorbote» – beginnt die Zeit, in der das Kind lernt, seinen Atem willkürlich zu ergreifen und mit einer entsprechenden Dynamik im Kehlkopf zum Klingen zu bringen. Dabei wird der Atem durch den Kehlkopf gepresst, und die Muskulatur der Stimmlippen darin wird bei allem weiteren Schreien immer mehr ausgebildet. Das gehört zum ersten regelrechten Training der Stimme. Es gilt, die Herrschaft über die Atemführung zu gewinnen. Der willkürliche Zugriff auf die Klangerzeugung und deren Steuerung wird eingeübt. Allmählich gelingen auch Veränderungen des selbst erzeugten Klangs. Dem Säugling gelingt es mehr und mehr, der Umgebung Wünsche mitzuteilen oder ihr das innere Befinden kundzutun. Im Allgemeinen wissen die Eltern recht genau die einzelnen Äußerungen ihres Kindes zu deuten.

Zweite Phase der «Sprachschwangerschaft»: Der Resonanzraum für die Sprache bildet sich (3. bis 6. Monat)

Nach drei Monaten werden die Hohlräume in Mundhöhle und Rachen erweitert, und so erst entsteht genügend Resonanzraum (wie bei einem Musikinstrument) für die spätere Bildung reiner Vokale und Konsonanten. Die «Sprachmusik» kann beginnen. Das Erscheinen der Zähne in dieser Zeit wird später, am Ende des ersten Jahres, auch dazu beitragen, unterscheidbare sprachliche Laute artikulieren zu können. Nun beginnt ein Experimentieren mit dem «Musikinstrument», das noch nichts mit Sprechen zu tun hat; Klänge, Geräusche werden erzeugt, rein spielerisch. Es ist die erste «Lallphase». Patzlaff spricht davon, dass in diesem Baby-Monolog «tausendfältige Klänge» erprobt werden. «Der Säugling beginnt zu quietschen und zu brummen, zu gurgeln und zu schnalzen, zu krähen und zu flüstern, zu prusten und Spuckebläschen zu formen. Und das mit sichtbarer Freude. Er erprobt und bringt unter Kontrolle die Feinmotorik seines Kehlkopfes und die von Rachen, Mundraum, Zunge und Lippen, dazu auch die Atemmuskulatur und Stimmbänder. Die Stimme wird liebstes Spielzeug! Sie wird bald melodischer und erreicht gegen Ende des ersten Halbjahrs einen ersten Höhepunkt. Aber es sind noch nicht die Sprachlaute, die er von seinen Eltern hört!»[32]

Das Lallen und Gurren geschieht als Monolog, wenn das Baby mit sich allein ist. Es braucht aber auch den Dialog mit seinen Bezugspersonen, um in die Sprache der Umgebung hineinzufinden. Seit Urzeiten verwendet man für das ganz kleine Kind eine andere Sprache, als wir Erwachsene sie miteinander sprechen. Diese sogenannte Ammensprache, im Englischen als «motherese» bezeichnet, wird durch neue Forschungen als sehr bedeutsam anerkannt. Man hat in sämtlichen untersuchten Sprachen der Welt beobachtet, dass Eltern ihre gewohnte Sprechweise intuitiv ändern, wenn sie mit ihren unter zweijährigen Kindern sprechen. Es ist eine Sprache des Gefühls, nicht des Verstandes: Melodik und Rhythmik der Sprache spielen eine Rolle; man wählt eine höhere Stimmlage, spricht betont deutlicher, langsamer, mal höher, mal tiefer, wiederholt wichtige Wörter, dehnt Vokale, bemüht sich um Lautmalereien und greift gebrabbelte Silben des Babys auf. Wie beruhigend kann ein liebevoll gesungenes Wiegenlied wirken anstatt einer gut gemeinten gedanklichen Erklärung, wie wichtig es sei, jetzt schnell zu schlafen, weil man sonst morgen zu müde sei!

Bei dieser Art von Sprache spielen der Gesichtsausdruck und die Mimik der Eltern, auch all ihre Gebärden eine große Rolle. Sie wird rund um den Globus gesprochen, eine Art Ursprache, die von den Babys verstanden wird, weil sie sie schon aus der vorgeburtlichen Welt mitbringen. Patzlaff beendet diese Betrachtung mit folgenden Worten: «Zuletzt muss noch daran erinnert werden, dass die Ammensprache nicht als ein isoliertes Element im Umgang mit Kleinkindern gesehen werden sollte, sondern als Klang gewordene Verdichtung einer weit darüber hinausgehenden wortlosen Sprache der Liebe, die das Kind mit Körperkontakt, Liebkosungen, Streicheln, Blickkontakt und Empathie warm umfängt und ihm damit die seelische Hülle bereitet, in der es sich angenommen fühlt und gedeihen kann. Das ist die eigentliche Nahrung, nach der das Kind lechzt und die ihm wichtiger ist als die leibliche Nahrung. Fehlt diese seelische Nahrung (wie man es z. B. in furchtbarer Weise von rumänischen Kinderheimen der Ceausescu-Ära kennt), verkümmert das Kind, vegetiert nur noch vor sich hin und kann nicht zu seinem Menschsein gelangen.»[33]

Unter den Ergebnissen der modernen Forschung sind einige recht vielsagend. So haben Forscher beobachtet, dass die Babys in dieser Phase anfangen, sich während des Dialogs für das Gesicht des Erwachsenen lebhaft zu interessieren. Warum? Das Musikalische in der Sprache ist ihm ja schon aus der vorgeburtlichen Zeit vertraut. Aber wie das in diesem Augenblick erlebte Mienenspiel, die Gebärden und die gesamte Gestik der Mutter mit dem Klang der Worte und Sätze zusammenhängen, ist neu und von großem Interesse und will erfahren werden!

Aufgefallen ist Forschern auch, dass die Babys während eines Dialogs, auf dem Wickeltisch liegend, längere Zeit auf die Lippen des Sprechers schauen und sich nicht satt sehen können. Kinder sind nach den ersten vier Monaten schon geübt im Lippenlesen und können erkennen, ob der Sprecher ihre Muttersprache oder eine fremde Sprache spricht.

Wenn wir uns an Condons Entdeckung (s. S. 49) erinnern, dass beim Zuhören der ganze Körper die Lautbewegungen mitvollzieht, fällt es leichter zu verstehen, dass die Zunge ebenfalls alle Bewegungen mitmacht. Babys müssen ihre Zungen trainieren, um Laute verstehen und später sprechen zu können. Wenn wir einem Menschen zuhören, sprechen wir unbewusst alles mit, und dadurch verstehen wir seine Worte. Auch unsere Stimmbänder im Kehlkopf schwingen ständig mit. Diese Tätigkeiten übt das Baby von Anfang an mit voller Hingabe, aber es geht in keiner Weise um die Bedeutung der Worte, sondern nur um das Wahrnehmen, bei dem Hören und Bewegen eins sind!

Ferner hat eine Forschergruppe 180 Mütter per Video bei deren «Unterhaltungen» mit ihren einjährigen Kindern beobachtet und ist zu folgendem Ergebnis gekommen: «Intensität und Qualität der frühen ‹Sprechverbindung› zwischen Kleinkind und Mutter ist von großer Bedeutung nicht nur für die gesamte spätere sprachliche Entwicklung, sondern auch für die psychische Gesundheit der Kinder und ihre soziale Kompetenz im Schulkind-Alter.»[34] Patzlaff hat daher in einem Appell an die Eltern geschrieben: «Ob die Eltern es wollen oder nicht – durch ihren Umgang mit dem Baby-Dialog entscheiden sie mit über das Erreichen oder Nichterreichen seelischer Gesundheit und Sozialkompetenz ihres Kindes in späteren Jahren. Dieses Ergebnis sollte als Appell an die Erwachsenen verstanden werden, Sprache nicht länger als reines Informationsmedium zu begreifen, sondern als das, was sie für das kleine Kind in Wirklichkeit ist: ein unentbehrliches Lebenselixier. Sprache wird zum Gesundheitsfaktor! Der Gedanke mag ungewohnt sein, eröffnet aber zugleich begeisternde Perspektiven für unser Handeln am Kind.»[35]

Viele Untersuchungen haben gezeigt, dass Babys frühzeitig beginnen, Laute, auch ähnlich klingende Konsonanten und Vokale – sogar verschieden artikuliert –, hörend zu unterscheiden. Erstaunlich ist, dass sie im ersten halben Jahr nicht nur die Laute derjenigen Sprache unterscheidend wahrnehmen können, die in ihrer Umgebung gesprochen wird, sondern auch die fremden Sprachen, die sie noch nie gehört haben. Babys sind offen für alle Sprachen der Welt! Das bedeutet, dass sie, die selbst noch nicht sprechfähig sind, in allen sechs- bis siebentausend Sprachen jeden Lautkontrast bemerken können – ein praktisch unbegrenztes Wahrnehmungsvermögen. Bald darauf haben sie die Möglichkeit, jede Sprache der Welt zu erlernen – als erste diejenige, die in der Umgebung gesprochen wird. Bis dahin besteht völlige Freiheit. Welche Sprache das Kind erlernt, ist also nicht genetisch bedingt, sondern hängt von den jeweiligen Umwelteinflüssen ab, und diese hängen mit den Eltern zusammen, die das Kind sich vorgeburtlich ausgesucht hat.

Dritte Phase der «Sprachschwangerschaft»

Nach Überschreiten der Mitte des ersten Jahres beginnt sich das Baby zielgerichtet der Sprache seiner Mutter oder seiner Bezugsperson zuzuwenden. Man spürt, dass es Interesse für Laute und Lautverbindungen entwickelt, und eines Tages tauchen bei all den Klangexperimenten zum ersten Mal Konsonanten auf, verbunden mit Vokalen. Im Allgemeinen wird diese Phase als «Lallphase» bezeichnet. So wie das Kind bisher alle möglichen Klänge hervorbrachte, lallt es jetzt Silben, vor allem die bekannten «mama» und «baba», übt und übt und möchte so schön sprechen, wie die Umgebung es kann. Je mehr Laute das Baby hört und sie nachahmend zu sprechen erlernt, desto mehr lässt die Fähigkeit nach, die bisher zur Bildung all der Klänge zur Verfügung stand. Es ist wichtig zu wissen, dass die inneren Kräfte, die das Baby bei seinen Sprechbemühungen aufbringt, sich nicht auf den gedanklichen Inhalt der Wörter richten, also nicht darauf, was sie bedeuten, sondern auf Formgesetze. Es bleibt beim musikalischen Wahrnehmen.

Am Ende der Sprachschwangerschaft nimmt das Kind immer mehr Abschied von der Universalität der Sprachlaute, damit es in die Muttersprache eintauchen kann. Patzlaff schreibt dazu: «Der nächste Schritt wird dann sein, den anhand ihrer Lautmuster identifizierten Einzelwörtern den entsprechenden sinnlich und gedanklich fassbaren Inhalt zu geben. Aber das geschieht erst nach dem Ende der Sprachschwangerschaft. Was bis jetzt vorliegt, ist, bildlich gesprochen, lediglich das Rohmaterial zu dem Bau des Sprachschiffs, das erst später inhaltsbeladen seiner eigentlichen Mission entgegenfährt. Prosaischer gesprochen: Es handelt sich um eine Übergangsstufe zwischen dem rein musikalischen Hören der Sprache und dem späteren, mit Verständnis und Gedankenkraft erfüllten Sprechen.»[36]

Die Geburt der Sprache

Im zehnten Monat der Schwangerschaft erfolgt endlich die Geburt, so auch – laut Patzlaff – die Geburt der Sprache. Das Kind begibt sich in den Außenraum der irdischen Sprache. Es ist die Zeit, in der es sich auf die Füße stellt – auch sprachlich. Waren es bisher längere Silbenketten wie «babababa», «mamamamamama», «gagagaga», die das Kind vor sich hin brabbelte, greift es einzelne Elemente heraus und wendet sie entsprechend an, indem es gezielt «mama» zur Mutter sagt, den Hund mit «wauwau» bezeichnet und auch schon vereinzelt einen Gegenstand benennen kann. Die bisherigen Lautgebilde werden zu Wörtern. Die Wörter erhalten Bedeutung. Das bereitet dem Kind zusehends Freude, und es werden immer mehr Dinge, auch Vorgänge, benannt, sogar mit Übergangsformulierungen, die man von Elternseite würdigen und nicht korrigieren oder gar ängstlich abwerten sollte.

Was das Kind an Gebärden und Gesten in der Umgebung wahrnimmt, ist keineswegs unwichtig. Jeder Mensch begleitet sein Sprechen mit Arm- und Handbewegungen, die ohne Worte Bedeutungen ausdrücken; wir eignen sie uns ganz früh an und können sie später kaum unterdrücken. Sie gehören zu uns, unterstützen unser Sprechen und werden während des Spracherwerbs entwickelt. Die Sprechbewegungen hängen mit den Bewegungen unserer Gliedmaßen zusammen, sind wie deren jüngere Geschwister, und die großen helfen in Form von Gebärden mit, die Sprache zu entwickeln, gehen dem Sprechen sogar voraus.

Die ersten Gesten treten im zehnten Monat auf. Es sind Zeigegesten. Ohne etwas zu sagen, hält das Kind ein Spielzeug hoch und guckt dabei die Mutter an, will ihr mit dieser Geste mitteilen, was es zu zeigen hat. Es möchte auch gern eine Reaktion erfahren, z. B. dass die Mutter Anerkennendes sagt oder mimisch zeigt, dass sie sich freut. Drückt das Kind das Spielzeug in die Hand, will es mehr als nur Aufmerksamkeit, sondern erwartet ein Geben und Nehmen. Es geht dem Kind darum, den Vorgang sprechend zu begleiten, die Worte zu hören, die zu diesem Vorgang gehören.

Es kann auch sein, dass es mit dem Zeigefinger auf etwas deutet und damit innerlich die Bitte verbindet, das zu benennen, worauf gezeigt wird. Untersuchungen haben ergeben: Wenn ein Kind Gesten ausführt, tauchen etwa drei Monate später diese als Worte in der Sprache auf.

Zeigt das Kind auf einen Gegenstand und wir sagen ihm, was es wissen will, ist es immer gut, im ganzen Satz zu antworten, weil es so grammatikalische Strukturen und Satzbildung zugleich aufnimmt. Wir müssen uns klarmachen, dass Gesten auch kognitive Lernvorgänge unterstützen. Fragt man sich, wo wir Gebärden als Helfer beim Lernen finden, öffnet sich eine ganze Reihe an Möglichkeiten; diese hat das neue Forschungsfeld der «Embodied Cognition» erkundet.[37] Man kann beispielsweise im Rechenunterricht die Einmaleinsreihen mit allerlei Gestik erüben, sodass sie sich wesentlich besser einprägen. So hat sich etwa in einer Studie gezeigt, dass Schüler, die gelernt hatten, das Rechnen mit sinnvollen Gesten zu begleiten, deutlich besser abschnitten als Schüler mit weniger stimmigen oder gar keinen Gesten. Die wichtigste Erkenntnis aber war, dass der Gebrauch von Gesten auch das Kreieren neuer Ideen begünstigt und es vielerlei Gestik bedarf, um neue Ideen kreieren zu können, weil Gestik die Beweglichkeit des Denkens stärkt.[38] Diese Methode wird in allen Waldorfschulen im Rechenunterricht der ersten Schuljahre praktiziert.

Sprachentwicklung im zweiten Lebensjahr

Fragen wir uns nun, was das Kind im zweiten Jahr erlebt. Das Instrument ist gestimmt, die Lautbildung wurde fleißig geübt, die Bereitschaft ist da, und die Sprache der Eltern oder in anderen Fällen die Sprache der Umgebung wird ergriffen. In seiner Entwicklung ist das Kind innerhalb seines Leibes gewissermaßen von oben herabgestiegen und unten auf der Erde angekommen. Diese Bewegung will sich umkehren. Die Kräfte, die das Kleinkind beim Ergreifen der Beine und Arme gebraucht, wirken nun von unten nach oben und erfassen, bildlich gesprochen, die Mitte zwischen dem Oben und Unten, den Bereich, wo die Sprache beim Atmen mit dem Zwerchfell ansetzt. Die Beweglichkeit der Glieder hat bekanntlich einen tiefen Zusammenhang mit der Sprachfähigkeit – was in der Sprachtherapie eine wichtige Rolle spielt, wenn bei Sprachübungen die Arme, mitunter auch die Beine entsprechend mitbewegt werden, um dem Sprecher zu helfen. So können wir auch die erwähnten Gebärden und Gesten noch besser verstehen.

Zuerst sind es nur Hauptwörter, die das Kind sagen lernt. Man kann sie auch «Namenswörter» nennen, denn sie bezeichnen Menschen, Dinge, Gegenstände, die wir sehen und denen wir Namen gegeben haben. Wie erwähnt, gehören zu den ersten Wörtern, die weltweit den Kindern über die Lippen kommen, die Silben «mama» und «papa» (bzw. «baba»). Betrachten wir einmal diese Laute genauer: Da ist vor allem der Vokal «a», der in vielen Sprachen den Anfang des Alphabets darstellt, aber auch eine seelische Stimmung zum Ausdruck bringt, nämlich die des Staunens, der Hingabe. Sogar von großen Menschengruppen können wir diesen Laut zu hören bekommen, wenn sie beispielsweise ein Feuerwerk bewundern und spontan beim Öffnen eines besonders schönen Feuerballs ein unbewusstes, lautes «Ahhh» ertönen lassen. Sie haben bestimmt nicht vorher abgesprochen, dass sie gerade diesen Laut und nicht etwa ein «K», «P» oder «E» verwenden wollen.

Des Weiteren ist da der Laut «M». Er wird auf den Lippen gebildet, indem wir sie aufeinanderdrücken und bei geschlossenem Mund den Laut erklingen lassen. Wir sagen «Mhhm», wenn wir etwas genießen, wenn uns etwas besonders gut schmeckt. Und das ist doch der Fall, wenn das Kind während der ersten Monate mit den Lippen die Brust der Mutter berühren und daran saugen darf. «Mamma» bedeutet im Italienischen sogar das Wort «Brust», aber es hat in etlichen Sprachen der Welt die Bedeutung «Mutter».

Wie aber steht es mit dem «B» oder «P»? Auch diesen Laut bilden wir auf den Lippen. Wir pressen sie aufeinander, etwas stärker als beim «M», und lassen ihn dann beim plötzlichen Öffnen herausplatzen. Das Kind hat beim Saugen an der Mutterbrust gelernt, die Brustwarzen liebevoll mit den Lippen zu umklammern, um dann kräftig zu saugen. Wenn es das «B» oder «P» bildet, ist es eine ähnliche Geste. Mit «Baba» oder «Papa» wird in vielen Sprachen der «Vater» bezeichnet. Anfangs ist es meist ein «B», weil das «P» nicht so leicht zu formen ist.

Überall erleben es Eltern als ein großes Glück, wenn sich dem Kindermund die ersten Worte entringen, wenn dieses Wesen zu sprechen beginnt und die erwähnten Silben erklingen lässt und obendrein die Eltern richtig benennt. Das ist in unzähligen Fällen so, aber es kommt nicht selten vor, dass das Kind freudig vor sich hin plappert, dann den Vater kommen sieht und ihn begeistert mit einem herzlichen «Mamma – Mamma» begrüßt. Hier könnte sich so mancher – vielleicht verwunderte oder etwas verletzte – Vater trösten, wenn ihm die Wichtigkeit des Silben-Übens klar wäre. Langsam kommt für das Kind die Bedeutung hinzu, und auch der betroffene Vater wird bestimmt bald richtig angesprochen werden!

Es sind etliche Dinge, die das Kind mit Namen kennt und am Anfang des Sprechenlernens benennen kann. Mitunter sind diese Bezeichnungen eigenwillige Wortbildungen, die nur die Eltern oder diejenigen verstehen können, die das Kind oft sprechen hören, und auf Außenstehende einen seltsamen Eindruck machen. Zuweilen kommt es vor, dass die sogenannte Babysprache von den Erwachsenen mit Freude aufgegriffen und selbst gesprochen wird. «Komm, wir wollen dada gehen», sagen manche Eltern bevor sie mit dem Kind ausgehen möchten; und wenn sie ihm andeuten wollen, dass es das, was es in die Hand genommen hat, nicht anfassen soll, rufen sie etwa: «Das ist bä ... bä.» Das sind lieb gemeinte Worte, und wie könnte man sie verdammen? Aber das Kind möchte im Grunde von den Erwachsenen hören, wie alles richtig gesprochen wird, und es versteht im Wesentlichen auch, was zu ihnen gesagt wird. Mit seinen Nachahmungskräften kann es schnell in die Sprache hineinschlüpfen und möchte mit seiner Hingabefähigkeit auch die Wortlaute vor allem der Eltern, der Geschwister und der anderen in seinem Umkreis lebenden Menschen nachahmen.

Nachdem das Kind im zweiten Jahr eine Zeit lang nur Hauptwörter (Nomen) sprechen gelernt hat, tauchen plötzlich erste Eigenschaftswörter (Adjektive) auf, die beschreiben, wie die Dinge sind. Das Kind lernt, damit zugleich seine Gefühle zum Ausdruck zu bringen, wenn es sagt, dass etwas schön, gut, schlecht usw. ist. Es äußert auch seine Empfindungen, indem es ausspricht, dass etwas groß oder klein, dick oder dünn ist.

Schließlich tauchen die ersten Verben auf, die bekanntlich Tätigkeiten beschreiben. Das Kind kann nun zum Ausdruck bringen, was die anderen tun und was es selbst tut. Aber es fehlt noch jegliche Grammatik. Die Verben können noch nicht konjugiert, die Nomen nicht dekliniert werden, einige Wortarten, die zur Satzbildung nötig sind, fehlen noch gänzlich.

Wir gehen aber falsch, wenn wir annehmen, Kinder wollten lediglich Worte erlernen und sie aneinanderreihen. Vielmehr möchten sie in ihnen von Anfang an ihre Gefühle zum Ausdruck bringen, ihren Willen äußern – und das gelingt ihnen schon lange Zeit, bevor die Worte Träger von Gedanken werden. Die Kinder bemühen sich von Anfang an, Sätze zu bilden, und bereits zu Beginn des zweiten Jahres – bei einigen schon früher, bei anderen später – kann man beobachten, dass sie versuchen, mit einer einzigen Silbe sich zu äußern, die wie ein ganz kurzer Satz gebraucht wird. Man gebraucht gern dafür den Ausdruck «Silbensatz». Ein Beispiel: Das Kind möchte gern Milch trinken, und bringt dies durch die Silbe «Mi» zum Ausdruck. Ist der Durst stark, kommt diese Silbe kräftig über die Lippen. An der ganzen Art, wie sie hervorgebracht wird, können die Eltern die jeweilige Stimmung ihres Kindes erkennen und wissen sofort, ob sie sich beeilen müssen oder sich Zeit lassen können, ob es ungeduldig oder gar verärgert ist. «Mi» kann aber auch die Bezeichnung für vieles mehr als nur für die Milch sein: Auch das Trinkglas oder der Becher, das Wasser oder die Wolken, Dinge, die gelblich oder weißlich sind, können gemeint sein. In einem so winzigen Ausdruck steckt eine große Fülle von Möglichkeiten am Anfang unseres Sprechenlernens, und wir sind in diesem Alter keineswegs kleine «Dummerchen»! In dem wenigen, das wir anfangs verwenden können, steckt Vielseitigkeit und nicht seelische Armut oder Unvermögen.

Bei vielen Kindern folgt auf diese Zeit des «Silbensatzes» eine Periode, in der sie eine Silbe oder auch ein Wort, das sie gerade sprechen, gern rhythmisieren, also wiederholen, verdoppeln. Die Silbe «Mi» wird dann zu «Mi-mi», die Wörter «Ma-ma» und «Pa-pa» werden geliebt und immer wieder gern gesprochen. Aber auch wir Erwachsene gebrauchen diese Art der Wiederholung gelegentlich, beispielsweise wenn wir ein Kind davor warnen wollen, etwas Unrechtes zu tun, und «Na, na, na» sagen.

Dass einzelne Kinder in diesem Lebensabschnitt auch andere Tätigkeiten gern rhythmisch wiederholen, kann folgendes Beispiel, das mir eine Mutter besorgt erzählte, verdeutlichen. Sie beobachtete ihre eineinhalbjährige Tochter, sah, wie sie auf dem Teppich saß und voller Hingabe mit ihrer Puppe spielte. Plötzlich stand sie auf, ging zur Tür, musste sich strecken, um den Türgriff zu erreichen, öffnete dann die Tür, trat hinaus, guckte nach rechts und dann nach links, schüttelte mit dem Kopf, kam wieder herein, schloss die Tür, ging wieder zum Ort seines Spiels zurück, setzte sich an die gleiche Stelle wie vorher und spielte weiter, als wäre zwischendurch nichts geschehen. Als die Mutter bemerkte, dass ihr Kind nach einer Weile denselben Ablauf – wie ein Zeremoniell – wiederholte, begann sie sich zu fragen, ob ihr Kind «normal» sei. Auf meine Fragen hin, wer in der Familie die Angewohnheit habe, von Zeit zu Zeit einmal vor die Tür zu treten und nach rechts und nach links zu schauen, kam ihr zu Bewusstsein, dass sie ja selbst das Vorbild war, das ihr Kind liebevoll nachahmte. Diese Mutter könnte sich eigentlich darüber freuen, dass ihr Kind sich gern bewegt und einen nicht gerade bequemen Bewegungsablauf immer wieder ausführt, man könnte auch sagen: übt. Jegliches Üben stärkt die Willenskräfte eines Kindes, wie wir immer wieder sehen werden.

Ein köstliches Beispiel für das Nachahmen eines Bewegungsablaufs erlebte ich, als meine Tochter in diesem Alter war. Wir hatten in jener Zeit einen kleinen Garten mit Blumenbeeten hinter dem Haus. Ich hatte die Angewohnheit, ihn täglich nach dem Unterricht aufzusuchen, um zu beobachten, wie alles wuchs und gedieh. Ich stellte mich vor die Beete hin, beugte mich weit nach vorn und nach unten, wobei ich die Hände hinter meinem Rücken verschränkte, dann mich wieder aufrichtete, einen Schritt zur Seite machte und mich wieder beugte. Die Tochter war an meiner Seite, und wir betrachteten zusammen die Blumen. Als der Herbst kam und die Beete abgeräumt waren, also ohne Pflanzen, sah ich, wie sich meine Tochter über die leeren Beete beugte, die Hände auf dem Rücken verschränkt, und alles sehr genau anschaute. Einen Augenblick lang stand ich verwundert da, dann aber wurde mir klar, dass sie mich bis in die Körperhaltung, Gestik und den Schritt hinein ganz genau imitierte. Es gab ja auf den Beeten keine Blumen zu sehen, sodass mir klar wurde, dass sie traumverloren, unbewusst in meine ganze Haltung hineingeschlüpft war.

Diese beiden Beispiele mögen genügen, um zu verdeutlichen, wie wir im zweiten Lebensjahr parallel zur Entwicklung des Sprechenlernens auch im Bewegungsbereich durch intensive Nachahmung lernen.

Bezüglich der Satzbildung können die Kinder in der Mitte des zweiten Jahres zu Zweiwortsätzen übergehen, und im weiteren Verlauf, gegen Ende des Jahres, gelingt ihnen im Allgemeinen noch ein weiterer auffallender Schritt: Sie bilden auf ihre Weise längere Sätze, reihen dabei in ganz einfacher Form verschiedene Wortarten ohne alle grammatikalischen Gesetze aneinander. Da werden die Substantive nicht dekliniert, die Verben nicht konjugiert, es fehlen Präpositionen, Hilfsverben usw. Alles das ist auch zunächst gar nicht nötig, um sich verständlich zu machen. Die Umgebung versteht genau, was gemeint ist.

Karl König bringt ein bekanntes eindrucksvolles Beispiel für diesen dritten Schritt der Satzbildung: «So sagt z. B. ein Knabe: ‹Fallen tul bein anna ans.› Das heißt, er, Hans, ist gefallen und hat sich am Bein von Annas Stuhl gestoßen. Gabelenz referiert den Bericht eines kleinen Mädchens, das mit zwei Jahren auf einen Stuhl gestiegen ist, herunterfiel und von der Mutter einen Klaps bekommen hat: ‹Mädi tul ketter bum mama puchpuch bissen.› Damit wird deutlich, was von der Satzbildung in der Nenn-Epoche zu erwarten ist. Alles ist Name, das Tun sowohl als das Ding; das Erlebnis sowohl als die daraus aufsprühende Empfindung.»[39] Wenn dann die Schwelle des zweiten Jahres zum dritten überschritten ist, beginnt Schritt für Schritt die richtige Bildung von Sätzen.

Es mag uns aufgefallen sein, dass immer Dreischritte eine bedeutende Rolle spielten: Es beginnt mit dem Erlernen der Hauptwörter, setzt sich fort mit dem Sprechen der Eigenschaftswörter und endet mit dem Bewusstsein für die Tätigkeitswörter.

Ein kleiner Exkurs in die Grammatik lässt uns erkennen, dass hierbei eine weitere Bewegung vom Haupt über den Rumpf bis in die Glieder vollzogen wird. Fangen wir beim Verb an: Es drückt eine Aktivität aus. Wenn man es ausspricht, geht der Wille unbewusst hinunter in die Gliedmaßen. Im Grammatikunterricht wird das im dritten Schuljahr beim Üben dieser Wortart deutlich, wenn ich die Kinder bitte, ein paar Tätigkeitswörter zu nennen. Da nennen die Kinder Wörter wie «laufen», «gehen», «rennen», «pfeifen» ... und schon pfeift jemand. Spätestens von da an können die Kinder nicht mehr ruhig Beispiele aufzählen, weil sie diese alle in die Tat umsetzen wollen. – Beim Üben der Adjektive bleibt es ruhiger. Sagt jemand «groß», meldet sich ein anderes Kind und sagt das Gegenteil «klein», auf «hoch» kommt freudig das Gegenteil «tief». – Beim Üben der Hauptwörter bleibt es ganz still, wenn «Tisch», «Stuhl», «Tafel» usw. aufgezählt werden. Diese Wortart enthält die Namen all der Dinge, die wir mit dem Haupt wahrnehmen.

Die Eigenschaftswörter haben mit dem Fühlen zu tun. Es sind fast immer Wörter mit gegenteiligen Aspekten. Interessanterweise drücken unsere Tätigkeitswörter Aktivitäten, Bewegungen aus, die Kinder sofort ausführen möchten. Wirklich alle Verben? Um zu verhindern, dass die Schüler im Unterricht bei bestimmten

Bewegungsverben, die sie nennen durften, nicht völlig aus dem Häuschen gerieten, nannte ich jedes dritte Beispiel selbst. Ich sagte: «ruhen», «schlafen», «sitzen» usw., und wir besprachen dann miteinander, dass es *innere* Tätigkeiten und Bewegungen gibt.

Auch in der Satzbildung können wir einen Dreischritt feststellen, der einen Zusammenhang mit den bereits dargestellten erkennen lässt: vom Einwortsatz, der sehr willensbetont klingen kann, über den Zweiwortsatz, der – wie wir noch sehen werden – mit dem Fühlen in Verbindung steht, bis hin zum vollständigen Satz, der schon Vorstellungskräfte erahnen lässt.

Schließlich sei noch auf einen Dreischritt hingewiesen, den Karl König herausarbeitet: Er gibt den drei verschiedenen Arten des Sprechens im zweiten und beginnenden dritten Lebensjahr verschiedene sehr einleuchtende Namen: «Sagen» – «Nennen» – «Reden».[40]

Nach dem Lallen beginnt die Phase des Sagens, in der das Kind Silben hervorbringt, schließlich zu einzelnen Wörtern gelangt. Die Phase des Nennens fängt in der Mitte des zweiten Jahres an, mit etwa achtzehn Monaten. Mit großer Freude bekommt alles einen Namen. Da werden der «Tisch» und der «Stuhl», «Löffel» und «Gabel» entdeckt und benannt, da sieht man den «Himmel» mit der «Sonne», abends mit den «Sternen» und will wissen, wie alles heißt, um dann beglückt den Namen selbst aussprechen zu können. Das, was man auf diese Weise benennen lernt, wird bleibender Besitz. In dieser Zeit beginnt auch der Schritt vom Hauptwort zum Eigenschaftswort und gegen Ende des Jahres zum Zeit- oder Tätigkeitswort.

William Stern erwähnt ein köstliches Beispiel für eine Wortschöpfung dieses Alters. Er weist darauf hin, dass seine kleine Tochter im neunzehnten Monat die Stiefelspitzen mit dem Namen «Nase» bezeichnete. «Sie liebte es in dieser Zeit, an unseren Nasen zu zupfen, und entdeckte die gleiche Möglichkeit an den Stiefelspitzen.» Und Karl König kommentiert dieses Beispiel mit folgenden Worten: «Könnte man aber die Letzteren treffender bezeichnen als mit dem Wort «Nase»? Es sind ja die Nasen, die unsere Füße aus den Röcken und Hosen herausstrecken und damit ihren Weg durch die Welt erriechen.»[41]

Häufig kommt es vor, dass Kinder eine Wortprägung, die sie mit Faszination vom Klang her gern aufgenommen oder vielleicht sogar missverstanden haben, immer wieder gern sagen. Meine Tochter liebte es, als sie zwei war, mit mir in den Garten zu gehen; dort erzählte ich ihr von den verschiedenen Blumen. Plötzlich zeigte sie auf eine Pflanze, die hinten im Garten anfing, weiß zu blühen, und sagte begeistert: «Waldbursche blüht.» Ich hatte ihr den «Waldmeister» gezeigt, als er nur Blätter hatte, und dabei den Namen genannt, aber für sie wurde der abstrakte Name zum lebendigen «Burschen». Damit konnte sie mehr anfangen.

Mit dem Beginn des dritten Lebensjahres setzt die Phase des *Redens* ein. Man kann sagen, dass nicht das Kind selbst, sondern die Sprache sich zu entfalten beginnt und sich selbst ausspricht. Sie ist gleichsam ein lebendiges Wesen. Nun entsteht im Kind der Drang zum Erzählen, der Drang erweckt die Sprache, und dadurch kommt es zur Freude am «Reden». Die Muttersprache beginnt zu entstehen!

Das dritte Lebensjahr: denken lernen

Es mag verwunderlich erscheinen, dass wir davon sprechen, das Denken müsse regelrecht «erlernt» werden. Diese Fähigkeit, die wir im Kopf ausführen, beginnt das Kind sich nach dem Sprechenlernen zu erarbeiten, und diese Fähigkeit wiederum hängt eng mit dem Gehenlernen zusammen. Um uns diesen Zusammenhang zu verdeutlichen, blicken wir noch einmal auf das erste Lebensjahr: In einem Dreischritt lernen wir uns aufzurichten, zuerst den Kopf, dann den Rumpf, wobei wir das Sitzen erlernen, und schließlich stellen wir uns auf die Beine, auf denen wir dann stehen, um zuletzt mit ihnen zu gehen. Bildlich gesprochen geht in diesem Jahr eine kraftvolle Bewegung wie eine Welle von oben nach unten durch uns hindurch. Willenskräfte sind es, die in die Arme und dann bis in die Beine hinunterströmen. Bleiben wir im Bild, können wir sagen: So wie eine Welle, die ans Ufer gelangt und dort anschlägt, nicht stehenbleibt, sondern umkehrt und zurückläuft, dürfen wir uns vorstellen, dass unsere Willenskräfte, die wir im Bewegen unserer Beine und ebenso der Arme gebrauchen lernen, zurückkehren. Im mittleren Menschen werden sie zur Grundlage des Sprechenlernens und schließlich im Haupt sogar zur Grundlage des Denkenlernens. Die Kräfte, die wir uns im ersten Jahr durch eigene Aktivität mit Anstrengung erwerben, wirken physisch in den Beinen, und ein Teil von ihnen macht eine Verwandlung durch, wirkt in der Sprache seelisch und im Denken schließlich geistig. Wir können daraus folgern: Die Art und Weise, wie wir gehen lernen, wie wir die Hände gebrauchen und uns fortbewegen, wird sich in unserem Sprechen und Denken widerspiegeln, wird sogar deren Grundlage bilden.

In Kursen habe ich immer wieder Teilnehmer gefragt, ob sie beobachtet hätten, wie bei ihrem Kind bzw. bei ihren Kindern ein erster eigener Denkakt aufgetaucht sei. Es kamen vereinzelt Erinnerungen hoch, die sich aber bei genauer Betrachtung nicht als zutreffend herausstellten. Karl König hat ein sehr einleuchtendes Beispiel geschildert: Die Familie sitzt am Frühstückstisch. Die jüngste Tochter beobachtet alle und zählt immer wieder gern auf, wer alles einen Löffel hat und ihn vor ihren Augen benutzt. Seit einiger Zeit hat sie immer wieder die einzelnen Löffelbesitzer der Reihe nach benennen können: «Papi Löffel, Mammi Löffel, Teta Löffel, Bubi Löffel.» Eines Tages, im dritten Jahr, ist es so weit, dass das Denken des Mädchens eingreift und sie wieder zunächst einzeln aufzählt, plötzlich stutzt und sagt: «*Alle* Löffel!»[42] Ihre Augen leuchten: Sie hat es geschafft! Von da an zählt sie nie mehr einzeln auf. Ihr Denken hat zusammengefasst! Sie strahlt, als ihr das gelungen ist, erlebt also ihre einströmende Denkkraft wie einen Geistesblitz.

Auch hier können wir erleben, dass sich das Kind immer wieder anstrengt, die Welt zu erkunden, dass es sich für alle möglichen Dinge interessiert – wie hier z. B. für die Löffel der anderen – und beginnt, Zusammenhänge verstehen zu wollen. Erst nach vielen Malen des Betrachtens der einzelnen Löffel hat Anna den Einfall, dass sie nicht immer wieder aufzählen muss, sondern dass es einen

Gedanken gibt, der alles zusammenfasst. Ihre anschließende Freude verrät, dass es sie innerlich schon länger beschäftigt hat. Ein köstliches Beispiel – freilich auf einfacher Stufe. Schön wäre es, wenn viele Eltern auf einen ersten wirklichen Denkakt ihres Kindes achten und ihn für später aufschreiben.

An dem Beispiel mag auch deutlich geworden sein, dass das Sprechen eine Rolle beim Denkenlernen spielt. Schon während des zweiten Jahres hat das Kind begonnen, beim Wahrnehmen derjenigen, die in seiner unmittelbaren Umgebung sprechen, nicht nur deren Gedankengänge aufzunehmen, sondern auch ihre Fähigkeiten, Sätze zu bilden, und ihre grammatikalischen Kenntnisse. In diesen stecken ja eine Fülle von gedanklichen Elementen. Sie werden dem Kind nicht bewusst, aber durch das ständige Zuhören und Ausprobieren erwirbt es diese Dinge nebenbei.

Ein weiteres sehr eindrückliches Beispiel für frühe Denkerlebnisse erwähnt Philipp Gelitz in seinem Buch *Frühe Kindheit verstehen*: Nach dem zweiten Geburtstag, so beschreibt er das fürs erste Denken charakteristische Alter, setzt – während das Sprechen in vollem Gang ist – auf einmal etwas ein, das nicht mehr äußerlich beobachtet werden kann, sondern sich im Inneren der kindlichen Seele abspielt. Überraschend sagte ein Kind: «Bäcker B'ot backt, Mama B'ot backt, dann is' Mama Bäcker.» Das ist noch nicht die Fähigkeit eines Sechs- bis Siebenjährigen, der schon eigene Vorstellungen und Erinnerungsvorstellungen entwickeln kann, aber das, was die «kleine Person» erfahren hat, wird konkret angeschaut und gedanklich miteinander verknüpft. Gelitz weiter: «Die rasante Vernetzung im Gehirn in den ersten zwei Jahren führt von allein noch nicht zur Möglichkeit der gedanklichen Verknüpfung. Sie bietet lediglich die leibliche Grundlage für diese freie Tätigkeit des Seelisch-Geistigen. Es ist die Person, die denkt, nicht das Gehirn.»[43]

Es ist berechtigt, von Denkentwicklung zu sprechen, denn das Denken erwacht nun im dritten Lebensjahr und entwickelt sich immer weiter. Was geht im Kind in diesem Alter vor, was geschieht? Das Kind erlebt Tatsachen, die mit dem Gestern, Heute und Morgen in Beziehung stehen und miteinander verknüpft werden müssen; des Weiteren wird es gewahr, dass dieses und jenes Erlebnis Folgen hat; Ursachen ziehen Wirkungen nach sich. Das Kind sieht und hört etwas, was mit anderen Dingen logisch verknüpft ist und verstanden werden muss. Um fortan all diese Dinge mit Worten zum Ausdruck bringen zu können, wird es sprachlich viel zu lernen haben, was wir beim Erarbeiten des nächsten Entwicklungsschrittes genauer betrachten wollen. Sprache *und* Denken werden gemeinsame Schritte vorangehen! Das Denken wird sogar das Sprechen antreiben, es tritt in uns auf wie ein Licht und schenkt uns unser Selbstbewusstsein, das in dieser Zeit erwacht. Die Individualität wird sich ihres Ichs bewusst.

Ich-Entwicklung

Ein sehr bedeutsamer Augenblick rückt näher, der eine gänzlich neue Zeit einläutet und damit einen ersten großen Lebensabschnitt abschließt: Bisher hat sich das Kind immer mit seinem eigenen Vornamen angeredet, hat so gesprochen, dass es das Wörtchen «ich» umgehen konnte, es nicht verwenden musste, weil es das auch gar nicht gekonnt hätte! Wenn es eine Aussage über sich selbst machen wollte, sprach es immer in der dritten Person Singular. «Paul Bonbon; Paul spielen; Paul müde, Paul Bett gehen ...»

Jeder von uns hat sich mit seinem Vornamen angeredet, und es mag jeder dieses kleine Wort «ich» von den anderen Menschen oft gehört haben; es ist nicht durch Nachahmung erlernbar. Jean Paul war der Erste, der dieses Erlebnis sehr genau schilderte: «Nie vergess ich die noch keinem Menschen erzählte Erscheinung in mir, wo ich bei der Geburt meines Selbstbewusstseins stand, von der ich Ort und Zeit anzugeben weiß. An einem Vormittag stand ich als ein sehr junges Kind unter der Haustüre und sah links nach der Holzlege, als auf einmal das innere Gesicht ‹ich bin ein Ich› wie ein Blitzstrahl vom Himmel vor mich fuhr und seitdem leuchtend stehen blieb: da hatte mein Ich zum ersten Male sich selber gesehen und auf ewig. Täuschungen des Erinnerns sind hier schwerlich gedenkbar, da kein fremdes Erzählen in eine bloß im verhangnen Allerheiligsten des Menschen vorgefallne Begebenheit, deren Neuheit allein so alltäglichen Nebenumständen das Bleiben gegeben, sich mit Zusätzen mengen konnte.»[44]

Mit diesem Erlebnis kommen wir als Menschen gleichsam vollständig auf der Erde an, sind Erdenbürger geworden. Wir haben uns selbst den Namen gegeben, den jeder Mensch auf der Welt nur sich selbst geben kann. Wenn wir das Wort «ich» künftig gebrauchen, fühlt sich niemand anders angesprochen. Unser Verhältnis zur Welt und zu den Menschen ändert sich dadurch grundlegend! Wir waren so eins mit allem, was uns umgab, und empfinden dieses neue Erlebnis wie einen tiefen Einschnitt. Die vertraute Welt, deren Teil wir waren, erleben wir erstmals wie ein Unbekanntes. Und das hat Folgen, die wir unter dem bekannten Stichwort «Trotzphase» genauer anschauen werden (s. S. 83ff.).

Es gibt heute Kinder, die dieses Ich-Erlebnis schon früher – im zweiten Lebensjahr und vereinzelt noch davor – haben. Es hat den Anschein, als könnten sie gar nicht abwarten und hätten es besonders eilig. Als Eltern sollten wir uns diesen Zeitpunkt gut einprägen.

Gedächtnisbildung und Denkentwicklung

Wie sollten wir als Menschen sprechen können, wenn wir uns keine Gedächtnisfähigkeiten aneignen könnten, die uns helfen, Worte, die wir hören, zu erinnern? Wiederum gibt es einen Dreischritt, wobei wir noch einmal bis ins erste Lebensjahr zurückblicken müssen.

Wenn das Baby etwa sechs bis acht Wochen alt ist, beginnt es, das Gesicht der Mutter und des Vaters zu erkennen und zu erinnern. Das verrät uns sein Lächeln. Das ganze erste Jahr hindurch wird es sich etwas immer deutlicher und umfangreicher merken können. In dem Augenblick, in dem es einen Menschen oder einen Gegenstand wiedersieht, erkennt es ihn auch wieder und reagiert entsprechend. Als Erwachsene nutzen wir diese Gedächtnisart, wenn wir uns etwas merken wollen, das nicht «vergessen» werden darf, indem wir uns einen Zettel an die Tür heften oder einen Notizblock benutzen oder irgendein Zeichen machen. Im Großen ist es das Prinzip des Denkmalsetzens: Wer vorbeikommt, soll sich in diesem Augenblick an das Bestimmte erinnern und «be-denken», wofür dieses Denkmal gesetzt wurde. Dies ist übrigens das älteste Erinnerungsprinzip in der Menschheit, wie uns die vielen Steinsetzungen verraten.

Einen zweiten Schritt in der Erinnerungsbildung erleben wir, wenn das Kind im zweiten Jahr ein mehr *rhythmisches Gedächtnis* entwickelt. Es möchte alles wiederholen, noch einmal und noch einmal tun dürfen! Haben Eltern ihr Kind daran gewöhnt, um eine bestimmte Zeit Mahlzeiten einzunehmen oder es zu Bett zu bringen usw., so wird es sich ganz daran gewöhnen und die Dinge auch tun wollen, wenn die jeweilige Zeit gekommen ist. Wie viel leichter wird alles, wenn man dem Kind mit Rhythmen entgegenkommt!

Der dritte Schritt erfolgt im Zusammenhang mit dem neu auftretenden Ich-Bewusstsein, wenn das Kind sich selbst als Ich bezeichnet. Was ist eigentlich «Er-innern»? Es hängt mit einer Tätigkeit zusammen, die Erlebnisse an der Außenwelt verinnerlicht. Sie wirkt auch innen. Ein Beispiel macht es deutlich: Wenn man sich fragt, was man heute Morgen um 9 Uhr gemacht hat, dann «gräbt» man in seinem Gedächtnis und findet vielleicht erst nach einiger Anstrengung heraus, was es war, und schafft sich so ein Erinnerungsbild. Diese so innerlich aktive Leistung müssen wir als Kind schrittweise erlernen, fangen damit im dritten Jahr an, brauchen dafür viele Jahre und erwerben uns diesbezüglich wichtige grundlegende Fähigkeiten bis zum zwölften Lebensjahr, in dem wir beginnen die für das Erwachsenenalter charakteristischen Denkfähigkeiten schrittweise auszubilden.

Fragt man eine Gruppe von Menschen, was ihre frühesten Erinnerungen sind und aus welchem Lebensjahr sie stammen, so wird nach gründlicher Überlegung deutlich, dass kaum jemand sich an die Zeit vor dem Ich-Sagen zu erinnern vermag. Ausnahmen gibt es: Wenn Schockerlebnisse aus der frühen Zeit vorliegen, heftige Erlebnisse zu verkraften waren, kann das dazu führen, dass diese nicht «vergessen», sondern später als Traumata immer wieder erinnert werden.

Nachahmung und Denkenlernen

Da so manches Kind gern Mutter und Vater besonders nachahmen möchte, tragen diese beiden eine besondere Verantwortung, weil das Kind immer wieder spontan in sie «hineinschlüpft», um sie zunächst im Gehenlernen nachzuahmen, dann aber auch im Sprechen und nun auch noch im Denken! Die Beobachtung hat gezeigt, dass Kinder, deren Mutter oder Vater sehr schnell oder undeutlich, haspelig, nuschelig, unartikuliert in der Gegenwart des Kindes gesprochen hat, es schwerer hatten, die eigene Sprache zu entwickeln, und dass sie auch mehr Zeit dazu benötigten.

Wir sollten uns nun auch die Frage stellen, inwieweit das Erlernen des Denkens davon abhängen kann, wie die Eltern mit dieser Fähigkeit umgehen und wie sich das später beim Kind auswirkt. Es fällt einem nicht schwer, sich Menschen vorzustellen, die sehr flüchtig denken, vorher nicht genau überlegt haben, nach Kurzem das Gesagte widerrufen, es anders gemeint haben. Oder solche, die nicht die Wahrheit sagen wollen oder können, einem schlimmstenfalls krass ins Gesicht lügen oder versuchen, mit Schwindeln auszukommen. Das Kind möchte voller Vertrauen jedes Wort wahrheitsgemäß aufnehmen dürfen, möchte, dass sich alles so verhält, wie es der geliebte Erwachsene ihm sagt. Wir leben heute in einer Gesellschaft, die sich an das Lügen gewöhnt hat und es auch nicht tragisch findet, wenn Unwahrheiten gesagt werden. Doch jedes Kind bringt ein tiefes Wahrheitsbedürfnis mit, das ihm verloren gehen kann, wenn ihm die Umgebung Unwahrheiten zumutet. Ich habe häufiger in meinem

Leben Kinder kennenlernen dürfen, die nicht lügen konnten, es auch nicht getan haben. Jedes Kind bringt dieses Bedürfnis nach Wahrheit mit in sein Leben und wird dieses kostbare Gut innerlich hüten müssen und später verantworten. Für die Entwicklung des Denkens ist es von außerordentlicher Bedeutung, wenn das Kind Erzieher erleben darf, die mit Wort und Gedanken sehr verantwortlich umgehen.

Dreischritt der Denkentwicklung

Wir haben sowohl beim Erlernen des Gehens als auch des Sprechens jeweils einen Dreischritt entdeckt. Michaela Glöckler und Wolfgang Goebel haben einen solchen auch für die Entwicklung des Denkens herausgefunden, dem wir gern folgen und hier mit eigenen Worten wiedergeben.[45] Den ersten Schritt bezeichnen die Autoren als «leibgebundene Intelligenz». Ein Beispiel: Ein Kind hat schon lange ein Klötzchen in der Hand, «weiß» aber noch gar nicht, dass es ein solches ist. Es betastet es, schaut es an, nimmt es in den Mund und beschmeckt es, hebt es hoch und fühlt sein Gewicht, erlebt, wie es aus der Hand fällt und auf dem Boden rollt; es macht auf seine Weise viele Erfahrungen. Wir als Erwachsene würden das Wahrgenommene und Gedankliche getrennt erfassen, uns dann einen Begriff bilden und alles uns zu Bewusstsein bringen. Das Kind dagegen erlebt im Tun seiner Hände und all seiner Sinne unmittelbar das mit den Sinnen Wahrgenommene und Begriffliche noch nicht getrennt. Was es riecht, schmeckt, hört und sieht, macht dadurch einen sehr viel stärkeren Eindruck auf das Kind. In dem, was es umgibt an Gegenständen, Vorgängen, Handlungen der Menschen, nimmt es zugleich wahr, was an Intelligentem, Sinnvollem darin verborgen ist. «Handlungs- und Tatsachenlogik», nennen dies Glöckler und Goebel. Solche Logik liegt vor, wenn die Mutter beispielsweise Wasser in einen Topf füllt, ihn auf den Herd stellt, einen Deckel auf den Topf legt, den Herd anstellt, wenn sie dann im Schlafzimmer die Betten macht, die Fenster und Türen schließt, den Fußboden reinigt, das Essen vorbereitet usw. In all diese Tätigkeiten schlüpft das Kind unmittelbar hinein, kann gar nicht anders, nimmt alles tätig wahr, fühlt sich unmittelbar in das Geschehen einbezogen und kann dann spielend nachahmen, was es erlebt hat, wenn es die Gelegenheit bekommt, auf einem kleinen Spielzeugherd selbst zu «kochen» (dieser freilich ohne Energie) und in der Puppenstube die kleinen Bettchen zu «machen».

Den zweiten Schritt, den «Einfluss der Sprache auf das Denken», haben wir bereits anschaulich betrachtet. In dieser Phase der Gedankenentwicklung tritt zwischen das unmittelbare Sinneserleben in der Wahrnehmung während der ersten Zeit und das spätere rein gedankliche Verstehen das Benennen durch Wort und Satzbildungen. Betrachten wir ein weiteres Beispiel für ein Denkerlebnis, das noch eine überraschende Nuance enthält: Auf einem nassen Gehweg sammelt ein Kind Stöckchen. Dann bleibt es überrascht stehen, weil sich das Stöckchen bewegt. Es ist ein Regenwurm, den es noch nicht benennen kann, aber nachdenklich stellt es fest: «Das ist kein Tock!»[46]

Des Weiteren beginnt plötzlich die ganze Umgebung des Kindes zu «sprechen». Hierzu drei Beispiele: «Äpfel können freundlich lachen, Birnen manchmal sehr komisch dreinschauen. Das geschnittene Brot verwandelt sich in einen Igel oder in ein Haus. Der grüne, halb ovale Klotz im Spielzimmer ist einmal eine Kanne, dann ein Auto, dann wieder ein Kirchturm, in dem es ‹dong-dong› macht.»[47]

War der erste Schritt ein unmittelbares Sinnerfasssen durch die Wahrnehmung, so tritt jetzt das Sinnerfassen durch Benennen und Ausdrücken mithilfe der Sprache hinzu und löst den ersten immer mehr ab. Dies war der zweite Schritt des Denkenlernens.

Der dritte Schritt ist ein «erstes Aufblitzen reiner Gedankentätigkeit». Für dieses Aufblitzen ist das Erlebnis kennzeichnend, dass jeder von uns sich selbst als ein Ich erleben und bezeichnen kann, und die damit verbundene Geburt der Erinnerungsfähigkeit. Es ist zugleich der dritte Gedächtnisschritt, den wir betrachtet haben. Durch ihn löst sich unser Erinnerungsvermögen von der Sinneswahrnehmung ab und kann etwas seelisch Selbstständiges werden. Das Kind beginnt, zwischen sich und der Umgebung zu unterscheiden. Verneinungen treten auf. Es begnügt sich nicht mehr mit dem Wahrnehmen der Umgebung, sondern es möchte die im Innern erzeugte Gedankentätigkeit zu dem, was geschieht, hinzufügen. Kein Wunder, dass immer wieder Warum-Fragen gestellt werden!

Wie die Gedankenkräfte mit Wachstumskräften zusammenhängen und als deren Verwandlung aufzufassen sind, formulieren die Autoren der *Kindersprechstunde* folgendermaßen: «Was so als Beziehungsgefüge der Gedanken sich immer weiter differenziert und ausbildet, ist nichts anderes als ein Teil der für das körperliche Wachstum nicht mehr benötigten, schrittweise befreiten Lebensorganisation. Diesen Zusammenhang aufgedeckt zu haben, ist eines der für Pädagogik und Medizin folgenreichsten Forschungsergebnisse Rudolf Steiners. Der Mensch denkt tatsächlich mit denselben Kräften, mit denen er wächst und sich regeneriert.

Einleuchtend wird dadurch die Erscheinung, dass das Denken erst nach Abschluss des Wachstums ‹mündig› wird. Auch wird verständlich, dass Menschen, die gelernt haben, gedanklich schöpferisch zu sein, bis ins hohe Alter an geistiger Regsamkeit zunehmen. Das ist möglich, weil aus dem alternden Organismus immer neue für ihn nicht mehr benötigte Wachstums- und Regenerationskräfte frei werden. Je kleiner die Kinder sind, umso enger ist das Denken also noch mit den Wachstumskräften des Leibes verbunden. Daher wird das Denken auch noch nicht so abstrakt erlebt wie später. Es ist noch ganz bildsam-fantasiereich.»[48]

Hiermit schließen wir die Betrachtung des Denkenlernens vorläufig ab, werden aber über einen weiteren Schritt im dritten Lebensjahr noch zu berichten haben.

Erster Rückblick und Ausblick

Auf dem Weg durch die ersten drei Jahre des Kindes ist uns aufgefallen, dass sich mehrmals Dreischritte ergaben, die wir rückblickend einmal nebeneinanderstellen wollen, um zu sehen, was sich darin ausspricht.

Bereits bei der Geburt zeigt sich, dass der *Kopf* des Kindes zuerst das Licht der Welt erblickt, dann der *Rumpf*, danach die *Glieder* (fast immer, denn bei allen Regeln gibt es Ausnahmen).

Nach dem Geborenwerden helfen dem Säugling drei mitgebrachte Bewegungsfähigkeiten – die frühkindlichen Reflexe –, den Leib in den drei Regionen sofort von innen zu ergreifen: *Saugen – Atmen – Strampeln,* wobei diesmal die Mitte den Anfang macht. Diese Reflexe werden immer mehr durch Bewegungen ersetzt, die in eigener Aktivität errungen werden.

Im ersten Lebensjahr stellt sich für das Kind die Aufgabe «Aufrichten und Gehenlernen», wobei das Ergreifen des Körpers in drei Zeitabschnitten in der Richtung von oben nach unten vonstattengeht. Zugleich erwirbt es sich in den drei Körperregionen durch Eigenaktivität die drei neuen Fähigkeiten: *Blicken – Greifen – Stehen / Gehen* (Abb. 1). Eine senkrechte Linie mit Pfeilspitze nach unten weist auf die stufenweise Durchdringung des Leibes während des Aufrichtens hin.

Die abwärtsgerichteten Kräfte des Willens wenden sich im zweiten Jahr um, tragen die Aktivität verwandelt in die mittlere Region und werden zur Basis der Sprechentwicklung. Eine senkrechte Linie von unten bis zur Mitte mit Pfeilspitze nach oben verdeutlicht, wie die Bewegungskräfte die Mitte ergreifen und diese Kräfte zum Sprechen umwandeln.

Im dritten Jahr werden dann im Haupt die Denkkräfte ergriffen und entwickelt.

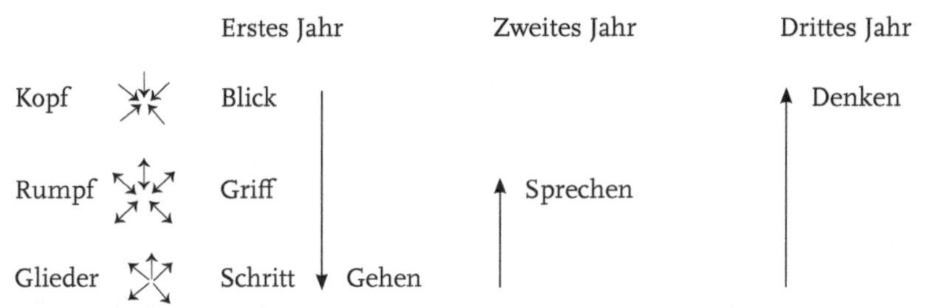

Abb. 1: Entwicklungsbewegungen in den ersten drei Lebensjahren

Das zweite Jahr ist dem Sprechenlernen gewidmet

Wir haben die Entstehung der drei Wortarten betrachtet und festgestellt: Was wir mit dem Haupt wahrnehmen, führt zur Bildung der *Hauptwörter,* was wir mit dem Herzen fühlen, drücken die *Eigenschaftswörter* (Adjektive) aus, und *Tätigkeits-* oder *Zeitwörter* (Verben) vermögen die die Tätigkeiten zu benennen.

Die Reihenfolge dieser Entwicklung entspricht der Bewegungsentwicklung ersten Jahr, und insofern gehört auch die Senkrechte von oben nach unten in diese Zeichnung (Abb. 2). Die Pfeile sind auch hier charakteristisch für das Wesenhafte der Wortarten: Wie zutreffend sind beispielsweise die mittleren Wortarten mit ihren Gegensätzen, wie wir sie beim Suchen von Eigenschaftswörtern im Unterricht kennenlernten! Und könnte man Tätigkeitswörter besser charakterisieren als mit Pfeilspitzen, die auf die Umgebung hinweisen, so wie diese Wortart Tätigkeiten zum Ausdruck bringt, die in die Welt hineinwirken?

Bei den drei von uns betrachteten Entwicklungsschritten des Sprechens, dem *Sagen, Nennen* und *Reden,* ist die Reihenfolge nicht mehr eine Bewegung von oben nach unten (vom Kopf zu den Gliedmaßen), sondern umgekehrt. Wir können schließlich erst von «Reden» sprechen, wenn wir genügend Gedanken bilden können, die uns dann flink über die Lippen kommen, und diese Gedanken haben offensichtlich eine Beziehung zum Kopf.

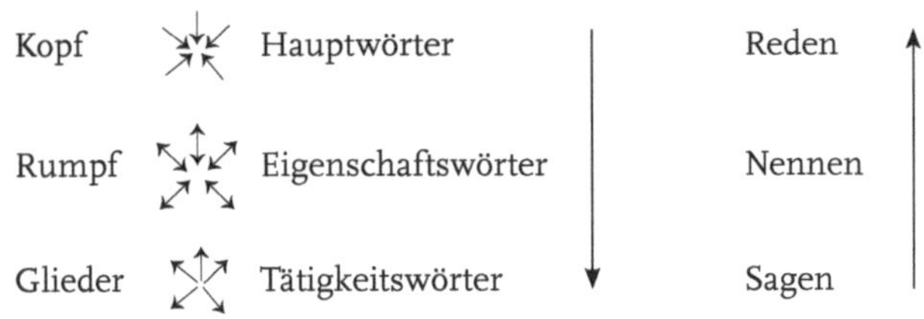

Abb. 2: Die Entwicklung der Wortarten und des Sprechenlernens im zweiten Lebensjahr

Das dritte Jahr ist dem Denkenlernen gewidmet

Auch beim Denkenlernen haben wir eine Dreiheit festgestellt, die für die einzelnen der Denkentwicklung zugrunde liegenden Schritte charakteristisch ist. Die Reihenfolge ist hier wie beim Sprechen: Das Denken arbeitet sich gleichsam aus den Tiefen des Leibes, aus der «leibgebundenen Intelligenz», über die Mitte nach oben (s. Abb. 3).

Zwei weitere Dreischritte haben die Betrachtungen von Satzarten (Einwortsatz – Zweiwortsatz – vollständiger Satz) sowie die drei Stufen der Gedächtnisentwicklung (Merkmal – rhythmisches Erinnern – das Er-Innern) ergeben. Auch diese Schritte lassen sich zu den drei Regionen in Beziehung setzen und verbildlichen (Senkrechte mit Pfeilen nach oben), worauf wir hier verzichten, da wir bereits Beispiele für Dreischritte sichtbar gemacht haben.

Wenn wir nun zurückblicken, können wir sagen, dass sich zwei Entwicklungslinien abzeichnen: eine, die von oben nach unten (vom Kopf zu den Gliedmaßen) führt, und ab dem zweiten Jahr eine weitere, die den umgekehrten Weg einschlägt. Die erste führt zum Ergreifen des Leibes und der Sprache, die zweite lässt ahnen, dass sie diejenige ist, die in Verbindung mit den Willenskräften steht; diese führen hoch aktiv vom Tun über das Fühlen zum Denken. Es sind Kräfte, die wir durch unser eigenes Wollen entfalten und die schöpferisch sind. Wir haben es hier mit Zukunftskräften zu tun.

An dieser Stelle können wir uns fragen, ob wir nur für den Anfang unseres Lebens solche auffallenden, recht interessanten Dreischritten

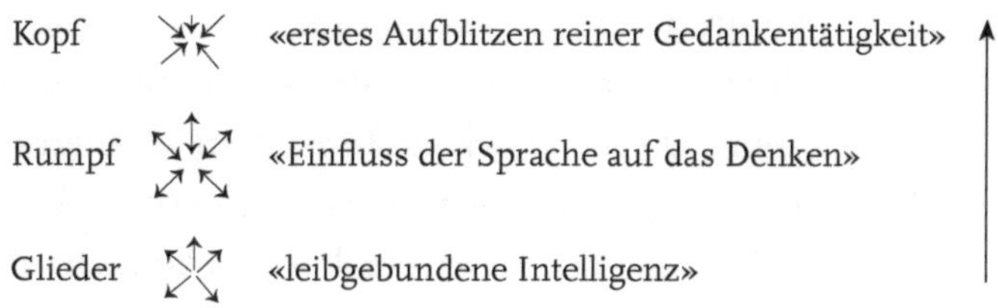

Abb. 3: Entwicklungsschritte des Denkens im dritten Lebensjahr

entdecken können oder ob sie ein Urbild sind – wie ein Schlüssel, der ein oder gar mehrere Tore aufzuschließen vermag.

Dank Rudolf Steiners Forschungen kennen wir bestimmte Rhythmen in der Entwicklung des Kindes, von denen wir bereits einige angeschaut haben; und durch weitere Betrachtungen werden wir uns noch mit anderen Rhythmen befassen, z. B. den elementaren Siebenjahresrhythmen. Innerhalb eines Siebenjahresrhythmus finden wir einen weiteren Rhythmus, einen Dreischritt von jeweils zweieindrittel Jahren. Wenn es auch Kinder gibt, die viele Entwicklungsschritte schneller als ihre Altersgenossen vollziehen, und solche, die es nicht eilig haben, also langsamer als die anderen sind, gibt es doch auch ein mittleres Maß. Dieses Maß sind die zweieindrittel Jahre (s. Abb. 22, S. 124), wie wir sie in unseren weiteren Betrachtungen immer wieder entdecken werden.

Betrachten wir zunächst das erste Jahrsiebt unter dem Gesichtspunkt, dass es innerhalb der sieben Jahre diesen Unterrhythmus gibt, und setzen ihn in Beziehung mit einem vergrößerten Dreischritt: dem uns nun schon bekannten Motiv von «Gehen – Sprechen – Denken». Wollen wir das Ereignis des ersten Ich-Erlebnisses datieren, so trifft dies ungefähr für den Zeitpunkt von 2 ⅓ Jahren zu. Vielleicht mag uns das überraschen, weil heute viele Kinder schon früher «ich» zu sich sagen. Doch wenn wir diesen Rhythmus, den wir fortan in den Jahrsiebten wiederfinden, wie ein Urbild auffassen, das jeder Mensch individuell abwandelt und einfärbt, kommen wir bei unseren weiteren Betrachtungen nicht in Schwierigkeiten.

Beginnen wir nun damit, die ersten drei Jahre (von nun an genau 2 1/3 Jahre) als einen ersten Schritt von dreien aufzufassen, dann können wir uns sagen: Dieser Schritt kommt dem «Gehen» gleich, er entspricht dem «Hineingehen ins Leben». Der nächste Abschnitt, bis etwa 4 2/3 Jahre, das sogenannte «Trotzalter», entspräche dann einer Phase des «Sprechens» und der letzte Abschnitt bis zum siebten Jahr, der mit dem «Fragealter» beginnt, einer Phase des «Denkens» (s. Abb. 22, S. 124).

Das dritte bis fünfte Lebensjahr

Die neue Phase in der Entwicklung des Kindes ist sofort daran zu erkennen, dass sein Verhalten sich so verändert, wie wir es am Ende des vorigen Kapitels angekündigt haben (s. S. 76 unten). Betrachten wir zunächst die auffallenden und unerwarteten Verhaltensweisen, die viele Eltern gut erinnern werden. Gemeint ist die sogenannte Trotzphase, in die das Kind jetzt eintritt.

Die Trotzphase

Bald nach den Tagen der Ich-Findung und während des Beginns eigener Gedankenleistungen tritt bei den meisten Kindern etwas ein, was Müttern oder Vätern so vorkommen kann, als habe ihr Kind sie nicht mehr lieb. Das kann unter Umständen wie ein kleiner Schock für sie sein.

Da kann sich etwa folgende Szene abspielen, die wir als Beispiel wählen, um die wesentliche Veränderung zu charakterisieren, und die wir uns vielfältig abgewandelt vorstellen können.

Es ist Vormittag, Mutter und Kind sind allein zu Hause, und wie gewohnt möchte die Mutter ihrem Kind die Freude machen und mit ihm in den Garten gehen, um mit ihm dort wie immer die Blumen gemeinsam anzuschauen, in der Sandkiste zu spielen oder in einem Beet Unkraut zu zupfen. Wie gern hat es das immer wieder getan und dabei alle Anregungen der Eltern zur vollen Zufriedenheit aufgegriffen! So sagt die Mutter wie gewohnt: «Komm, wir gehen in den Garten!» Völlig unerwartet erhält sie die sehr verblüffende Antwort: «Nein!» Da sie glaubt, nicht richtig gehört zu haben, sagt sie noch einmal dasselbe. Es kommt dieselbe Antwort: «Nein!»

Dann entwickelt sich ein Gespräch, wie die beiden es bisher noch nie geführt haben. Die Mutter ist noch voller Hoffnung, dass ihr Kind, das sie so noch gar nicht kennt, doch noch einwilligt und das «Nein» nicht ganz ernst meint. «Aber du gehst doch immer gern in den Garten.» – «Nein!» – «Doch, und sogar sehr gern.» – «Nein!» – «Doch! Ich weiß es genau. Wie gern hast du mit mir im Garten gespielt, und wie gern ...» – «Nein!» – «Jetzt schwindelst du.» – «Nein!» – «Gestern hast du dich so richtig darauf gefreut, dass du in den Garten mit mir durftest, hast dort so schön gespielt, Blumen gepflückt, dann in der Sandkiste Tunnel gebaut.» – «Nein!» – «Jetzt komm endlich!»

Immer entschiedener bleibt das Kind bei seinem «Nein!» So kann das noch lange weitergehen. Es entwickelt regelrecht eine Freude daran, sich zu behaupten.

Ein bedeutsamer Augenblick für Mutter und Kind! Nun kommt alles darauf an, wie die Mutter reagiert. Stellen wir uns verschiedene Möglichkeiten vor: Nehmen wir an, sie wird ärgerlich, schimpft, erhebt ihre Stimme und wird immer lauter, fängt gar an, heftig zu werden. Da das Kind in diesem Alter fast alles nur über die

Nachahmung lernt, können wir uns vorstellen, dass auch hierbei die geliebte Mutter nachgeahmt wird. Ihr Kind lernt sich zu ärgern, laut und auch heftig zu werden, wenn sich ein Widerstand in den Weg stellt oder einem irgendetwas nicht gefällt. – Oder: Die Mutter fühlt sich sehr verunsichert, wird traurig, unglücklich, fühlt sich gekränkt und reagiert beleidigt, sagt vielleicht etwas, was sie später bereut, etwa: «Wenn du so bist, machst du mich traurig!» – Oder: Sie diskutiert immer weiter, versucht gedanklich zu erklären, dass es so nicht geht usw. Jede Verhaltensweise der Mutter wird dann aus Zuneigung zu ihr vom Kind übernommen. Weitere Möglichkeiten: Strafen androhen, die ausgeführt werden oder auch nicht; dem Kind die «kalte Schulter» zeigen; beleidigt spielen; Enttäuschungen zeigen usw.; vielleicht verspricht man sich sogar etwas von Strafmaßnahmen.

Will denn das Kind wirklich die Mutter ärgern, oder was ist der tiefere Sinn dieses Verneinens? Das Kind erlebt, empfindet in sich von nun an, wenn auch noch lange nicht so bewusst wie wir Erwachsene: «Ich bin ein Ich.» Was kann das Kind anderes erwarten, als dass die nach wie vor heiß geliebte Mutter ihm nun vorlebt, wie man mit schwierigen Situationen fertig wird? Was könnte in der geschilderten Situation demnach eine sinnvolle Reaktion seitens der Mutter sein? Was könnte sie nach dem wiederholten dritten oder vierten «Nein» sagen und tun? Etwa: «O, wie schade, dann muss ich heute allein in den Garten gehen! Tschüss, bis nachher.» Und sie muss es dann auch tun!

Auf diese Weise reagiert auch sie aus ihrem Ich heraus, und das Kind nimmt so den Willen der Mutter wahr, die souverän – ohne inneren Ärger, vielleicht sogar schmunzelnd – hinausgeht. Es möchte gerade diesen in die Tat umgesetzten Willen nachahmen und wird nicht lange auf sich warten lassen und ... hinterhertappen.

Es ist wichtig zu wissen, dass diese Phase zu einer gesunden Entwicklung gehört und man nicht den Gedanken aufkommen lässt, das Kind wolle einen ärgern, gar provozieren, herausfordern oder was man noch alles zu hören bekommt. Mit genügend Wohlwollen, heiteren Mienen und dem nötigen Verständnis helfen wir dem Kind, diesen Schritt zu einer gesunden Ich-Entfaltung zu vollziehen, ohne das Wesen des Kindes zu entwürdigen. Der Humor, ohne den man im Jugendalter gar nicht mehr auskommt, kann bereits in diesem Alter geübt werden und sollte nicht zu kurz kommen.

Ja, es könnte sogar eine echte Freude für die Mutter sein, ein kräftiges «Nein» hören zu dürfen, wenn sie sich mit dem realen Gedanken anzufreunden vermag, dass zu einer starken Persönlichkeit, die sie in ihrem Kind bemerkt, auch ein starkes, kräftiges «Nein» gehört. Dieser Gedanke, öfters aktiv durchdacht, verdichtet sich mit der Zeit zu dem Gefühl, dass man vor der Persönlichkeit des Kindes Hochachtung aufbringen kann, die das Kind spürt und entsprechend erwidern wird. Es spürt jede Regung der Mutter, fühlt sich durch die entgegengebrachte Achtung – oder diese sogar zur Ehrfurcht gesteigert – geistig gewärmt und vor allem tief verstanden. Erinnern wir uns daran, was wir eingangs ausgeführt haben: dass das innere Wesen, die Persönlichkeit des Kindes seine Eltern schon lange kennt und man sich vorgenommen hat, sich in dem bevorstehenden Leben gegenseitig zu helfen und auch voranzubringen. So darf die Vermutung geäußert werden, dass nicht nur das Kind viel zu lernen hat, sondern auch die Eltern. Welch ungewohnter Gedanke! Die «Trotzphase» kann man also auch als eine erste sehr lehrreiche Aufgabe zur Weiterentwicklung der Eltern auffassen.

Diese Phase klingt nach einiger Zeit aus, kann recht schnell vorübergehen, dauert manchen Eltern aber auch viel zu lang und stellt hohe Anforderungen an die Umgebung.

Nach all unseren neuen Gesichtspunkten zu diesem Entwicklungsschritt sollten wir uns fragen, ob das Wort «trotzen» überhaupt sinnvoll ist, denn im Hintergrund des kindlichen Verhaltens steckt beim Kind nicht das Bedürfnis, gegen alles, was gesagt wird, anzugehen, sondern sich als ein Ich-Wesen in der Welt zu «behaupten». «Selbstbehauptungsphase» würde dem Charakter besser entsprechen, aber es ist kein eindrucksvolles Wort.

Doch ich will nicht ausschließen, dass es bei einigen Kindern nicht nur nach Trotz aussieht, sondern dass sie nach einiger Zeit tatsächlich trotzig werden. Wann? Wenn Eltern das Verhalten ihres Kindes innerlich ablehnen und ihm mit Trotz begegnen, übernimmt es dieses Verhalten nachahmend.

Erinnern wir uns an die Zauberworte «Vorbild und Nachahmung». Rainer Patzlaff hat dafür das treffende Wort «Mit-Ahmung» geprägt,[49] denn die Kinder leben spontan alles mit, indem sie innerlich in alle seelischen und geistigen Regungen der Umgebung hineinschlüpfen. Insofern haben auch alle Gedanken der Menschen, die in der näheren Umgebung der Kinder leben, eine Wirkung auf die Kleinen.

Die mittlere Phase des Jahrsiebts und die weitere Sprachentwicklung

In der zweiten, der mittleren Phase des ersten Jahrsiebts haben wir es auch mit den Kräften der körperlichen Mitte zu tun – des Bereichs, wo wir das Sprechenlernen angesiedelt haben. Nachdem es bisher in der kindlichen Entwicklung vor allem um die Ausbildung der Leiblichkeit ging, beginnt nun eine Zeit, in der die Ausbildung des vollen Sprech- und Sprachvermögens im Vordergrund steht.

Folgen wir dabei wieder Patzlaffs gründlicher Darstellung, die den neuesten Stand der Forschung einbezieht.[50] Er erwähnt *drei Aufgaben,* die vom Kind zu bewältigen sind: Das Kind muss sich erstens die Aussprache bestimmter Konsonanten und schwieriger Lautverbindungen erarbeiten; das wird noch einige Zeit dauern. Es muss außerdem seinen aktiven Wortschatz mehr und mehr erweitern, und es muss sich schließlich die richtige Anwendung der Grammatik aneignen.

Nach Messungen verfügen deutsche Schulanfänger über einen aktiven Wortschatz von über fünftausend Wörtern, und das bedeutet für das Kleinkind, dass es in den nächsten Jahren darum geht, möglichst viele Worte kennenzulernen. Der aktive Wortschatz eines gebildeten Erwachsenen umfasst übrigens zehn- bis fünfzehntausend

Wörter, der passive ist noch viel größer. Durch die Erweiterung des Wortschatzes lernt das Kind sehr bald, «Mehrwortsätze» zu bilden, die Satzlänge nimmt zu, da ständig mehr Wörter zur Verfügung stehen. Sprachforscher bezeichnen die gesamte Sprachentwicklung dieses Alters als «Sprachexplosion».

Bisher hat dem Kind jegliche Grammatik gefehlt, und diese erwirbt es sich etwa vom dritten Geburtstag an in einem rasanten Tempo. Es erlernt durch sein beobachtendes und nachahmendes Zuhören, Hauptwörter zu deklinieren, Verben zu konjugieren, Adjektive zu steigern, verwendet plötzlich Konjunktionen, Präpositionen, benutzt die Artikel – und das alles ohne Regeln und Systematik! Es ist sehr berechtigt zu sagen, dass ein dreijähriges Kind ein «grammatikalisches Genie» ist, wenn man bedenkt, wie schwer es Ausländern fällt, bei dieser Fülle von Regeln und Ausnahmen etwa die deutsche Grammatik zu erlernen.

Wir Erwachsene würden Regeln finden und sie danach mit viel Verstand anwenden lernen, aber nicht so die Kleinen: Sie hören, ahmen nach, machen Fehler und lernen daraus, korrigieren sich also selbst, probieren immer wieder Neues aus, etwa beim Bilden der Mehrzahl, hören sie doch so oft Hauptwörter in verschiedener Weise, einmal im Singular, dann im Plural. Sie haben ihre Freude daran, beim Bilden des Plurals eigene Formen zu schaffen, die aus Erwachsenensicht natürlich falsch sind; aber sie zeigen, was auch noch möglich wäre, wenn nicht schon alles festgelegt wäre. Patzlaff zählt einige solcher Blüten aus Kindermund auf: «die Holzen, die Baumen, die Steinen, die Rucksacken, die Apfeln, die Fläschen, die Teleföne, zwei Hünde, zwei Onkels, zwei Apfels, die Löffels, die Gabels».[51] Wie geistreich! Wir bilden doch die Mehrzahl auf so unterschiedliche Weise: indem wir «en» anhängen (Tür → Türen) oder Vokale durch Umlaute ersetzen (Grund → Gründe) oder einfach ein «s» anfügen (Auto → Autos). Müsste man sich nicht darüber freuen, dass die Kinder nicht stur alles nachmachen, sondern selbst einmal Formen spielerisch ausprobieren, sie erforschen, um dann erst zu den festgelegten Regeln überzugehen? Eltern sollten nicht ängstlich sein, dass sie sich erst Falsches einprägen. Die ständige Selbstkorrektur, die von den Kindern so gut beherrscht wird, bringt sie voran und ist für uns Erwachsene ebenfalls von großer Bedeutung.

Das Kind ist während dieser zweiten Phase des ersten Jahrsiebts, über dem gewissermaßen die Überschrift «Sprechen» steht, voller *kreativer* Kräfte, und so darf man erwarten, dass sich dies auch im Gebrauch der Sprache zeigt. Viele Eltern können später ihren Kindern Beispiele aus dieser Lebenszeit erzählen, falls sie sich noch daran erinnern oder es sich notiert haben. Es sind oftmals sehr interessante Wortneuschöpfungen. Sie gehören zu den köstlichsten Erlebnissen junger Eltern, und es können Bonmots, Missverständnisse oder Formulierungen sein, die man noch nie gehört hat!

Ich bat während eines Kurses einen Studenten, mir einige Aussprüche seines Sohnes (drittes bis etwa fünftes Lebensjahr) aufzuschreiben, von denen ich hier Gebrauch machen darf. Aussprüche von Martin (Name geändert):

- Martin, gerade dreijährig, kurze Zeit nach dem Ich-Sagen: «Wenn ich groß bin, bin ich immer noch Martin.»
- Folgende Szene mit dreieinhalb Jahren. Papa: «Hast du etwas Schönes geträumt?» – Martin: «Ja, von Mama und Papa und R. (Name des Bruders) und Oma Barbara und Peter und Nikolas und Johannes und Oma Renate und Annette und ...» *(überlegt kurz)* «Wie viele Menschen gibt es, Papa?»
- «Ich male ein Haus – hier ist der Mund von dem Haus.»
- Papa und Jens unterhalten sich über Filme, die im Kino laufen. Martin: «Ich habe auch einen Film.» Papa: «Ja, welchen denn?» – Martin: «Einen Tesafilm.»
- Vor der Personenwaage stehend: «Da geh ich mal rauf und schaue, wie teuer ich bin.»
- «Darf ich die Butter gabeln?»
- Martin hat ringsum auf einem Tisch Papier, Stifte, Sachen aufgebaut und sagt: «Das ist mein Arbeitskreis.»
- «Morgen fahr'n wir nach Ferien.»

- Ein längeres Gespräch darüber, dass man sich im Sommer eincremen muss, endet so: Martin: «Ich hab mich schon mal am Toaster verbrannt.» – Papa: «Und an der Sonne kann man sich noch viel mehr verbrennen.» – Martin: «Warum?» – Papa: «Weil die Sonne viel größer ist als der Toaster.» – Martin: «Warum?» – Papa: «Die Sonne ist so groß, damit sie allen Menschen, Tieren und Pflanzen Licht und Wärme schenkt.» – Martin: «Aber die Pflanzen cremen sich nicht ein.»
- Martin möchte «Fünf» sagen, aber ihm fällt das Wort nicht ein: «Ein bisschen mehr als Vier.»

Bei vielen dieser Aussprüche wird deutlich, dass der Junge sehr bildhafte Worte findet. Alles, was er formuliert, ist sinnvoll und ernst gemeint, auch gut zu verstehen, klingt aber durch die Worte, die er wählt, lustig und sehr originell. Zur Abrundung dieses Themas zitieren wir noch einige Beispiele aus Patzlaffs Darstellung – mit lustigen Missverständnissen, die durch wörtlich genommene Äußerungen entstanden, und erheiternden Formulierungen.[52]

- Emily hört von einem Bach, der in einen großen Fluss *einmündet*. Sie versteht sofort, was hier gemeint ist, und überrascht uns mit dem Vorschlag: «Kann der Bach auch ein*riechen* oder *einaugen*?»
- Und warum nicht auch aus der Wimper ein Verbum machen: «Du wimperst ja so schnell» (statt «blinzeln»).
- Gisa hat Saft verschüttet. Vater: «Welcher Bösewicht hat das gemacht?» Gisa: «Das war ein Liebewicht.»
- Als Hildes Vater ihr am Geburtstagsabend sagt: «Gute Nacht, Geburtstagskind», revanchiert sie sich: «Gute Nacht, Geschenkvater!»
- Nachdem der Vater seinen Zehntagebart abgenommen hat, ruft seine Tochter erstaunt: «O Papi, du hast ja das Gesicht gemäht.»
- Felix, zwei Jahre alt, beim Anblick eines Akkordeonspielers: «Papa, guck, Mann macht Musik mit Heizung.»
- Der vierjährige Peter lehnt einen Apfel ab: «Nein danke, sonst werde ich zu saftig.»

Aus verschiedensten Sammlungen und aus vielen persönlichen Notizen von Eltern und Großeltern ließe sich eine Fülle und ein wahrer Schatz solch erheiternder und erstaunlicher Aussprüche zusammenstellen.

Begonnen hat für das Kind jetzt die große Zeit für Sprache, wozu auch das gedichtete Wort und schließlich der Gesang gehören. Werfen wir zunächst einen Blick auf das Bedürfnis des Kindes nach poetisch und literarisch gestalteter Sprache. Hier berühren wir ein Gebiet, das weit über das hinausgeht, was wir bisher zur Entwicklung der Muttersprache gehört haben. Das Kind kann diesen Schritt nur bewältigen, wenn ihm noch mehr Zuwendung entgegengebracht wird, wenn die Eltern diesbezüglich noch mehr Zeit zur Gemeinsamkeit aufbringen.

Es besteht ein Hunger nach Märchen und Geschichten, der danach verlangt, von den Erwachsenen gestillt zu werden. Die erwachende Fähigkeit des Kindes, innere Bilder zu schaffen – man kann sie *Imaginationsfähigkeit* nennen –, muss jetzt angesprochen und angewandt werden. Es sind großartige Fantasiekräfte, die es zu gebrauchen gilt und die nur dann wachsen können, wenn sie dazu Gelegenheit haben. Besonders stark werden diese Kräfte beansprucht, wenn eine Geschichte – ohne Bilder zu zeigen – vorgelesen oder gar erzählt wird (was am wertvollsten ist!). Die Fantasie des Kindes schafft dann die Bilder innerlich selbst, und sie bleiben für das ganze Leben erhalten! Freilich gibt es auch sehr zu empfehlende Bilderbücher, auch solche, bei denen die Kinder beim Betrachten der Bildseite an Fäden ziehen können, um Figuren auf dem Bild zu bewegen. Überall, wo wir dem Kind zur Bewegung verhelfen, sind wir auf einem guten Weg.

Die Märchen der Brüder Grimm sind von ganz besonderer Qualität, sprachlich wie auch inhaltlich. Die bildhaften Vorgänge haben alle einen tiefen geistigen Wahrheitsgehalt, den wir Erwachsene uns anhand entsprechender Literatur erst wieder erarbeiten müssen. Wer jemals Kindern Märchen erzählen durfte – als Lehrer habe ich meinen Erstklässlern fast alle Grimmschen Märchen erzählt –, kann bestätigen, dass diese Bilder eine außerordentliche Wirkung ausüben und auch die unruhigste Kindergruppe ganz still werden lassen. Lauschend hören die Kinder zu, gehen innerlich mit und ahnen, dass diese Bilder etwas ganz Besonderes bedeuten. Märchen sind in alten Zeiten nicht für die Ohren der Kinder geschaffen worden, sondern für die Erwachsenen – als alle Menschen, wenn man es einmal so formulieren darf, noch auf einer Kindheitsstufe waren. Heute sind Märchen für die Kinder richtig, aber wer sich gern schöpferische Kräfte aneignen, kreativer werden möchte, sollte auch als Erwachsener Märchen lesen. Sie sind Imaginationen und wecken solche Kräfte auch in uns Älteren.[53]

Märchen und Geschichten regen die Fantasie des Kindes an; das bedeutet aber, dass die Eltern mehr Zeit benötigen, um das kindliche Verlangen nach inneren Bildern befriedigen zu können. Auch das dichterische Wort wird geliebt und für eine gesunde Entwicklung gebraucht. Das Rhythmische und Klangvolle in Versen, Reimen, Gedichten und Bilderbüchern weckt nicht nur eine besondere Art von Freude in der Seele, sondern wirkt auch erfrischend und gesundend auf die Organe des Kindes. Damit nähern wir uns dem Reich des Musikalischen, dem Singen von Kinderliedern mit ihrer besonderen Art von Melodien, Versen und Rhythmen. Man möchte allen Kindern wünschen, dass viel mit ihnen gesungen und geklatscht wird, dass man Klang- und Reigenspiele mit ihnen ausführt und bei der Auswahl der Texte auf Qualität achtet. Man sollte nicht vergessen, dass in Abzählversen eine besondere Art sprachlicher Köstlichkeit zu finden ist, die auch zu dem hier Erwähnten gehört. Gibt es doch solche Verse, in denen nur Silben vorkommen, wo es nicht um den Sinn geht, sondern rein um die Freude an den Lauten und Reimen. Diese lässt man die Kinder freudig mitsprechen! In all diesen Tätigkeiten darf sich das Kind mit ganzer Kraft und Freude engagieren, denn auf die Eigentätigkeit kommt es in all diesen Jahren besonders an. Vergeblich sucht man, wenn man eine Bedeutung dieser Klänge ergründen will. Bedeutsam an ihnen ist gerade, dass sie keine gedankliche Bedeutung haben.

Hier zwei Beispiele, zunächst ein recht kurzes mit zwei Vokalen, einer Silbe und drei Worten, die das «Aus» bedeuten: sinnvoll, wenn viele Kinder beisammen sind und abzählen. Jeder Vokal und jedes anschließende Wort werden gleich lang gesprochen: «Aa – be – bu / Aus bist du.»

Ein zweites Beispiel für kleinere Gruppen enthält nur Silben ohne gedanklichen Inhalt und geht an zwei Stellen in lustig klingende starke Reime über. Es dauert länger, bis man erfährt, wer ausscheiden muss: «Eene, meene mink mank / Pink pank, pink, pank, / Ose, dose, ackedeier, / Eia, weia, weg!»

Rhythmus und Rhythmisches System

Halten wir für einen Moment inne und blicken darauf, wo der Urquell des Rhythmischen zu finden ist. Wir sagten, dass die Kräfte, die in den Gliedmaßen zur Beweglichkeit führen, zurückbranden und verwandelt im Körper wieder aufsteigen, die «Mitte» ergreifen und an der Sprachbildung mitwirken. Dort, im Brustkorb, finden wir aber auch unser Herz und unsere Lunge, die mit Puls und Atem in einem ständigen rhythmischen Verhältnis wirksam sind, wobei der Puls in diesem Alter noch viel schneller ist und erst nach dem zehnten Lebensjahr auf den endgültigen Rhythmus von 1 : 4 (1 Atemzug auf 4 Pulsschläge) einschwingt. Wir ahnen, dass das rhythmische Sprechen von Kinderversen, das Singen von Liedern mit ihren verschiedenen Rhythmen und das Erleben von Reigenspielen, bei denen es gar um rhythmisches Laufen und Singen geht, wohltuend und gesundend auf die Rhythmusorgane wirken muss. Diese «rhythmische Mitte», in der anthroposophischen Menschenkunde als «Rhythmisches System» bezeichnet, werden wir später noch genauer betrachten.

Wir hatten bereits einen ersten Blick auf die Bedeutung des Rhythmischen geworfen (s. S. 73). Nun wollen wir uns genauer anschauen, wo es angebracht ist, darauf zu achten. Da steht an oberster Stelle die Bedeutung des *regelmäßigen Wiederholens.* Das will das Kind auch von sich aus. Es hat daran Freude, die man ihm durch Ungeschick vergällen kann. Ein weiterer Aspekt ist die *Regelmäßigkeit,* wie wir sie beim Zubettgehen und beim Einnehmen von Mahlzeiten anstreben und erleben. Auch wenn uns oft etwas dazwischenkommt, müssen wir anstreben, immer wieder zum Grundrhythmus zurückzukehren. Den ganzen Tag so zu gestalten, dass der tägliche Ablauf einen festen Rhythmus bekommt, dürfte, so sinnvoll und bedeutsam dies auch ist, zu Hause schwerfallen, könnte aber wenigstens für ein paar Stunden angestrebt werden.

Pädagogik und Alltag im Waldorfkindergarten

Ein sinnvoller täglicher Rhythmus in Verbindung mit dem Wochen-, Jahreszeiten- und Jahresrhythmus ist das Privileg der Kindergärten, wenn sie es so handhaben, wie es in Waldorfkindergärten üblich ist und zu deren Grundprinzip gehört. Während des dritten Lebensjahres werden die Kinder reif für einen solchen Kindergartenbesuch. Für jüngere Kinder gibt es die Möglichkeit, in eine entsprechende Krippe zu gehen.

Der erfahrene Waldorferzieher Philipp Gelitz vergleicht das rhythmische Prinzip mit dem menschlichen Atem und charakterisiert den Tag in einem Waldorfkindergarten als «atmenden Tag», der also vor allem durch Rhythmus geprägt ist.[54] Beim Betrachten der Schulzeit werden wir ebenfalls auf die rhythmische Gestaltung des Schultags zu sprechen kommen und es dann auch noch methodisch vertiefen.

Wie sieht ein solcher Tag im Waldorfkindergarten aus? Gelitz lässt Anna den täglichen Ablauf, der an jedem Morgen auf gleiche Weise beginnt, erleben: Sie kommt mit ihrer Mutter um acht Uhr an, verabschiedet sich von ihr wie immer und trifft nun die Erzieherin, die dabei ist, eine hauswirtschaftliche Arbeit zu verrichten (eine komplette Kücheneinrichtung gehört in jeden Waldorfkindergarten, damit die Kinder tätige Menschen erleben!). Sie hilft für einige Zeit beim Backen, Schnippeln, Sägen, Putzen und beginnt danach ein freies Spiel, das niemand anleitet. Das gilt für alle Kinder. Wenn die Erzieherin ihren Platz, an dem sie gearbeitet hat, später aufräumt, fangen alle Kinder an aufzuräumen und kommen dann zusammen, um sich gemeinsam an Fingerspielen, Singspielen, am gemeinsamen Tun zu erfreuen. Danach frühstücken alle gemeinsam, fangen gleichzeitig an und warten, bis alle fertig sind. Das Tempo ist je nach Temperament recht unterschiedlich. Nun geht es nach draußen in den Garten, und wieder darf frei gespielt werden, wobei Anna gern mit Sand und Erde umgeht. Nach dieser Zeit geht man hinein, wäscht sich die Hände und setzt sich im Kreis vor die Kindergärtnerin, um zum Abschluss voller Spannung einer Geschichte zu lauschen. Und dieser Ablauf wiederholt sich auf ähnliche Weise *jeden Tag*! Die Kinder erkennen diesen Rhythmus unbewusst wieder, stellen sich darauf ein und erwarten keine Attraktionen. Das gibt zugleich innere Sicherheit beim Erlernen von Spielen, Balancieren, Hinfallen und Aufstehen, Singen und Klatschen usw. – ohne Erklärungen.

Worin besteht nun der Atem bei den genannten Abschnitten? Wie Ein- und Ausatmen kann man den Wechsel vom gemeinsamen Tun und Freispiel und vom Drinnen und Draußen auffassen. Das Zuhören und Drinnensein kann man gut mit dem Einatmen vergleichen, und das Ausatmen, das erfolgen muss, mit dem Freispiel und dem Draußensein. Gelitz regt an: Wie gesundend wäre es, wenn Eltern nachmittags diesen kraftsparenden Rhythmus aufgreifen könnten, indem sie eine Abwechslung zwischen Haus und Garten (Draußen-Sein) und zwischen Freispiel und Führung herbeiführen und diese Struktur beibehalten, dass sich «auch am Nachmittag und am Wochenende Einkehr und Auskehr in einer gesunden Weise die Waage halten ... Um nun im Kindergarten und zu Hause so gesund wie möglich zu erziehen, lohnt es sich, selbstkritisch darauf zu achten, wo zu viel oder zu wenig Form und Führung ein gesundes Atmen des Tages behindern.»[55]

Es mag deutlich geworden sein, dass in Waldorfkindergärten allen Kindern solche Gelegenheiten geboten werden, die man ihnen zu Hause nicht bieten kann. Hinzu kommt, dass sie dort lernen, mit anderen Menschen zurecht zu kommen, dass sie sich soziale und auch künstlerische Fähigkeiten aneignen können, denn dort wird gemalt, gebastelt, in Singspielen das Rollenspiel geübt, schließlich sogar begonnen, Eurythmie zu machen. Außerdem bekommen die Eltern Anregungen für allerlei gute Spiele und ausgewähltes Spielzeug.

Das kindliche Spiel und die Entfaltung der Fantasiekräfte

In dem neuen Lebensabschnitt strömen im Kind umfangreiche lebendige Fantasiekräfte, von denen wir schon bei unserer Sprachbetrachtung gehört haben und die das Kind täglich in all seinem Tun begleiten. Von diesem Alter an gilt es, dafür zu sorgen, dass sich die so bedeutsamen schöpferischen Kräfte entwickeln und entfalten können. Man muss ihnen die Möglichkeit geben, sich zu entfalten, und sie bedürfen der Pflege.

Um sich ein wenig in die so üppigen Fantasieerlebnisse einzufühlen und sie zu verstehen, stellen wir eine Zwischenbetrachtung an: In Gedanken legen wir uns an einem sonnigen, leicht bewölkten Sommertag auf eine Wiese und betrachten, wie die Cumulus-Wolken (die «Haufen-» oder «Schönwetterwolken») über uns hinwegziehen. Zunächst sehen wir – bevor wir unsere Fantasiekräfte in die Augen schicken – nur die typischen Umrandungen. Daraufhin nehmen wir uns vor, in den Formen dieser Wolken Tiere zu entdecken, und es wird nicht lange dauern, bis wir allerlei Köpfe, Körper mit und ohne Schwänze, auch Gliedmaßen, also verschiedenes Getier bemerken, deren Umrisse sich immer wieder ändern. Vermutlich hat das fast jeder schon erlebt und dabei entdeckt, dass man mit der Zeit immer mehr Gestalten «sieht» oder auch «sehen lernt». Wir können auf diese Weise unsere Fantasiekräfte aktivieren, verlebendigen.

Im Kind «blühen» diese schöpferischen Kräfte, und so erleben wir an den Kleinen, wie sie mit Gegenständen oder im Wald mit Hölzern und Wurzeln spielen, dabei aber ganz andere Dinge darin «sehen». Wie schnell wird aus einem Stock ein Mensch, aus einem Stückchen Holz ein kleines Schiff oder ein Wagen, ein Auto, aus einem Moospolster wird ein ganzer Wald! Diese Fähigkeit hat nichts mit Fantasterei zu tun hat. So wie das Kind im ersten Jahr alle Muskeln, die der Sprache dienen müssen, beweglich macht, werden die Dinge der Umwelt durch diese kreativen Kräfte, die sich auch in gedanklichen Einfällen kundtun, zu etwas Eigenem und bewirken seelische und geistige Beweglichkeit. Das Kind schlüpft in alles hinein und nimmt mithilfe der Fantasie die Welt in sich auf, verinnerlicht sie. Diese Art Spiel gehört in die zweite Phase und endet etwa im fünften Lebensjahr.

Nach der Trotzphase verändert sich auch das Spielverhalten. Anfangs, im ersten Lebensjahr, spielten die Kinder lange Zeit still nebeneinanderher, wenn sie in einer Gruppe Gleichaltriger beisammen waren, ohne auf die anderen zu achten – ein «Parallelspiel ohne Blickkontakt». Im zweiten Jahr begannen sie, sich gelegentlich anzuschauen, und im Laufe des dritten Lebensjahres fangen sie nun an, sich langsam auf das Miteinander-Spielen umzustellen. Im Alter von drei und vier Jahren lernen die Kinder, auch mit anderen zusammenzuspielen, zu dritt und viert. Gelitz: «Wenn sie den Erwachsenen helfen, spielen, träumen, ärgern, trösten, ein Bild malen – alles findet in rascher Folge statt.»[56]

Mit vier setzt eine neue Art des Spielens ein, das sogenannte «komplementäre Sozialspiel», bei dem die Kinder sich Rollen untereinander zuweisen, beispielsweise beim Suchen und Verstecken, beim Jagen und Verfolgen. Da sollten sich die Erwachsenen nicht einmischen, sondern der Gruppe überlassen, was gespielt wird und wer die Rollen bekommt. Was spielen denn die Kinder in diesem Alter besonders gern? Patzlaff erwähnt, dass sie sich gern Situationen aus dem Alltagsleben ausdenken und sie durchspielen, etwa Arztbesuch,

Mittagessen kochen, Babypflege, Straßenverkehr mit Ampel, Einkaufen-Gehen, Handwerker ... «Das alles wird im ‹Als-ob-Modus› gespielt, wobei bestimmte Requisiten wie Kartons, Tücher, Puppen, Kochlöffel, Hocker, Krämerladen und dergleichen willkommen sind; daran sollte es im Kindergarten nicht fehlen, denn das verabredete Thema soll so realistisch wie möglich gespielt werden.»[57]

Wie muss das Spielzeug beschaffen sein, wenn man die kindlichen Fantasiekräfte berücksichtigt, die angeregt und aktiv eingesetzt werden wollen? Es gibt Puppen, die sprechen oder Laute von sich geben, es gibt Figuren, Gestalten und Stofftiere, die bis ins Detail ausgeformt sind, naturgetreu ausgearbeitet. Solche Artikel finden bei Erwachsenen und vielen Kindern großes Interesse. Doch was haben die Fantasiekräfte noch zu tun, wenn diese «vollkommenen» Dinge von den Kindern angeschaut werden? Bleibt noch etwas aktiv, fantasievoll zu ergänzen, auszuschmücken, oder werden diese Kräfte gar lahmgelegt?

Im Gegensatz dazu kann man, einer Anregung Rudolf Steiners folgend,[58] den Kindern eine Puppe zum Spielen geben, die sich als «unvollkommen» bezeichnen lässt: aus einfachem Stoff, mit nur geringen Andeutungen von Gesicht, Nase, Augen, Mund, mit Wollhaaren auf dem Kopf und einem mit Wolle ausgestopften Körper, mit schlichter Kleidung und mit Andeutungen von Händen und Füßen. Hier bekommt die Fantasie genug zu tun, um alles so zu ergänzen und zu vervollkommnen, wie das Kind seine Puppe gern sehen möchte. Durch dieses kreative Anschauen wird das unscheinbare Spielzeug von der Seele des Kindes zu etwas Eigenem gemacht, mit dem es sich richtig verbinden kann. Der Gegenstand Puppe wird verwandelt und wird somit für das Kind zu «seiner Puppe».

So gibt man den Kleinen Gelegenheit, von innen heraus alles zu ergänzen und auszugestalten. Die bedeutsamen Fantasiekräfte werden auf diese Weise angeregt, alles zu vervollkommnen, auszuschmücken und zu verschönern. Durch ihren Gebrauch werden sie entwickelt, anstatt brachzuliegen. Das kindliche Spiel lebt förmlich davon, dass diese Kräfte zu ihrem Recht kommen. Eindrucksvoll ist in diesem

Zusammenhang etwa die Schilderung von Herta Schlegtendal über die Kindheit des Sprachwissenschaftlers Jean-François Champollion (der die Hieroglyphen entzifferte); sie berichtet, wie die Einfälle nur so sprudelten, wie er andere zum gemeinsamen Spiel anregte, ihnen Rollen zuwies und sie zum aktiven Mittun mitriss.[59]

Des Weiteren kommt es auf das Material an, das in früheren Jahren selbstverständlich aus natürlichen Substanzen geschaffen war. Wie anders fühlt sich Holz im Vergleich zu den heutigen Kunststoffen an! Wir wollen doch, dass die Kinder zu wahrhaftigen Menschen erzogen werden. In gewisser Weise ist so manches Material ein Betrug, denn es sieht als künstliche Substanz anders aus, als es zu sein vorgibt. Das Kind ist genötigt, im Spielen zwei Wahrnehmungen miteinander zu verbinden, die nicht zusammengehören: Das «Plastik-Holzstück» ist viel zu leicht, riecht anders usw. Derartige Spielzeuge könnte man als eine realisierte Lüge bezeichnen. Für die gesunde Entwicklung ist es hingegen wichtig, dass das Kind durch den Tastsinn echte Materialien berühren darf, so wie das Auge Natürliches und echte gemalte Bilder anschauen möchte anstatt elektronisch erzeugter, die den Erwachsenen so viel bedeuten, die aber in der Kleinkindwelt, wie wir noch genauer anschauen werden, nichts zu suchen haben.

Geben wir den Kindern viele Gelegenheiten, ihre Hände zu gebrauchen, sie geschickt zu machen. Tragen wir dazu bei, dass sie die Finger flink bewegen können und bald anfangen können, Musikinstrumente zu spielen. Lassen wir sie mit Bienenwachs kneten, mit Wachsbuntstiften malen, draußen klettern und balancieren, anstatt sie frühzeitig von Geräten, die mit Raffinesse empfohlen werden, abhängig zu machen! Sind doch die Hände die Gliedmaßen der «Mitte», in der das Rhythmische, das Sprechen und das Fühlen ihre physische Grundlage haben! Sind es doch die Hände, die wir Menschen gegenüber dem Tier *frei* bewegen können und nicht in den Dienst des Leibes einspannen müssen! Folgen wir den Psychologen und Medienpädagogen, die es gut und ehrlich mit den Kindern meinen und sich nicht zu leichtsinnigen Aussagen überreden lassen – diese unbestechlichen Beobachter der Kinderseelen sagen eindeutig, dass alle Medien nicht in die Kinderstube gehören, dass die Kinder sogar davor geschützt werden müssen.[60]

Mit dieser Betrachtung runden wir den mittleren Bogen ab und wenden uns dem letzten Abschnitt des ersten Jahrsiebts zu. Nun steigen die Kräfte aus den Gliedmaßen noch höher und ergreifen das Denken, das im nächsten Abschnitt zu Wort kommt.

Das fünfte bis siebte Lebensjahr

Das Fragealter

Mit Beginn des dritten Drittels innerhalb des ersten Jahrsiebts, also etwa mit 4⅔, vollzieht das Kind einen weiteren Entwicklungsschritt. Auch er ist allgemein allen Eltern sehr vertraut, denn ohne große Ankündigung beginnt es, ständig Fragen zu stellen.

Hierzu wieder ein Beispiel: Die Familie hat gefrühstückt, und der Vater muss aus dem Haus. Mutter und Kind bringen ihn an die Haustür und verabschieden ihn. Ganz unerwartet, wie wir es bei der Trotzphase bereits erfahren haben, hebt das Kind zu fragen an: «Wohin geht denn der Papa?» – «Der Papa geht in die Stadt.» – «Und was macht denn Papa in der Stadt?» – «Der Papa muss dort arbeiten.» – «Und warum muss denn der Papa arbeiten?» – «Der Papa muss für uns alle Geld verdienen.» – «Und warum muss der

Papa Geld verdienen?» – «Ja, denk dir, wir müssen von dem Geld Essen kaufen.» – «Und warum müssen wir essen?» – «Damit wir gesund bleiben.» – «Und warum müssen wir ...?»

So kann es immer weitergehen. Es erwachen neue «Denkkräfte». Diese wollen er-übt und dann ge-übt werden – immer wieder, bei jeder Gelegenheit und mit großer Freude, und so köstlich diese Dialoge sein können und uns vielleicht zum Schmunzeln bringen: vom Kind sind die Fragen ernst gemeint. Einfache Aussagesätze, die wir Erwachsenen in Gegenwart unserer Kinder aussprechen, werden in Fragesätze verwandelt. Wissbegierde kommt ebenfalls in diesem Tun zum Ausdruck.

Ein Beispiel von einem Gespräch während einer Autopanne kann uns verdeutlichen, wo die Grenze dieses Wissen-Wollens sein kann: Die Familie sitzt im Auto, der Vater auf der Fahrerseite, der fünfjährige Junge schräg hinter ihm auf dem Rücksitz. Der Vater will den Motor starten, was ihm nicht gelingt und weshalb er es mehrmals vergeblich versucht. Als die Mutter seine Unruhe spürt und ihn dann freundlich nach der Ursache fragt, gibt er kurzerhand die Antwort: «Der Motor ist abgesoffen – auch das noch!» Dann will er es noch einmal versuchen, da aber fragt ihn der Junge, dem das Wort «abgesoffen» spontan sehr gefällt: «Papa, was ist denn das, wenn der Motor *abgesoffen* ist?»

Der Vater ist über diese Frage so überrascht, dass der ganze sich anbahnende Ärger sofort verschwunden ist. Hat sich doch sein Sohn bisher für derartige Dinge nicht interessiert, und nun stellt er eine solche Frage! Er wittert, wie er von nun an als Vater eine ganz neue Bedeutung bekommen kann. Und da lohnt es sich, dass er sich gleich Zeit nimmt und alles erklärt!

«Willst du das genau wissen?» – «Ja, Papa!» – «Dann will ich dir das alles mal zeigen. Komm mal mit!» Nun gehen sie nach draußen, und der Junge freut sich sehr.

«Also, da müssen wir mal die Motorhaube aufmachen und mal den Vergaser suchen.» – «Papa, was ist denn ein Vergaser?» – «Ja, weißt du, der Vergaser, der holt sich das Benzin durch die Benzinleitung aus dem Tank, und dann vergast er das!» – «Und warum macht er das, Papa?» – «Ja, weißt du, mit dem flüssigen Benzin kann er nichts anfangen!» – «Und warum kann er nichts damit anfangen, Papa?» – «Weil er nur das Gas gebrauchen kann.» – «Und warum kann er nur Gas gebrauchen, Papa?»

Eine Aussage nach der anderen wird in eine Frage verwandelt. Der Vater versucht ihm nun vieles zu erklären und freut sich, dass sein Sohn das alles wissen will, weil er so vieles sieht und immer wissen will, was das alles bedeutet. Dann bemerkt unser Vater, dass er so manches auch nicht richtig kennt, immer unsicherer wird, und schließlich sagt er: «Weißt du was, ich guck nachher noch einmal im Buch nach, wie das mit dem Vergaser genau funktioniert. Interessiert dich das?» – «Ja, Papa!»

Inzwischen ist der Vergaser durch die längere Zeit des Wartens wieder startbereit, und die Familie kann ihren Ausflug machen. Abends holt sich der Vater das entsprechende Buch und liest begeistert alles nach, um seinem Sohn alles gut erklären zu können, geht zu ihm hin und sagt, dass er ihm seine Fragen nun alle beantworten könne. Da bekommt er zu hören, dass er das jetzt nicht mehr hören will. Das Interesse scheint verflogen zu sein. Das ist charakteristisch für dieses Alter: Aus einer Situation heraus entstehen die Fragen, und es geht in erster Linie rein um die Tätigkeit des Fragens und die Freude an diesem gedanklichen Tun, noch nicht oder nur in geringem Maße um die Erkenntnissuche, wie der Vater sie von seinem Sohn so freudig erwartet hat und dann die leise Enttäuschung hinnehmen muss, dass es noch nicht um technische Fachkenntnis geht. Aber es gibt auf diesem Gebiet auch Ausnahmen – wie bei allem Regulären.

Wodurch lernen Kinder eigentlich das Denken?

Wir haben bereits im ersten Drittel dieses Jahrsiebts eine erste bemerkbare Denkfähigkeit festgestellt, etwa bei Karl Königs Beispiel (S. 69), wie die Tochter der Familie plötzlich nicht mehr wie bisher einzeln die Personen aufzählen muss, sondern freudig den Begriff «alle» aus eigener Denkkraft findet und sprachlich äußert. Wie alle Kinder in den ersten Lebensjahren die verschiedenen Tätigkeiten der Menschen in ihrer Umgebung aufnahmefreudig miterleben und von innen heraus mit den Willenskräften nachahmen, so geschieht es auch bei allen Gefühlen dieser Bezugspersonen und schließlich auch bei deren Denken. Wie ist das zu verstehen?

Betrachten wir einmal, was im Kind vorgeht, wenn es miterlebt, wie der Erwachsene in der Küche eine Gemüsesuppe zubereitet. Er überlegt sich, womit er anfängt. Da muss das Gemüse aus dem Kühlbereich geholt, gewaschen, geputzt, geschnitten, zerkleinert und die richtige Menge zubereitet werden. Des Weiteren ist es nötig, im richtigen Augenblick das Wasser aufzustellen. Bestimmte Gemüse müssen länger garen, also zuerst zum Kochen gebracht werden. Das Würzen muss im rechten Moment geschehen, dabei ist auf die richtige Menge zu achten. Viele einzelne Schritte sind zu bedenken, die dem Erwachsenen in seinen Gedanken ganz klar sind und eingehalten werden wollen.

Alle Gedanken zusammen genommen gehören zu dieser Tätigkeit, und das Kind erlebt die Gedanken mit, die ja nicht ausgesprochen, aber innerlich wachgerufen und angewandt werden, nimmt sie in sich auf und ahmt sie nach, will sie auch in die Tat umsetzen dürfen. Der Erwachsene kennt viele solcher Arbeitsgänge, beherrscht sie in ihrer zeitlichen Abfolge sicher und ist somit für unseren «Nachahmer» nicht nur Vorbild in den äußeren Tätigkeiten, die das Kind sehen kann, sondern zugleich Vorbild im Denken, genauer gesagt für alles Gedankliche, das die Tätigkeiten unbemerkt begleitet. So gesehen lernt jedes Kind, seine Denkkräfte zu schulen, wenn es den Erwachsenen bei der Arbeit zusehen, an der Seite der Mutter oder des Vaters so manches mittun darf oder beim Spiel im Puppenhaus es nachahmen kann. Der gedankliche Ablauf einer Tätigkeit ist es, der beim Kind zur Entwicklung eigenen Denkens beiträgt.

Genauso bedeutsam sind aber auch andere Tätigkeiten, etwa die Gartenarbeit. Da soll im Frühjahr ein Beet bestellt werden, und nun erlebt das Kind mit, wie der Erwachsene zunächst den Boden bereitet, mit dem Spaten umgräbt, mit der Harke die Erde glättet, Rillen zieht und die Samen einlegt – im richtigen Abstand, damit die Pflanzen, die keimen werden, sich nicht gegenseitig den Platz einengen. Bastel-, Bau- und Reparaturarbeiten in der Wohnung, im Keller oder im Schuppen gehören ebenfalls dazu. In allem Tun finden Gedanken ihre Anwendung, und das Kind nimmt sie ebenso auf, wie es durch die Beobachtung des arbeitenden Erwachsenen lernt, wie man das Werkzeug hält und anwendet, und immer mehr versteht, warum etwas und wie es getan wird.

Bildhaftes Denken

Diese Denkphase setzt etwa mit 4⅔ Jahren ein, also im fünften Lebensjahr. Das Kind beginnt, bei jeder Gelegenheit Fragen zu stellen, scheint diese Tätigkeit regelrecht üben zu wollen. Ihm wird geantwortet, aber schon hat es eine neue Frage. Die Antworten bestehen ja meistens aus sogenannten «Aussagesätzen», und das Kind formt diese Aussagen in Fragen um und hat daran seine große Freude. Oft meinen Eltern, nun sei das Kind schulreif und nur in der Schule könne man ihm alle Fragen treffend beantworten. Wer in der Lage ist, *bildhaft* zu antworten, kann erleben, dass das Kind nach kurzer Zeit eine gewisse Zufriedenheit zeigt und nicht mehr weiterfragt. Wenn sehr intellektuell, wie für einen Erwachsenen, wissenschaftlich geschult geantwortet wird, kann sich die Seele des Kindes nicht in gleicher Weise damit verbinden und befriedigt sein. Dieses Fragen dauert einige Zeit, klingt dann ab, wie es auch in der Trotzphase der Fall war. Auch hier können die Eltern einen gewissen Lernprozess durchmachen, indem sie versuchen, ihr Denken zu verlebendigen, sich in das Kind hineinversetzen und versuchen, in Bildern zu antworten, die sofort verstanden werden – was nicht gerade leicht ist. Man könnte ebenfalls wieder einen Blick auf die Entwicklung der ganzen Menschheit werfen und es so charakterisieren: Als die Menschheit auf der Kindesstufe war und *bildhaft gedacht* hat ... Frank Teichmann hat anschaulich dargestellt, wie der einzelne Mensch in Kindheit und Jugend die verschiedenen Kulturstufen der Menschheit noch einmal individuell durchläuft.[61] Das Denken, wie wir es heute kennen, ist eine noch sehr junge Kraft. Eine frühe Stufe durchlaufen alle Kinder, bevor sie die heutige Stufe erlangen, die Fähigkeit, intellektuell und abstrakt zu denken. Das gilt es zu bedenken, wenn man mit Kindern zu tun hat.

Veränderungen beim Spielen

Während im Haupt die Fähigkeit des Denkens weiter heranreift, kann man am Gegenpol, den Gliedmaßen, deutlich bemerken, wie sie in dieser Zeit wachsen und länger werden – erst die Hände und Füße, dann die Beine. Das macht sich bei den Spielen bemerkbar: Die Bewegung tritt in den Vordergrund. Die Kinder bauen Parcours auf, auch Wippen und Rutschen, und freudig üben sie Seilspringen und Stelzenlaufen. Gelitz stellt die Bewegungsentwicklung dieses Alters unter das Motto: «Die Welt wird bewegt und erprobt.»[62] Viele Kinder finden Freude am Weben, Schneiden, Nähen, Flechten, lieben die feineren Fingertätigkeiten. Jetzt dürfen sie sägen, raspeln, schleifen und hämmern und lernen, mit verschiedenen Werkzeugen zu hantieren, und für ihre Feinmotorik lernen sie, mit Schere, Nadel und Faden umzugehen. Immer anspruchsvollere Fingerspiele werden für die zunehmende Geschicklichkeit benötigt.

Sie beginnen außerdem, gemeinsam Spiele zu planen, und diskutieren dabei; und sie bilden sich Vorstellungen, wie sie etwas ausführen wollen, greifen auch ein Spiel von gestern wieder auf und brauchen manchmal einen, der alles bestimmt. Sie fangen an, ihre Gedanken in die Tat umzusetzen.

Es ist entscheidend, dass die Kinder in diesem Alter wieder und wieder üben, ihre eigenen Intentionen durchzusetzen. Gelitz zieht deswegen den Schluss: «Daher ist es so wichtig, dass die Kinder nicht schon mit fünf Jahren in die Schule kommen, weil ihnen dann die Möglichkeit genommen wird, den Weg von einer Vorstellung in die tatsächliche Handlung tüchtig und ohne intellektuelle Nachfrage zu üben. In dieser Lebensphase werden Willensstärke und Tatkraft entweder zum Blühen gebracht, oder es besteht die Gefahr, dass sie verwelken.»[63]

Freilich gelingt das Umsetzen der Absichten in die Tat nicht immer, was auch zu Zornanfällen führen kann. Im letzten Kindergartenjahr können Kinder auch gähnende Langeweile haben – eine Tatsache, die Gelitz mit dem inzwischen lang gewordenen Körper, der vorübergehend ungeschickter ist, weil er noch nicht ganz von der Seele durchgriffen wird, in Zusammenhang bringt. Aber: «Langeweile ist immer der Durchgangspunkt für neue eigene Ideen. Man muss sie zulassen können und darf sie nicht durch eine Fülle von Vorschlägen, wie man sie überwinden kann, überdecken. Die Kinder danken es letztlich mit Ideenreichtum im Schulalter.»[64]

Gegen Ende dieser dritten Phase des ersten Jahrsiebts können wir beobachten, dass die Fähigkeit zunimmt, sich zu konzentrieren, dass Lerneifer auftritt und Interesse an dem wächst, was Erwachsene zu erzählen haben. Von jetzt an wollen die Kinder lernen, mit Buchstaben und Zahlen umzugehen, möchten Regeln beachten lernen, Rätsel lösen, lange Märchen hören. Es gehört auch zu diesem Alter, dass sie bestimmte Aufgaben übernehmen. Sie decken den Tisch, waschen ab, haben also ihre «Ämter», die aber nicht als unangenehme «Pflichten» erlebt werden sollen, sondern als ein in Gemeinsamkeit gern ausgeführtes, selbstverständliches gegenseitiges Helfen.

Lassen wir abschließend noch ein letztes Mal den fachkundigen Erzieher sprechen: «Beim freien Spiel jedoch werden auch die Ältesten im Waldorfkindergarten immer so frei als irgend möglich gelassen, damit sie weiterhin ihre eigenen Spiele finden und umsetzen können. Diese Freiräume sind für die Entwicklung auch deshalb günstig, weil dadurch das Rollenspiel weiterhin praktiziert werden kann. Dafür ist in der Schule dann kaum noch Zeit. Kinder können am Ende der Kindergartenzeit meist sehr gut zu viert oder zu fünft zusammen spielen, brauchen aber oft einen ‹Bestimmer› im Spiel. Wenn die Kinder in dieser Weise ausgiebig zusammen spielen können, erleben sie ganz ohne jede intellektuelle Unterweisung, dass es ratsam ist, beim Hausbauen den einen, beim Essenkochen diesen und beim Flugzeuglenken jenen bestimmen zu lassen. Besteht Raum für freies, unangeleitetes Rollenspiel, kann geübt werden, was für eine demokratische Gesellschaft unabdingbar ist: Es gibt keinen Chef für alles, sondern Fachleute für bestimmte Aufgaben. Wir haben es dann nicht mit absoluten Hierarchien oder Ständen zu tun, sondern mit Kompetenzhierarchien je nach Arbeitsbereich. Wenn sich dies als Erlebnis einstellt, ist das die beste Förderung von sozialer Kompetenz und eine gelungene Prävention gegen den Wunsch nach autoritärer Führung im Erwachsenenalter. Der Wert des letzten Kindergartenjahres liegt also auch darin, eben noch keine Lernanforderungen im schulischen Sinne bewältigen zu müssen, sondern die Kraft zu entwickeln, alle zukünftigen Hindernisse selbst überwinden zu können. Erst dann ist das Kind reif und frei für aktives Lernen – und muss nicht passiv ‹beschult› werden.»[65]

Frühkindliches Zeichnen

Bewusst haben wir noch nicht erwähnt und betrachtet, was die Kleinen während dieser frühen Jahre auf einem Blatt, das man ihnen zusammen mit Buntstiften oder einem Bleistift gibt, zu Papier bringen. Interessanterweise spiegeln sich in ihren Frühwerken besonders deutlich die drei dargestellten Stufen. An den Zeichnungen, wenn man sie verstehen lernt, lässt sich ablesen, in welcher Phase sie leben und wie sie mit den Kräften, die sich in den Formen widerspiegeln, innerlich umgehen. Michaela Strauß hat in ihrem eindrucksvollen Buch *Die Zeichensprache des Kindes* den Dreischritt, den wir an mehreren Phänomenen beobachten konnten, so eindeutig dargestellt, dass wir ihrem Weg gern folgen wollen.[66]

Die erste Phase

Abb. 4a: Junge, 1 Jahr 11 Monate

Abb. 4b: Junge, 1 Jahr 11 Monate

Bei allen heute möglichen Verfrühungen in der Kindesentwicklung wird es kaum ein Kind geben, das schon im ersten Jahr mit dem Stift in der Hand zeichnen möchte, aber im darauffolgenden. Was zeichnet es in dieser frühen Phase?

Auf den ersten Blick wird der ungeschulte Betrachter in Abbildung 4 a und b nur «Kritzeleien» erkennen. Folgt man den gezeichneten Linien genau mit den Augen, entdeckt man, dass das Kind bei seinem Zeichnen in dieser frühen Zeit zweierlei Kräfte aufbringt: eine kreisende, spiralige Kraft und eine sich auf- und abbewegende. Strauß nennt sie treffenderweise die «Urbewegungsspuren der körperlichen Zeichensprache». In den zwei Zeichnungen erkennen wir diese Spuren als das «Wirbelknäuel» und das «Urkreuz». In der *gebogenen und geraden Linie* sind alle weiteren Linienzüge enthalten!

Der Astronom Johannes Kepler sah in diesen Linien das «urschöpferische Gestaltungsprinzip des Kosmos». Eine Gerade läuft bis ins Unendliche, ein Kreis schließt in sich selbst ab, zwei völlig gegensätzliche Linien oder auch Kräfte. Beim innerlichen Mitgehen mit den

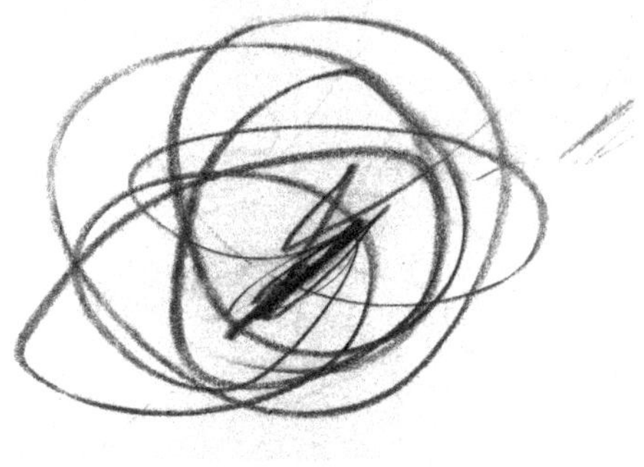

Abb. 5: Mädchen, 1 Jahr, 10 Monate (aus Strauss, S. 24)

Abb. 6: 2 Jahre, 7 Monate (aus Strauss, S. 25)

Bewegungen in den beiden Zeichnungen spüren wir das Rotieren und das Pendeln ohne Ende, aus denen heraus alle Kinder etwa im Alter von knapp zwei Jahren zeichnen.

Nach einiger Zeit werden die beiden Bewegungen zusammengeführt, nach dem Rotieren geht es über ins Auf und Ab («Wirbel»), um schließlich in der Mitte Halt zu machen (Abb. 5). Dies ist der Anfang eines Weges von außen nach innen, der bald danach ganz deutlich sichtbar wird, wenn das Kind anfängt, *Spiralen* zu malen – und zwar bis zum dritten Jahr nur von außen nach innen (Abb. 6). All diese Kurven darf man als Spuren eines Weges ansehen, der innerlich gegangen wird und uns Einblick in die Entwicklungsgeheimnisse gewährt. Nun wird die Mitte erreicht.

Wir erinnern uns, dass das Kind bisher drei Entwicklungsschritte vollzogen hat: Es hat die Aufrechte errungen und das Gehen erlernt, dann das schrittweise Erlernen der Sprache und die ersten Ansätze der Denkformen.

Die mittlere Phase

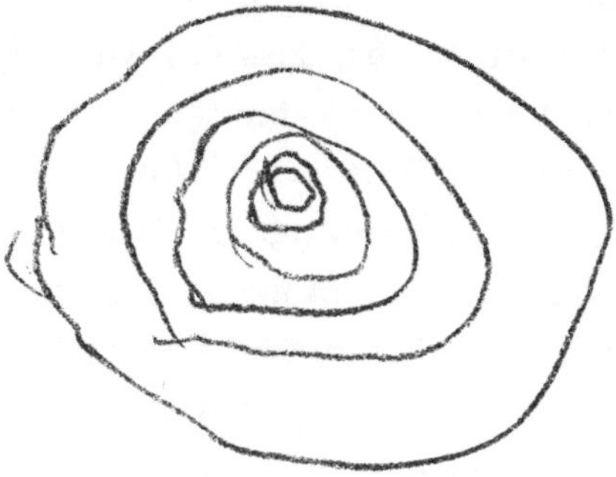

Abb. 7: Mädchen, 3 Jahre, 3 Monate
(aus Strauss, S. 26)

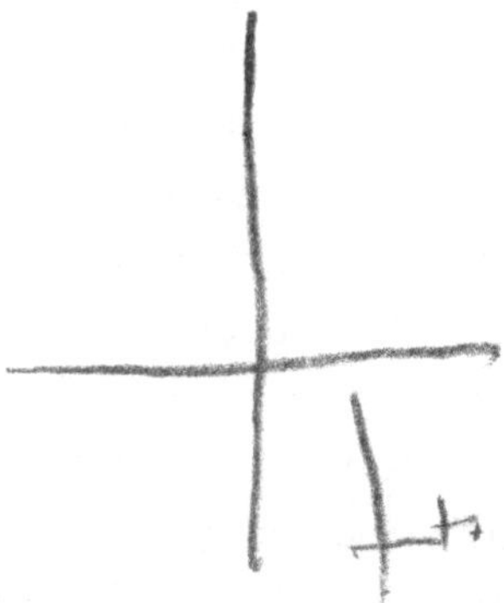

Abb. 8: Junge, 2 Jahre, 7 Monate
(aus Strauss, S. 29)

Das Kind hat begonnen, ein Innen und Außen zu erleben, und ist auf der Suche nach seinem Mittelpunkt, nach seinem Ich und darf ihn finden. Im dritten Jahr – bei denen, die es eilig haben, auch schon früher – taucht plötzlich parallel zur Trotzphase in den Zeichnungen die gebogene Linie als *Kreis* auf, den das Kind jetzt *zumachen* kann. *Zubinden* ist auch ein gutes Wort für diesen Vorgang, denn man sieht dem Kreis an, wo angefangen und aufgehört wurde, weil dort ein Stück «Band» herausguckt. Man sieht auch, mit welcher Mühe hier zu Werke gegangen wurde. Wir verstehen, dass der Kreis zum errungenen Ich-Erlebnis gehört, mit Freude vom Kind gezeichnet wurde (Abb. 11). Die gerade Linie wird in diesem Alter zur Horizontalen und zur Vertikalen. Die Vertikale spiegelt zuerst die Aufrichtekraft, dann zeigen sich auch die Bemühungen um das immer wieder zu erringende Gleichgewicht, und so kommt

zur Senkrechten eine waagerechte Linie (Abb. 8). Innere Kräfte, Kraftströme werden sichtbar. Ein zweites wesentliches Merkmal dieser Phase ist die *Kreuzung.* Sie drückt aus, dass das Kind, das sich als Ich erlebt, im Raum frei stehen kann (Abb. 9).
Schließlich setzt das Kind den Punkt ins Zentrum des Kreises und bald darauf das Kreuz und erweitert das Kreuz zum Stern. Damit sind Kreis und Kreuzung zur Einheit verschmolzen (Abb. 10). Punkt und Kreuzung sind die Zeichen des Ich. Zunächst musste dieses Ich einziehen, nun aber wendet es sich nach außen, will die Welt ergreifen, und das zeigt sich daran, dass die Linien nicht mehr im Kreis begrenzt werden (wie in Abb. 11), sondern aus ihm herausragen, was gegen das vierte Jahr eintreten kann (Abb. 12). Die Spuren der Bewegung führen also von innen nach außen. Michaela Strauß wörtlich: «Während das heutige Kind oft schon sehr früh – also vor dem dritten Jahr – sich selbst mit Ich bezeichnet, begegnen wir der Ichform in der kindlichen Zeichnung auch heute nicht vor dem dritten Jahr.»[67]

Weitere Motive dieses Alters sind *Türme,* die gebaut werden. Nein, *Leitern* sind es oder *Stufennetze.* Die gerade Linie setzt sich immer mehr durch. Es entstehen auch Quadrate, die dann zum Rechteck werden, und immer wieder zeigt sich das Bedürfnis, das Gleiche oder etwas Ähnliches zu wiederholen – und das in rhythmischer Abfolge!

Immer wieder zeichnen die Kinder Leitern (Abb. 13) und stellen uns vor ein Rätsel, weil ja manches Kind gar keine Gelegenheit hat, eine Leiter zu sehen. Wir Erwachsenen gehen immer wieder davon aus, dass die Kinder das zeichnen wollen, was sie sehen. Bevor wir uns im nächsten Kapitel in größerem Zusammenhang der Antwort nähern, stellen wir uns einmal die Frage: Könnte es sein, dass das Kind das zeichnet, was in seinem Leib geschieht, was seine bildenden Kräfte an Formen ausgestalten? Sollte dieses Motiv vielleicht die unbewusste Darstellung der sich entwickelnden Wirbelsäule bedeuten, deren Bildekräfte das Kind in dieser mittleren Zeit in seiner Mitte erlebt? Wir werden noch darauf zurückkommen. Interessanterweise gab es auch eine frühe Menschheitsphase, in der «Leitern», in Steine geritzt, dargestellt wurden (Abb. 14).

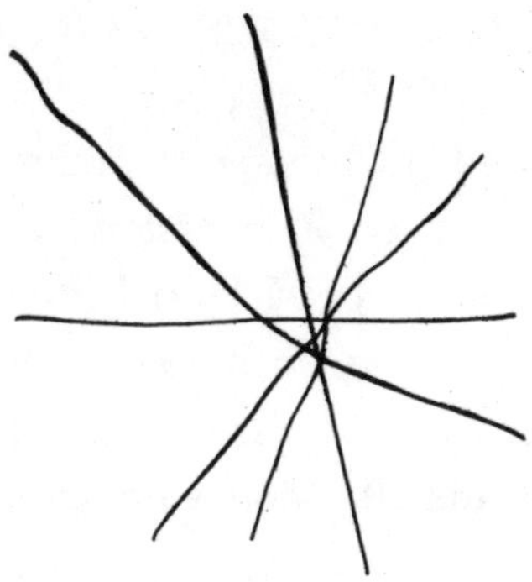

Abb. 9: Junge, 3 Jahre, 6 Monate (aus Strauss, S. 30)

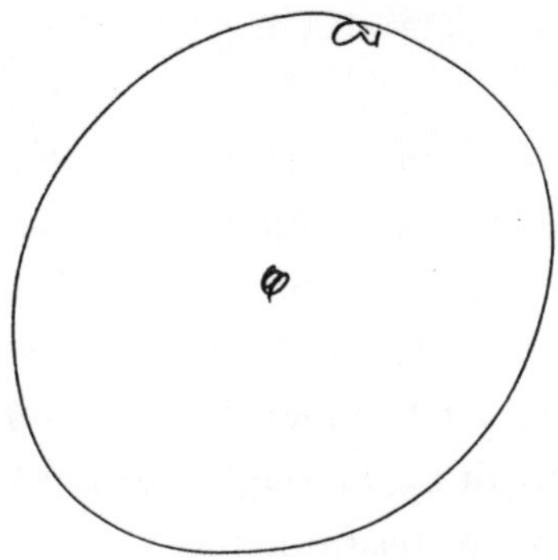

Abb. 10: Mädchen, 3 Jahre, 3 Monate (aus Strauss, S. 30)

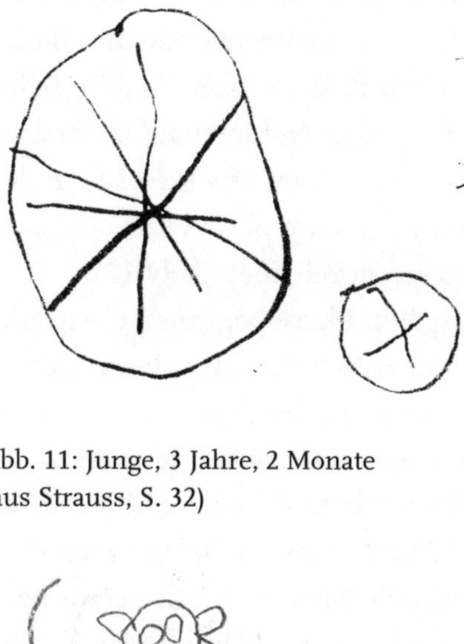

Abb. 11: Junge, 3 Jahre, 2 Monate (aus Strauss, S. 32)

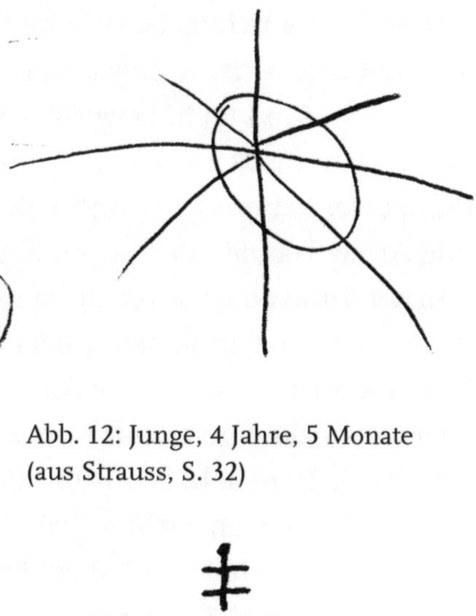

Abb. 12: Junge, 4 Jahre, 5 Monate (aus Strauss, S. 32)

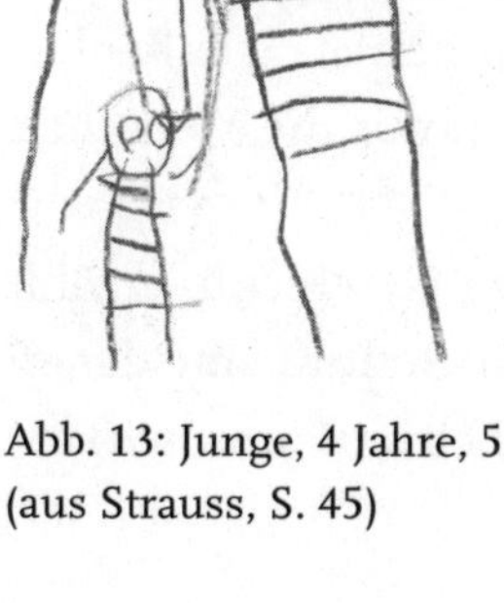

Abb. 13: Junge, 4 Jahre, 5 Monate (aus Strauss, S. 45)

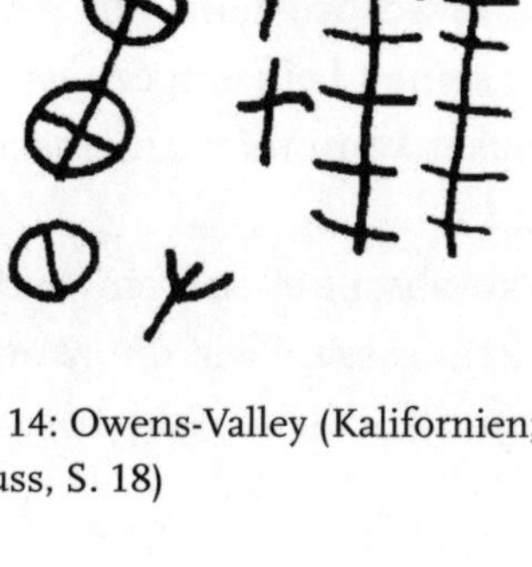

Abb. 14: Owens-Valley (Kalifornien; aus Strauss, S. 18)

Die dritte Phase

Vom fünften Jahr an zeichnet das Kind nicht mehr innere Bildeprozesse, sondern beginnt, *illustrativ* zu malen. Zum ersten Mal zeichnet es ab dem fünften Jahr *Dreiecke*, während es bis zum dritten Jahr nur Kreisendes, in der zweiten Phase Quadrate, Rechtecke zeichnete. Jetzt werden Themen gezeichnet oder auch mit Farben gemalt. Abbildung 15 zeigt eine Gesamtübersicht, die alle Motive der drei Phasen zusammenfasst.

Die Gliedmaßen beginnen im sechsten Jahr, verstärkt zu wachsen, werden länger, zuerst Hände und Füße, dann Arme und Beine. Das Kind beginnt nun, in seinen Zeichnungen Gliedmaßen anzufügen, setzt sie an der richtigen Stelle am Leib an. Vorher wurden die Glieder am Kopf angesetzt, es entstanden «Kopffüßler» (Abb. 16), die Beine waren dem Kind nicht bewusst genug, aber von jetzt an zeichnet es einen Rumpf und zwischen ihm und dem Kopf einen Hals! An den Rumpf werden immer häufiger Beine mit oder ohne Füße angesetzt und Arme, Hände mit riesigen Fingern gezeichnet (Abb. 17).

In der dritten oder sogenannten späten Phase beginnen die Kinder, Beine und Füße zu malen, wobei die Füße quer zum Betrachter angefügt werden, so wie sie im Alten Ägypten gemalt wurden (Abb. 18).

Die Entwicklung verläuft vom *Zeichen zum Abbild*. Jetzt kann das Kind auch Tiere abbilden (Abb. 19). Mehr und mehr malt es außerdem das, was man nicht selbst ist, und immer häufiger entstehen Bildergeschichten. Das Kind entdeckt die Farbe und will sie auf neue Weise anwenden! Und immer wieder tauchen Dreiecke auf (Abb. 20)! Häuser entstehen, und sie enthalten Fenster, Türen, bekommen Dach und Schornstein. Aus den Fenstern schauen Leute. Das Kind ist ja in seinen Leib eingezogen und blickt von innen nach außen! In die Häuser kann man hineinschauen und sehen, was die Menschen dort tun.

Hierzu abschließend ein Bild, das eine ganze Geschichte erzählt (Abb. 21). Lassen wir die Worte von Michaela Strauß, mit denen sie dieses köstliche Bild beschreibt, vergnüglich auf uns wirken:

«Die Zeichnung von Martin soll hier für die Darstellungsweise des Sechsjährigen stehen. Martin geht noch nicht zur Schule, aber er hat sich eine Vorstellung von der Schulstube aus den Erzählungen des älteren Bruders gebildet. So zeichnet er uns auf, wie er die Schule sieht. Links oben ist er selber unterwegs; das Schulhaus, von Tannen umstanden, ist erreicht. Eine Uhr, die Zeit, spielt bereits eine Rolle! Allerdings mahnt sie noch völlig verspielt mit spiegelbildlichen Lettern. Hinter den Tischen sitzen Reihe für Reihe die aufmerksamen Schüler. Jeder hat eine Tafel mit einem Tafellappen vor sich. Die Lehrerin erklärt an der Tafel. Sie ist gekrönt, ein königlicher Nimbus zeichnet sie aus. Vom Schulweg, oder bereits aus der häuslichen Spielecke, haben sich zwei Gefährten mit in die Schulstube eingeschlichen. Der eine sitzt mit gespitzten Ohren zwischen den Kindern der hintersten Reihe, der andere hat sich unter der Tafel eingerichtet.»[68]

Die Bilder und Texte aus dem zitierten Buch bilden eine wichtige Ergänzung, in gewisser Weise sogar eine Bestätigung der bisher dargestellten Entwicklungsschritte.

Zwischen dem sechsten und dem siebten Lebensjahr kann es noch eine Überraschung geben: Möglicherweise lässt die Freude am Bildermalen nach. Dann zeigt sich das Kind weniger aktiv, schaut lieber zu, was andere tun, und neigt zur Teilnahmslosigkeit. Ein rascher Umbau in seinem Körper kostet viel innere Kraft. Hinzu kommt die Vorbereitung des Zahnwechsels, sodass man von einer labilen Zeit sprechen kann. Die Lebensprozesse müssen nun im Leib ihre Arbeit an den Organen, die sie bisher ausgebildet haben, abschließen. Auch die Seelenkräfte machen eine Verwandlung durch. Das Kind erlebt diesen Umbau von Leib und Seele mit und geht durch die inneren Prozesse hindurch, die zur *Schulreife* führen. Mit ihr werden wir uns noch genauer beschäftigen. Erfahrene Erzieher wissen von diesem Umbau und achten darauf, dass sie die Kinder in dieser Zeit nicht überfordern.

Das erste Jahrsiebt ist vollendet.

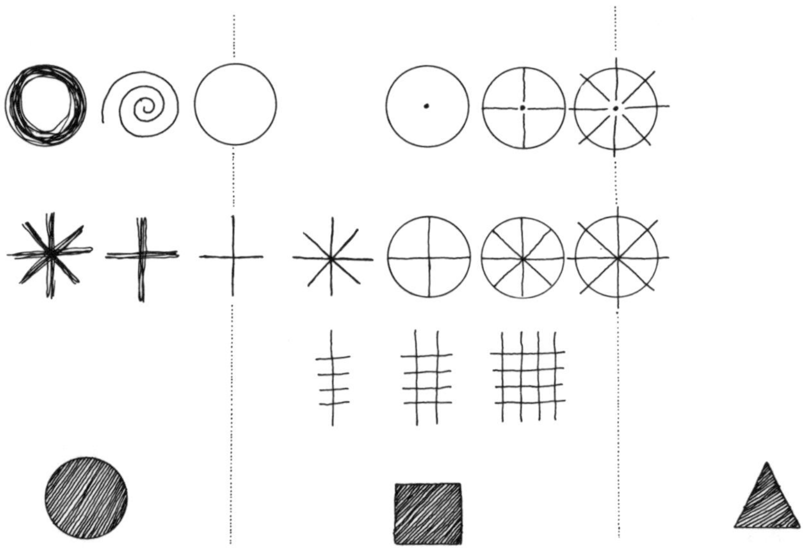

Abb. 15: Schema des kindlichen Vokabulars (aus Strauss, S. 33)

Abb. 16: Junge, 3 Jahre, 9 Monate (aus Strauss, S. 59)

Abb. 17: Mädchen, 3 Jahre, 4 Monate (aus Strauss, S. 46)

Abb. 18: Junge, 5 Jahre. Thema: «Soldaten» (aus Strauss, S. 45)

Abb. 19: Mädchen, 3 Jahre, 4 Monate. Thema: «Zoo» (aus Strauss, S. 79)

Abb. 20: Mädchen, 6 Jahre (aus Strauss, S. 82)

Abb. 21: Junge, 5 Jahre, 10 Monate (aus Strauss, S. 83)

Zweiter Rückblick

Beim Betrachten der Kinderzeichnungen sind wir wiederum einem Dreischritt begegnet. Dabei hat sich uns vieles von dem bestätigt, was wir uns zuvor erarbeitet haben. Insgesamt konnten wir beobachten, dass wir es in diesen ersten sieben Jahren immer wieder mit verschiedenen Dreiheiten zu tun haben.

Die ersten drei Dreiheiten

Im ersten Jahr richtet sich das Kind in einem Dreischritt von oben nach unten auf:

↓ Haupt
↓ Rumpf
↓ Beine

Und es ergreift damit seinen Leib. Eine *senkrechte Linie mit einer Pfeilspitze nach unten* ist dafür charakteristisch.

Im zweiten Jahr entdecken wir während der Sprachentwicklung diese Linie wieder beim Erlernen der Wortarten:

Haupt	↓ Hauptwörter
Rumpf	↓ Eigenschaftswörter
Gliedmaßen	↓ Tätigkeitswörter

Ein drittes Mal finden wir diese Schritte bei der Gesamtbetrachtung des ersten Jahrsiebts: Im ersten Drittel (0–2 ⅓ Jahre) ging es überwiegend um die Bildung des Kopfes mit den Sinnesorganen, im zweiten Drittel (2 ⅓–4 ⅔ Jahre) um die Ausbildung der rhythmischen Mitte mit der Sprache, und im dritten Drittel (4 ⅔–7 Jahre) werden die Gliedmaßen betont und beginnen stark zu wachsen.

1. Drittel	↓ Haupt mit Sinnesorganen
2. Drittel	↓ rhythmische Mitte und Sprache
3. Drittel	↓ Wachsen der Gliedmaßen

Diese Linie können wir als typisch für den Willen ansehen, sich zu inkarnieren. Die einmalige Persönlichkeit dieses Kindes will sich, aus einer anderen Welt kommend, innerlich mit dem von den Eltern geschenkten körperlichen Leib aktiv verbinden. Dieser Dreischritt hat sich uns ganz treffend beim Betrachten der kleinkindlichen Zeichnungen bestätigt, die so charakteristisch die einzelnen Phasen widerspiegeln, weil sie Zeichen für die innere Entwicklung sichtbar machen und erst spät die Außenwelt abbilden wollen. Dieser Linie von oben nach unten werden wir später wieder begegnen.

Die weiteren Dreiheiten

Die entgegengesetzte Richtung, eine aufwärtsstrebende Linie mit einer Pfeilspitze nach oben, konnten wir anlässlich der Entwicklung des Sprechens entdecken, die im zweiten Jahr aus den Kräften der Gliedmaßenbewegungen, im Besonderen aus dem Gehen unserer Beine, hervorgeht. Sie verhält sich, wie wir festgestellt haben, gleichsam wie eine Welle, die am Ufer anschlägt, umkehrt und in der rhythmischen Mitte zur Grundlage der Sprachentwicklung wird, im dritten Jahr dann bis in das Haupt hinaufreicht und die Bewegungen des Denkens hervorruft. Diesen Dreischritt vollzieht das Kind im Allgemeinen in den ersten drei Jahren – manche sind schneller, manche sind langsamer, ganz individuell!

Wir sprachen bereits davon, dass damit dreierlei Aspekte verbunden sind, ein physischer, ein seelischer und ein geistiger:

im Haupt	↑ Denken	↑ geistig
in der rhythmischen Mitte	↑ Sprechen	↑seelisch
in den Beinen	↑ Gehen	↑ physisch

Immer wieder konnten wir erkennen, dass am Anfang die *Aktivität,* das *Tun-Wollen,* steht. Die Kraft, die in die Beine strömt und sie in Bewegung versetzt, wird als *Wille* bezeichnet, von dem wir im nächsten Kapitel Näheres erfahren werden. Besonders für das Kleinkind, aber auch noch für das Schulkind in den ersten Jahren regen die drei bekannten Pädagogen Johann Heinrich Pestalozzi, Jean Piaget und Rudolf Steiner an, alles Lernen mit einer Willensanstrengung beginnen zu lassen (Tun), dann sollte das Kind mit seinem Fühlen bei der Sache sein dürfen (fühlend verstehen) und schließlich das Ganze gedanklich durchdringen. Mit anderen Worten: Der Weg führt vom Wollen / Tun über das Sprechen/Fühlen hinauf zum Denken. Das Kind will mit der Hand etwas willentlich tun und möchte – wie Pestalozzi mit seiner «Kopf-Herz-Hand-Pädagogik» es bildhaft ausdrücken würde – mit dem Herzen dabei sein (Freude daran haben) und dann auch – vielleicht viel später – gedanklich erfassen, was es mit der Hand getan hat.

Piaget und Steiner sprechen von der Dreiheit «Wollen – Fühlen – Denken» und haben den gleichen pädagogischen Ansatz, den wir noch ausführlicher im ersten Exkurs (S. 125ff.) besprechen wollen. Hier kann sich zeigen, was es bedeutet, dass das Kind viel mit seinen Händen tun darf, es durch all die verschiedenen Tätigkeiten, die wir beim Betrachten der Kindergartenpädagogik angesprochen haben, viel Geschicklichkeit in seinen Händen und Fingern erwirbt. Es kann auch deutlich werden, was man dem Kind an Aktivität, an Schöpferischem nimmt, wenn es z. B. auf elektronischen Geräten nur noch mit wenigen Fingern Knöpfe drückt oder ansonsten den Gameboy oder Ähnliches bedient.

Pestalozzi, Piaget, Steiner

Haupt	↑ Kopf	↑ Denken
rhythmische Mitte	↑ Herz	↑ Fühlen (Sprechen)
Gliedmaßen	↑ Hand	↑ Wollen (Wille) – Tun

Nun können wir weitere Dreischritte unter diesem Gesichtspunkt einordnen, wobei immer der erste Schritt mit dem Wollen zu tun hat und der gedankliche Aspekt am Ende steht. Wir erinnern uns: Im zweiten und beginnenden dritten Jahr durchläuft das Kind verschiedene Phasen des Sprechenkönnens und der Satzbildung.

Seelenkräfte	Phasen des Sprechenlernens	der Satzbildung
Denken	↑ Reden	↑ Mehrwortsatz
Fühlen	↑ Nennen	↑ Zweiwortsatz
Wollen	↑ Sagen	↑ Silbensatz

Schließlich erkannten wir sowohl in der Gedächtnisbildung als auch in der Denkentwicklung je einen Dreischritt:

Phasen der Gedächtnisbildung	Phasen der Denkenlernens	Seelenkräfte
↑ Das Er-innern	↑ «erstes Aufblitzen reiner Gedankentätigkeit»	Denken
↑ rhythmisches Erinnern	↑ «Einfluss der Sprache auf das Denken»	Fühlen
↑ Wiedererkennen	↑ «leibgebundene Intelligenz»	Wollen

Der Dreischritt der ersten drei Jahre spiegelt sich aber auch im ganzen ersten Jahrsiebt wider, und zwar in den drei Phasen, die wir kennengelernt haben.

Wir werden künftig zweierlei Überschriften verwenden, wenn wir die Phasen benennen: «Gehen – Sprechen – Denken» und/oder «Wollen – Fühlen – Denken».

Die bildhafte Version von Pestalozzi behalten wir im Gedächtnis.

3. Phase (4 ⅔ – 7)	↑ Denken	↑ Denken	↑ Kopf
2. Phase (2 ⅓ – 4 ⅔)	↑ Sprechen	↑ Fühlen	↑ Herz
1. Phase (0 – 2 ⅓)	↑ Gehen	↑ Wollen	↑ Hand

Die Zeitschritte von jeweils zweieindrittel Jahren innerhalb eines Siebenerrhythmus sind eine Art von Mittelwert eines Dreierrhythmus, der sich durch all unsere Betrachtungen ergibt – wobei jedes Kind ein individuelles Tempo bei diesen Entwicklungsschritten an den Tag legt. Wenn gefragt wird, wie es komme, dass heute so viele Kinder die Rhythmen schneller durchlaufen, was man bekanntlich Akzeleration

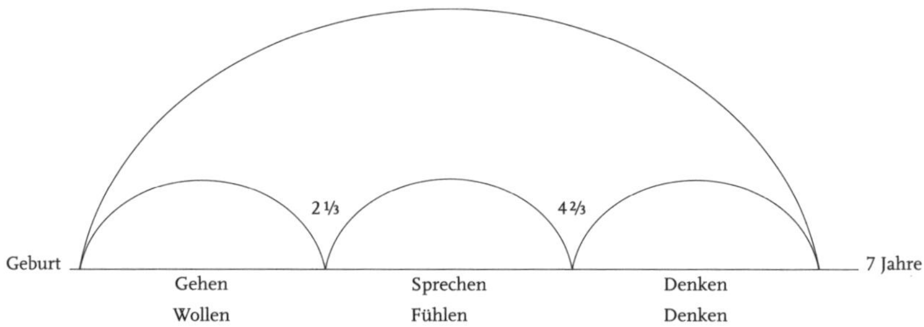

Abb. 22: Der Dreischritt im ersten Jahrsiebt

zu nennen pflegt, können wir aus allem, was wir uns hier erarbeitet haben, ahnen, dass vieles darauf ankommt, wie wir von Anfang an mit dem Kind umgehen. Gelingt es uns, seine Willenskräfte anzusprechen, es im Spielen zu aktivieren, ihm vieles vorzumachen, was es nachahmen kann, so wird sich das Kind anders entwickeln, als wenn wir ständig seine Denkkräfte beanspruchen, ihm viel erklären, es immer wieder fragen, was es will. Wo Harmonie vorgelebt wird, kann das Kind andere Gefühlskräfte entwickeln, als wenn immer Streit herrscht. Denn das Kind ist ja ganz Sinnesorgan!

Die Frage, wie die modernen Medien auf Kleinkinder wirken und ob sie für diese geeignet seien, ist von bekannten Psychologen, Neurologen und Hirnforschern, etwa von Manfred Spitzer,[69] gewissenhaft erforscht und klar beantwortet worden. Wir können nach all unseren Ausführungen zum selben Ergebnis kommen: Vorschulkinder benötigen sie nicht! Spitzer warnt vor den Auswirkungen der digitalen Scheinwelt auf die Seele des Kindes, und Eltern sollten daher diese Medienwelt möglichst ganz fernhalten. Wohl dem, der es schafft, ohne sie auszukommen!

Damit runden wir das erste Jahrsiebt ab, wissend, dass eigentlich die Schulreife am Ende dieser ersten Schritte zu stehen hat. Wir behandeln sie im Anschluss an einen Exkurs in die «Menschenkunde» Rudolf Steiners, durch die wir weitere Möglichkeiten zu einer Beurteilung erfahren.

Erster Exkurs in die Menschenkunde Rudolf Steiners

Beim Betrachten aller bisherigen Dreischritte haben wir vor allem auf drei berühmte Pädagogen hingewiesen. Johann Heinrich Pestalozzi hat seinen pädagogischen Ansatz intuitiv gefunden und ihn bildhaft ausgedrückt, indem er davon spricht, dass eine Bildung Kopf, Herz und Hand umfassen müsse. Seine gesamte Pädagogik ist darauf aufgebaut, dass das Kind mit den Händen tätig wird, etwas schafft und dies freudig oder auch begeistert im Herzen empfindet (sprichwörtlich «mit dem Herzen dabei ist»), um schließlich später im Denken zu erwachen und zu allem die nötigen Begriffe zu finden. Die richtige Reihenfolge dieser Worte muss also – pädagogisch betrachtet – lauten: «Hand – Herz – Kopf». Der Kopf wird durch das Tun mit den Händen geweckt und dadurch klüger und klüger. Das ist das Urbild des kindgerechten Lernens. – Jean Piaget hat den gleichen Dreischritt *empirisch* entdeckt und nannte ihn, den drei Seelenkräften entsprechend, «Wollen – Fühlen – Denken». Was das Kind mit seinen Willenskräften in die Tat umsetzt, wird vom Fühlen begleitet und wirkt weckend auf das Gedankenleben, macht es beweglich. – Rudolf Steiner spricht ebenfalls vom «Wollen – Fühlen – Denken», geht aber noch einen Schritt weiter, indem er ein Menschenbild findet, das auf dem Prinzip der «Dreigliederung» beruht, wovon wir bereits einige Aspekte kennengelernt haben. Dieses Bild wollen wir uns erarbeiten, vorher aber diesen für die Pädagogik so bedeutsamen Aspekt noch etwas genauer betrachten.

Alle drei Pädagogen betonen, dass jedes Kind zunächst aus seinen Willenskräften heraus ins Tun gebracht werden muss, dass es das, was es tut, mit dem Herzen fühlt (freudig erlebt) und dann mit dem Denken das begreift, was die Hände getan haben. Gilt das für alle Lebensalter?

Der jugendliche und der erwachsene Mensch, also wir, gehen den *umgekehrten* Weg, wenn wir irgendeine Tat ausführen wollen. Wir sagen uns beispielsweise morgens: «Heute Abend will ich im Keller endlich die dreckige Gerümpelecke aufräumen!» Das nehmen wir uns ganz fest vor. Dies ist ein Gedanke, auch wenn das Wort «Wille» darin vorkommt. Der Gedanke sitzt im Kopf, hat aber einen langen Weg nach unten, bis er in den Gliedern ankommt und diese ins Tun bringt. Jeder Gedanke wird nämlich auf dem Weg nach unten vom Fühlen im Herzen «überprüft». Dieses kennt beim Abtasten der Gedanken nur die beiden Polaritäten Sympathie und Antipathie, mit denen wir blitzschnell abspüren, ob uns der Gedanke gefällt oder nicht, ob er uns freudig stimmt oder nicht, ob wir Lust auf das Tun bekommen. Nun, wenn der Gedanke des Aufräumens uns freudig stimmt, wenn wir Sympathie für ihn aufbringen, wird der Keller bestimmt aufgeräumt. Siegt jedoch die Antipathie, kommt die Frage aus dem Herzen in den Kopf zurück, ob es denn unbedingt heute sein müsse. Morgen würde es doch auch gehen, wahrscheinlich sogar viel besser. Kennt nicht jeder diese unbewusst schlaue Argumentation und auch die Tatsache, dass es am nächsten Tag nach dem Verschieben ein ganzes Stück schwerer fällt? Überwinden wir uns und führen den Vorsatz aus, entsteht in uns ein zufriedenes Gefühl. Tun wir es nicht, entsteht, wenn auch vielleicht nicht gleich, eine leise Unzufriedenheit. Wir haben unseren Willen, diese geheimnisvolle Kraft in uns, nicht ergriffen, und das wirkt sich ungut aus.

Was wir soeben beschrieben haben, ist der Weg vom Denken über das Fühlen hinunter in den Willen, der noch nicht für die Kinder gilt, den wir ihnen aber immer dann zumuten, wenn wir ihnen sagen, was sie tun sollen und was sie noch besser machen können und tun sollten. Wir wenden uns dann nur an das Denken, an den Kopf, hoffen, dass es in den Willen hinuntergeht und das Kind das tut, was und wie wir Erwachsene es wollen. Wir greifen damit in den Prozess ein, der sich durch einen gesunden Willen eigentlich erst entwickeln und den Willen in die Denkfähigkeit verwandeln soll. Wir ahnen, dass Kinder, die in ihren frühen Jahren oft wie ein Erwachsener angesprochen werden, ihre Willenskräfte nicht so entfalten können wie solche, die von sich aus ins Tun kommen dürfen, daran Freude erleben und so ihre Kräfte gesund anwenden lernen. Wenn wir zu belehrend auftreten oder immer Anweisungen geben, schlagen uns nicht selten die Antipathiekräfte des Kindes in unschöner Weise entgegen; es wird missmutig und ärgerlich.

Den Zusammenhang zwischen willentlichem Tun und dessen Verwandlung in die Fähigkeit des Denkens wollen wir uns an einem Beispiel aus der ersten Schulzeit einmal veranschaulichen. Zugleich soll uns daran deutlich werden, warum die von den drei Pädagogen entdeckte Reihenfolge der Seelenkräfte nicht nur für die Kleinkinder gilt, sondern auch für die Schulkinder in den ersten fünf bis sechs Schuljahren – und dies sogar weltweit – die richtige ist.

Mädchen wie Jungen lernen in der Waldorfschule im ersten Schuljahr das Stricken. Viele Interessierte fragen: warum? Nun, die gleiche Tätigkeit, die wir beim Stricken sichtbar ausüben, führen wir später unsichtbar innerhalb unseres Bewusstseins aus, wenn wir Gedanken bilden. Wir nehmen mit den Nadeln Maschen auf und ziehen dann den Faden durch sie durch, sodass die Maschen nicht «fallen» können – es entsteht ein Gewebe. Bekannte Metaphern weisen darauf hin, dass wir dasselbe tun, wenn wir aktiv denken: Wir müssen zunächst einige Gedanken setzen, dann «ziehen wir einen Gedankenfaden von einem Gedanken zum anderen», verbinden die einzelnen Gedanken wie Maschen miteinander, dürfen dabei «den Faden nicht verlieren», sollten auch «keine Maschen fallen lassen».

Bei liebevollem Zuschauen im Unterricht oder zu Hause kann man aus der Art, wie die Kinder die Nadeln im Handarbeitsunterricht halten, die Maschen eng oder weit stricken, auch Maschen verlieren, wie sie locker und leicht, auch schwerfällig oder gar zu fest stricken, ein wenig ahnen, wie es ihnen beim Erlernen des Denkens ergehen wird. Es besteht ein unmittelbarer Zusammenhang, der beim Stricken und Häkeln ganz offensichtlich erkennbar wird, aber eigentlich für alle Tätigkeiten gilt, die wir mit unseren Gliedmaßen ausführen. Willenskräfte werden metamorphosiert in Fähigkeiten der Sprache und des Denkens.

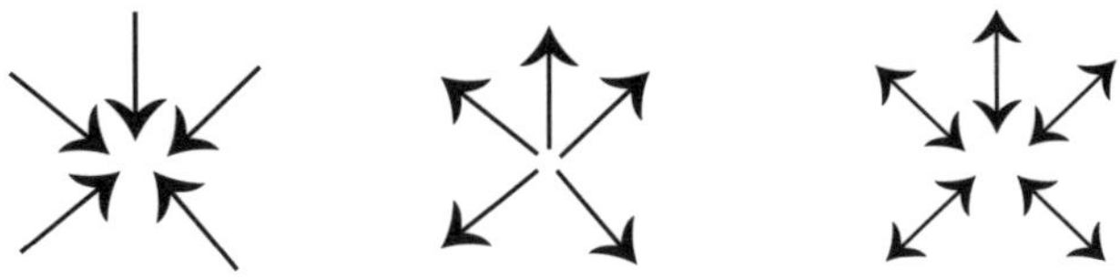

a: Zentripetale Bewegung b: Zentrifugale Bewegung c: Rhythmische Bewegung

Abb. 23: Die drei Richtungstendenzen in den drei Bereichen des menschlichen Körpers

Nachdem wir eine Reihe von Dreiheiten und Dreischritten kennengelernt haben, ist es an der Zeit, ein Gesamtbild der *Dreigliederung* des Menschenwesens, wie sie Rudolf Steiner dargestellt hat, phänomenologisch aufzubauen, damit wir dann alles bisher Erarbeitete in einem noch größeren Zusammenhang betrachten können. Diese Gesichtspunkte gehören zum Fundament eines Menschenbildes, das den Menschen als ein physisches, seelisches und geistiges Wesen betrachtet.

Erinnern wir uns an die ersten drei mitgebrachten Fähigkeiten, die wir nach der Geburt am Neugeborenen im Kopf, im Rumpf und in den Gliedern wahrnehmen. Bei dieser Betrachtung haben wir den Körper äußerlich *dreigeteilt* angeschaut: oben – Mitte – unten. Wir charakterisieren zunächst das obere Prinzip, stellen es dem unteren gegenüber, das tatsächlich eine Polarität dazu bildet; das Prinzip der Gliedmaßen ist in allem gegensätzlich zum Prinzip des Hauptes. Dann betrachten wir die Mitte und stellen fest, dass sie die beiden Gegensätze in sich vereinigt und zugleich etwas ganz Neues enthält.

Beginnen wir diesmal oben, mit dem *Kopf:* Die Fähigkeit des Saugens, des Hereinnehmens, wird durch die nach innen gekehrten Pfeile ausgedrückt – eine *zentripetale* Bewegungstendenz. Über den Kopf nehmen wir die Speise auf, die wir anfangs einsaugen. Hinzu kommt das «Hereinnehmen» der Umwelt durch unsere Sinnesorgane – durch Auge, Ohr, Nase, den Geschmackssinn im Mund, den Tastsinn im ganzen Gesicht und auch durch den Wärmesinn. Man kann die Wahrnehmung, die Aufnahme der Sinnesreize auch als eine Ergänzung der Nahrungsaufnahme ansehen. Sehr treffend sagt man beispielsweise: «Das Auge isst mit.»

Später, nach dem Aufrichten, ruht der Kopf auf der elastischen Wirbelsäule und wird so getragen, dass er nicht wie bei manchen Tieren (und extrem bei einigen Vogelarten) auf und ab, vor und zurück bewegt wird, sondern einen Ruhepol darstellt, wie wir ihn beim Nachdenken benötigen. Seine Form weist Rundungen auf, die auf der Schädeldecke als eine schöne Sphärenbildung oder Schale, wie ein Teil einer Kugel, erscheint. Nach unten erscheinen andere Formen, und es gibt sogar ein bewegliches Element, den Unterkiefer mit der Kinnlade, den wir auf und ab bewegen können, während ansonsten das Haupt ein Bild der Ruhe darstellt.

Friedrich Schiller hat in seinen Briefen *Über die ästhetische Erziehung des Menschen* von drei wesentlichen Trieben im Menschen gesprochen und dem Haupt den Formtrieb zugeordnet.[70] Rudolf Steiners übersinnliche Beobachtung der menschlichen Konstitution bestätigt, dass vom Kopf formende Kräfte in den Leib einstrahlen und dafür sorgen, dass die Stoffe, die unten im Stoffwechselbereich neu gebildet werden, von oben durchformt werden.[71]

Unsere nach innen führenden Pfeile, die eine Konzentration, ein Zusammenfügen widerspiegeln, sind ein Bild für das Denken. Wir können es nur dann gut ausführen, wenn wir uns konzentrieren – gerade so, wie die Pfeile es zeigen (Abb. 23a). Der Formtrieb (nach Schiller) wird ebenfalls dadurch treffend charakterisiert. Beziehen wir auch Wachsein, Träumen und Schlafen ein, so wird deutlich, dass die Wachheit zum Haupt gehört.

Betrachten wir den Gegenpol: die *Gliedmaßen*, also die Beine mit den Füßen, die Arme mit den Händen. Die Pfeile charakterisieren, dass wir mit dem Strampeln und später den vielfältigen Bewegungen der Arme und Hände in die Welt hinaus wirken, uns in den Umkreis einbringen, die Welt bearbeiten und verändern. Abbildung 23b zeigt die *zentrifugale* Bewegungstendenz. Den Armen und Beinen sehen wir an, dass sie für unsere Beweglichkeit, unsere langsame und schnelle Fortbewegung, für die unzähligen Möglichkeiten der Gestik geschaffen sind. Mit den Gliedmaßen wirken und arbeiten wir in der äußeren Welt. Kurz: Die Bewegung geht – im Gegensatz zur Ruhe des Hauptes – nach außen.

Die Gliedmaßen haben geradlinige, strahlige Formtendenzen, im Gegensatz zur Rundung des Hauptes. Denken wir an einen weiteren Gegensatz, z. B. Wärme und Kühle: Die Gliedmaßen müssen warm sein, um ausreichend beweglich zu sein. Das wissen alle Sportler; sie machen sich deshalb vor jeder sportlichen Betätigug warm. Der Kopf braucht zwar ebenfalls Schutz vor zu großer Hitze und Kälte, aber grundsätzlich ist es gut, «einen kühlen Kopf zu bewahren», wie ein Sprichwort sagt.

Friedrich Schiller setzt dem Formtrieb des Hauptes den *Stofftrieb* im unteren Menschen, im Stoffwechselbereich, entgegen. Dem Formen steht das Auflösen gegenüber, wie es die auseinanderstrebenden Pfeile in Abbildung 23b zeigen. Die von unten nach oben strebenden auflösenden Kräfte erfahren nicht nur ihre Formbildung, die von oben nach unten wirkt, sondern sie bilden zugleich eine Gegenkraft, sodass Gleichgewicht entsteht, das wir beim mittleren Prinzip als wesentlich erwarten dürfen.

Nun bleibt noch zu untersuchen, in welcher der drei Regionen wir am meisten schlafen. Tatsächlich verschlafen wir alle Vorgänge in unserem Körper, die mit dem Bewegen unserer Gliedmaßen und auch mit dem Stoffwechselbereich zusammenhängen. Wenn wir einen Arm heben, müssen wir uns nicht darum kümmern, wie viel Energie aus der aufgenommenen Nahrung dafür aufgebracht werden muss, müssen nicht darauf achten, welche und wie viele Muskeln wir zu betätigen haben, wie unser Herz auf die größere Anstrengung zu reagieren hat usw. Wir verschlafen es, erfahren aber diese Vorgänge durch Schmerzen, wenn wir uns verletzt haben, vorübergehend ein Arm oder Bein gar nicht bewegen können oder dies nach einer Operation mühsam wieder beherrschen lernen wollen.

Es ist deutlich geworden, dass das obere Prinzip einen Gegensatz zum unteren darstellt. Nun wird es spannend, wie sich die Mitte dazu verhält. Sie könnte von beiden Prinzipien etwas haben – und hoffentlich auch etwas ihr Eigenes.

Das Charakteristische können wir besonders gut erkennen, wenn wir auf das Skelett des Brustkorbs und der Wirbelsäule blicken. Gleicht nicht der *Brustkorb* mit seinen Rundungen dem kugeligen Kopf, freilich nur im oberen Teil nahe am Kopf, denn nach unten ist er offen. Die Rippen, die ihn bilden, kann man als Strahlen (Gliedmaßen) auffassen, die sich in die Rundungen (Kopf) einfügen. Die *Wirbelsäule* gleicht dem strahligen Prinzip der Gliedmaßen, hat sich aber mit ihren so wichtigen Krümmungen, um elastisch sein zu können, Kurviges vom oberen Prinzip eingebaut. Also wird deutlich, dass hier in der Mitte tatsächlich von oben und unten die Prinzipien zu erkennen sind. Das Eigene findet man, wenn man den Brustkorb anschaut und sich sagt: «Da ist eine Rippe, dann kommt ein Zwischenraum, da ist wieder eine Rippe, dann wieder ein Zwischenraum, da ist wieder eine Rippe, dann wieder ...» Das ist ein Bild des *Rhythmus!* Die Rippen werden noch oben in Richtung Kopf («Ruhepol») immer kürzer und werden dichter in eine engere Rundung zusammengedrängt, nach unten in Richtung der Gliedmaßen (des «Bewegungspols») immer größer und weiter, immer beweglicher. Als «falsche Rippen» sind sie nicht einmal mehr am Schwertbein angewachsen.

Dass wir die Pfeile in beide Richtungen mit Spitzen versehen (Abb. 23c), wie es auch für das *Atmen* zutrifft, erfährt hiermit eine weitere Bestätigung. Wie beschrieben, wirken in unserem Fühlen die zwei gegensätzlichen Kräfte der Sympathie und Antipathie, und dafür sind die Pfeile ein gutes Bild. Das Bild trifft auch für die unermüdliche Bewegtheit unseres Herzens zu, das zusammengezogen wird und sich wieder ausgedehnt. Pestalozzi nennt ja die Tätigkeit des Fühlens «Herz».

Da sich im Innern des Brustkorbes unsere bedeutsamsten Rhythmusorgane befinden – Herz und Lungenflügel –, wo Atem und Blutkreislauf ihr Zentrum haben, ist es berechtigt, von der «rhythmischen Mitte» zu sprechen. Mitten durch unseren Körper spannt sich das *Zwerchfell*, das sich bei jedem Atemzug anspannt und wieder entspannt, nach oben und nach unten wirksam wird und dabei die Umgebung rhythmisiert. – Friedrich Schiller verbindet mit diesem mittleren Bereich den *«Spieltrieb»*, jene Kräfte, die das Künstlerische, Schöpferische erst ermöglichen.

In der Mitte zwischen dem Schlafen in den Gliedmaßen und dem Wachen im Haupt erleben wir das Träumen, das zur rhythmischen Mitte gehört. Wie interessant, dass man ein Baby in den Armen, also in unserer «Mitte», nahe an unserem Herzen, hin und her wiegt, um es erst einmal ins Träumen, dann ins Schlafen zu bringen!

Fassen wir die oben erwähnten Aspekte zusammen, ergeben sich folgende Zuordnungen:

	Haupt	**Denken**	Ruhe	Formtrieb	rund	Schale	wachen	kühl	formen
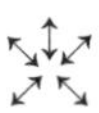	Rumpf	**Fühlen**	Rhythmus	Spieltrieb	beides		träumen		vermitteln
	Glieder	**Wollen**	Bewegung	Stofftrieb	gerade	Strahl	schlafen	warm	auflösen

Wir sind einen guten Schritt vorangekommen, haben interessante Gegensätze gefunden und eine vermittelnde Mitte, aber wir sind bisher erst zu einer Dreiteilung gelangt, noch nicht zu einer Dreigliederung, wie sie Rudolf Steiners entdeckt und dargestellt hat. Doch mit dem bisher Erarbeiteten können wir sie jetzt in wenigen Schritten skizzieren.

Was ist Dreigliederung?

Goethe hat in seinen naturwissenschaftlichen Schriften formuliert, dass man in einem lebendigen Organismus in den einzelnen Teilen und den einzelnen Gliedern den *ganzen* Organismus widergespiegelt findet. Ein Beispiel hierzu: Betrachtet man eine Linde aus einiger Entfernung, so entdeckt man, dass der gesamte Baum in etwa einer Herzform gleicht, unten nicht ganz symmetrisch, auf der einen Seite etwas größer und oben in eine Spitze auslaufend. Schaut man sich ein Blatt dieses Baumes an, entdeckt man, dass sich darin die Gesamtform widerspiegelt. Gehen wir mit diesen Gedanken an die Gestalt des Menschen heran und fragen uns, ob die Gesichtspunkte, die wir uns bis jetzt klargemacht haben, in einzelnen Teilen wiederzufinden sind.

Betrachten wir zunächst den Kopf (Abb. 24) und suchen die Dreiheit, die wir in der Zusammenschau aufgelistet haben (S. 132). Dort finden wir das Prinzip der Gliedmaßen mit der entsprechenden Beweglichkeit im Unterkiefer, den wir bewegen können, der – wie auch die Arme und Beine – nicht am Skelett angewachsen ist. Interessanterweise stimmt beim Kleinkind sogar die Zahl der Zähne am Oberkiefer mit der Anzahl der Finger überein, es hat nämlich auf jeder Seite nur fünf Zähne. Und die Zahl der Zähne im Unterkiefer – ebenfalls auf beiden Seiten fünf – stimmt mit der Anzahl der Zehen überein.

Im Mund finden wir Prozesse des Stoffwechsels und der Verdauung. Diese haben wir bisher außer Acht gelassen, doch gehören sie zu dem Prinzip der Gliedmaßen, die nach außen wirken, aber sich nach innen, zusammen mit den sie ernährenden Organen der Stoffwechselprozesse, intensiv mit den Nahrungsstoffen, die aus der Außenwelt stammen, auseinandersetzen. Beide Prinzipien gehören zusammen, für beide gelten die nach außen zielenden Pfeile und sind in der Mundpartie in engem Zusammenhang wirksam.

Den unteren Teil des Kopfes bildet das Kinn. Es kann uns ein Bild unserer Willenskräfte vermitteln; bei einem ausgeprägten Kinn spricht man deshalb auch von einem «Willenskinn». Im Gegensatz

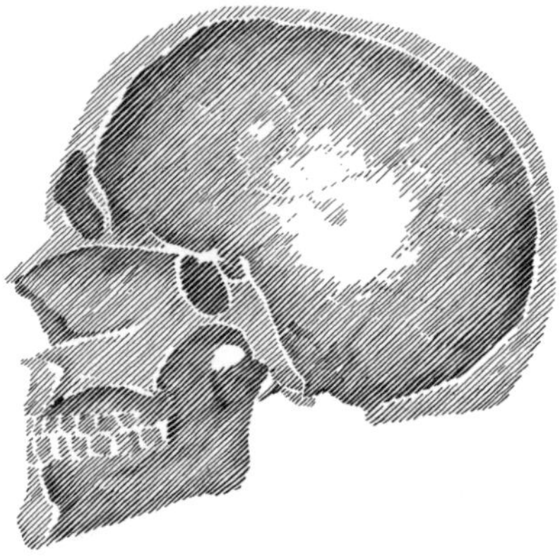

Abb. 24: Das menschliche Haupt (aus Lothar Vogel, *Der dreigliedrige Mensch*, S. 69)

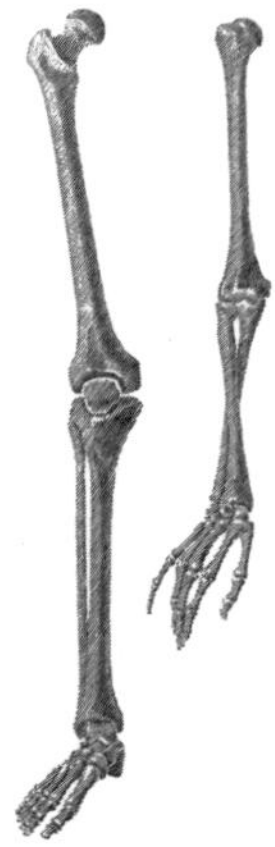

Abb. 25: Die menschlichen Gliedmaßen (aus Lothar Vogel, *Der dreigliedrige Mensch*, S. 97)

dazu finden wir oben am Haupt die wunderbare Rundung oder Wölbung und die Stirn; wenn sie auffallend groß ist, sprechen wir von einer «Denkerstirn». In der Mitte, wo Augen, Nase, Wangen, Ohren beheimatet sind, wo wir durch die Nase ein- und ausatmen, spiegelt sich die rhythmische Mitte.

Betrachten wir den Gegenpol, die Gliedmaßen (Abb. 25), und von diesen z.B. den Fuß, so fällt uns auf, dass da die Ferse dem Kopfprinzip entspricht. Den Zehen dagegen sieht man fast die auseinanderstrebenden Pfeile an, das Gliedmaßenprinzip, und dazwischen schwingt ein elastisches Fußgewölbe beim Gehen auf und ab – das rhythmische Prinzip. Am Sandstrand kann man im Sommer viele Fußspuren entdecken, und wenn ein Fuß gesund ist, sieht man im Sand sehr schön die Rundung der Ferse und die kleinen Spuren der fünf Zehen. Dazwischen befindet sich eine dünne Spur als Verbindung beider Motive.

Am Bein finden wir die Dreigliederung in den drei Abschnitten Oberschenkel, Unterschenkel und Fuß, desgleichen am Arm mit Oberarm, Unterarm und Hand. Unterarm und Unterschenkel bilden

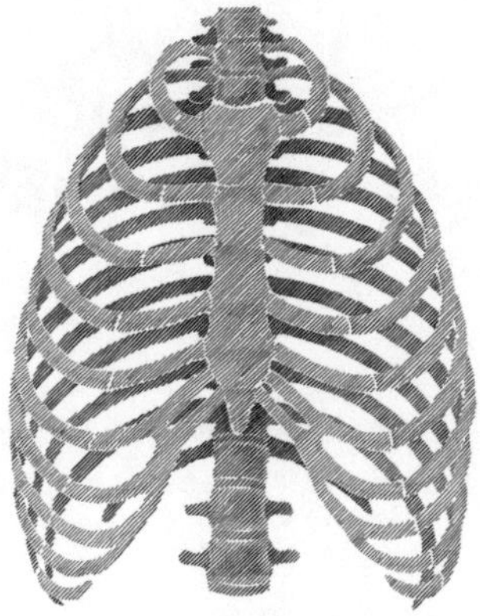

Abb. 26: Der menschliche Brustkorb (aus Lothar Vogel, *Der dreigliedrige Mensch*, S. 80)

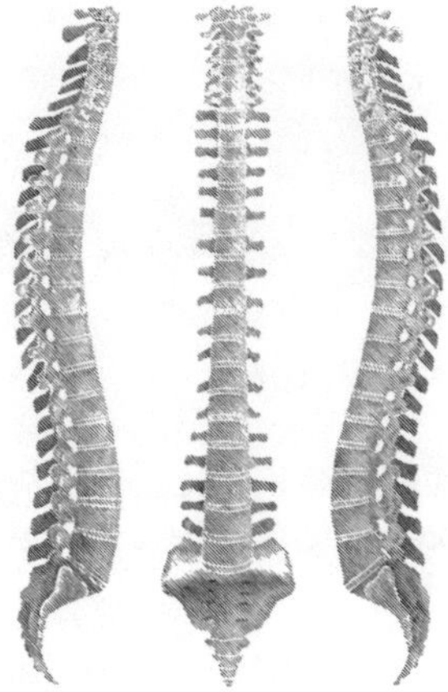

Abb. 27: Die menschliche Wirbelsäule (aus Lothar Vogel, *Der dreigliedrige Mensch*, S. 43)

bei beiden die Mitte und bestehen aus zwei strahligen Knochen, wie es der Mitte geziemt. Betrachten wir einmal nur den Oberschenkel, so können wir darüber staunen, dass man vom «Oberschenkel-Kopf» spricht, der sich am oberen Ende dieses Knochens befindet und entsprechende Rundungen aufweist.

An der Hand finden wir an jedem Finger eine Dreiheit und können das Kopfprinzip in der Fingerkuppe mit dem Fingernagel wiederfinden. Dort wird der Finger durch den Nagel geschützt – so wie auch die Fußzehen durch ihren Fußnagel.

Werfen wir noch einen Blick auf die Mitte zwischen Oben und Unten. Den Brustkorb mit seinen Rippen (Abb. 26) haben wir bereits als Kopfprinzip erkannt und die Wirbelsäule (Abb. 27) als eine besondere Art von Gliedmaße. Die Rippen, die an den Wirbeln ansetzen und nach vorn zum festen Brustbein eine Rundung bilden, sind Strahlen, die sich dem Kopfprinzip unterordnen. Man kann sie auch als Arme auffassen, die von hinten nach vorn den Brustkorb umfassen, wie wenn jemand hinter einem steht und die Arme von hinten um einen herumlegt – und das alles rhythmisch angeordnet!

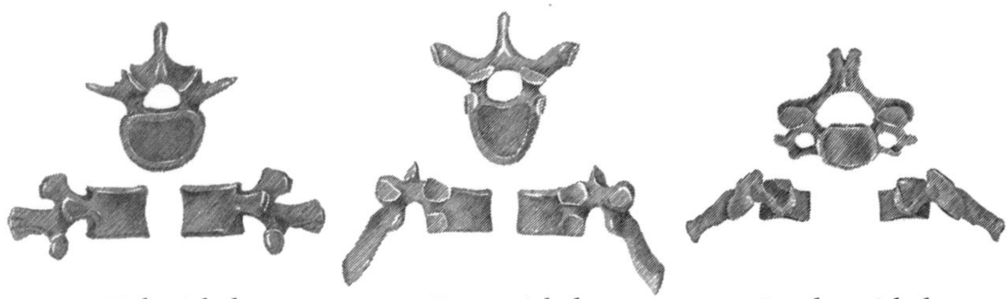

Abb. 28 a: Die menschlichen Wirbel in den drei Regionen. Die drei Wirbelarten von oben und von der Seite gesehen (aus Lothar Vogel, *Der dreigliedrige Mensch,* S. 49ff.)

Zwar erscheint uns die Wirbelsäule als eine Gliedmaße, aber sie besteht aus vielen recht unterschiedlichen Wirbeln (Abb. 28 a).

Der harmonischste, einer der sogenannten «Brustwirbel, befindet sich in der Mitte. Von dort aus verjüngen sich die Wirbel nach oben und werden immer beweglicher, bis sie in der Halswirbelsäule recht weit zur Seite gedreht werden können. Nach unten zu jedoch verstärken sie sich und werden immer dicker, schwerer, unbeweglicher bis in die Lendenwirbelsäule hinein. Ein interessantes Phänomen: Hier in der Mitte kehren sich Ruhe und Beweglichkeit um, werden von der Natur «auf den Kopf gestellt»!

Einen einzelnen Wirbel sollten wir auch einmal genauer anschauen: Der *Wirbelbogen* umschließt, umhüllt den Wirbelkanal, in dem es die hochsensible Substanz des Rückenmarks zu schützen gilt. Der *Wirbelkörper* trägt dazu bei, dass das Gewicht des Hauptes und der Schulter mit den Armen und dem Brustkorb getragen werden kann. Hinten am Wirbel befinden sich die *Wirbelfortsätze,* die wie angesetzte Gliedmaßen aussehen und dazu beitragen, dass wir uns nicht nach hinten überbeugen können.

Die drei Bereiche eines Wirbels haben jeweils eine andere Funktion (Abb. 28 b). Es kommen noch zwei weitere erstaunliche Aspekte hinzu: Der schützende *Wirbelbogen,* der dem Kopfprinzip zuzuordnen ist, wird in der Wirbelsäule von unten nach oben zum Kopf hin größer, dort, wo das *Umhüllen* durch die feste Schädeldecke «zu Hause»

Der *Wirbelbogen* soll *schützen* –
hier ist das *Kopfprinzip* wirksam.

Der *Wirbelkörper* soll *stützen* –
hier ist das *mittlere, rhythmische* Prinzip wirksam.

Die jeweils drei *Wirbelfortsätze* helfen uns
bei den Bewegungen – das *Gliedmaßenprinzip dominiert.*

Abb. 28 b: Die Funktion der drei Bereiche eines menschlichen Wirbels

ist. Im Gegensatz dazu werden die Wirbelfortsätze, die wir dem Gliedmaßenprinzip zuordnen, von oben nach unten kräftiger, massiver, stabiler. Schließlich mündet die Wirbelsäule in das Becken ein, mit dem sie fest verwachsen ist und das uns so die nötige Stütze gibt.

Das Becken haben wir noch nicht in unsere Betrachtung einbezogen. Es ist wie eine Schale, die hütet, umhüllt, zusammenfasst, wie wir es vom Haupt kennen, aber dort ist die Schale nach unten gewandt und im Becken nach oben – also umgekehrt, wie wir es schon bei der Betrachtung der Wirbelsäule entdeckt haben. Das Rundliche ist ebenfalls gut zu erkennen, sodass das Becken das Kopfprinzip innerhalb der strahligen Gliedmaßen ist, vergleichbar damit, dass der Brustkorb das Kopfprinzip der rhythmischen Mitte ist. Das Becken trägt nach oben die Wirbelsäule und in seiner Schale die unteren Lebensorgane.

Abbildung 29 zeigt das architektonische Wunderwerk unseres Beckens; Lothar Vogel setzt es hier zum Bau eines Doms und zu einem Gewölbe, das durch den zuletzt einzusetzenden Stein oben in der Mitte zusammengehalten wird, in Beziehung. Unser Kreuzbein gleicht diesem Stein, und unsere Oberschenkel gleichen den Pfeilern an Dom und Brücke.

Diese Beispiele könnten reichen, um zu verdeutlichen, wie die

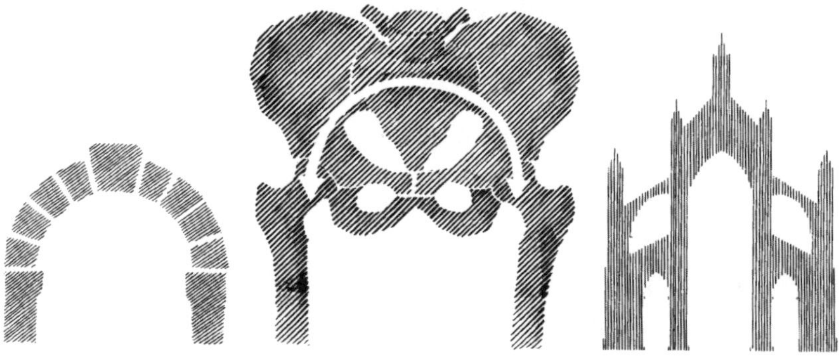

Abb. 29: Die Architektur des menschlichen Beckenbaus (aus Lothar Vogel, *Der dreigliedrige Mensch*, S. 84).

menschliche Gestalt nach dem Prinzip der Dreigliederung aufgebaut ist. In jedem Teil spiegelt sich das Ganze wider. Es lässt sich wirklich nachweisen, dass in jedem Organ, in jeder Körperpartie – drinnen wie draußen – dieses Prinzip zu finden ist. Lothar Vogel hat es in seinem Buch *Der dreigliedrige Mensch* eindrucksvoll dargestellt.[72]

Doch wollen wir noch ein letztes interessantes Beispiel anschauen: die menschliche Nase. Das Nasenbein ist nur so groß, dass es ein Drittel im oberen Teil von innen stützt (der Rest besteht nicht aus Knochen). Es ist eindeutig das Kopfprinzip. Der Gegenpol ist die Nasenspitze, die sehr unterschiedlich in die Welt schaut, bei einigen recht keck, bei anderen flach und gerundet (manchmal auch so, dass man an ihr den Alkoholgenuss erkennt). Dieser Teil ist der beweglichste, auch sieht man ihm bei Erkältungen an, dass er als Vertreter der Stoffwechselregion für das Ausschnupfen zuständig ist. Die Mitte der Nase fällt nur selten durch besondere Formungen auf, bläht sich aber rhythmisch beim Ein- und Ausatmen.

Menschen, die in besonders kalten Gebieten der Erde leben, z. B. die Sibirjaken, hüllen sich mit ihrer Kleidung so ein, dass nur das Gesicht herausschaut und der Kälte von –50° C ausgesetzt wird. Die «Schuba», ein Pelz, der in einem Stück alles wärmend umhüllt, deckt auch den Kopf ab – bis auf das Gesicht, das einzig und allein diese Temperaturen aushält. Die Gliedmaßen müssen, wie erwähnt, warm gehalten werden, sonst frieren sie ab. Im Gesicht gibt es aber auch eine Stelle, die dem Gliedmaßenprinzip entspricht und daher ebenfalls gefährdet ist: die Nasenspitze. Was können die Sibirjaken dagegen tun? Die Nase öfter warmreiben! Dort hat man sogar eine noch bessere Methode: Beim Begrüßen wünscht man sich nicht einen guten Morgen, guten Tag oder Abend, denn wenn es dort im Winter monatelang dunkel ist, werden Tageszeiten anders erlebt; man begrüßt sich mit «Väterchen, deine Nase!» (auf Sibirjakisch natürlich), geht aufeinander zu und «küsst» sich gegenseitig mit der Nase, die man kräftig aneinanderreibt und dadurch gegenseitig erwärmt.

Drei Systeme

Abschließend wollen wir uns klarmachen, dass wir für die erarbeiteten Gesichtspunkte der Dreigliederung Namen finden müssen, um den Unterschied zur *Dreiteilung* deutlich werden zu lassen. Was wir soeben dargestellt haben, war Rudolf Steiners Entdeckung vor etwa einhundert Jahren. Er gab dem oberen Prinzip die Bezeichnung «Nerven-Sinnes-System». Durch die Tore der *Sinne* öffnen wir uns gegenüber der Außenwelt und nehmen sie wahr, durch die *Nerven* öffnen wir uns gegenüber unserer Innenwelt und nehmen sie wahr. Wir finden dieses System überwiegend im Kopf, haben aber inzwischen durch die gerade abgeschlossenen Betrachtungen erfahren, dass es auch in jedem Teil des Körpers zu finden und dort wirksam ist. Das mittlere Prinzip nannte Steiner «Rhythmisches System», das im mittleren Menschen überwiegt, aber ebenso in jedem Organ und Körperteil wirksam ist. Das untere Prinzip wird als «Stoffwechsel-Gliedmaßen-System» bezeichnet. Mit den *Gliedmaßen* wirken wir nach außen, unser *Stoffwechsel* wirkt dagegen in unserem Innern. Auch hier gilt, dass dieses System hauptsächlich im unteren Menschen beheimatet ist, aber jeder von uns weiß, dass es nicht nur im unteren Bereich des Körpers zu finden ist, sondern sämtliche Organe, alle Bereiche, ja alle Zellen in uns dem ständigen Wechsel der Stoffe dienen und der Ernährung wie auch der Verdauung bedürfen. Selbst unser Gehirn muss gut ernährt werden.

Setzen wir zum Abschluss dieses ersten Exkurses die drei umfassenden Begriffe an die Stelle von Kopf, Rumpf und Glieder in das obige Schema (s. S. 132) ein.

Nerven-Sinnes-System	**Denken**	Ruhe	Formtrieb	rund	Schale	wachen	kühl	formen
Rhythmisches System	**Fühlen**	Rhythmus	Spieltrieb	beides		träumen		vermitteln
Stoffwechsel-Gliedmaßen-System	**Wollen**	Bewegung	Stofftrieb	gerade	Strahl	schlafen	warm	auflösen

Ärzte, die Augendiagnostik beherrschen, können in jedem Auge ein Gesamtbild des Menschen finden. Andere Ärzte sind in der Lage, durch einen Blick auf bestimmte Phänomene des Körpers den Gesundheitszustand und die Konstitution des ganzen Menschen einzuschätzen, weil sie sich erarbeitet haben, dass in jedem Teil der ganze Mensch zu finden ist. Es ist sogar möglich, aus einigen Blutstropfen durch die Methode der Kupfer-Chlorid-Kristallisation ein Gesamtbild des dreigliedrigen Menschen zu erstellen; ein solches Bild erlaubt, mitunter frühzeitig Angaben zur Gesundheit und zu Krankheitsanlagen zu machen.

In seiner *Morphologie des menschlichen Organismus* stellt Johannes W. Rohen die drei Systeme anschaulich dar und ergänzt sie mit Texten, die das Wesentliche zusammenfassen.[73] Hier vermittelt die rhythmische Mitte in Form einer Lemniskate zwischen den polaren Strömungen von Oben und Unten (Abb. 30).

Blicken wir zum Schluss noch einmal auf den Kopf und die von ihm ausgehenden Formkräfte. Er hat im kindlichen Alter ein deutliches Übergewicht, umfasst bei der Geburt etwa ein Viertel der Körpergröße, beim Sechsjährigen nur noch ein Sechstel, beträgt

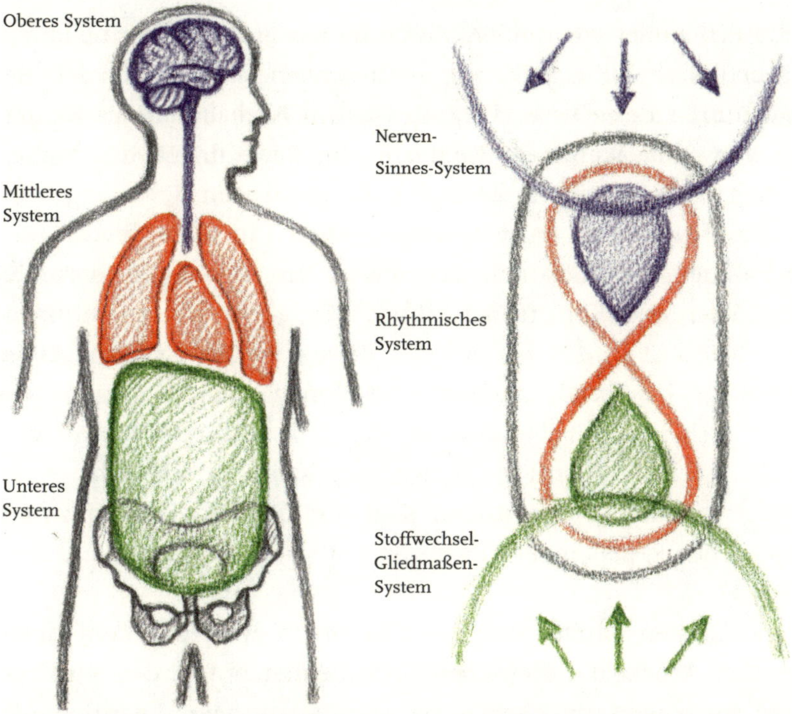

Abb. 30: Die funktionelle Dreigliederung (nach Johannes W. Rohen, *Morphologie des menschlichen Organismus*, S. 32)

beim Zwölfjährigen ein Siebtel und schließlich beim Vierundzwanzigjährigen ein Achtel, also eine Oktave, wie bei einer Tonleiter.

Ernst-Michael Kranich betont in seinen anthropologischen Betrachtungen: «Was den Kopf gegenüber den übrigen Bereichen des menschlichen Organismus auszeichnet, ist die Formbildung. Sie manifestiert sich in der starken Verknöcherung, in der intensiven strukturellen Durchgestaltung des Gehirns, der Augen und des Innenohrs, aber auch in dem physiognomisch geprägten Charakter des ganzen Kopfes. So vollzieht sich die Entwicklung im übrigen Leib unter dem starken Einfluss der im Kopf wirkenden und vom Kopf ausgehenden Formkräfte. Formbildung ist in der frühen Kindheit das vorherrschende Geschehen im Leib des kleinen Kindes.»[74]

Kranich findet auch einen Zusammenhang dieser Formbildung mit den Nachahmungskräften, die im ersten Jahrsiebt von größter Bedeutung sind: «Dieser Vorgang ist dem Nachahmen des Kindes eng verwandt. Wenn ein Kind z.B. die Bewegungen der Mutter nachahmt, dann wirken die Bilder, die von diesen Bewegungen in seinem Bewusstsein entstehen, unwillkürlich in seine Glieder. Das Nachahmen beruht darauf, dass die an der Außenwelt entstandenen Bilder vom Kopf in den übrigen Organismus hineindringen. Sie leben dort in den Formen der Bewegung und des kindlichen Verhaltens. Insofern ist auch das Nachahmen eine Art von gestaltendem Geschehen, das allerdings von der Seele aus in den Leib hineingreift. – Beim kleinen Kind besteht insgesamt ein besonders enger Zusammenhang zwischen dem Kopf und dem übrigen Leib; vom Kopf gehen gestaltende Wirkungen auf den übrigen Organismus aus.»[75]

Im nächsten Kapitel wollen wir in einem zweiten Exkurs einen weiteren Aspekt der Menschenkunde kennenlernen, den wir dringend brauchen, um danach mit den erarbeiteten Begriffen die Phänomene und die Bedeutung der Schulreife durchschauen zu können.

Zweiter Exkurs in die Menschenkunde. Die Schulreife

Die Wesensglieder des Menschen

Während im ersten Exkurs die Betrachtungsweise der Methode nach im Wesentlichen phänomenologisch aufgebaut war, soll uns die zweite in die Geisteswissenschaft, die Anthroposophie Rudolf Steiners, einführen. Es handelt sich um Ergebnisse des geschulten Geistesforschers, der uns übersinnliche Beobachtungsresultate so darstellt, dass sie, so bekräftigt Steiner, jeder mit dem gesunden Menschenverstand nachvollziehen kann. Allerdings gehört dazu, dass man offen und vorurteilsfrei an die Sache herangeht, zugleich bereit ist, völlig Unerwartetes zu erfahren.[76]

Die Anthroposophie erkennt am Menschen nicht nur eine physische Leiblichkeit, sondern insgesamt sieben verschiedene Glieder. Wir werden vor allem auf die ersten vier blicken.

Betrachten wir zunächst unseren Leib oder Körper, den wir im Gegensatz zu den weiteren noch zu besprechenden Leiblichkeiten «physischen Leib» nennen. Ihn haben wir mit der Mineralwelt, mit den irdischen Stoffen gemeinsam. Fragen wir uns mit Blick auf das Periodische System: Welche der dort als Zeichen aufgelisteten Substanzen finden wir auch in unserem Körper? Mit Erstaunen nehmen wir zur Kenntnis, dass wir sie nahezu alle in uns vereinigt haben. Unser physischer Leib steht also mit der ganzen Erde in inniger Verbindung! Nach dem Tod nimmt sie ihn wieder in sich auf und verwandelt ihn zurück in irdische Substanzen. Solange wir leben, ist er aber von Lebenskräften durchdrungen. Diese hindern ihn während des Lebens daran zu vergehen, zu verwesen. Tritt nämlich der Tod ein, so beginnt nach ganz kurzer Zeit die Verwesung. Es zeigt sich, dass die Außenwelt unsere Leiblichkeit zerstört und Kräfte in uns wirken, die dagegen angehen und dies verhindern.

Diese Kräfte sind Teil einer ersten übersinnlichen Leiblichkeit, die den physischen Leib ganz durchdringt; sie wird «Lebens-» oder «Ätherleib» genannt. Der Ätherleib umfasst Lebenskräfte, die wir mit der Pflanzenwelt gemeinsam haben. An der Pflanze beobachten wir, dass sie wachsen, sich fortpflanzen und regenerieren kann. Diese Fähigkeiten haben dank ihres Lebensleibs auch alle Tiere und der Mensch. Rudolf Steiner bezeichnet den Lebensleib gelegentlich auch als «Architekten», weil er den «Bauplan» des physischen Leibes enthält. Wenn wir uns eine größere Wunde zuziehen, erleben wir es manchmal wie ein Wunder, dass die Haut bis in alle Feinheiten wieder so zusammenwachsen kann, dass sie aussieht wie früher. Selbst die Fingerkuppe, die ganz individuell gestaltet ist, regeneriert sich bis in feinste Strukturen hinein.

Die Pflanze benötigt außerdem Wasser, um gedeihen zu können. Auch der Mensch braucht genügend Flüssigkeit. Wir können unter Umständen wochenlang ohne Nahrung auskommen, ohne dass unser physischer Leib Schaden erleidet, aber ohne Flüssigkeit können wir nur wenige Tage überleben.

Es müsste eigentlich erstaunen, dass Pflanzen nach oben wachsen, entgegen der Schwerkraft. Auch dies ist eine Fähigkeit ihres Lebens- oder Ätherleibes. Aufsteigende Kräfte, so zeigt der sogenannte «Kohlhammersche Versuch», können auch in unseren Gliedmaßen erzeugt werden, wenn wir sie einem Druck von außen aussetzen: Man stellt sich seitlich an eine Wand, hält einen der beiden Arme gegen die Wand und beginnt nun, mit der Außenseite kräftig zu drücken, etwa eine Minute lang. Geht man danach einen Schritt von der Wand weg, hebt sich der Arm von allein, wenn man nicht absichtlich von innen dagegen angeht. Dasselbe geschieht, wenn wir eine volle Aktentasche vor uns mit ausgestrecktem Arm hochhalten und nach einer Minute schnell mit der anderen Hand wegnehmen. Der entlastete Arm hebt sich von selbst in die Höhe und fühlt sich ganz leicht an. Dieses Phänomen steht in Zusammenhang mit den Lebenskräften.

Jede Pflanze hat ihre eigenen Gesetzmäßigkeiten. Dazu gehören die äußeren Formen ihrer Stängel, Blätter, Blüten und Samen und vor allem die ihr eigenen Rhythmen, in deren Verlauf sie im Jahr blühen und Früchte mit Samen hervorbringen. Deren Vielfalt beruht auf der Tatsache, dass in jeder Pflanze andere, ihrer Art entsprechende Lebenskräfte, sogenannte «ätherische Kräfte», strömen. Aus einem Samenkorn kann nur diejenige Pflanze entstehen, deren Bauplan von dem Ätherleib der Mutterpflanze stammt, die unsichtbar ihre ätherischen Kräfte in das Samenkorn hinein verdichtet hat.

Alles rhythmische Geschehen, das wir an Tier und Mensch beobachten, beruht auf Fähigkeiten des Lebensleibes. Sie aufzuzählen würde den Rahmen dieses Buches sprengen, aber erwähnen wollen wir wenigstens den so bedeutsamen Rhythmus des Herzens, das ein Leben lang treu schlägt und in den ruhigeren Rhythmus unserer Lungen einschwingt. Dieses Ineinanderschwingen beider Rhythmen vollzieht sich im siebten Lebensjahr im Verhältnis von fünf Pulsschlägen zu einem Atemzug, also 5:1. Wenige Jahre später verändert sich das Verhältnis und pendelt sich auf 4:1 ein. Dieses unermüdliche Pulsieren und Atmen haben alle höheren Tiere und der Mensch dem jeweiligen Lebens- oder Ätherleib zu verdanken.

Beim Menschen ist der Ätherleib des Kindes ein Geschenk der Eltern. Er wird von ihnen vererbt und trägt viele ihrer Merkmale sowie weiterer Vorfahren in sich. Wenn heute die DNA als verantwortliche Substanz für die Vererbung erkannt wird, spricht man ihr damit Fähigkeiten des Lebens- oder Ätherleibes zu. Dessen Kraftgestalt hilft bei der Bildung der ganzen physischen Leiblichkeit mit, bildet wie ein Künstler die plastischen Formen der Organe aus, wirkt in ihnen in der Ernährung und Verdauung mit und ist beim Kind wie beim Erwachsenen in den Aufbaukräften tätig, die nachts das ausgleichen, was wir tagsüber durch Beanspruchung unserer Sinne und unseres Vorstellungs- und Gedankenlebens abbauen. Es sind Kräfteströmungen, Lebensströmungen.

Manche Menschen können diese Leiblichkeit geistig wahrnehmen und uns auf ihre Bedeutung und den rechten Umgang mit ihr aufmerksam machen. Wollen wir dem Kind dabei helfen, seine Lebenskräfte, seinen Lebensleib während der ersten sieben Jahre gesund zu entwickeln, sollten wir wissen, dass das gesamte äußere und innere Verhalten des Erwachsenen auf die Seele des Kindes tiefen Eindruck macht. Vor allem die Mutter ist mit ihrem Kind innig verbunden, da zwischen ihr und ihrem Kind etwa bis zum siebten Jahr eine unsichtbare, aber geistig wahrnehmbare ätherische «Nabelschnur» besteht. Alle Eindrücke, die von außen an das Kind herandringen, wirken unmittelbar auf die Lebenskräfte, und diese bauen entsprechend die Organe des physischen Leibes auf. In diesem Zusammenhang können wir Rudolf Steiners Charakterisierung auch besser verstehen: «Zu den Kräften, welche bildsam auf die physischen Organe wirken, gehört Freude an und mit der Umgebung. Heitere Mienen der Erzieher, und vor allem redliche, keine erzwungene Liebe. Solche Liebe, welche die physische Umgebung gleichsam warm durchströmt, brütet im wahren Sinn des Wortes die Formen der physischen Organe aus.»[77]

Man möchte den Kindern wünschen, dass ihre Eltern und Erzieher den inneren Gehalt dieses Satzes so weit wie möglich in die Tat umsetzen können.

Bei der Entwicklung in den ersten sieben Jahren haben wir drei Phasen von ungefähr zweieindrittel Jahren ausgemacht. Nun können wir uns klarmachen, womit dieser Rhythmus zusammenhängt: Nach der Geburt des Kindes ist der Lebensleib ganz damit beschäftigt, den physischen Leib aufzubauen; alle Kräfte, die sich später in seelische Kräfte verwandeln, werden für den Aufbau gebraucht. Wenn das Kind den Zeitpunkt erreicht, in dem es sich als Ich erlebt und das Denken einsetzt, wenn also die Trotzphase beginnt, wird ein Teil der ätherischen Kräfte, die das Nerven-Sinnes-System durchgeformt haben, von dieser Tätigkeit frei und steht für all das zur Verfügung, was wir als neue Fähigkeiten für das Alter zwischen dem dritten und fünften Lebensjahr beschrieben haben.

Nach weiteren zweieindrittel Jahren hat der Lebensleib das Rhythmische System durchgearbeitet. Dann werden auch diese Kräfte metamorphosiert, d. h. verwandelt. Schließlich werden im dritten Drittel die ätherischen Kräfte im Gliedmaßen-Stoffwechsel-

System frei von ihrer Tätigkeit am Körper. Die Gestalt verändert sich, Arme und Beine werden länger, die bleibenden Zähne werden gebildet, und der Zahnwechsel beginnt.

Die freigewordenen Kräfte des Lebens- oder Ätherleibes, also die *Lebenskräfte,* die Rudolf Steiner auch «Bildekräfte» nennt, haben sich in *Seelenkräfte* verwandelt. Nach ihrer Tätigkeit als «Bildner» im Organischen können sie nun im Schulunterricht auf neue Weise beansprucht werden. Mit ihnen soll und will das Kind lernen. Der übrige Teil des Ätherleibes erfüllt weiterhin all die Aufgaben, die wir für den Erhalt unseres physischen Leibes benötigen.

Zum tieferen Verständnis des Ätherleibes wollen wir ihn noch unter einem weiteren Aspekt betrachten:

Bei der Pflanze ist dieses Wesensglied das höchste, beim Menschen aber gibt es noch höhere Glieder, die den Ätherleib seelisch und geistig durchdringen. Dadurch entwickelt er sich weiter und kann Fähigkeiten entfalten, die wir bei Pflanze und Tier nicht finden. Unser Ätherleib wird so der Träger für all unsere tiefen Gewohnheiten und Temperamentseigenschaften, unser Gedächtnis, unseren Charakter und unser Gewissen. Wenn wir im Folgenden die erzieherischen Aufgaben betrachten, werden wir sehen, wie man diese fünf Bereiche, in denen der Ätherleib tätig ist, im nächsten Jahrsiebt pädagogisch berücksichtigen kann und sollte.

Ein weiteres übersinnliches Glied unseres Wesens ist der «Empfindungsleib» oder «Astralleib». Ihn haben wir mit dem Tier gemeinsam. Das Tier kann gegenüber der Pflanze, die fest mit ihrem Standort verbunden ist, sich fortbewegen, auf Nahrungssuche gehen. Es hat Sinnesorgane, durch die es die Welt wahrnehmen kann. Was es wahrnimmt, vermag es innerlich zu empfinden. Das Tier atmet, verbindet sich anders als die Pflanze innerlich mit dem Luftelement, und es hat eine Seele. Je höher ein Tier entwickelt ist, desto mehr Sinne und seelische Empfindungen hat es. Es kann Freude, Schmerz, Hunger, Durst, auch Gier und Sättigung empfinden, ebenso wie wir Menschen. Diese Empfindungen vermittelt der Astral- oder Empfindungsleib bei Tier und Mensch.

Beim Kind ist der Astralleib auch von Geburt an mit dem Lebensleib und dem physischen Leib innig verbunden, stammt aber nicht aus dem Vererbungsstrom wie die beiden anderen. Die Kräfte dieses Astralleibes, die seelischer Natur sind und besonders mit dem Fühlen, der Urteilsbildung und der Ausbildung des Denkens zu tun haben, auch des abstrakten, sind im siebten Lebensjahr noch mit diesen beiden Wesensgliedern eng verbunden. Sie werden sich aber im Laufe der nächsten sieben Jahre in einem Dreischritt von unten (Stoffwechsel-Gliedmaßen-System) über die Mitte (Rhythmisches System) bis nach oben (Nerven-Sinnes-System) verselbstständigen, wie es während des ersten Jahrsiebts die Kräfte des Ätherleibs gegenüber dem physischen Leib getan haben. Das Seelische des Kindes ist also noch ganz in die Lebenskräfte eingebunden, wenn es in die Schule kommt. Das gilt es im Unterricht zu beachten. Wenn wir das vierzehnte Lebensjahr betrachten, werden wir in einem dritten Exkurs weitere wesentliche Eigenschaften des Empfindungsleibes, der dann seine Aufgabe in der Leibesbildung beenden wird, besprechen.

Was den Menschen zum Menschen macht und uns gegenüber Pflanze und Tier eine Stufe höher erscheinen lässt, verdanken wir einem dritten übersinnlichen Wesensglied. Es ist der Regent in uns, der einerseits alle anderen Wesensglieder durchdringt und sämtliche Organprozesse lenkt, also im Unbewussten wirkt, uns andererseits von Jahr zu Jahr bewusster und selbstbewusster werden lässt. Diese *geistige Kraft*, die jeden von uns einmalig auf der Welt sein lässt, entfaltet unser «Ich». Dieses Ich braucht das Element der Wärme, um im Leib wirken zu können, benötigt aber auch seelische und geistige Wärme. Es verbindet sich schon während der Embryonalentwicklung schrittweise mit den anderen drei dargestellten Wesensgliedern und bildet nach der Geburt des physischen Leibes weiterhin mit dem Lebensleib und dem Empfindungsleib eine Einheit.

Das Ich wirkt mit beim Sich-Aufrichten im ersten Lebensjahr, beim Erlernen von Gehen, Sprechen, Denken und tritt zum ersten Mal in Erscheinung, wenn es sich selbst hörbar als ein «Ich» bezeichnet und seinen eigenen Willen in der «Trotzphase» bekundet.

Dieses Ich ist es, das der Fähigkeit des Nachahmens zugrunde liegt, weil es noch gar nicht ganz in den eigenen Leib eingezogen ist, sondern zugleich in der Umgebung lebt. Daher kann es blitzschnell in die Seelenhaltung der im Umkreis befindlichen Menschen schlüpfen, diese aufnehmen und sich zu eigen machen, nachahmen. Das Ich nimmt die Eindrücke auf, gibt sie an den Empfindungsleib weiter, und dieser formt sie so, dass der Lebensleib sie ergreifen und in den physischen Leib einbauen kann. Alle seelischen und geistigen Eindrücke, die wir in den frühen Jahren mit unserem Ich bewusst oder unbewusst aufnehmen, verschwinden nicht einfach, sondern werden auf die geschilderte Weise verwandelt und in unseren physischen Leib und seine Organe eingebaut.

So kann man verstehen, dass Rudolf Steiner sagt: «Das Kind ist ganz Sinnesorgan.»[78] Dem, was sich vor dem Kind ereignet, ist es mit ganzer Kraft hingegeben – ganz gleich, ob dies gut, schön, edel oder das Gegenteil davon ist. Vergleichsweise können wir mit Auge, Ohr und Nase auch nur das wahrnehmen, was sich vor diesen Sinnesorganen ereignet, haben allerdings die Möglichkeit, die Augen zu schließen, Ohren und Nase zuzuhalten. Das Kind ist dagegen allen Eindrücken hilflos ausgeliefert, und die Menschen in der jeweiligen Umgebung tragen die Verantwortung für das, was es wahrnehmen soll und was lieber nicht.

Es wird etwa einundzwanzig Jahre dauern, bis unser Ich seine Entwicklungsaufgabe an den darunter befindlichen Wesensgliedern abgeschlossen haben wird. Der Lebensleib wird sieben und der Empfindungsleib vierzehn Jahre dazu benötigen, bis sie von ihrer jeweiligen Aufgabe an der Leibesbildung frei, also selbstständig, werden. Rudolf Steiner bezeichnet diese Ereignisse als «Geburten»;[79] den Zeitpunkt am Ende des ersten Jahrsiebts können wir demzufolge als «Geburt des Ätherleibes» bezeichnen.

Wir haben nun genügend Gesichtspunkte beisammen, um die Bedeutung der «Schulreife» von mehreren Seiten anschauen und verstehen zu können.

Schulreife und Schulfähigkeit

Auf das Kind kommt mit dem Schuleintritt eine zweifache Aufgabe zu: Es muss schulisch lernen, gleichzeitig auch wachsen und seine Gesundheit erhalten. Vor Schulbeginn bedarf es zweier Untersuchungen: Es gilt, die Schulreife sowie die Schulfähigkeit festzustellen. Das Wie wird von Schule zu Schule recht unterschiedlich gehandhabt. Im Allgemeinen beurteilt der Schularzt die körperliche Entwicklung und die physiologische Seite der *Schulreife,* von schulischer Seite haben die Aufnahmelehrer – an manchen Schulen gemeinsam mit einem Therapeuten – die Aufgabe, zusätzlich die *Schulfähigkeit* zu beurteilen, beispielsweise, welche seelisch-geistigen Fähigkeiten das Kind hat, um etwas aufzunehmen, es zu verstehen und dann zu verarbeiten.

Hermann Koepke hat recht umfassend dargestellt, auf was es bei den Untersuchungen ankommt.[80] Er betont vorweg, dass diese Erlebnisse von vielen Kindern als ein Festtag angesehen und nicht als Prüfung aufgefasst werden.

Der Arzt untersucht die physiologische Seite der Schulreife

In der schulärztlichen Untersuchung gilt es, Folgendes zu beobachten: den Gestaltwandel, Zahnbildung und Zahnwechsel, die Lateralisierung, Alter und Geschlecht, die Gesundheit (den aktuellen Zustand und die Vorgeschichte).

Mit geschultem Blick betrachtet der Arzt möglichst liebevoll, wie weit die für das Alter typischen Veränderungen an der Gestalt des Kindes fortgeschritten sind, er beobachtet den «Gestaltwandel». Nachdem das Kind eine Phase der Fülle durchlebt hat, kommt es beim schulreifen Kind zu einer auffallenden Streckung. Auf den Händen verschwinden die kleinen Grübchen. Die Gliedmaßen werden länger. Wenn das Kind seinen rechten Arm in die Höhe streckt und ihn dann über den Kopf legt, kann die Hand das linke Ohr berühren und sogar abdecken. Außerdem lässt sich beobachten, dass das Kind jetzt nicht mehr ein undifferenziertes «Patschhändchen» zum Gruß reicht; dass es beim Gehen immer häufiger den Boden mit der ganzen Sohle, auch der Ferse, betritt und es besser geradeaus gehen kann. «Auch der Gesichtsausdruck verändert sich: Die vorgewölbte Stirn flacht etwas ab, und die Oberlippe überragt nicht mehr die Unterlippe, sodass der Mund geschlossen ist, weshalb das Kind jetzt den Eindruck erweckt, dass es still sein und auch zuhören kann. Der Blick ist weniger unstet und vermag auf einem Bild zu ruhen. Dieser Wandel, von dem die ganze Gestalt des Kindes geprägt wird, ist Ausdruck davon, dass die bildende Kraft im Kinde einen Abschluss erreicht hat und ein Neuanfang auf einer nächsten Stufe bevorsteht.»[81]

Der Arzt beobachtet des Weiteren die Zahnbildung und den Zahnwechsel. Die Bildung der Zähne wird in diesem Alter abgeschlossen. Es haben sich unter den 20 Milchzähnen im Gebiss neue Zähne gebildet, die im Laufe der nächsten Jahre nach außen drängen und die Milchzähne, die ja keine Wurzeln haben, herausschieben. Meistens beginnt der Zahnwechsel vorn bei den Schneidezähnen. Kurz zuvor bekommt das Kind auch ganz neue Zähne: Hinten im Mund entsteht hinter den je fünf Zähnen in jeder Zahnreihe der Platz für je einen neuen Backenzahn, den «Sechser», sodass das Kind dann 24 Zähne hat. Dieser Platz war vorher nicht da, bildet sich aber jetzt dadurch, dass Ober- und Unterkiefer wachsen und den Mundraum vergrößern und für den Sechser öffnen. Es ist ausschlaggebend für die Schulreife, dass wenigstens die Sechser schon sichtbar geworden sind. Es gibt aber auch Kinder, bei denen zuerst die Schneidezähne wackeln und die Backenzähne erst danach kommen. Dies ist ein Zeichen dafür, dass die intellektuelle Reife gegenüber der allgemeinen körperlichen Reife dominant ist.

Abbildung 31 zeigt die gesamte Zahnentwicklung bis zum 21. Lebensjahr.

Zum Thema «Alter und Geschlecht» lassen wir Hermann Koepke sprechen: «Vergleicht man den Stand von Gestaltwandel, Zahnwechsel und Lateralisierung mit dem Alter des Kindes, so zeigt

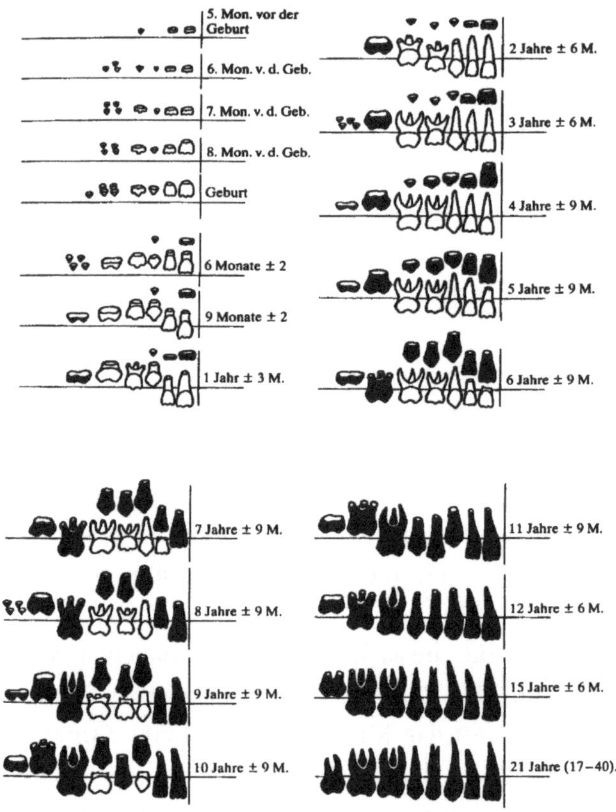

Abb. 31: Gesamte Bildfolge der menschlichen Zähne anhand der oberen rechten Kieferhälfte. Milchzähne weiß, Dauerzähne schwarz; die waagerechte Linie bezeichnet die Zahnfleischebene, die senkrechte Linie die Symmetrieebene des gesamten Gebisses (aus Stefan Leber, *Die Menschenkunde der Waldorfpädagogik*, S. 247).

sich das Entwicklungstempo. Dabei ist die Auffassung weit verbreitet, dass sich Buben im Allgemeinen langsamer entwickeln als Mädchen, d. h. die Mädchen sind in der Regel zwei bis vier Monate voraus. Wenn man bei Buben das Mindestalter für den Schuleintritt mit sechs Jahren und sieben Monaten ansetzt, so könne man bei Mädchen an sechs Jahre und vier Monate denken. Obwohl dies in mancher Hinsicht zutrifft, ist dennoch große Vorsicht am Platze! Aus einer wissenschaftlichen Studie, die in den USA erstellt wurde, geht hervor, dass bei 83 % der weiblichen Jugendsuizide Sommerkinder waren, das sind Mädchen, die als jüngste Kinder ihrer Klasse eingeschult worden waren.»[82]

Um ein Gesamtbild erstellen zu können, wird der Arzt die Vorgeschichte des Kindes erkunden: ob Auffälligkeiten während der Schwangerschaft auftraten, ob das Kind vorzeitig, termingerecht oder verspätet gekommen ist, es während des Geburtsvorgangs Sauerstoffmangel erlitten hat oder ob es zu Atmungsstörungen gekommen ist. Wichtig zu wissen ist, welche Krankheiten und welche Kinderkrankheiten das Kind durchgemacht hat. Leider können nur wenige Eltern antworten, wenn sie nach dem ersten Sitzen, Stehen, Krabbeln oder Robben ihres Kindes und andere Besonderheiten bei der Bewegungsentwicklung gefragt werden. Auch die Sprachentwicklung haben viele nicht bewusst genug beobachtet, um antworten zu können, wenn gefragt wird, wann die ersten Worte, wann die ersten Sätze gesprochen wurden und wann das erste «Ich» ertönte.

All diese Fragen erinnern uns an das, was wir uns schrittweise erarbeitet haben, und so können wir uns vorstellen, dass es für die Lehrer und ihre verantwortliche Aufgabe bedeutsam ist, möglichst viel von den Eltern zu erfahren. Dass Arzt und Lehrer beim ersten Zusammentreffen mit den neuen Eltern behutsam mit den Fragen umgehen müssen, versteht sich von selbst.

Ein Lehrer oder ein Aufnahmeteam ergründet die Schulfähigkeit

Da ich jahrelang die Aufnahme von Schulkindern durchführen durfte, möchte ich meine Leser in die Aufnahmesprechstunde mitnehmen.

Nach einer herzlichen Begrüßung von Eltern und Kind, übernahm die Therapeutin das Gespräch mit einem oder beiden Elternteilen in einem anderen Raum, und ich blieb mit dem Kind allein zurück. Nach einem kleinen Gespräch ließ ich mir als Erstes die

«Schulzähnchen» zeigen. Vertrauensvoll öffnete das Kind seinen Mund, und ich durfte mir die hervorbrechenden Sechser und vorn die ersten wechselnden Schneidezähne ansehen. Welch wunderbare Formen gab es da! Die vier neuen Backenzähne sehen wie ein hell leuchtender Fünfstern mit abgerundeten Spitzen aus, typisch für alle Backenzähne. Der Grundriss der Eckzähne gleicht einem abgerundeten Dreieck, der Grundriss der Schneidezähne einem Rechteck. Geometrische Gebilde haben die Kräfte unseres Lebensleibes, die sogenannten «Bildekräfte», geformt. Wenn ein Sechser noch nicht durchgebrochen war, konnte man darüber staunen, dass dort, wo der Zahn erscheinen wird, das Zahnfleisch wie ein geformtes Hügelbeet im Garten auf den weißen Zahn wartet. Während dieses liebevollen Betrachtens ergibt sich manches Gespräch, auch über die so schönen «Schulzähne», und viele Kinder fangen an, von sich zu erzählen.

Als Nächstes ließ ich das Kind den rechten Arm über den Kopf legen und mit der Hand das linke Ohr abdecken. Gemeinsam freuten wir uns, wenn es gelang. Ein wichtiges Kriterium der Schulreife und -fähigkeit ist dadurch erreicht.

Wenn das Kind zunächst den Arm erhob und er nicht lang genug war, ahnte ich schon – während es seinen Mund öffnete –, dass sicherlich auch die Zähne noch auf sich warten ließen. Ja, da waren nur die «Hügelbeete», und es wackelte auch noch kein Schneidezahn. Es besteht also ein Zusammenhang zwischen dem Wachstum des Kiefers und der Arme. Im ersten Exkurs haben wir gesehen, dass Ober- und Unterkiefer die «Gliedmaßen» am Kopf sind; alle Gliedmaßen wachsen in diesem Alter, und durch das Kieferwachstum entsteht im Mund der Platz für die Sechser. In den nächsten Jahren führt das weitere Wachsen dazu, Platz für den siebten und in der Pubertätszeit für den achten Zahn, den Weisheitszahn, zu schaffen. Diese weiteren Zähne sind bereits alle innen in den vier Kieferhälften vorgeformt und können erst hervorkommen, wenn der Kiefer mit ihnen nach vorn in den Mund hineinwächst.

Des Weiteren ist es wichtig zu wissen, mit welcher Hand das Kind einen Buntstift anfasst oder einen Ball wirft. Dazu hat es nun

Gelegenheit. Es darf dann auf einen Stuhl steigen und tut dies mit dem Bein, was es als das stärkere empfindet. Bittet man, es solle es noch einmal tun, jedoch mit dem anderen Bein, ergibt sich meistens, dass das nicht geht.

Mit welchem Auge kann es besser sehen? Nimmt man ein Blatt Papier, rollt es zu einem «Fernrohr» zusammen und gibt es dem Kind zum Durchschauen in eine der Hände, so setzt es das «Fernrohr» an das Auge, das ihm unbewusst als das stärkere gilt. Wenn man dem Kind das «Fernrohr» noch einmal gibt und es ihm in die andere Hand drückt, wechselt es meistens von allein die Hand und schaut durch dasselbe Auge wie vorher.

Mit welchem Ohr kann es besser hören? Ich hielt eine tickende Taschenuhr erst an das eine Ohr und fragte das Kind, ob es die Uhr höre. Das wurde bejaht, dann entfernte ich die Uhr langsam, der Abstand wurde größer, und ich ließ das Kind sagen, wann es das Ticken nicht mehr hören konnte. Wenn wir danach das Gleiche mit dem anderen Ohr probierten, zeigte sich, dass eins der beiden besser zu hören vermochte.

Bei all diesen für die Kinder recht interessanten Tätigkeiten ergab sich als Resultat: Nicht alle Kinder sind einseitig. Da waren viele reine Rechtshänder, ein paar reine Linkshänder, aber auch einige, die beispielsweise die rechte Hand, den linken Fuß, das rechte Ohr und das linke Auge bevorzugten. Da gibt es alle Variationen, und für den Therapeuten ist es gut, die Lateralisierung und die hier angedeutete überkreuzte Dominanz rechtzeitig zu erfahren, die später vielleicht therapiert werden können.

Natürlich ließ ich das Kind auch zählen, und einige konnten es bis zur Hundert und darüber hinaus. Danach ließ ich ein Bild malen. Das Kind sollte ein Haus, einen Baum und sich selbst mit dicken Wachsbuntstiften zu Papier bringen. Malte es ein Wesen mit Kopf, Rumpf und Gliedern, Himmel und Erde, ein Haus mit Tür und Fenstern, zeigte sich deutlich die Reife. Malte es aber sich selbst noch als Kopffüßler, konnte man sehen, dass das Kind noch nicht so weit war.

Ich ließ die Kinder auch durch den Raum hüpfen, und dann sollten sie dasselbe auf der Stelle tun. Die schon «schulreifen» können sich leicht vom Boden lösen und setzen leicht federnd auf, während diejenigen, die den neuen Schritt innerlich noch nicht vollzogen haben, wohl hochhüpfen können, aber dann hörbar «plumpsend» aufsetzen.

Anstatt meine weiteren Übungen aufzuzählen, wollen wir der Vielseitigkeit und Anschaulichkeit wegen Hermann Koepkes interessante und knappe Zusammenfassung anfügen: «Ein weiteres Indiz ergibt sich in Bezug auf die ‹Gedankenwahrnehmung›. Schaut man mit dem Kind z. B. das Bild eines Bauernhofes an und lässt es erzählen, was es sieht, so findet das schulreife Kind den Oberbegriff ‹Bauernhof› recht schnell, während das Spielkind sich schwer tut, über die Einzelheiten hinweg diesen Begriff zu ‹sehen›.

Es ist auch aufschlussreich, ob das Kind in der Lage ist, unter Rechtecken ein Quadrat und unter ovalen Formen einen Kreis herauszufinden, und ob es selber einfache Grundformen nachzeichnen kann, z. B. Kreis, Quadrat, Rechteck, Rhombus, Arkaden, Girlanden, Spirale, Dreieck, Lemniskate usw. Hat das Kind überhaupt Interesse für das Formenzeichnen? Freut es sich darauf, die Buchstaben zu lernen?

Weil Kinder auch sehr gerne Tastübungen machen, kann man ihnen folgende Aufgabe stellen. Unter einem Tuch liegen vielleicht Erbsen, Haselnüsse und Bohnen in einem Körbchen. Kann es nun z. B. alle Bohnen ertasten und in ein Schüsselchen legen?

Etwas anderes: Wie viel kann sich ein Kind schon auf einmal merken? Kann es z. B. die Gießkanne, die Vase, den Teller und noch die Kerze herbeibringen, also vier Dinge auf einmal, oder muss es immer wieder nachfragen? Kann es eine Reihe von einstelligen Zahlen behalten? Kann es eine einfache pentatonische Melodie nachsummen?»[83]

Wir haben hiermit mehrere Blickwinkel kennengelernt und spüren, dass eine große Verantwortung auf denen ruht, die eine solche Entscheidung zu treffen haben: den Eltern, dem Arzt und dem Aufnahmeteam der Lehrerschaft. Sie wissen: Dem Kind stehen in der

Waldorfschule zwölf bis dreizehn Jahre im selben Klassenverband bevor, mit denselben Menschen. Ein Schüler oder eine Schülerin muss die Rolle des Jüngsten bzw. der Jüngsten in der Klasse übernehmen, und diesem Kind möchte man von Herzen wünschen, dass es die Kraft hat, allen Aufgaben gewachsen zu sein, dass es die oben dargestellten Dinge zur Zufriedenheit ausführen kann. Also heißt es: zur richtigen Zeit das Richtige tun, nicht zu früh und nicht zu spät!

Was sind nun die wesentlichsten Kriterien für eine Schulreife?

Das Kind hat in all den Jahren seine physische Leiblichkeit durch die formenden Bildekräfte seines Lebensleibes aufgebaut. Ein Teil dieser Kräfte, die bisher der Organismus dringend für das Wachstum und das Ausplastizieren sowie die Funktionstüchtigkeit der Organe gebraucht hat, wird von der leibbildenden Tätigkeit frei und verwandelt sich in diesem Alter in «Lernkräfte». Sie werden zu seelisch-geistigen Fähigkeiten und stehen für die Gestaltung von Vorstellungen, für Gedächtnisleistungen und intellektuelles Lernen zur Verfügung. Darauf hat Rudolf Steiner bereits 1907 hingewiesen.[84] Hinzu kommt, dass im Gehirn immer komplexere Neuronenverbindungen entstehen. Alle Waldorfschulen in der Welt legen diese Gesichtspunkte der Aufnahme von Schulanfängern zugrunde und werden es so auch in Zukunft tun, wenn nicht behördliche Zwänge dazu führen, Früheinschulungen durchführen zu müssen. Da wir keine Kinder eine Klassenstufe wiederholen lassen, ist es noch wichtiger, von Anfang an den richtigen Zeitpunkt zu finden, um der Persönlichkeit des Kindes innerlich gerecht zu werden.

Damit wir verstehen, wie eng der Zusammenhang zwischen leibbildenden und vorstellungsbildenden Kräften ist, brauchen wir uns nur daran zu erinnern, wie wir gesundheitlich angeschlagen sind, wenn wir Fieber haben. Der Körper benötigt dann alle Lebenskräfte, um zu heilen und die vitalen Funktionen aufrechtzuerhalten, bis die

Genesung eintritt. Wie schwer fällt es einem, sich in solcher Zeit zu konzentrieren und Vorstellungen zu bilden![85]

Welche Konsequenz kann daraus gezogen werden? Schult man heute Kinder verfrüht ein, muss man in Kauf nehmen, dass ein Teil der Lebenskräfte, die noch ganz dem Aufbau des physischen Leibes zu dienen haben, dieser Aufgabe entzogen wird. Somit greift man unwissend in die gesunde Entwicklung des Kindes ein. Die Folgen davon werden sich später zeigen, aber es bleibt fraglich, ob man sie dann auf diesen Tatbestand zurückführt. Inzwischen gibt es Studien, die durchgeführt wurden, um zu prüfen, ob das, was auf Drängen der Politik und von Kreisen der Wirtschaft eingeführt wurde, sinnvoll war. Hermann Koepke zitiert eine amerikanische Studie zur Auswirkung der Früheinschulung: «Kinder, die entwicklungsmäßig nicht so weit sind, dass sie den Anforderungen der Schule gewachsen sind, werden manchmal ein Leben lang benachteiligt. Viele wohlmeinende, aber schlecht informierte Eltern und Pädagogen schicken die Kinder zu früh in unsere Schulsysteme. Wenn Kinder mit der Schule anfangen, ehe sie entwicklungsmäßig dazu bereit sind, erhöht sich die Wahrscheinlichkeit, dass sie scheitern werden, ganz dramatisch.»[86]

In dieser Studie wurden Untersuchungen bezüglich des akademischen Erfolges von früh eingeschulten Kindern gemacht. Man verglich Kinder, die bei ihrer Einschulung jünger als sechs Jahre und drei Monate alt waren, mit denen, die zum Einschulungszeitpunkt bis zu sieben Jahren und drei Monate alt waren. «Sommerkinder» hat man Erstere genannt, weil sie zwischen Juni und September Geburtstag haben. Koepke fasst die Ergebnisse folgendermaßen zusammen: «1. Die älteren Kinder in einer Klasse haben meist mehr und öfter überdurchschnittlich gute Noten als die jüngeren. 2. Ältere Kinder neigen auch dazu, überdurchschnittlich abzuschneiden bei standardisierten Leistungsprüfungen. 3. Jüngere Kinder einer Klasse werden viel eher sitzenbleiben als ältere. 4. Die jüngeren Kinder in einer Klasse werden viel eher zur Untersuchung auf Lernbehinderung geschickt und dann auch als lernbehindert eingestuft als die älteren. 5. Die akademischen Schwierigkeiten der jüngeren Kinder, die entwicklungsmäßig nicht schulreif waren bei der Einschulung, verfolgen diese Kinder oft während ihrer ganzen Schulzeit und bis ins Erwachsenenalter hinein.»[87]

Die Waldorfpädagogik als «freie Schule» wird immer bemüht sein, bei der Einschulung die Schulreife des Kindes zu berücksichtigen. Da es aber von staatlicher Seite schon früher zur Schule darf, werden die Eltern nicht nur auf die bestehende Schulpflicht ihres Kindes viel früher als bisher hingewiesen, sondern sie müssen es auch früher in einer Schule anmelden. Die Waldorfschulen bleiben aber bei ihren Jahrgangsklassen und belassen die Früheinsteiger im Kindergarten.

Damit schließen wir den zweiten Exkurs ab und beginnen unsere Betrachtung des zweiten Jahrsiebts.

Das zweite Jahrsiebt

Das siebte bis zehnte Lebensjahr

Unsere Schulanfänger in der Waldorfschule sind voller Erwartungen, wenn sie mit den Eltern, vielleicht sogar mit Großeltern und anderen Verwandten, das Schulhaus betreten, um diesmal den großen Schritt in den neuen, so bedeutsamen Lebensabschnitt zu tun. Da herrscht Spannung unter all den Schülern, die an dem Aufnahmezeremoniell teilnehmen werden. Jede Schule begeht diesen Tag auf ihre Weise, aber überall gehört er zu den Höhepunkten des Jahres. Einige ältere Schüler werden besonders aufgeregt sein: Ihr jüngeres Brüderchen oder Schwesterchen wird heute eingeschult, das zu Beginn der Feier in der Aula neben allen Angehörigen erwartungsvoll sitzt.

Nach Begrüßungen, Ansprachen, ein paar gesanglichen oder instrumentalen Darbietungen der älteren Klassen und dem Erzählen eines Märchens oder einer anderen sehr bildhaften Geschichte werden alle Erstklässler von ihrem Klassenlehrer oder ihrer Klassenlehrerin von der Bühne aus einzeln aufgerufen. Interessant und eindrucksvoll ist es, sehen zu dürfen, wie unterschiedlich sich die Kinder von ihren Eltern lösen, die Treppe zur Bühne hinauf stapfen und dem Klassenlehrer zum ersten Mal die Hand zum Gruß reichen. Je nach Temperament gehen einige strammen Schrittes, andere zögern, einige möchten am liebsten laufen, und wieder andere haben es gar nicht eilig.

Dieser Augenblick stellt hohe Anforderungen an unseren Schulanfänger: Er muss sich von seinen Eltern trennen, vor aller Augen durch den großen Raum schreiten, sich auf die Bühne begeben, die noch unbekannte Lehrkraft mit Handschlag begrüßen, sich neben all die neuen Mitschüler stellen und von dort aus in die große Menge blicken, die dort unten zuschaut!

Sind sie alle auf der Bühne beisammen, werden den Kindern Blumen und von einigen höheren Klassen gebastelte Geschenke oder auch eine Schultüte mit «Wegzehrung» überreicht. Nachdem alle Anwesenden das Schullied gesungen haben, zieht die Kinderschar hinter ihrem Lehrer oder ihrer Lehrerin her durch die Aula und wird in ihren Klassenraum geführt.

Die Schulgemeinschaft erlebt große Freude an solchem Tag, aber beim Hinausgehen der Kinder aus der Aula sieht man doch hier und da, wie manche Mütter ein paar Tränen wegwischen. In diesem Augenblick kann einem klar werden: Die Phase der ersten Kindheit ist endgültig vorbei. Im Unterbewussten ahnen die Eltern schon, dass ihr Kind von nun an einen weiteren Menschen benötigt, der ihm zur Autorität wird, zu dem es aufschauen, dem es tief vertrauen kann und der in seinem Herzen neben den Eltern einen wichtigen Platz in seinem Leben einnehmen darf. Im Allgemeinen wird der Klassenlehrer oder die Klassenlehrerin von den Kindern als eine solche Autorität anerkannt. Rudolf Steiner spricht davon, dass die Kinder eine «selbstverständliche Autorität» suchen und es dürfe keine erzwungene sein, auf gar keinen Fall aber eine *autoritäre*.[88]

Die erste Schulstunde – ein Meisterstück des Schulgründers

Rudolf Steiner hat 1919, vor mehr als einhundert Jahren, an den Tagen vor der Gründung der «Waldorfschule» für die neuen Lehrer und Lehrerinnen einen vierzehntägigen Kurs gegeben. Morgens hielt er Vorträge zur Menschenkunde, im Anschluss daran folgte ein Kurs über Methodik und Didaktik des Unterrichtens, nachmittags gab es Seminare mit praktischen Übungen.[89] Am fünften Tag überraschte er die Anwesenden mit einer lebhaften Darstellung der ersten Schulstunde.

Seine Formulierungen sind so treffend, dass wir sie als ein Urbild für eine erste Schulstunde all unserer Schüler weltweit ansehen können. Da wir ansonsten Steiner nur hier und da kurz zu Wort kommen lassen, sei es gestattet, eine Reihe von Abschnitten wörtlich zu zitieren. Diese Ansprache dient vielen Klassenlehrern als Grundlage für die eigenen Worte am ersten Schultag, mit denen sie ihre Kinder auf die gemeinsame Arbeit einstimmen wollen.

Folgen wir der Kinderschar, die, aus der Aula kommend, erwartungsvoll ihrem Lehrer oder ihrer Lehrerin gefolgt und inzwischen im Raum der ersten Klasse angelangt ist. Die neuen Erstklässler nehmen ihre Plätze ein und sind voller Spannung. Man sagt ihnen, was sie mit ihrem Ranzen, ihrer Sonnenblume und Schultüte tun sollen, und bald herrscht völlige Stille. Was wird unser Lehrer uns sagen wollen? Was sind seine ersten Worte?

Hören wir Rudolf Steiners Anregung: «Ihr seid in die Schule gekommen, weil ihr in der Schule etwas lernen sollt. Ihr werdet heute noch keine Vorstellung davon haben, was ihr alles in der Schule lernen sollt, aber ihr werdet vielerlei in der Schule lernen müssen. Warum werdet ihr vielerlei in der Schule lernen müssen? Nun, ihr habt doch auch schon Bekanntschaft gemacht mit den Erwachsenen, mit den großen Leuten, und da werdet ihr gesehen haben, dass sie etwas machen können, was ihr nicht könnt. Und damit ihr auch einmal das können werdet, was die Großen können, dazu seid ihr hier. Ihr werdet einmal das können, was ihr jetzt noch nicht könnt.»[90]

Als ich zum ersten Mal eine 1. Klasse so ansprechen wollte, hatte ich Wochen vorher begonnen, über diese Worte nachzudenken, da sie nur dann von den Kindern angenommen werden können, wenn ich sie innerlich ganz zu bejahen vermag. Da ich selbst nicht so gern in die Schule gegangen war, brauchte ich einige Zeit, bis ich mir ganz sicher war, die Schüler so ansprechen zu können.

Mir halfen die bereits im ersten Kapitel angedeuteten Gedanken: Wir haben uns vorgeburtlich unsere Eltern gesucht, zu denen wir schon lange eine Beziehung haben. Wir wussten, dass wir auch weiteren Menschen begegnen würden, mit denen wir schicksalhaft verbunden sind. Dazu gehören unter vielen anderen die Lehrer, die rechtzeitig geboren wurden, um ihren Schülern Wege zu weisen und sie zum Lernen anzuregen. Nur auf der Erde können wir uns weiterentwickeln, nur hier können wir lernen. Auch als Lehrer werden wir stets Lernende bleiben müssen. Die Schüler haben ein ganz feines Empfinden dafür, ob ihr Lehrer innerlich an sich arbeitet, sich vorbereitet, aus Fehlern lernt. Wenn sie das an ihren Lehrern, aber auch an den Eltern erleben dürfen, empfinden sie diese Menschen als eine Autorität, der sie gern folgen. Ja, schließlich konnte ich diesen Kindern am ersten Schultag sagen, dass sie gekommen seien, weil sie *lernen wollen*. Als ich zu ihnen sprach und sie dabei bedeutsam anschaute, nickten einige verständnisvoll.

Mit den weiteren Sätzen Rudolf Steiners macht man sie darauf aufmerksam, was die «Großen» bereits können und dass sie es durch Lernen auch können werden. Der Gedanke, auf das Können der Erwachsenen aufmerksam zu machen, war Steiner sehr wichtig, weil es für Kinder bedeutsam ist, auf die vorangegangene Generation mit Achtung zu blicken und Respekt vor dem zu entwickeln, was die Menschen bereits in der Welt bewirkt haben. Ist ein solcher Gedankengang heute überholt – oder angesichts der Respektlosigkeit und Missachtung, die heute gegenüber den Erwachsenen herrscht, sogar besonders sinnvoll? Die Rückfrage: Wie sollen denn Kinder

Achtung vor dem bekommen, was von Menschen in der Welt bereits geleistet wurde, wenn niemand diesen Gedanken ausspricht? In dem einmaligen Augenblick bei der Einschulung fällt alles auf besonders fruchtbaren Boden. «So gefühls- und empfindungsmäßig diese Nuance bleiben muss, so muss sie doch mit allen Mitteln bei den Kindern kultiviert werden: dass das Kind mit Achtung, mit Respekt hinschaut auf das, was die älteren Generationen schon erreicht haben und was es auch durch die Schule erreichen soll.»[91]

Nach diesen einführenden Worten erzählt man seinen Schülern, was sie lernen sollen. Würde man in heutiger Zeit sagen, ihr werdet die Buchstaben kennenlernen und auch, wie man sie schreibt, müsste man sofort mit dem Zwischenruf «Kenne ich schon!» und mit enttäuschten Gesichtern rechnen. Rudolf Steiner regte damals schon an zu sagen, dass sie später einmal wie die Erwachsenen Bücher lesen können und in der Schule das Lesen lernen werden. Dann wörtlich: «Die Großen können sich auch Briefe schreiben, können sich überhaupt über alle Dinge etwas aufschreiben. Du wirst später auch Briefe schreiben können, denn du wirst auch schreiben lernen.» Durch diese Worte werden die Kinder spüren, dass es bis dahin ein weiter Weg sein wird, bis man seine eigenen Gedanken und Gefühle in einem Brief zum Ausdruck bringen kann. Hinzu kommt, dass man schön und richtig schreiben können muss, damit ein anderer ihn lesen kann. Danach erwähnt Steiner ein weiteres Unterrichtsfach, das Rechnen, mit nur wenigen Worten: «Und außer Lesen und Schreiben können die Großen auch Rechnen. Du weißt noch gar nicht, was Rechnen ist. Aber Rechnen muss man im Leben können, wenn man z. B. etwas zum Essen einkaufen will oder wenn man Kleider einkaufen oder anfertigen will. Solch ein Gespräch muss man mit dem Kinde führen und ihm dann sagen: Auch Rechnen wirst du lernen.»[92]

Auch hier sind die praktischen Beispiele sehr geschickt ausgewählt und lassen die Kinder ahnen, dass ihr Zählenkönnen nicht dasselbe ist wie Rechnenkönnen. In dem kleinen Gespräch mit ihnen kann man das auch vorsichtig zum Ausdruck bringen, zugleich ihnen aber

freudig mitteilen, wie wichtig es ist, dass sie schon so gut zählen können und dadurch auch tüchtig im Rechnen werden.

Nachdem die Kinder nur zugehört haben, sich bildhafte Vorstellungen gebildet und mit ihren Gefühlen stark beteiligt waren, aber noch nichts mit den Gliedmaßen tun durften, fragt Rudolf Steiner: «Wie kann man aber nun wirklich, und zwar auf die Willensbildung gleich von Anfang an wirken? (...) Es ist dann gut, wenn man ihm z. B. sagt: Sieh dich einmal selber an. Du hast zwei Hände, eine linke Hand und eine rechte Hand. Diese Hände hast du zum Arbeiten; mit diesen Händen kannst du allerlei machen. Also auch das, was am Menschen ist, versuche man ins Bewusstsein heraufzuheben. Das Kind soll nicht nur wissen, dass es Hände habe, sondern es soll sich auch *bewusst* werden, dass es Hände hat. Natürlich werden Sie nun vielleicht sagen: Es hat doch ein Bewusstsein davon, dass es Hände hat. Aber es ist ein Unterschied, ob es *weiß*, dass es Hände zur Arbeit hat, oder ob ihm dieser Gedanke nie durch die Seele durchgegangen ist. – Hat man mit dem Kinde über die Hände und über das Arbeiten mit den Händen eine Zeit lang gesprochen, so gehe man dazu über, das Kind irgendetwas in Handgeschicklichkeit machen zu lassen. Das kann unter Umständen schon in der ersten Stunde geschehen. Man kann ihm sagen: Jetzt mache ich dies (siehe Zeichnung links).

Also nimm deine Hand und mache es auch! – Man kann die Kinder nun dasselbe machen lassen, möglichst langsam, denn es wird sich schon langsam vollziehen, wenn man die Kinder einzeln herausruft, sie an der Tafel dieses machen lässt und sie dann wieder an ihren Platz gehen lässt. Das richtige Verdauen des Unterrichtes ist dabei von größter Bedeutung. Danach kann man dem Kinde sagen: Jetzt mache ich dies (siehe Zeichnung rechts); jetzt macht ihr mit eurer Hand dies auch. – Nun macht jedes Kind dies auch. Nachdem dies absolviert ist, sagt man ihnen: Dies eine ist eine gerade Linie, und das andere ist eine krumme Linie; ihr habt also jetzt mit euren Händen eine gerade und eine krumme Linie gemacht. – Den Kindern, die ungeschickt sind, hilft man, aber man sehe darauf, dass jedes Kind es gleich von Anfang an in einer gewissen Vollkommenheit macht.»[93]

In diesen Formulierungen finden wir den so wichtigen Ansatz, wie man die Willenskräfte der Schüler anspricht. In der ersten Zeit des zweiten Jahrsiebts leben im Kind noch schöpferische Nachahmungskräfte, sodass es gern nachmacht, was der Lehrer an der Tafel gestaltet. Wichtig ist, dass es lernt, das in die Hand zu schicken, was die Augen erblickt haben. Wenn es dies immer wieder tut, werden die Hände zusehends geschickter. Und darum geht es! Dieses Tun beansprucht die Willenskräfte auf beste Weise. Jedes Kind, das eine Waldorfschule irgendwo auf der ganzen Welt besucht hat, durfte diese Formen am Anfang seiner Schulzeit mit eigenen Händen zeichnen, und viele Ehemalige erinnern diese Stunde ihr Leben lang.

Das Besondere dieser Formen ist, dass sich mit ihnen sämtliche Linienführungen, und Umrisse aller Dinge ableiten lassen: Sie sind Urbilder. Das Kind kann an diesem ersten Tag erleben, dass es in der Schule darauf ankommt, aktiv zu sein, lernen zu dürfen und sich mutig in die Gemeinschaft zu stellen. Dadurch, dass es am ersten Tag bereits vor aller Augen an der Tafel eine oder zwei große Formen so gut es ging anzeichnen durfte, hat es sich und seinen Mitschülern etwas Einmaliges bewiesen.

Menschenkundlicher Vorblick auf das erste Drittel des zweiten Jahrsiebts

Wir wollen die kommenden zweieindrittel Jahre in derselben Weise überblicken, wie wir es für das erste Jahrsiebt entwickelt haben. Abbildung 32 (S. 231) zeigt noch einmal die ersten drei Bögen mit den Entwicklungsschritten der drei Seelenkräfte und die Dreiheit von Gehen – Sprechen – Denken, die durch ihren bildhaften Charakter auch für die neue Lebensphase im übertragenen Sinne anwendbar ist.

Wir haben es zunächst wieder mit einer Willensphase zu tun, die einem Hinein-*Gehen* in eine neue Lebenssituation entspricht. Der hauptsächliche Lernprozess der Kinder geschieht über den Gebrauch der Gliedmaßen. Sie sollen durch vielerlei sinnvolle Bewegungen, Arbeiten und gemeinsame Spiele immer geschickter werden. Den Weg des Lernens könnte man kurz auch so charakterisieren: vom Tun über das Fühlen (d.h. mit dem Herzen dabei sein) zum Denken. In der ersten Schulstunde ist dies sehr treffend deutlich geworden.

Bei allem, was die Kinder von nun an im Unterricht lernen und erfahren sollen, geht es darum, den Unterrichtsstoff ihnen so vorzutragen, dass er für sie ein Erlebnis wird, auf ihre Gefühlswelt einen Eindruck macht, ihr Gemüt anspricht. Lässt sich dieser Aspekt auch an den Entwicklungsbögen ablesen? Um dies bejahen zu können, müssen wir ein wenig in unserer menschenkundlichen Betrachtung vorausblicken und uns für einen Moment die nächsten Bögen vorstellen: Vom siebten bis zum vierzehnten Jahr wird ein zweiter Gesamtbogen entstehen und für das dritte Jahrsiebt ein weiterer, sodass schließlich das Jahrsiebt, von dem wir jetzt sprechen, einen mittleren Bogen darstellt (s. Abb. 32). Das mittlere Prinzip hat, wie wir von Anfang an feststellten, immer mit der Mitte, dem Fühlen, zu tun. Mit dem Herzen dabei sein zu können, möchte man den Kindern wie auch Lehrern wünschen.

An dieser Stelle ist es angebracht zu erwähnen, dass die stete innere Arbeit des Waldorflehrers an der Menschenkunde ihn befähigt, seine

Schüler als Persönlichkeit tiefer zu verstehen und dadurch immer mehr zu lieben. Damit ist keinesfalls eine oberflächliche Sympathie gemeint, sondern eine Kraft, die es durch Willensanstrengung zu erringen und pflegen gilt. Die Kinder haben dafür ein Empfinden und werden entsprechend darauf reagieren. Eine wertvolle Basis für das Zusammenwirken im Unterricht!

Wir haben einen Blick auf das Wollen (Gehen) und Fühlen (Herz) geworfen, es fehlt noch, wie wir in diesem Alter in richtiger Weise das Denken (Kopf) ansprechen. Wir setzen das fort, was wir schon im ersten Jahrsiebt für richtig ansahen: Das Kind kann bildhaft denken, kann sich lebendige Vorstellungen bilden. Die lebendigen «Bildekräfte», die im ersten Jahrsiebt den Leib ausformten und *frei* geworden sind, stehen jetzt im Seelischen zur Verfügung. Sie warten darauf, zur schöpferischen Tätigkeit aufgerufen zu werden. Der Lehrer muss also lernen, anschaulich in Bildern zu denken, sie in entsprechende Sätze zu kleiden und so den Schülern die Welt zu vermitteln. Wann ergeben sich dazu Gelegenheiten? Bei fast allen Unterrichtsdarstellungen, bei kleinen wie großen Geschichten, beim Erzählen eines Märchens, einer Fabel oder Legende am Ende des Unterrichts und auf ganz besondere Weise bei der Einführung der Buchstaben im ersten Schuljahr.

Für das zweite Jahrsiebt müssen Erzieher und Lehrer bedenken: Wie sich im ersten Jahrsiebt die Entwicklung des physischen Leibes vollzogen hat, entwickelt sich während der nächsten sieben Jahre auch der Lebens- oder Ätherleib des Kindes, entfalten und bilden sich seine Lebenskräfte. Wir haben gesehen (S. 147), dass in diesem Wesensglied fünf Eigenschaften verborgen sind, die es zu beachten gilt. Entsprechend sind diesbezüglich folgende Aufgaben zu erfüllen: das *Gedächtnis* pflegen; die *Temperamente* abschleifen; *Neigungen und Gewohnheiten* verändern; den *Charakter* stärken; das *Gewissen* läutern. Die ersten beiden Aufgaben werden wir beim Betrachten von Unterrichtsmethoden genauer anschauen, während die drei anderen vom Erzieher im Bewusstsein zu behalten sind und im richtigen Augenblick in die Arbeit einfließen.

Hauptunterricht – Epochenunterricht – Klassenlehrer – Stundenplan

Die Entwicklungsschritte des Kindes betrachten wir von nun an in engem Zusammenhang mit den Unterrichtsinhalten der Waldorfschule, deren Methodik und Didaktik. Sie lassen sich aber nur verstehen, wenn wir vorher einen Blick auf bestimmte Grundlagen der Waldorfpädagogik werfen.

In den Klassen 1–12 beginnt der Vormittag für die Schüler mit einem sogenannten Hauptunterricht. In dem relativ langen Zeitraum von ca. 105 Minuten wird täglich ein Fach unterrichtet, in dem besonders die Fähigkeiten des Kopfes, also Vorstellungskräfte, kognitive Kräfte, beansprucht werden. Das jeweilige Fach, z. B. Deutsch, bildet den Schwerpunkt des Tages. Da Rhythmus eine ganz besondere Rolle spielt, geschieht an den folgenden Tagen das Gleiche in einem Zeitraum von drei oder vier Wochen, was man «Epochenunterricht» nennt. Weitere Fächer, die in Epochenform erteilt werden, sind: Rechnen/Mathematik, Geometrie (anfangs als freihändiges Formenzeichnen), Sachkunde, Biologie (Tierkunde, Pflanzenkunde, Ernährungs- und Gesundheitslehre), Geografie, Geschichte. Physik, Chemie, erste Himmels- und Wetterkunde. In den ersten acht Jahren unterrichtet diese Fächer derselbe Lehrer oder dieselbe Lehrerin, ab der 9. bis zur 13. Klasse sind es Kollegen mit Facultas. Das scheint auf den ersten Blick für den Klassenlehrer kaum zu schaffen zu sein. Da er sich aber längere Zeit auf das eine Fach konzentrieren kann, ist die Aufgabe zu bewältigen – wie die Erfahrung zeigt.[94]

Die Unterrichtsform hat sich sehr bewährt. Auch ist die Konzentration auf ein Fach für die Kinder von Bedeutung, und von ganz besonderer Wichtigkeit ist das Prinzip des Klassenlehrers an der Waldorfschule: Die Kinder erleben an jedem Morgen «ihren Lehrer» bzw. «ihre Lehrerin», werden acht Jahre den Weg gemeinsam gehen. Der Kerngedanke Rudolf Steiners: Vor den Kindern steht acht Jahre lang ein Mensch, der sich für viele Fächer, gleichsam «für alles», interessiert, der Zusammenhänge zwischen all den Wissensgebieten vermitteln kann, der seine Kinder gut kennt. Er wird von ihnen zur «Autorität» gemacht und vermag nicht anders, als ein stets Lernender zu sein und zu bleiben.

Betrachten wir einen einzelnen *Hauptunterricht* genauer: Er beginnt mit einem gemeinsamen «Morgenspruch», den Lehrer und Schüler zusammen sprechen. Anschließend hat jeder Klassenlehrer seinen eigenen Weg, einen «rhythmischen Teil», zu gestalten. Da werden Sprechübungen geübt, da wird rezitiert, gesungen und musiziert, rhythmisches Klatschen geübt, da werden Übungen für rechenschwache Kinder ausgeführt, kleine Schauspiele eingeübt. Ab dem zweiten Schuljahr stellt sich während dieses Teils jedes Kind einmal in der Woche vor die Klasse und spricht seinen «Zeugnisspruch», den es zusammen mit seinem Zeugnis bekommen hat und der es mit dem für dieses Jahr angedachten Inhalt begleiten soll. Ideal ist, wenn ein Lehrer solch einen Spruch für jedes seiner Kinder selbst dichten kann und das, was er dem Kind in einem Bild sagen und mitgeben will, in Versform zu gießen vermag. Während dieser rhythmischen Arbeit lässt man die Kinder etwas chorisch tun, dann aber auch einzeln, sodass sie eine Zeit lang selbst tätig sind und dann zuhören. Auch kann man das Tempo und die Lautstärke wechseln, kleine oder größere Gruppen etwas vortragen lassen, später auch Kopfrechnen üben.

Nach einem Wiederholungsteil geht man auf das ein, was am Tag zuvor gearbeitet wurde, und vertieft es gedanklich. Danach kommt die Phase, in der auf unterschiedlichste Weise neuer Unterrichtsstoff mit den Kindern erarbeitet wird, und nachdem sie überwiegend Vorstellungen bilden mussten, also mit dem Kopf gearbeitet haben, folgt ein Teil, in dem sie etwas mit den Händen tun dürfen: schreiben, malen oder zeichnen. Den Abschluss bildet eine bildhafte Erzählung, die von Klassenstufe zu Klassenstufe variiert.

Auch in dieser Unterrichtsform spiegelt sich wider, was wir aus früheren Betrachtungen kennen: Im Wiederholungsteil sprechen wir das Vorstellungsleben an, den Kopf des Kindes, im schriftlichen

Teil die Gliedmaßen und im rhythmischen Teil die Mitte und im Erzählteil die Gemütskräfte des Kindes, die ebenfalls mit dem Fühlen, mit der Mitte zu tun haben.

Beim Wechseln von einer Epoche zur nächsten achtet der Klassenlehrer (im Folgenden wird der Einfachheit halber nur die maskuline Form verwendet, aber damit ist selbstverständlich auch die Klassenlehrerin gemeint) auf einen gesunden Atem, der sich daran erkennen lässt, dass es Fächer gibt, die die Kinder seelisch einatmen, andere, die sie ausatmen lassen. Mit «Ausatmen» ist gemeint, dass die Kinder beispielsweise im Geografieunterricht ihren Blick weiten, sich mit fernen Ländern beschäftigen, aus sich herausgehen. In einer Geschichtsepoche dagegen muss man viele Vorstellungen, innere Bilder schaffen, und gedankliche Zusammenhänge stehen im Vordergrund. Eine solche Epoche entspricht mehr einem «Einatmen».

Nach dem täglichen Hauptunterricht und der daran anschließenden großen Pause gibt es eine «mittlere» Phase, die besonders gut für den *Fremdsprachenunterricht* geeignet ist, da Sprache und rhythmische Wiederholung mit dem Rhythmischen System zusammenhängen. Wegen der vielen weiteren Fächer und begrenzten Anzahl von Sprachlehrern lässt sich diese Angabe Rudolf Steiners nur teilweise zu dieser Tageszeit in die Praxis umsetzen. Anschließend und in den Nachmittagsstunden stehen Fächer auf dem Stundenplan, in denen die Gliedmaßen zu ihrem Recht kommen sollen: Handarbeit, Handwerk, Sport und die Künste Malen und Zeichnen, Singen und Musizieren (alle Kinder lernen mindestens ein Instrument spielen) sowie Eurythmie (ein unverzichtbares Fach der Waldorfschule). All diese Fächer werden von sogenannten «Fachlehrern» unterrichtet, aber auch der Klassenlehrer erteilt nach seinem Hauptunterricht solchen Fachunterricht.

In dieser Darstellung spiegelt sich noch einmal der dreistufige Weg wider, den wir bereits im ersten Lebensjahr beobachten konnten: vom Kopf über die Mitte bis hinunter in die Glieder – und das jeden Tag!

Formenzeichnen – Schreiben und erstes Lesen – Rechnen

Wir wollen nun einige Unterrichtsfächer und deren spezielle Methodik sowie Didaktik betrachten. Dabei soll deutlich werden, auf welche Weise die freigewordenen Bildekräfte angesprochen und weiterentwickelt werden.

Nach dem ersten Schultag mit seinen Einmaligkeiten gilt es nun, einen Unterrichtsablauf für die täglich wiederkehrenden einhundertfünf Minuten, also für einen gesunden Grundrhythmus, einzufädeln. Bald schon können die Kleinen im rhythmischen Teil erste Lieder singen, kleine Gedichte sprechen, mit den Händen rhythmisch klatschen und nach längerer Zeit auch schon mit der Blockflöte oder der Choroiflöte erste Töne instrumental zu Gehör bringen. Das tägliche bewusste Üben an jedem Morgen wirkt gesundend auf die Lebenskräfte der Kinder und stärkt ganz besonders ihre Willenskräfte.

Im Hauptteil des morgendlichen Hauptunterrichts steht ab dem zweiten Schultag im Mittelpunkt das *Formenzeichnen,* das mit dem Zeichnen der Geraden und Krummen am ersten Tag begonnen hat. Es wird einige Wochen dauern, bis diese erste «Epoche» abgeschlossen sein wird. Die Kinder werden am zweiten Tag noch einmal das in ein Heft oder auf ein großes Blatt Papier zeichnen, was sie gestern an die Tafel zeichnen durften, und von nun an lernen sie täglich weitere Formen kennen und zeichnen. Da entstehen erst einmal liegende, schräge, wellige Linien, solche, die parallel und gekreuzt verlaufen, dann Winkelformen, Kreise, Ovale, Dreiecke, Vierecke, auch Sternformen, einwickelnde und auswickelnde Spiralen, Ellipsen und vieles mehr. In der ersten Epoche schafft man nur einen kleinen Teil, hat aber Gelegenheit, in den späteren Epochen etliche mehr zu zeichnen.

Ein Vater in einer meiner 1. Klassen fragte einmal seine Tochter, als sie ihm zu Hause begeistert einen Kreis zeigte, den sie mit Freude und viel Mühe in der Schule gezeichnet hatte: «Was habt ihr denn heute in der Schule gelernt?» – «Den runden Kreis, Papa!» – Der Vater konnte nicht begreifen, dass seine Tochter ernsthaft von einem Lernprozess sprach und fragte noch einmal: «Nein, ich meine, was du *gelernt* hast!» Das Kind nochmals: «Den Kreis, Papa!»

Es bedeutet für die Kinder sehr viel, wenn sie an der Tafel sehen können, wie ihr Lehrer einen großen Kreis anzeichnet, dann die Schüler in einem Kreis aufstellen und alle hinter ihm her einen Kreis laufen lässt. Danach gehen sie zu ihrem Platz zurück und zeichnen stehend in der Luft mit der Hand einen großen Kreis, lassen ihn dann immer kleiner werden, um ihn schließlich mit einem dicken farbigen Bienenwachs-Buntstift zu Papier zu bringen. Die Augen haben dabei immer auf die Hand geblickt, alle Kreisbewegungen mitgemacht und schließlich die Hand beim Aufzeichnen geführt.

Die Koordination zwischen Auge und Hand ist von großer Bedeutung für die gesunde Entwicklung des kindlichen Gehirns, für die Bildung der Synapsen. Der bekannte Neurologe und Hirnforscher Manfred Spitzer warnt davor,[95] künftig auch in Deutschland den Kindern das Erlernen der Schreibschrift ersparen zu wollen, was bereits in den USA und Japan praktiziert wird, wo die Schüler lernen sollen, stattdessen auf elektronischen Geräten die Tasten zu drücken. Das Gehirn benötigt aber für eine gesunde Entwicklung den grundlegenden Vorgang, dass das Auge begleitet, was die Hand tut. Es war ein genialer Griff Rudolf Steiners, Kinder während der ersten Schuljahre immer kompliziertere Formen zeichnen zu lassen. Im zweiten Schuljahr zeichnen die Kinder Symmetrieformen mit vertikaler und horizontaler Spiegelung, danach Formen mit strahliger Symmetrie und schließlich freie Formen. Dass diese Tätigkeit mit den Händen auch auf die Entwicklung der Denkfähigkeiten verlebendigend wirkt, lässt sich leicht einsehen; das Bilden solcher Formen kann aber auch auf die innere und äußere Haltung der Kinder wirken und ihnen entsprechenden Halt geben. Die freigewordenen Bildekräfte des Kindes werden beim Formenzeichnen auf eindrucksvolle Weise angewandt und lassen es zusehends geschickter werden.

Im zweiten Schuljahr geht man zu Symmetrieübungen über, zeichnet eine senkrechte Linie an die Tafel, daraufhin links davon zunächst eine einfache runde oder eckige, dann mit der Zeit komplizierter werdende Linienführungen. Nun lässt man die Kinder diese rechts von der Linie spiegelbildlich anzeichnen, und zwar so harmonisch wie möglich. Zeichnet man eine horizontale Linie an, ergeben sich Spiegelungen von oben und unten, wie bei einem See.

Wenden wir uns einer zweiten Epoche zu, in der die Kinder in das *Schreiben* eingeführt werden. Was sie an Formen kennengelernt haben, werden sie nun beim Erlernen der großen Druckbuchstaben wiederfinden. Wie kann man die Buchstaben so an die Kinder heranbringen, dass diese eine innere Beziehung zu diesen abstrakten Zeichen finden? Wie lassen sich dabei die bildschaffenden schöpferischen Kräfte ansprechen? Rudolf Steiner machte darauf aufmerksam, dass die Menschheit im Alten Ägypten eine Bilderschrift hatte, und da das Kind die früheren Phasen der Entwicklung wiederholt, sei es sinnvoll, die einzelnen Buchstaben auf bildhafte Weise einzuführen.

Das kann praktisch auch folgendermaßen aussehen:[96] Der Klassenlehrer überlegt sich, mit welchem Buchstaben er am nächsten Tag beginnen möchte. Es soll das «K» sein. Welche Wörter beginnen mit einem «K»? Er sucht innerlich und entscheidet sich für das Wort «König». Nun gilt es, eine Erzählung zu finden, in der ein König vorkommt. Er findet mehrere Geschichten und wählt das Märchen «Die weiße Schlange» aus. Dann beginnt für ihn die bildnerische Tätigkeit: Er zeichnet ein großes «K» auf sein Blatt und versucht, dieses Zeichen mit dem Stift so zu bearbeiten, dass ein schreitender König daraus wird, der den rechten Arm schräg hochstreckt. Er malt sein Haupt mit einer Krone, dann seine Hände und Schuhe, schließlich auch eine schöne Umgebung. Diese Skizze wird er am nächsten Tag, nachdem er den Kindern das Märchen in Ruhe erzählt hat, vor ihnen groß mit den entsprechenden Farben an die Tafel malen. Sie malen es dann in ihr Epochenheft, wobei er darauf achtet, dass sie den König so malen, dass man darin auch wirklich das Zeichen «K» zu erkennen vermag.

Am Tag darauf lässt der Lehrer die Kinder nacherzählen und zeigt dann an der Tafel, wie in dem Wort König das K steckt. Zugleich lässt er sie den Anfangslaut des Wortes mehrmals sprechen, also «k...k...k...», malt dann ein großes «K» an die Tafel, und die Kinder schreiben es danach im Stehen mehrmals groß in die Luft und dann in ihr Heft auf die zweite Seite. Am dritten Tag schreibt der Klassenlehrer mit fünf Großbuchstaben das Wort «KÖNIG» an die Tafel, und die Kinder schreiben schließlich ihr erstes Wort in das Heft.

Der Lehrer hat inzwischen bemerkt, dass er noch zwei weitere Buchstaben aus diesem Märchen herausholen kann: Der König hat einen Diener, der eine Schüssel mit einem Deckel trägt. Täglich muss er sie dem König bringen, dieser öffnet sie, sieht darin eine weiße Schlange und kostet ein wenig von ihr, sodass er interessanterweise die Sprache der Tiere verstehen kann. Der Diener darf die Schüssel nicht öffnen. Der zweite Buchstabe wird nun das «D» im Wort «Diener» und der dritte Buchstabe das «N» im Worte «Natter». (Das Wort «Schlange» eignet sich nicht, da der Laut «Sch» aus drei Buchstaben besteht.) Für jeden dieser beiden Buchstaben benötigen wir bei der Einführung drei Tage: Malen – Herausarbeiten und Schreiben des neuen Buchstabens – Schreiben des ganzen Wortes.

Jeder Buchstabe hat aber auch seinen Klang, und wie kann man ihn im Zusammenhang mit dem Zeichen üben? Nun, der König fordert seinen Diener auf, zu ihm zu kommen, und spricht einen Satz, der täglich immer wieder als Sprechübung wiederholt wird: «Komm, kurzer, kräftiger Kerl!» – An einem anderen Tag macht er ihn aufmerksam, dass er nicht in die Schüssel schauen darf: «Diener, du darfst den Deckel nicht drehen! Nein, Diener, den Deckel darfst du nicht drehen!» Schließlich tut der Diener es doch – ganz heimlich. Nun sagt er zu sich selbst: «Necke nur die Natter nicht! – Nein, necke die Natter nicht!» – Im Wiederholungsteil des Hauptunterrichts gibt es die Gelegenheit, diese Schriftzeichen und ihre Sprechübungen immer wieder zu üben.

Diese Art von Bildcharakter trifft aber nur für einen Teil der Laute zu, für die Konsonanten. Die Vokale haben eine Beziehung zu unserer seelischen Innenwelt: Wir sagen beispielsweise unbewusst *a*, wenn wir staunen, *o*, wenn wir etwas bewundern, und *u*, wenn es dunkel ist. Diese Laute werden durch Gesten mit den Armen ausgedrückt und dann zum Bild und schließlich in einen Buchstaben verwandelt. Da die Kinder in der Eurythmie lernen, Vokale und Konsonanten durch Bewegungen auszudrücken, finden sie eine tiefere Beziehung zu den Charakteren der verschiedenen Laute.

Im Laufe des ersten Schuljahres lernen die Kinder auf diese Weise alle Buchstaben mit ihren Sprechübungen kennen, sprechen und lesen. Ihr Lehrer ist bemüht, für jeden Konsonant ein Bild zu finden, und begeistert seine Kinder aber am meisten, wenn er für sie etwas Eigenes finden kann! In der ersten Epoche hatten wir in einem meiner «Durchgänge» «nur» sechs Buchstaben geschafft, die sich am Ende der Epoche verabschiedeten, um Wochen später am Beginn der zweiten Schreibepoche auf der Tafel in einem großen Gesamtbild alle auf einmal wieder zu erscheinen. Ein Erstklässler erzählte uns von einer Begegnung auf der Straße mit einem Schüler einer öffentlichen Schule, der voller Stolz zu ihm sagte: «Ich kann schon alle Buchstaben!» Darauf antwortete ihm der Junge: «Ich *kann* auch schon alle Buchstaben, aber ich *kenne* erst sechs!» Für ihn gehörte zum Kennen außer der Form auch das Bild, die Sprechübung und alles, was wir über das Wesentliche des Lautes gehört hatten.

In den folgenden Epochen benötigt man nicht mehr drei Tage zur Einführung, auch werden immer mehr Wörter zu den Buchstaben geschrieben und freilich gelesen und beides geübt.

Im zweiten Schuljahr lernen die Kinder die kleinen Buchstaben der Druckschrift kennen. Man kann auch sie aus Bildern ableiten und als die «Kinder» der großen auffassen, denen sie zum Teil sehr ähnlich sehen; man malt sie nebeneinander an die Tafel – bis zu fünf auf einmal an einem Tag. So können sich die Kinder die Formen gut einprägen, vor allem, wenn sie diese immer wieder mit ihren Händen übend nachzeichnen dürfen. Dazu eignen sich nun dickere Holzbuntstifte anstatt der Wachsfarbstifte im ersten Schuljahr.

Nun werden die Gedichte, die die Zweitklässler im rhythmischen Teil rezitieren, länger und anspruchsvoller, auch kann man mit den Kindern ein Klassenspiel einstudieren, z. B. vom Heiligen Christophorus, von dem man vorher im Erzählteil die Legende erzählt hat.

In der 2. Klasse kommt die Zeit, in der die Schüler ein Lesebuch mit kurzen und längeren Geschichten erhalten. Das Lesen von Silben, von Verbindungen zweier oder dreier Laute hat der Klassenlehrer schon vorher beim Schreiben von Wörtern und kleinen Texten geübt. Nun aber geht es darum, Satzbögen richtig zu sprechen, Betonungen, Heben und Senken der Stimme mit den Kindern zu üben. Anfangs liest man ihnen einen Satz vor, den sie dann nachsprechen. Den Inhalt der Geschichte hat man vorweg besprochen, damit man sich jetzt ganz auf das Vor- und Nachlesen konzentrieren kann. Das Ziel soll sein, dass die Kinder beim Lesen nicht mehr Silben oder einzelne Wörter denken, sondern den Gedanken des ganzen Satzes während des Lesens erfassen können, so wie wir Erwachsenen.

Kinder, die ihre Freude daran haben, einen Tafeltext rückwärts, von hinten nach vorn, zu lesen, zeigen deutlich, dass sie schon gut lesen können. Manche brauchen länger, um das Lesen zu lernen. Den Eltern, die Sorge hatten, ihr Kind würde es nicht schnell genug lernen, erzählte ich, dass man das Lesen mit dem Ausschlagen der Bäume im Frühling vergleichen kann. Jeder Baum hat seinen eigenen Rhythmus und lässt sich nicht antreiben. Sind schon alle Bäume belaubt, stehen die Eichen immer noch kahl da, aber wenn sie dann ihr Laub bekommen, hält es besonders lange! Tatsächlich erlebte ich öfter, dass Kinder morgens beim Begrüßen an der Tür zu mir sagten, sie könnten plötzlich lesen – über Nacht!

Es wird wohl jedem einleuchten, wie wichtig es ist, dass die Kinder von Anfang an viel schreiben, seien es Texte aus dem Lesebuch oder von der Tafel. Manche Kinder haben auch Freude daran, eigene Dinge aufzuschreiben. Das richtige Schreiben von Wörtern setzt voraus, dass die Schüler übend lernen, in den Wörtern die einzelnen Laute deutlich herauszuhören und dann aufzuschreiben.

Nach dem Formenzeichnen und der Schreibepoche kommt die erste *Rechenepoche.* In beiden Fächern ging das Tun mit den Händen der Kopftätigkeit voraus. Das Lesen als eine betrachtende Tätigkeit folgte auf die Willensanstrengung der Gliedmaßen. Diese Reihenfolge dürfen wir auch beim Rechnen erwarten.

Nach einer bildhaften Einführung in die Welt der Zahlen übt der Klassenlehrer mit seinen Kindern das Zählen. Die ganze Klasse schreitet im Kreis vor- und rückwärts zählend, zunächst die Einerreihe. Der ganze Mensch ist tätig, wenn die Kinder mit den Beinen schreiten, in der Mitte mit den Händen klatschen und oben im Haupt Zahlen sprechen. Die Willenskräfte werden ständig betätigt, wenn im Laufe der nächsten Monate die Zweier-, Dreier-, Vierreihe usw. geübt werden oder wenn in einer Reihe eine Zahl laut, eine andere stumm «gesprochen» wird. Ein anderes Mal wird beispielsweise auf die Zahl Fünf gesprungen und von da aus drei Zahlen weitergezählt, dann wird auf die Neun gesprungen und von da aus drei weiter, dasselbe auch rückwärts usw. – Das Zählen kann auch geübt werden, wenn die Kinder aus ihrem kleinen Säckchen die Kastanien oder Hölzchen herausnehmen und diese zählen. All diese Tätigkeiten machen innerlich sehr beweglich. Das Zählen öffnet das Tor für das eigentliche Rechnen.

Von den vielen Anregungen für den Rechenunterricht, die Rudolf Steiner seinen Lehrern damals gab, wollen wir uns noch zwei weitere vor Augen führen: Anstatt die Kinder 3 + 2 = 5 rechnen zu lassen, schlägt er vor, vom Ergebnis auszugehen, vom Ganzen ins Einzelne, also: 5 = 3 + 2.[97] Wenn wir fragen: Wie können wir die Fünf aufteilen oder verteilen?, merken wir, dass es mehrere Antworten gibt. Wir werden schöpferisch und freuen uns über die vielen Lösungen, die die Kinder mithilfe der Finger an einer Hand schon bald selbst finden können. Hier sind: 5 = 4 + 1; 5 = 3 + 2; 5 = 2 + 3; 5 = 1 + 4 oder auch 5 = 2 + 2 + 1; 5 = 2 + 1 + 1 + 1; 5 = 1 + 1 + 1 + 1 + 1

Bei jeder höheren Zahl werden es immer mehr Möglichkeiten! Steiner macht darauf aufmerksam, dass es bei der gewöhnlichen Addition, beispielsweise 3 + 2 = 5, ja darum gehe, dass wir drei besitzen und durch das Hinzufügen von 2 bereits 5, also *mehr,* besitzen.

Dies sei ein leises Einheimsen, das den Egoismus wecke, während das umgekehrte Rechnen ein Verteilen und damit etwas Altruistisches sei.[98]

Eine weitere Anregung Steiners lautet, dass wir im Rechenunterricht ganz besonders die Gedächtniskräfte pflegen können. Dies ist, wie angedeutet, eine der fünf Aufgaben zur Arbeit am Ätherleib des Kindes. Jeder von uns kennt aus seiner Schulzeit, dass man das Einmaleins auswendig zu lernen hatte, wenn man es wenigstens einigermaßen beherrschen wollte. Es ist ebenso sinnvoll, auch das «Einsundeins», das «Einswenigereins» und das «Einsgeteiltdurcheins» der Reihe nach aufzuschreiben und immer wieder zu üben, bis die Kinder alles auswendig können.[99]

Der Klassenlehrer hat also die Aufgabe, den Kindern zunächst beizubringen, wie Zahlen miteinander zusammengezählt werden (Addition). Dann schreibt man an die Tafel oder auf große Blätter alle möglichen Aufgaben, in denen zu einer Zahl die Eins hinzugezählt wird. Dabei geht man im ersten Schuljahr vom Ergebnis aus, sodass es sich um ein Aufteilen handelt (2 = 1 + 1; 3 = 2 + 1; 4 = 3 + 1 ...), später kommt die Umkehrung (1 + 1 = 2; 2 + 1 = 3; 3 + 1 = 4 ...). So geht man erst einmal bis zur Zahl 10 oder 12 vor.

Diese Aufgaben lässt man im Chor sprechen, dann einzeln, vor- und rückwärts, schnell und langsam. Bald schon kann man die rechte Seite an der Tafel zudecken, dann die andere, schließlich die Aufgaben in beliebiger Reihenfolge abfragen. Das Aufsagen kann man damit begleiten, dass man die Finger zu Hilfe nimmt und die jeweilige Anzahl mit ihnen anzeigt – wie die Kinder es bereits bei den Zählübungen gelernt haben. Nach einiger Zeit können die Kinder alle Aufgaben auswendig, und darum geht es. Auch Kinder mit Rechenschwächen können so das Rechnen lernen, während sie es vielleicht schwer haben, eine einfache Addition wie 5 + 3 = ? auszuführen. Mit Rudolf Steiners Methode umgehen wir, dass man Kinder immer wieder mit Kugeln, Kastanien oder Hölzchen anschaulich die Aufgabe lösen lässt. Für die Gedächtnisbildung ist es geradezu ein Segen, viele Aufgaben auswendig zu können.

Freilich gehört dazu, dass die Kinder vorher ein Verständnis für die jeweilige Rechenart gewinnen. So wird man bald auch den Zahlenraum nach oben erweitern. Des Weiteren zeigt man ihnen, wie man + 2, dann + 3 usw. rechnet, schreibt die Aufgaben, wie oben beschrieben, an die Tafel und übt und übt, stärkt damit zugleich die Willenskräfte der Kinder.

In den nächsten Epochen erlernen die Kinder auf gleiche Weise das *Einswenigereins* (Subtraktion), also 1 = 2 – 1; 2 = 3 – 1; 3 = 4 – 1 ..., später kommt die Umkehrung: 2 – 1 = 1; 3 – 1 = 2; 4 – 1 = 3 ..., danach das Gleiche mit – 2, – 3 usw.

Ebenso verfährt man mit dem uns allen vertrauten *Einmaleins.* Als Erstes wird klatschend die Zweierreihe, vor- und rückwärts schreitend, geübt und dann aufgeschrieben: 2 = 1 x 2; 4 = 2 x 2; 6 = 3 x 2 ..., später kommt die Umkehrung: 1 x 2 = 2; 2 x 2 = 4; 3 x 2 = 6 ...

Schließlich fehlt noch das *Einsgeteiltdurcheins,* das wir nach der Einführung des Teilens in folgender Form aufschreiben: 1 = 2 : 2; 3 = 6 : 2 ..., später kommt die Umkehrung: 2 : 2 = 1; 4 : 2 = 2; 6 : 2 = 3 ...

Rhythmisches Zählen und Schreiten – was die Kinder im Allgemeinen freudig, zum Teil begeistert und begeisternd tun – wirkt gesundend auf deren Lebenskräft, sorgt dafür, dass die Kinder erstaunliche Gedächtnisleistungen vollbringen und lässt sie ahnen, wie bedeutsam es für das Leben ist, sich vielseitige Fähigkeiten im Kopfrechnen anzueignen. Ich habe immer beobachtet, dass Kinder, die dadurch im Rechnen gut vorankommen, sich auf die Rechenepochen freuen und das auch gern zeigen!

Im zweiten Schuljahr erweitert man, dem Lehrplan der Waldorfschule zufolge,[100] den Zahlenraum über die 120 hinaus und beginnt ihn auch rechnerisch mit den vier Grundrechnungsarten zu erobern. Das Üben der Zahlenreihen und das gedächtnismäßige Üben der Einmaleinse kann man bis 121 x 12 fortsetzen, um es auch in den folgenden Jahren immer mehr zu vertiefen. Diese Reihen lassen sich auch zeichnerisch darstellen und ergeben eindrucksvolle Bilder. Das Kopfrechnen steht obenan.

Erzählungen lauschen – Sprachen erlernen – Künste ausüben

Gegen Ende des Hauptunterrichts erzählt der Klassenlehrer seinen Kindern täglich eine «Geschichte»; dies ist der Ausdruck, den die Kinder gern für den «Erzählteil» gebrauchen. Es sind im ersten Schuljahr die verschiedenen Märchen der Brüder Grimm, die in diesem Alter von den Kindern besonders tief und innig aufgenommen werden, wenn sie entsprechend erzählt werden. Über die Bedeutung und den Bildcharakter haben wir bereits einiges erfahren.

Am Beispiel des Märchens «Der Froschkönig» wollen wir einmal den Blick darauf lenken, in welch eindrucksvoller Weise in Bildern verdeutlicht wird, wie wichtig es ist, Wort zu halten, wenn man jemandem etwas versprochen hat. Die Königstochter lässt ihre goldene Kugel in den Brunnen fallen – ein Bild für die Urweisheit, die den Menschen verloren ging –, und der Frosch, der eigentlich ein verwunschener Königssohn ist, soll sie wieder heraufholen. Das will er aber erst dann tun, wenn die Königstochter ihm verspricht, ihn lieb zu haben, zum Spielkameraden zu nehmen, mit ihm am Tisch zu sitzen, zu essen und trinken und im Bettlein zu schlafen. «‹Ach ja›, sagte sie, ‹ich verspreche dir alles, was du willst, wenn du mir nur die Kugel wiederbringst.› Sie dachte aber ‹was der einfältige Frosch schwätzt, der sitzt im Wasser bei seinesgleichen und quakt, und kann keines Menschen Geselle sein.›» Der Frosch hilft ihr, will nach dem Heraufholen mit ihr gehen, aber sie läuft achtlos davon, das Versprechen missachtend.

Was muss geschehen, damit der Frosch von seinem Zauber durch sie erlöst und dann sogar ihr Gemahl werden kann? Wir erinnern uns: Der Frosch kommt tags darauf, als der König mit seiner Tochter bei Tisch sitzt, um zu essen. Dann erbittet er Einlass, aber als sie ihn sieht, schlägt sie die Tür zu und kommt ängstlich zurück. Das Versprechen macht ihr zu schaffen. Der König spürt ihre Angst und stellt eine belustigende Frage: «Mein Kind, was fürchtest du dich, steht etwa ein Riese vor der Tür und will dich holen?» Sie erzählt ihrem Vater, was sie dem Frosch versprochen hat, und dann kommt die wichtige Stelle – er sagt mit betonter Stimme: «Was du versprochen hast, das musst du auch halten; geh nur und mach ihm auf.» Das wirkt, hilft der Tochter, sich zu überwinden. Sie lässt den Frosch herein, aber während des Essens zaudert sie noch einmal, bis der Vater wieder streng an das Versprechen erinnert. Als sie auf dem Weg zum Schlafzimmer gar anfängt zu weinen, heißt es: «Der König aber ward zornig und sprach ‹wer dir geholfen hat, als du in der Not warst, den sollst du hernach nicht verachten.›» Das gute Ende kennen wir: Die Königstochter erlöst den Frosch durch ihre Tat und letzten Endes durch die Erfüllung ihres Versprechens.

In diesem Märchen, das in der Sammlung am Anfang steht, kann man eine große moralische Kraft spüren, die von diesem Dialog ausgeht. In einer Zeit, in der so vieles versprochen und nicht gehalten wird, in der oftmals die Wahrheit mit Füßen getreten wird, sind die Märchenbilder mit ihren hohen moralischen Qualitäten zunehmend wichtig. Sie helfen, den Charakter zu stärken, das Gewissen zu läutern, und wirken umso stärker, wenn es dem Erzähler gelingt, in die Bilder durch entsprechende Literatur tiefer einzudringen. – Mir war es ein Bedürfnis, das Märchen vom Froschkönig bei der Einschulung der Kinder meines vierten Klassenlehrerdurchgangs, 1986, vor der Schulgemeinschaft zu erzählen und ihnen zu versprechen, dass ich all meine Versprechen ihnen gegenüber einhalten werde.

Im zweiten Schuljahr benötigt die Seele der Kinder eine andere Form von Bildern. Es sind nun die *Fabeln* und *Legenden*. War der Wolf im Märchen das Bild des Bösen schlechthin, so ist er in der Fabel das Bild für die Begierde, die Gier, und der Fuchs ist ein Bild für die Schläue. Auch in diesen Bildern steckt viel Weisheit; die Seeleneigenschaften des Menschen werden gespiegelt, und die Kinder entwickeln dafür ein Empfinden, können sich über so manche Fabel köstlich amüsieren und verstehen auch schon, dass das mit uns Menschen zu tun hat und nicht mit den Tieren im Zoo. In den Fabeln sprechen die Tiere miteinander, in Pflanzenmärchen die Blumen, auch der Himmel, die Sonne kann mit den Pflanzen und Bäumen sprechen. Die Kinder dieses Alters sind innerlich noch mit allem so verbunden, dass selbstverständlich alles miteinander spricht. Da kann der Stein mit dem Vöglein sprechen, das ihn nach einem Regen besucht und sich oben in der Kuhle ein paar Tropfen Wasser zum Trinken holt. Zum Dank erzählt es dem Stein, wo es überall hinfliegt und wie es woanders aussieht. Dafür kann der Stein dem Vöglein erzählen, wie es hier, wo er schon so lange liegt, früher aussah und dass es sich über seinen Besuch freut und das Wasser für es bereithält.

Die Legenden kann man nicht ohne Weiteres erfinden. Sie berichten von Menschen, die solche menschlichen Einseitigkeiten, wie sie in den Fabeln vorkommen, überwunden haben und sich edle Charakterzüge angeeignet haben, z. B. Franz von Assisi, Elisabeth von Thüringen, St. Martin, St. Nikolaus, St. Georg, Christophorus. «Die Legenden erzählen von der Überhöhung einzelner Menschen. Der Heilige überwindet seine Einseitigkeiten und Schwächen in der Hinwendung zu Gott und vermag den Mitmenschen zu dienen und Vorbild zu sein.»[101] Zur Harmonisierung erzählt man abwechselnd eine Fabel, dann eine Legende. Man kann den Kindern auch «Geschichten» vorlesen, wird aber feststellen, dass das freie Erzählen die stärkste Wirkung auf sie ausübt und durch nichts zu überbieten ist.

Mit dem Erzählteil schließt der Hauptunterricht, und wir schließen hiermit die Betrachtung über die tägliche Arbeit des Klassenlehrers ab und wenden uns dem nachfolgenden Fachunterricht zu.

Weltweit lernen die Kinder in den Waldorfschulen ab dem ersten Schuljahr zwei *Fremdsprachen,* in Deutschland als erste Englisch und als zweite Französisch oder Russisch. Bereits nach wenigen Schulwochen beginnt dieser Unterricht, sodass die Sprachen nur über das Hören und Nachsprechen erlernt werden. Bis zum neunten Lebensjahr verfügt das Kind über ganz besondere Fähigkeiten im Sprachlichen, die es ihm ermöglichen, die neue Sprache recht leicht nachahmend, wie die Muttersprache, aufzunehmen und sich anzueignen.[102]

Man muss als Lehrer Sätze nicht ins Deutsche übersetzen, wenn man etwa im Englischunterricht eine Reihe von Tätigkeiten selbst vormacht, sie mit einem englischen Satz begleitet und anschließend ein Kind bittet, dies vor der Klasse nachzumachen: «I am going to the window. I am opening the window. I am closing the window. I am going to my seat. I sit down.» Dann kommen mehrere Kinder nacheinander nach vorn und wiederholen dies alles. Die Kinder verstehen, was gemeint ist, tauchen fühlend in den Klang der anderen Sprache ein und beginnen, sich für das zu interessieren, was mit jenen Menschen zu tun hat, deren Sprache sie lernen. Wenn sich der Französisch- mit dem Englischlehrer abspricht und in seinem Unterricht die gleichen Sätze in Französisch sprechen lässt, sind die Kinder beeindruckt und freuen sich sehr.

Ein anderer Weg zum Erlernen weiterer Wörter bietet sich an, wenn im Hauptunterricht ein großes Bild an der Tafel entstanden und auch an den nächsten Tagen weiterhin zu sehen ist. Man beschreibt den Kindern dieses Bild auf Englisch, zeigt auf das Haus, dann auf das Dach, den Schornstein, zeigt ihnen den Baum, den Zaun usw. und spricht währenddessen die englischen Namen dazu aus: «This is a house; this is the roof of the house and this the chimney; this is a tree and that is a fence.» Immer wieder kann man in den nächsten Wochen an diesem Bild all die Wörter üben und so den Vokabelschatz vergrößern. Geliebt wird das Spiel, dass ein Kind hinausgehen darf, während die Klasse ein Motiv auf der Tafel auswählt, das von dem Kind dann erraten werden muss, indem es auf Englisch fragt: «Is it the roof?» Antwort von allen: «No, it is not the roof!» – Die Muttersprache lernen die Kinder ja auf ähnliche Weise: Sie hören, wie die Mutter oder der Vater etwas benennt, merken sich dies und sprechen es gern nach.

Während der ersten zwei Jahre lernen die Kinder allerlei Verse, kleine Gedichte, Abzählreime, Lieder, Singspiele, Bewegungsspiele, Finger-Plays, Clapping-Games kennen und üben sie ein. Sie erfahren, wie die Körperteile heißen, die Farben, auch die Tätigkeiten aus dem Alltag (z. B. eating, washing, dressing), Gegenstände des

Klassenzimmers, Wochentage und Jahreszeiten usw. Auch das Anhören und Auswendiglernen von erzählten Geschichten gehört dazu. Um die Kinder in die verschiedenen Themen so einzuführen, dass sie wenigstens ahnend verstehen, nimmt man Gebärden und kleine Requisiten zu Hilfe, wird gelegentlich auch einmal ein deutsches Wort gebrauchen. Es gibt Lehrer, die es verstehen, von Anfang an mit ihren Kindern nur in der Fremdsprache zu kommunizieren, sodass sie diese Sprache auf ähnliche Weise lernen wie ein Kind, dessen Eltern ins Ausland übersiedeln und es dort in die Schule schicken, wo es nur die noch unbekannte Sprache hört. Bekanntlich dauert es nicht lange, bis es die neue Sprache versteht und dann auch bald danach immer besser sprechen kann. Die Erwachsenen benötigen meistens mehr Zeit.

Im zweiten Schuljahr werden die Übungsfelder des ersten Schuljahres aufgegriffen und erweitert, dialogische Elemente (Frage / Antwort) kommen hinzu, das Anhören einfacher Geschichten, das Sprechen kleiner dramatischer Szenen und vieles mehr.[103] Für die Entwicklung der Kinder ist es von großer Bedeutung, bereits andere Sprachen und Völker kennenzulernen, Interesse für andere Kulturen zu entwickeln und früh anzufangen, menschheitlich empfinden zu lernen. Dadurch weiten sich die Seelenkräfte des Kindes.

Von großer Bedeutung für die Entwicklung der Kinder ist alles *Künstlerische*. In der Waldorfschule tauchen sie vom ersten Schuljahr an ins Malen, Zeichnen, Singen, Musizieren, Handarbeiten und die Bewegungskunst der Eurythmie ein. Bei genauerer Betrachtung kann man zwischen sozialisierenden und individualisierenden Künsten unterscheiden. Wo es um gemeinsames Tun geht – wie beim Singen, Musizieren, in der Eurythmie, beim Reigen und beim Schauspiel –, finden sozialisierende Prozesse im Gemeinschaftsleben statt. Handarbeiten, Zeichnen, Malen und Handwerken wirken individualisierend. So tragen die Künste zur Gemeinschaftsbildung, zu einer guten Klassengemeinschaft bei. Das persönliche Vorankommen des Einzelnen lässt sich im Unterricht der anderen Künste und an den entstehenden Arbeiten erkennen.

Das Bedeutsame beim Ausüben von Künsten ist die Tatsache, dass wir mit unserem Wollen, Fühlen und Denken tätig, also mit unserem *ganzen* Menschen wirksam sind. Wir tun etwas mit den Händen oder der Sprache oder dem ganzen Körper; damit strengen wir unseren Willen an. Was wir tun, beobachten wir mit den Augen oder Ohren, mit den Sinnen und bilden uns Vorstellungen und denken über das nach, was wir tun, wir prüfen es. Da sind wir wachen Hauptes tätig. Bei dem, was wir schöpferisch gestalten, bleiben wir innerlich nicht teilnahmslos, sondern sind mit dem Herzen, mit dem Fühlen dabei. Durch die Arbeit in den Künsten erwerben sich die Kinder vielerlei Fähigkeiten und steigern zugleich ihre Lernfähigkeiten, sodass sie im Laufe der Jahre dadurch viel besser zu lernen vermögen.

Im *Musikunterricht* lernen die Kinder von Anfang an das Flötenspiel. Wie geschickt werden die Finger durch das Abdecken der richtigen Löcher auf der Flöte! Sehr wichtig ist es, dabei den Atem beherrschen zu lernen. Aber die Schüler singen auch in großen und kleinen Gruppen, laut und leise, schnell und langsam, üben Klatschen und rhythmisches Laufen, machen Übungen zur Gehörbildung und lernen gemeinsames Anfangen und Aufhören, wenn sie Lieder flöten. Üben und immer wieder Üben stärkt die Willenskräfte, die sich in diesem ersten Drittel des zweiten Jahrsiebts weiter ausbilden müssen.

Die Kinder sind in den beiden ersten Klassen noch nicht so weit, dass sie innerlich musikalisch einen «Grundton» erleben; er macht sich erst im zehnten Lebensjahr deutlich bemerkbar und wird uns noch beschäftigen. Dieser Tatsache kommt die Waldorfpädagogik entgegen, indem sie die Kinder vor allem Lieder singen lässt, in denen es keinen Grundton gibt, sogenannte pentatonische Musik, der ein eigentlicher Grundton fehlt und dadurch wie schwebend klingt. Man kann ständig weiterspielen, Ton an Ton reihen und mit Texten versehen; alle Melodien, die man erfindet, klingen harmonisch, es gibt keine Dissonanzen. So lernt jedes Kind auch das Spiel auf der pentatonischen Flöte und der Kinderharfe und erwirbt so zugleich große Fingergeschicklichkeit.

Im zweiten Schuljahr wird das Liedgut erweitert, u. a. werden nach den Jahreszeitenliedern nun auch Tageszeitenlieder gesungen und Lieder mit latenter Grundtonigkeit. Nun können die gesungenen Melodien auch auf der Flöte oder anderen Instrumenten musiziert werden, und das in regem Wechsel von eigenem Tun und Zuhören. Auch instrumentales Arbeiten in Gruppen ist fortan möglich. «Große Aufmerksamkeit muss der Schulung und Ausbildung des Gehörs gezollt werden. Zu der Flöte (evtl. auch Leier oder Kinderharfe), welche die Kinder vor allem chorisch spielen und üben, sollte nun ein Streichinstrument dazukommen.»[104]

Der Klassenlehrer führt von Anfang an seine Kinder auch in die Welt der Farben ein und zeigt ihnen Wege, wie sie mit dicken farbigen Wachsbuntstiften Buchstaben- und Märchenbilder malend zeichnen können. «Zeichnendes Malen» oder «malendes Zeichnen» nannte Rudolf Steiner diese Tätigkeit. Eine andere Art des Malens ist der Umgang mit Wasserfarben, bei der die Kinder schrittweise die sogenannte «Nass-in-Nass-Malerei» erlernen und sich in das Wesen der flüssigen Farben einleben. Es dauert längere Zeit, bis an solchem Vormittag alle Vorbereitungen durch viele fleißige Hände getroffen sind, denn jedes Kind benötigt ein Malbrett, ein Glas Wasser, Schwamm und Pinsel, ein großes Blatt Aquarellpapier und schließlich kurz vor dem Beginn des Malens die Farbnäpfe mit flüssigen Wasserfarben. Bevor aber die Farben auf den Tisch kommen, zieht jedes Kind auf dem Brett sein angefeuchtetes Blatt auf.

Die Stimmung des Malens steht in engem Zusammenhang mit dem freudigen Austeilen der vielen Helfer. Eine gute sozialisierende Gelegenheit bietet sich hier: Die Kinder dürfen für ihre Mitschüler etwas tun. Alle Geschäftigkeit endet, wenn die Farben vor ihnen auf dem Tisch stehen und die Kinder lauschen, welche Aufgabe heute gestellt wird. Man erzählt ihnen in den beiden ersten Jahren Farbgeschichten. Wenn sie nach einiger Zeit die Grundfarben Rot, Gelb und Blau in ihren Qualitäten kennengelernt haben und sich dann bis ins zweite Schuljahr mit den Mischfarben beschäftigen, kann man ihnen etwa die folgende Geschichte erzählen und danach malen lassen (den Vers lernen sie dann auch gern auswendig): «Als Gelb und Blau sich liebend vereint, da hat es die Sonne gut gemeint, sie hat auf das Grün warme Strahlen gelacht, bis daraus ein kleines Blümchen erwacht.»[105]

Es sind einfache Farbübungen in den ersten Jahren, bei denen die Kinder in das Wesen der Farben im Sinne der Goetheschen Farbenlehre eintauchen, sie kennen und anwenden lernen. In den späteren Übungen spricht eine Farbe mit einer anderen oder auch mehreren. Sie kommen sich freudig näher oder gehen sich aus dem Weg, sie verstehen sich so gut, können sich befreunden, kommen sich ganz nah, wollen sich berühren oder auch nicht. Sie verhalten sich wie lebendige Wesen, und darauf kommt es an.

Im zweiten Schuljahr sollen die Schüler ein Empfinden für charakteristische Farbklänge erfahren dürfen, indem sie von allen Grundfarben (Rot, Blau, Gelb), und später von zwei Mischfarben (Grün, Orange, Violett) nacheinander je zwei in ein «gegenseitiges Gespräch» bringen.

Handarbeit – Spielturnen – Religion

Eine ganz andere Art von Geschicklichkeit üben die Kinder im Handarbeitsunterricht. Die Jungen und Mädchen lernen, mit zwei Nadeln zu stricken. Sie stricken in diesem Jahr zunächst nur «rechte Maschen». Diese Tätigkeit wirkt aufweckend, beide Hände lernen, die Nadeln immer geschickter zu führen. Es entstehen Topflappen zum häuslichen Gebrauch oder kleine Bälle, Zwerge, Puppen oder kleine Tiere. Während einer Doppelstunde sind die Kinder vor allem mit ihren Händen tätig, sodass sie hier mit Dingen beschäftigt sind, die nach der vorangegangenen kognitiven Arbeit einen harmonisierenden Ausgleich schaffen.

Im zweiten Schuljahr gilt es, auch «linke Maschen» zu stricken, und danach lernen die Schüler das Häkeln mit seinem Wechsel zwischen

Luftmaschen und festen Maschen. «Jetzt führt die rechte Hand die Häkelnadel, die linke hält das Arbeitsgut. Ein neuer Arbeitsrhythmus ergibt sich, mit Bewusstsein muss jeder Mascheneinstich aufmerksam gesucht werden.»[106]

Steht das Stricken in einem Zusammenhang mit dem Schreibenlernen im ersten Jahr, so ist leicht einzusehen, dass die neue Tätigkeit zum Lesenlernen einen engen Bezug hat. Muss man doch beim lauten Vorlesen während des Aussprechens der Worte und Sätze deren Gedankeninhalt erfassen und vermitteln, wie wenn man größere Maschen anfertigt. Beim Häkeln entstehen Ballnetze, Beutel für Flöten, kleine Täschchen und Ähnliches. Es geht darum, dass das Kind mit seinen Händen etwas anfertigt, das man gebrauchen kann und bei dem es sich lohnt, so sorgfältig und schön wie möglich zu arbeiten. Außerdem wirkt der Wechsel von Luftmaschen und festen Maschen harmonisierend auf sein Temperament.

Während der beiden ersten Jahre haben die Kinder während des *Spielturnens* viel Gelegenheit, ins Gemeinschaftsleben zu finden. Wenn sie mit großer Freude Reigen, aber auch Rollen- und Fangspiele, Sing- und Hüpfspiele machen, wird dem Lehrer schnell deutlich, wer gern im Mittelpunkt des Kreises ist und wer lieber an der Peripherie steht oder sich gern verkriechen möchte. Körperliche Geschicklichkeiten werden beim Laufen, Balancieren. Hüpfen, Seilspringen und auch beim Stelzenlaufen erübt. Es gibt auch so manches Ballspiel für dieses Alter. Beim Spielturnen, aber auch bei vielen anderen künstlerischen und bewegungsorientierten Fächern werden die Sinne der Kinder angesprochen und ausgebildet, und das Gemeinschaftsempfinden wird sehr gefördert.

Im zweiten Schuljahr bringen Spiele einen neuen Einschlag, die Rede und Gegenrede beinhalten, ganz wie ein spielerisches Pendant zu den Fabeln, die im Hauptunterricht erzählt werden. Da stehen sich Fänger auf der einen Seite und die Gejagten auf der anderen gegenüber, als Wolf und Schaf, als Fuchs und Hase usw., und nach dem Dialog, den alle auswendig sagen können, beginnt die Jagd.

Das *religiöse Element* soll in der Waldorfpädagogik jeden Unterricht durchziehen. Für die Kinder ist es für ihre Entwicklung von großer Bedeutung, dass sie zum Staunen gebracht werden, dass sie Achtung und Ehrfurcht vor dem entwickeln können, was diese hohen Gefühle verdient. Dazu gibt es täglich viele Gelegenheiten, wenn man nur darauf achtet. Rudolf Steiner wollte, dass ein junger Mensch nicht ohne Pflege der Ehrfurcht, der Gemütskräfte und der Religiosität heranwächst. Sie sind Fundamente des moralischen und sozialen Verhaltens. Im Lehrplan heißt es: «Keine Bildung, die das Gebiet der Religion ausschließt, kann vollständig sein, weil Religion und Kultur untrennbar miteinander verbunden sind. Der junge Mensch wird erst dann zur Freiheit erzogen, wenn er über eine umfassende Grundlage für die freie Entscheidung im reiferen Alter für die Wahl oder die Ablehnung eines Religionsbekenntnisses verfügt.»[107] In vier großen Schritten geht es während der zwölf Schuljahre in der religiösen Erziehung um: «1. Die Entwicklung und Pflege des religiösen Empfindens gegenüber allen Erscheinungen der Welt; um das Wecken der Ehrfurcht vor dem Göttlichen, Menschlichen und Natürlichen; 2. exemplarische Vertrautheit mit der christlichen Überlieferung, dem Legendenschatz, mit dem Alten und Neuen Testament; hinzu kommt das Erleben des christlichen Jahreslaufs und seiner Feste; 3. die Entwicklung des Christentums und ein Überblick über die Wehreligionen. Es soll Verständnis geweckt werden für das Glaubensgut und die Kulte der Weltreligionen; 4. ethische Fragen innerhalb des gegenwärtigen Lebens; Gewissen und innere Verantwortung des einzelnen Menschen; Schicksalsfragen anhand von Biografien; Vorbereitung auf Lebensentscheidungen des jungen Menschen.»[108]

Am Abend vor der Eröffnung der ersten Waldorfschule, am 7. September 1919, fasste Steiner in seiner vor Eltern und Lehrern gehaltenen Ansprache die Grundlage aller Erziehung mit folgenden prägnanten Worten zusammen: «Lebendig werdende Wissenschaft! Lebendig werdende Kunst! Lebendig werdende Religion! Das ist schließlich Erziehung, das ist schließlich Unterricht.»[109] Wir sehen, dass die Religion ganz wesentlich zu dieser Dreiheit gehört.

Eurythmie

Das Unterrichtsfach Eurythmie gibt es nur an der Waldorfschule. Die Eurythmie ist eine Bewegungskunst besonderer Art und kann kaum mit anderen Künsten verglichen werden. Scherzhaft sagen die Schüler, sie könnten durch diese Bewegungen ihren «Namen tanzen» – ein Ausspruch, den Spötter gern benutzen, um die Waldorfpädagogik lächerlich zu machen. Doch wenn es den Lehrern im Laufe des zwölfjährigen Unterrichts gelingt, diese Kunst auf ein hohes Niveau zu bringen, wird sie von den Schülern nicht nur sehr geschätzt, sondern auch sehr ernst genommen, und man ist bereit, große Musikstücke und Dichtungen eurythmisch zu gestalten und so einzustudieren, dass man sie aufführen kann, z. B. anlässlich einer jährlich stattfindenden Schüler-Eurythmietagung in Witten. Dorthin kommen Waldorfschüler aus aller Welt, um sich an den Vorführungen gegenseitig zu begeistern.

Es ist eine be-geisternde Kunst, weil sie geistigen Ursprungs ist. Was stellt sie dar, was macht sie sichtbar? Rudolf Steiner nennt sie «sichtbare Sprache und sichtbarer Gesang»; es werden Musik und künstlerische geformte Sprache in Bewegungen verwandelt nach Gesetzmäßigkeiten, die unserem Auge entgehen, weil sie aus dem übersinnlichen Lebensleib stammen. Zu jedem hörbaren Vokal und Konsonant gehört eine ätherische Kraftgestalt, die wesenhaft zu dem einzelnen Laut gehört; Steiner konnte sie geistig schauen und daraus eine Kunst formen. Desgleichen gelang es ihm, musikalische Gesetze, etwa Tonhöhen und Intervalle, Halbtöne und Tonarten, in entsprechende eurythmische Bewegungen umzusetzen. Bereits das Zuschauen in einer Aufführung wirkt harmonisierend auf den Betrachter, und das Tun selbst bringt ein Vielfaches an Harmonisierung und Gesundung der eigenen Lebenskräfte mit sich.[110]

Um wenigstens einen kleinen Einblick zu gewinnen, wie in der Eurythmie Laute mit Bewegungen zusammenhängen, betrachten wir hier einmal einen Konsonanten, z. B. das «K». Versuchen wir, für diesen Laut eine charakteristische Arm- und Handbewegung zu finden: Wir probieren eine langsame Bewegung, eine geschwungene, eine hin und her schwingende, eine schräge, schließlich eine schnelle. Nun sagen wir laut «K» und merken, dass der Laut ganz schnell verklingt, sodass jede langsame, schwingende Bewegung diesem Laut gar nicht entsprechen kann. Tatsächlich wird in der Eurythmie eine sehr kurze, schräge Bewegung ausgeführt, die abrupt abbricht – genauso wie der Laut ertönt. Das «M» dagegen ist kein kurzer Laut, sondern vermag recht lang zu klingen. Seine eurythmische Bewegung ist dementsprechend eine länger anhaltende, bei der beide Hände gegenläufig mehrmals vor- und zurückgeführt werden. Dies möge genügen, um zu ahnen, dass Eurythmie Wesenhaftes zum Ausdruck bringen möchte, nichts Beliebiges bedeutet, sondern eine geistreiche Kunst darstellt und für die Entwicklung des Kindes sehr förderlich ist.

Im ersten Schuljahr lernen die Kinder die Armbewegungen für die Vokale und eine Reihe von Konsonanten, laufen gerade und gebogene Bewegungslinien, auch Spiralen und Lemniskaten, stets musikalisch begleitet. Hinzu kommen kleine pentatonische Melodien und die Intervallbewegung für die Quinte. Des Weiteren erlernen sie verschiedene Schrittarten und Formen, wie man umeinander läuft – Übungen, die besonders das Soziale pflegen. Die Eurythmie ist eine sozialisierende und zugleich individualisierende Kunst! Durch sie lernen die Kinder – neben vielem anderen – auch, noch besser zuzuhören.[111]

Pädagogik und die vier Temperamente

War es schon nicht einfach, über Eurythmie mit wenigen Worten Wesentliches zu sagen, wird es noch schwerer, das Thema «Temperamente» kurz darzustellen. Ausführlich habe ich darüber in meinem Buch *Die vier Temperamente* geschrieben.[112] Versuchen wir hier wenigstens, einige wesentliche Gesichtspunkte anzudeuten.

Jeder Mensch hat alle vier Temperamente – die des Cholerikers, des Phlegmatikers, des Sanguinikers und des Melancholikers – in sich, und jeder färbt sie individuell ein, so wie er sie in diesem Leben braucht. Sie hängen zum Teil mit Vererbung zusammen, zum anderen mit dem, was wir uns aus früheren Leben mitgebracht haben. Ein oder zwei, mitunter auch drei Temperamente entdecken wir bei uns und unseren Mitmenschen oft sehr bald, das vierte wird man meist erst nach längerer Zeit finden, weil es verborgen ist und sich nur gelegentlich zeigt. Es gibt aber auch Menschen, die ihren Temperamenten nach kaum auffallen, die recht ausgeglichen wirken. Der griechische Arzt Hippokrates sah die Ursachen für die unterschiedlichen Verhaltensweisen in vier verschiedenen «Säften», die uns durchströmen, und in den vier Elementen. Rudolf Steiner führte aus, dass auch die vier Wesensglieder des Menschen eine bedeutsame Rolle spielen. Wichtig ist: Die vier Temperamente haben nichts mit Krankheit zu tun. Wenn sie aber von uns nicht beherrscht werden, können sie uns beherrschen, und das wird sich vor allem im Zusammensein mit unseren Mitmenschen zeigen.

Fassen wir hier kurz zusammen, was ich in Vorträgen gern vor Zuhörern vorspielte: Ein Erstklässler kommt morgens zur Schule, begrüßt seinen Lehrer, geht zu seinem Platz, nimmt vorher den Ranzen ab, setzt sich und wartet auf den Unterrichtsbeginn.

Den Anfang macht ein *cholerisches* Kind. Es stapft energisch in die Klasse, begrüßt den Lehrer kurz mit Handschlag, schreitet zu seinem Platz, bleibt dort stehen, zieht mit Wucht den Ranzen herunter, reißt dabei den Haken ab, schimpft über die Mutter, dass sie den Haken schon fünfmal zu schlecht angenäht hat, setzt sich dann schnell hin, bringt kaum die Geduld auf abzuwarten, bis der Unterricht anfängt, und will deshalb morgen später kommen. – Hier zeigt sich Zielstrebigkeit und Tatkraft, zwei «urgesunde» Fähigkeiten des Cholerikers. Fehlt aber die Selbstbeherrschung, kann das Temperament in Zornmütigkeit, schließlich sogar in Tobsucht übergehen und so den Menschen beherrschen. Wir erkennen das Element Feuer, und der Choleriker betont das Ich als Wesensglied.

Beim *phlegmatischen* Kind ergibt sich ein entgegengesetztes Bild: Es kommt gemächlich des Weges, geht beinahe träumend am Lehrer vorbei, legt dann aber seine Hand in die seine, grüßt, geht zum Platz, lässt seinen Ranzen vom Rücken herunterrutschen, fängt ihn nicht auf, weil es zu langsam ist, und setzt sich hin, um es sich gemütlich zu machen. – Die zwei wunderbaren Eigenschaften dieses Temperamentes sind Gelassenheit und Friedfertigkeit. Während der Choleriker immer neue Ziele braucht, genießt der Phlegmatiker den Zustand, in dem er sich befindet, und will ihn gern beibehalten. Wenn aber das Temperament ihn zu stark beherrscht, ist Desinteresse die kleine Gefahr und Stumpfsinn die große. Wir erkennen das Element Wasser, und der Phlegmatiker betont als Wesensglied den Äther- oder Lebensleib.

Fröhlich kommt das *sanguinische* Kind in die Klasse – nicht allein, denn es hat unterwegs einen neuen Freund kennengelernt. Es grüßt seinen Lehrer besonders freundlich, entdeckt an ihm eine neue Krawatte und andere Kleidungsstücke, richtet einen Gruß von der Mutter aus, auch vom Vater, dann fällt ihm ein, dass dieser sterbenskrank war, nicht nur er, sondern auch sein Kaninchen, dass aber nun alle wieder gesund sind. Dann teilt es Geburtstagskarten aus, weil es in einem halben Jahr feiern möchte, erzählt, dass es gar nicht abwarten kann und gern alle Kinder eingeladen hätte, aber leider nicht genügend Platz vorhanden sei. Es sprudelt nur so! – Die Heiterkeit und die Weltoffenheit sind die zwei besonderen Qualitäten, doch wenn das Temperament zu stark wird, lauern die Gefahren von Flatterhaftigkeit und Irrsinn. Wir erkennen das Element Luft, nennen den Sanguiniker auch manchmal «Luftikus», und er betont als Wesensglied den Empfindungs- oder Astralleib.

Das *melancholische* Kind bleibt an der Tür stehen, wartet, bis der fröhliche Vorgänger fertig ist, beobachtet und bezieht alles, was erzählt wird, auf sich selbst. Dass der die Kleidung seines Lehrers begutachtet – nein, das könnte der Melancholiker nicht, das wäre ihm zu peinlich! Grüße von der Mutter auszurichten könnte er auch nicht. Dass der Vater sterbenskrank war, erschreckt ihn und erregt sein Mitgefühl, und das kranke Kaninchen erinnert ihn daran, dass er bestimmt nicht zur Schule kommen könnte, wenn seinem Meerschweinchen etwas zustieße. Nun ist der andere fertig, der Melancholiker grüßt seinen Lehrer, entdeckt, dass dieser sehr ernst guckt, vermutet, dass auch ihm die beiden Schwerkranken leidtun. Er gelangt, ohne angerempelt zu werden, zum Platz, verstaut seinen Ranzen vorsichtig und beobachtet, wie sein Mitschüler, den er gern mag, seine Geburtstagskarten austeilt, und stellt sich die bange Frage, ob auch er eingeladen würde und wie schlimm es wäre, wenn dies nicht der Falle wäre. Glücklich atmet er auf, als auch er eine Einladung erhält. – Die beiden guten Qualitäten des Melancholikers sind die Innigkeit, mit der er als guter Denker alles erlebt, und das Mitgefühl, das er aufzubringen vermag. Als Gefahren muss der Melancholiker ins Auge fassen, dass er nicht in Trübsinn mit viel Nörgelei abrutscht und schließlich in Schwermut versinkt. Wir erkennen das Element Erde, und der Melancholiker betont als Wesensglied den physischen Leib.

Dass Erwachsene nur wenig an ihrem Haupttemperament verändern können, ist allgemein bekannt, dagegen wissen nur wenige, dass es für Kinder etliche Möglichkeiten der Harmonisierung gibt. Die Waldorfpädagogik kennt hier sinnvolle Ansätze.

Eine erste Anregung Rudolf Steiners:[113] Wenn man Kinder gleichen Temperamentes im Unterricht zusammensetzt, etwa zwei Choleriker, die gern miteinander streiten und leicht zornig werden, so schauen sie wie in einen Spiegel, finden die gleichen Eigenschaften beim anderen widerwärtig, wollen niemals «so» werden und arbeiten unbewusst an sich selbst. Dadurch wird das Temperament ein wenig abgeschliffen. Ebenso: Zwei Phlegmatiker nebeneinander «phlegmatikern sich an». Ein Lehrer kann beim Erstellen eines Sitzplans solche Gesichtspunkte berücksichtigen.

Eine zweite Anregung: Am Schluss des Hauptunterrichts, wenn eine Geschichte erzählt wird, kann der Klassenlehrer seine Darstellung den Temperamentseigenschaften anpassen und dadurch die vier Gruppen von Kindern erreichen. So kann er sich mit der Zeit vier Erzählstile aneignen, die er schließlich sogar an verschiedensten Stellen im Unterricht einfließen lassen kann. Am nächsten Tag sollen die Kinder nacherzählen, was sie gestern gehört haben. Welche Kinder sollen welche Stelle nacherzählen? Die Sanguiniker erzählen nach, was für die melancholischen Kinder eingefärbt wurde, und umgekehrt. Die Phlegmatiker erzählen nach, was für die Choleriker eingefärbt wurde, und umgekehrt. Dabei schlüpfen die Kinder in die Temperamentsstimmung, von der sie am wenigsten in sich haben.

Eine dritte Anregung: Wenn der Klassenlehrer im vierten Schuljahr eine Tierkundeepoche zu geben hat und am nächsten Tag das Eichhörnchen den Kindern nahebringen will, überlegt er sich abends nach gründlichem Erarbeiten des Unterrichtsstoffs, wie er seine Erzählung vierfach aufteilen will. Er entscheidet sich: Das Tier wird mit seinen so flinken Bewegungen vor allem die Sanguiniker ansprechen, weniger die Phlegmatiker. Diese werden sich aber für die Darstellung des Winterschlafs interessieren, und die Choleriker werden angesprochen, wenn vom Marder erzählt wird, der hinter dem Eichhörnchen her den Baum hinaufjagt, es aber nicht erreicht, weil es im letzten Augenblick mühelos zum anderen Baum hinüberspringt. Tiefsinnige Gedanken interessieren besonders die Melancholiker, und so kann man darüber sprechen, dass die Eichhörnchen Nüsse verstecken, die sie für den Winter brauchen, aber so manche Nuss nicht wiederfinden können und dadurch Bäume pflanzen usw.

Was hier angedeutet wird, gilt im zweiten Jahrsiebt für alle Epochen, in denen Unterrichtsinhalte durch Erzählung des Lehrers den Kindern nahegebracht werden. Rudolf Steiner wollte, dass seine Lehrer als «Erziehungskünstler» für ihre Kinder die Unterrichtsstoffe künstlerisch gestalten, so umformen, dass sie gesundend, harmonisierend wirken. Wenn die Schüler mit dem Gegentemperament am Tag darauf die Stoffe auf ihre Weise wiedergeben, sind auch sie künstlerisch tätig und wie zuvor ihr Lehrer hoch aktiv. Auf diese Weise haben die Kinder viele Möglichkeit, harmonischer zu werden.[114]

Zehntes bis zwölftes Lebensjahr

Der «Rubikon»

Die beiden ersten Schuljahre sind vorüber, und der Lehrer, der nach den großen Ferien in die Klasse kommt, wird freundlich begrüßt und blickt in erwartungsvolle Gesichter. Da in diesem Schuljahr die meisten Kinder das Alter erreichen, bei dem ein neuer Lebensbogen beginnt (siehe Abb. 32, S. 231) – er reicht von 9⅓ bis 11⅔ –, dürfen wir starke Veränderungen erwarten. Wir wollen uns wieder klarmachen, dass jedes Kind seinen eigenen Rhythmen lebt und die angegebenen Zahlen individuell abwandelt, insgesamt aber dennoch stimmig sind. Rudolf Steiner formulierte diese Tatsache so: Es darf «nicht dogmatisch genommen werden. Dafür sorgt schon das Leben, das alles bestimmt und das nichts mit den scharfen Konturen erscheinen lässt, mit denen es der Pedant gern nehmen möchte.»[115]

Die Entwicklung der Kinder verläuft nicht wie ein geradliniger Strom, sondern hat Biegungen, Hindernisse, Stromschnellen, Wasserfälle. Im zehnten Lebensjahr durchleben sie einen starken seelischen Umbruch, den Steiner als «Rubikon» bezeichnet, ihn also mit dem historischen Geschehen am norditalienischen Fluss vergleicht, der trotz seiner geringen Größe durch die römische Geschichte bekannt wurde: Als Cäsar nach seinen erfolgreichen Kämpfen in Gallien mit seinen Legionen wieder nach Rom zog, lagerte er seine Truppen am Rubikon, der die Provinzen damals vom Mutterland trennte. Bekannt ist Cäsars dortiger Ausspruch, mit dem er seinen Entschluss bekräftigte, den Fluss zu überqueren, nach Rom zu marschieren, dort die alte republikanische Verfassung zu brechen und sich zum Monarchen zu ernennen: «Alea iacta est.» («Die Würfel sind gefallen!») Er setzte seinen Plan in die Tat um – und war erfolgreich. In Rom wurde danach alles anders!

Stefan Leber zieht einen interessanten Vergleich: «Entsprechend bildet sich nun beim Kind eine Art monarchischer Verfassung: Es bezieht sein Erleben verstärkt auf sich. Der Cäsarismus knüpft an den Macht- und Herrschaftswillen Cäsars an, ihm stand die republikanische, wohl austarierte Verfassung mit ihren Machtbegrenzungen im Wege. Ähnlich versinkt nun die frühe Kindheit mit ihrem Glanz; Unbefangenheit und Naivität schwinden. Das verstärkt auftretende Sich-selbst-Erleben, das in zahlreichen Phänomenen zu beobachten ist, nennt Steiner schlicht ‹Rubikon›.»[116]

Welche Veränderungen fallen den Eltern und Lehrern in dieser Zeit auf? Ich konnte bei meinen vier Klassenlehrerdurchgängen jedes Mal erleben, dass die Kinder, die mich während der beiden ersten Schuljahre selbstverständlich noch duzten, im Laufe des dritten Schuljahres innerhalb weniger Wochen anfingen, mich mit «Sie» anzusprechen, ohne dass ich sie darauf aufmerksam gemacht hatte. Ein Kind begann, und bald schon machten es alle nach.

In diesem Alter fängt das Kind an, sich zu fragen: Wer ist dieser Mensch eigentlich, der uns unterrichtet? Ist er verheiratet? Hat er Kinder? Wenn ja, wie viele? Wie sieht eigentlich seine Frau aus, wie sind seine Kinder? Wie alt sind sie? Wo wohnt er eigentlich? Welches

Auto fährt er? Kann er gut fahren? Raucht er außerhalb der Schule? Was macht er nachmittags? Und viele Fragen mehr ...

Ich konnte beispielsweise erleben, dass überraschend nachmittags zwei Mädchen meiner Klasse auf den Gedanken kamen, einmal zu ihrem Klassenlehrer zu gehen, ohne zu wissen, was sie dort eigentlich wollten. Die eine war sehr redegewandt und einfallsreich, die andere, die in meiner Nähe wohnte, eher zurückhaltend. Sie klingelten, und als ich an die Tür kam, grüßten sie freundlich und fröhlich, blieben aber danach auffallend stumm, bis ich auf den rettenden Gedanken kam, sie zu fragen: «Wolltet ihr einfach einmal gucken, wo ich wohne?» Beide brachten spontan ein herzerfrischendes, kräftiges «Ja» hervor und schienen wie erlöst zu sein. Meine weiteren Fragen, ob sie vielleicht hereinkommen oder sonst noch etwas wollten, wurden alle verneint. Dann gingen sie, sich verabschiedend, rückwärts schnell davon. Ein unbestimmter Drang war es, der sie auf diese Entdeckungsreise gehen ließ.

In diesem Alter hat das Kind auch die Frage nach der eigenen Identität und Herkunft. Kinder, die nur mit einem Elternteil aufwachsen, wollen jetzt vieles wissen über den Menschen, der eigentlich auch zu ihnen gehört, und stellen dementsprechend bohrende Fragen. Es kann aber auch bei anderen Kindern vorkommen, dass sich plötzlich Zweifel einstellen und sie sich fragen, ob sie vielleicht ein Findel- oder ein Adoptivkind sind.

Manche Eltern erleben, dass ihr Kind, das bisher weitgehend mit allem sehr zufrieden und einverstanden war, plötzlich anfängt zu nörgeln und zu kritisieren. Über alles Mögliche beschwert es sich. Dieses und jenes gefällt ihm nicht mehr. Hat die Mutter aus Versehen einmal die Suppe versalzen, so wird gleich kritisch verallgemeinert: «Sie versalzt *immer* die Suppe.» Fällt dem Lehrer versehentlich die Kreide herunter, kommt aus irgendeinem Mund: «Dem fällt *immer* dic Kreide herunter.» Es kommt nicht selten vor, dass jemand in nörgeliger Stimmung regelrecht danach sucht, worüber er sich beschweren kann.

Manche Kinder setzen sich stärker ab, verschließen sich innerlich. Ein ansonsten recht fröhliches Mädchen machte eine tief melancholische Phase durch und sagte eines Tages zu ihren Eltern: «Ich weiß gar nicht, wofür ich lebe.» Die Mutter meinte: «Aber wir brauchen dich!» Darauf die Tochter: «Ihr habt doch euch!» – «Nein, wir lieben dich doch!», beteuerte die Mutter, konnte aber das Bedrücktsein ihres Kindes damit nicht aufhellen. Es dauerte etliche Wochen, bis das sanguinisch-heitere Wesen des Kindes wieder die Oberhand erlangte.

Die Kinder werden nun wacher, aufgeweckter, und manche mögen sich gern einmal widersetzen, andere haben es schwer, wenn es gilt eine Abmachung einzuhalten. Auf dem Schulhof kann man sehen, wie die Erst- und Zweitklässler ihren Klassenlehrer umschwärmen, eine Traube um ihn herum bilden. Das ändert sich langsam.

Wie können wir diese Erscheinungen verstehen? Man spürt, dass die Kinder innerlich ein neues Verhältnis zu ihrer Umgebung suchen, ein Ich-Du-Verhältnis. Ihr Ich ist stärker in ihre Leiblichkeit eingezogen. Es sind, seit sie etwa zweieindrittel Jahre alt waren und damals zum ersten Mal «ich» zu sich sagten, sieben Jahren vergangen. Steiner charakterisierte den Zeitpunkt des «Rubikon» als einen Moment, in dem das Kind sich unterscheiden lernt von seiner Umgebung.[117] Es verlässt sein Kindheitsparadies, auch wenn es äußerlich vielleicht alles andere als paradiesische Zustände durchzustehen hatte. Das Kind war bis dahin seelisch-geistig noch mit der göttlichen Welt verbunden, kommt nun mit seinem Ich auf der Erde an und muss sich ganz neu orientieren. Alles erscheint ihm zunächst fremd. Es vollzieht sich ein Bruch. Jetzt erlebt es alles als ein Gegenüberstehendes, als ein «Du», das einem zunächst fremd vorkommen und das man neu kennenlernen muss. Es ist zugleich ein Abschiednehmen.

Mit dieser neuen inneren Kraft will jedes Kind auch seinen Lehrer genauer kennenlernen. Bisher hat es ihm ein großes Vertrauen geschenkt, wird aber jetzt vorsichtiger und entwickelt ein feines Gespür dafür, ob es ihm glauben und sich ihm anvertrauen kann. Kann ich zu ihm weiterhin aufschauen? Erlebe ich ihn erneut als eine Autorität?

Das sind tiefe Fragen in diesem Alter. Stimmt das, was er sagt? Meint er es ehrlich mit mir? Ist er authentisch? Wenn das Kind erleben muss, dass er es mit der Wahrheit nicht genau nimmt, verliert es die Achtung und das nötige Vertrauen. Das gilt freilich auch für die Eltern, aber die Erwartung des neunjährigen Kindes an die neue Autorität, der man nacheifern will, ist viel höher und kann daher zu einer tiefen Enttäuschung führen, die nicht so leicht zu überwinden ist. Es sehnt sich im Unterbewusstsein in den früheren Zustand zurück, es sehnt sich danach, verstanden zu werden, es sehnt sich nach Liebe. Schutz und Liebe werden gebraucht. Manche erleben regelrecht eine innere Einsamkeit – und sie erleben sich als Ich.

Eindrucksvoll ist die Beschreibung des irischen Malers und Schriftstellers Christie Brown (1932–1981), der aufgrund einer schweren zerebralen Kinderlähmung weder gehen noch Arme und Hände kontrollieren konnte: In seiner Autobiografie *Mein linker Fuß* schildert er den eingreifenden, alles verändernden Umbruch in diesem Lebensabschnitt.[118] Seine Mutter entdeckt in seinem sechsten Lebensjahr, dass es ihm vielleicht mit großer Anstrengung möglich wäre, mit seinem linken Fuß, den er als einzige Gliedmaße kontrolliert bewegen konnte, schreiben zu lernen. Und er schaffte es tatsächlich! Viele Kinder sind jahrelang täglich um ihn herum, er ist beliebt, fröhlich, unbeschwert, lacht viel und wird in einem Wägelchen von den anderen durch die Gegend gefahren. Oft schaut er in den Spiegel und ist mit dem zufrieden, was ihn im Spiegelbild anschaut. Dann kommt ein Tag im zehnten Lebensjahr, den er nie wieder vergessen sollte. Er schaut in den Spiegel und sieht in ein Gesicht, das ihn wegen seiner Hässlichkeit zutiefst erschreckt. Er verkriecht sich in sein Zimmer, will nicht mehr nach draußen, vergeblich warten die Freunde mit dem Wägelchen. Es dauert Monate, bis er dieses Erlebnis verkraften kann. Durch seine Augen blickte sein Ich in ein Antlitz, das er vorher mit anderen Augen – mit den Augen des kleineren Kindes – gesehen hat.

Die Charakteristik dieses Umbruchs runden wir ab mit einigen Zitaten Rudolf Steiners, die besonders verdeutlichen, welch hohe

Bedeutung er dem richtigen Verhältnis zwischen Lehrer und Kind in diesem Alter beimisst. Sie sind einem Vortrag über den Rubikon entnommen.

«Das Kind fragt empfindungsgemäß, ob sich der Lehrer geschickt verhält im Leben, ob der Lehrer vor allen Dingen sicher im Leben drinnensteht, ob der Lehrer weiß, was er will, und es hat vor allen Dingen eine feine Empfindung für die Gesamtseelensituation des Lehrers ...

Der Zeitpunkt nach dem vollendeten neunten Lebensjahre wird deshalb ganz besonders wichtig, weil eben da wie an einem bedeutsamen Lebenswendepunkte aus dem Kinde heraus Fragen aufschießen, man möchte sagen, ganze Berge von Fragen, die alle sich darauf beziehen, empfindungsgemäß sich von der Umgebung zu unterscheiden, sich auch zu unterscheiden von dem Erzieher ...

Das Kind hat eine empfindungsgemäße Anschauung darüber in seinem Gemüt: ich habe bisher zu meinem Lehrer aufschauend gestanden; jetzt kann ich es nicht mehr, ohne dass ich weiß, dass der Lehrer zu irgendetwas aufschaut, das im Leben auf irgendeine Weise drinnen begründet ist ...

Wie man sich in diesem Zeitpunkt zu dem Kinde verhält, davon hängt für das ganze spätere Leben unendlich vieles ab; ob das Kind ein haltloser Mensch wird oder ob das Kind ein sicher im Leben stehender Mensch ist, das hängt manchmal daran, ob der Lehrer die genügend sichere Art findet, in diesem Zeitpunkte sich zu dem Kinde zu stellen ...

Es handelt sich in diesem Zeitpunkte darum, dass das Kind irgendjemanden findet – ob das eine Person oder mehrere sind, ist von einer geringeren Bedeutung –, der in gewisser Weise als Bild bleibt für das ganze spätere Leben ... Ein Mensch, der da helfend, mahnend, vertrauenerweckend, ein persönliches Verhältnis erweckend, dem Kinde zur Seite getreten ist.»[119]

Wie antwortet der Lehrplan der Waldorfschule auf den Umbruch?

Erzählen der Schöpfungsgeschichte

Zu den unbewussten Fragen des Kindes gehört in diesem Alter diejenige nach der Menschwerdung und damit in Verbindung stehend die nach der Entstehung der Welt. Wer bin ich? Woher komme ich? Wohin gehe ich? Waldorflehrer erzählen daher im dritten Schuljahr den Kindern zunächst die ganze Schöpfungsgeschichte und dann täglich weiterführend die Geschichten aus dem Alten Testament, das die Entwicklung der Menschheit in gewaltigen Bildern darstellt. Das stellt den Lehrer vor die Frage: Ist die Welt göttlichen Ursprungs, wie es uns die Bibel lehrt, oder ist alles nur ein Zufall? Durch die Schilderungen Rudolf Steiners kann sich der Lehrer schrittweise ein klares Bild vom «Urbeginn» der Welt, in dem Gott Himmel und Erde schuf, erarbeiten. Gelingt es ihm, vor den Kindern ehrlichen Herzens vom Göttlichen zu sprechen, spüren sie den Wahrheitsgehalt, den er sich errungen hat, und kann während des Erzählens erleben, dass die Kinder tief ergriffen werden. Mit ihrem feinen Gespür durchschauen sie den Lehrer und merken während der Erzählung, ob er sich vielleicht die Mühe einer inneren Erarbeitung erspart hat und sich nur den Anschein des «Wissens» gibt. Äußerlich lassen sie sich vielleicht nichts anmerken, aber innerlich entsteht mindestens eine kleine Enttäuschung, sodass es ihnen schwerer fällt, diesen Menschen als eine Autorität zu akzeptieren.

Wenn wir davon ausgehen, dass jedes Kind in gewisser Weise die Entwicklung der Menschheit wiederholt, finden wir in der Bibel eine Persönlichkeit, die in besonderem Maße eine Autorität für eine gewaltige Menschenmenge sein musste, um die ihm gestellte Aufgabe lösen zu können. Sechshunderttausend Hebräer, die vierzig Jahre in der Wüste lebten, sollten nach Gesetzen und Geboten leben, die unter schweren Lebensbedingungen streng einzuhalten waren. Als

Übermittler des göttlichen Willens hatte Moses die Aufgabe, diesen Menschen eine Autorität zu sein und sie selbstlos zu führen. Hinzu kam: Moses war es, der, auf dem Berge Sinai sitzend und in die Abgründe des vulkanischen Gesteins blickend, in einer geistigen Schau die Bilder vom Urbeginn unserer Welt empfing. Sie bilden den Anfang der Bibel und sind dort als die ersten fünf «Bücher Moses» zu finden. Dass die sieben «Wochentage» noch nicht mit unserer heutigen Zeitrechnung und den heutigen Tagesrhythmen zu vergleichen sind, ergibt sich schon aus der Tatsache, dass im ersten Buch Moses erst für den vierten Schöpfungstag berichtet wird, wie Gott die Lichter an den Himmel setzt, eins für den Tag, eins für die Nacht. Die Sonne, die den irdischen Rhythmus von Tag und Nacht hervorbringt, gibt es in der Genesis also erst ab dem vierten «Tag» der Schöpfung. Sehr große Zeiträume müssen wir uns darunter vorstellen, aber den Kindern fällt es nicht schwer, sich die Bilder der einzelnen Schöpfungstage vorzustellen. Das Licht, das am ersten Tag in Erscheinung tritt, kann noch nicht das Sonnenlicht sein, wenn es in der Genesis heißt: «Und Gott sprach: ‹Es werde Licht!› Und es ward Licht.» Rudolf Steiners Forschungen ergeben, dass am Ersten Tag frühere Erdzustände wiederholt und angedeutet werden.[120] Den Kindern erzählt man aber nur die Bilder, nicht die geistigen Hintergründe!

Nach den sieben Schöpfungstagen wird über das Paradies, die Erschaffung des Menschen, über Adam und Eva gesprochen. Nach dem Auszug aus dem Paradies muss sich der Mensch «draußen», auf der Erde, durch der Hände Arbeit selbst das Haus bauen und das Brot erwerben. War im Paradies alles ein Geschenk der Gottheit, so wird durch das Essen der Frucht vom Baum der Erkenntnis der Mensch zur eigenen Aktivität aufgerufen. Er muss ein inneres Verhältnis zu allen Arbeiten finden, d.h. Fleiß aufbringen, und muss die Erde lieben und bearbeiten lernen, um später die Früchte seiner Arbeit ernten zu können. Was die Kinder in diesen Tagen im Unterricht anhören, spiegelt ihre innere Situation wider. Sie «erwachen», erleben sich neu und fühlen, dass zum Leben auf Erden das fleißige Arbeiten gehört.

Während des dritten Schuljahres werden in der Waldorfschule den Kindern alle wesentlichen Geschichten des Alten Testaments erzählt.

Rudolf Steiner regte an, dass die Schüler in diesem Alter an den drei Themen Hausbau, Feldbau und Arbeiten verschiedener Handwerker bis ins Praktische hinein erleben sollten, wie Menschen arbeiten, was sie leisten müssen und durch ihr Können in der Welt bewirken. Werfen wir daher einen Blick in diese drei Epochen – die «Feldbau-», «Hausbau-» und «Handwerkerepoche» –, in denen solche Arbeiten praktisch ausgeführt, in die Tat umgesetzt werden.

Die Feldbauepoche

Man erzählt den Kindern vom Leben des Bauern und seinen Arbeiten, vor allem aber den Weg vom Korn zum Brot, vom Getreideanbau bis zur Arbeit des Müllers und Bäckers. Dabei werden auch die alten Methoden geschildert, weil sie einerseits für die Kinder bis ins Einzelne durchschaubar sind, andererseits die Kindheits- und Menschheitsstufe berücksichtigen. Dass heute Maschinen den Menschen viele dieser Arbeiten abnehmen, wird gewiss am Ende der Epoche erwähnt; die Kinder verstehen dadurch die Maschinen viel besser, weil sie die einzelnen Tätigkeiten vorher kennengelernt haben.

Vier bedeutende «Helfer» gibt die Gottheit dem Menschen nach dem Verlassen des Paradieses mit auf den Weg, die ihm beim Nahrungserwerb dienen: die vier Elemente Erde, Wasser, Licht / Luft und Wärme. Die Kinder erfahren, dass der Bauer Roggen, auch Korn genannt, säen möchte und daher im Herbst den Boden umpflügen muss. Dies geschah früher mit Pflug und Pferd. Vorher wurde bereits der Mist, der auf dem Hof anfällt, als Dünger ausgestreut und beim Pflügen in den Boden eingebracht. Mit der Egge glättete der Bauer die Oberfläche, sodass beim anschließenden Säen mit der Hand die Körner in die gelockerte Ackerkrume fallen konnten. Dann wurde noch einmal geeggt, die Samen wurden gleichsam eingeharkt, und mancherorts wurde anschließend der Boden gewalzt.

Das alles steht im Zusammenhang mit dem Element «Erde». Der Regen lässt die Samen keimen und die Halme wachsen. Wie lebenswichtig hilft hier das Element «Wasser»! Schon nach wenigen Tagen kann sich der Bauer über sein Feld mit den unzähligen grünen Halmen freuen, die vor dem Winter nicht höher wachsen werden. Kommt der kalte oder gar eiskalte Winter, bildet die Schneedecke für die kleinen Getreidehalme eine wärmende Hülle (Wärme-Element). Im Frühjahr taut die Sonne den Schnee auf, die Halme beginnen zu wachsen, werden größer und größer. Blaue Kornblumen und der rote Klatschmohn zieren das Feld, Vögel nisten darin, allerlei kleines Getier tummelt sich zwischen den mittlerweile ausgewachsenen Halmen. Schließlich kommem die Tage, an denen das Korn anfängt zu blühen. Der Wind, das Luft-Element, streicht über die gelb werdenden Halme und bläst den goldgelben Blütenstaub in die Luft über das ganze Feld hinweg. Die Sonne spendet im Hochsommer ihr Licht, zugleich ihre Wärme (zwei «Helfer» zur selben Zeit) und lässt nun das Korn reifen. Der Bauer prüft es immer wieder, um es nicht zu früh und nicht zu spät zu ernten.

Dann kommt der große Tag, den ich in meiner Kindheit selbst noch viele Jahre miterleben durfte: Alle Leute vom Hof mussten mit aufs Feld. Die Schnitter mit den Sensen gingen voran, mähten das Korn reihenweise, die anderen gingen gebückt hinterher, nahmen die gefallenen Halme auf, bündelten sie, flochten aus einigen Halmen mit Geschick ein Seil, legten alles, was gebündelt war, darauf und schnürten es zu einer Garbe zusammen. Abends wurden die Garben gesammelt und zu Hocken aufgestellt. Nach einer längeren Zeit des Trocknens kam der Tag, an dem die Ernte vom Feld geholt und in die Scheune eingefahren wurde. Im Herbst und Winter gingen früher die Drescher von Haus zu Haus, um mit ihren Dreschflegeln auf der Tenne in der Scheune stundenlang das Getreide aus den Ähren zu dreschen. Anschließend wurde das gedroschene Korn in Säcken hinauf in die Speicher des Bauernhauses geschleppt, das gedroschene Stroh in der Scheune aufbewahrt.

Bevor der Bauer Brot beim Bäcker backen lassen konnte, musste er dafür sorgen, dass er rechtzeitig Korn zum Müller brachte, damit der ihm das Getreide zu Mehl vermahlte. Für einen Sack Mehl konnte er viele Brote backen lassen. Der Bäcker behielt den ganzen Sack und schrieb dem Bauern in einem Büchlein auf, wie viele Brote er ihm dafür backen werde. Jedes Mal, wenn er zum Bäcker ging und Brote brauchte, bezahlte er ihm seine Arbeit und erhielt die Anzahl an Broten, die er brauchte.

Freilich wird den Kindern auch erzählt, wie der Müller und der Bäcker ihre Arbeit verrichten. Benötigte doch der Müller früher die beiden «Helfer» Wind und Wasser, um seine Mühle mit einem Windrad oder einem Wasserrad am Bach antreiben zu lassen. Der Bäcker ist sogar auf alle vier Elemente angewiesen: Er schüttet das Mehl (Erde) in einen Trog, vermengt es mit einer gewissen Menge Wasser und fügt Hefe oder Sauerteig hinzu, damit der Teig «aufgeht» (Luft). Beim Backen im großen Ofen sorgt die Hitze (Wärme) dafür, dass das Brot gar wird.

In dieser Epoche wird also vom Bodenbereiten, vom Keimen, Säen, der Bodenpflege, vom Reifen und Ernten gesprochen. Im übertragenen Sinne sind dies Worte mit Symbolcharakter und lassen sich auf die menschliche Entwicklung übertragen. Dichter verwenden sie, und jeder Mensch versteht, was sie damit zum Ausdruck bringen wollen. Doch die Kinder sollen die geschilderten Vorgänge, soweit dies möglich ist, auch praktisch ausführen. So gehen die Drittklässler hinaus aufs Feld, das entweder der Schule gehört, das sie gepachtet hat oder ein Bauer ihnen zur Verfügung stellt. Hier schildere ich meine Erfahrungen, wie ich sie mit den Schülern erlebt habe: Alle Kinder dürfen einmal hinter einem für diese Zwecke hergestellten Handpflug hergehen und die Pflugschar in den Boden drücken, wobei oft ein älterer Schüler hinterhergeht und drücken hilft. Wer zieht anstatt eines Pferdes? Es befinden sich mehrere große Gurte für die «Zugpferde» daran. Jedes Kind darf jede Aufgabe ausführen. Dann wird mit einer großen Egge eines Bauern geeggt und so der Boden geglättet. Das Säen wurde bereits in der Klasse geübt, dort allerdings, ohne Samen zu werfen. Die Wurfbewegung bedarf der Übung! Der Säer-Spruch von Conrad Ferdinand Meyer, fleißig in der Klasse geübt, wird von den Kindern, die am Feldrand stehen, freudig rezitiert.

Mit großen weiten Schwüngen wurden die Roggenkörner von den fünf nebeneinander schreitenden «Bauern» mit der rechten Hand aus dem umgebundenen Tuch genommen und rhythmisch ausgestreut. Ein großartiges Erlebnis! Nun noch ein zweites Mal eggen, um die Körner in die Erde einzuharken! Eine aufgestellte Vogelscheuche sollte dafür sorgen, dass die Vögel genügend Respekt vor dem Feld haben. Die Saat ging auf, und immer wieder betrachteten wir unser Feld, einmal auch im Winter. Im Frühjahr gingen wir hinaus, um Disteln zu stechen, und im Sommer sahen wir, wie der Wind den Goldstaub über unser Feld blies und die Ähren bestäubte.

Das Ernten kam näher, Sicheln und Scheren wurden vorbereitet und mitgebracht. Welche Aufregung am Tag der Ernte! Da wurde gemäht, da wurden Garben gebunden und dann Hocken aufgestellt. Wochen später gingen wir hinaus zum Dreschen, hatten verschiedene Geräte dafür selbst geschaffen, hatten auch echte Dreschflegel aus alter Zeit. Im Dreiertakt konnten die Kinder recht lange durchhalten, und einige Kinder rezitierten zu dem Rhythmus Verse, die wir im Unterricht gelernt hatten. Dann erzeugten sie mit ihren Malbrettern den nötigen Wind, um die Spreu vom Roggen zu trennen. Wie auch beim Ernten gab es hinterher ein wohlverdientes Essen und Trinken!

Das Backen sollte bald darauf die Arbeit krönen. Mit alten Kaffeemühlen wurden die Körner zu Mehl vermahlen, und unter Anleitung eines Bäckermeisters lernten die Kinder, den Teig zuzubereiten. Mit Hingabe formten sie ihr Brot, um es dann im Ofen, der auf dem Schulhof entstanden war, zu backen. Mit Staunen sahen sie, wie geschickt der Meister all diese Arbeiten ausführte, und lernten, dass Meisterhände etwas können, was erst durch jahrelange Arbeit erworben werden kann. Das Aufschauen in diesem Alter ist von ganz besonderer Bedeutung.

Den Abschluss bildete ein gemeinsames Essen unseres Brotes, das von unserer Hände Arbeit geschaffen war und dessen Substanz ein Geschenk Gottes ist. Mit einem Tischspruch begannen wir unser Mahl und beendeten es auch damit.

Die Hausbauepoche

Das Paradies war den Menschen einst eine wunderbare Wohnstätte mit einem Garten voller Pflanzen, Bäume und Tiere. Alle lebten friedlich zusammen unter einem Dach. Nach dem Auszug aus dem Paradies musste der Mensch lernen, sich selbst ein Haus zu bauen. Für das Sesshaftwerden auf der Erde war es notwendig, dass es den verschiedenen Wettern mit seinen Stürmen, Regengüssen, aber auch heißen Sommern und kalten Wintern zu trotzen vermochte. Als ich zum ersten Mal diese Epoche zu geben hatte, riet mir eine erfahrene Kollegin, mit den Kindern, bevor wir den Bau eines heutigen Wohnhauses besprächen, in vergangene Zeiten und deren charakteristische Bauformen zu blicken. Da die Schüler alle ein kleines Haus ihrer Wahl selbst oder mithilfe der Eltern bauen sollten, entstanden Baum- und Buschhäuser, Blockhäuser, Zelte, Höhlen und unterschiedlichste moderne Bauten, die am Ende alle ihren Platz in unserem Klassenzimmer fanden und von allen bestaunt werden konnten. Im Unterricht sollten die Kinder erfahren, welche Handwerker für die verschiedenen Tätigkeiten benötigt werden, und diese auch kennenlernen. Man erzählt von Lehr- und Gesellenjahren, wie die Gesellen früher auf die Wanderschaft gingen, bei anderen Meistern noch vieles hinzulernten, als tüchtige Gesellen zurückzukehrten, um dann Meister werden zu können. Gespannt lauschen die Kinder den Erzählungen und lernen die Handwerker und deren großartige Fähigkeiten achten. Einmal in dieser Epoche sollte jedes Kind mindestens einen echten Mauerstein mit Kelle und Mörtel mauern.

Für die Betrachtung aller Bauphasen wählten wir das Niedersachsenhaus, in dem die Menschen heute noch mit den Tieren und Pflanzen unter einem Dach wohnen. Ein Architekt kam zu uns in die Klasse, erzählte von seiner Arbeit, und dann erfuhren wir, wie ausgeschachtet wird und das Haus ein Fundament bekommt, das standhalten wird. Die Elektriker verlegen Kabel, die Klempner Rohre, die Zimmerleute kommen und setzen die Balken, die Maurer bauen Stein auf Stein. Haben die Zimmerleute den Dachfirst errichtet, wird das Richtfest gefeiert. Es war uns vergönnt, einen jungen Zimmermann in die Klasse einzuladen. Er brachte einen Balken mit, stellte sich darauf und las den Kindern einen echten Richtspruch vor, in dem u.a. dankbar der vier Elemente gedacht wird. Als Sturm, Regen, Blitz, Schnee können sie nur noch für kurze Zeit durch das nach oben offene Haus brausen, dann werden die Dachdecker es zudecken und die Glaser die Fensterscheiben einsetzen und so das Haus endgültig verschließen. Bis der Architekt den Schlüssel an die Bewohner übergeben kann, müssen noch einige andere Handwerker ihre Arbeit verrichten. Dann darf wieder gefeiert werden! Drei besondere Feiern gehören zum Hausbau: die Grundsteinlegung, das Richtfest und die Einweihung. Jedes Mal müssen an diesen Tagen geistreiche Worte gesprochen und den Handwerkern und Bauleuten gedankt werden.

Handwerkerepoche

Zur Sach- oder Lebenskunde gehört in diesem Schuljahr auch eine Betrachtung weiterer Handwerker, wenn dazu noch die Zeit reicht. Viele dieser Handwerker benötigen bei ihrer Arbeit ebenfalls die «Helfer» Gottes, die vier Elemente. Schauen wir uns drei davon einmal genauer an: Ein *Glasbläser* setzt die feste glasige Substanz (Erde) zunächst dem Feuerprozess (Feuer) aus, die Substanz wird so weich (Wasser), dass sie zwar nicht zerfließt, aber schmiegsam wird. Durch das geschickte Hineinblasen mit einem langen Rohr (Luft) vermag er interessante Dinge zu formen.

Wenn ein *Kerzenzieher* auch heute noch konische Bienenwachskerzen herstellt, lässt er zunächst in einem mit Feuer beheizten Kupferkessel (Feuer) das feste Wachs (Erde) schmelzen, und dieses wird flüssig (Wasser). Über dem Kessel befindet sich ein an der Decke aufgehängter wagenradgroßer Kranz, an dem viele Dochte mit Bleigewichten am unteren Ende angebracht sind. Der Kranz wird durch ein Fußpedal abgesenkt, sodass die Dochte in das flüssige Wachs eintauchen, dann sofort wieder hochgezogen werden. Währenddessen tropft überflüssiges Wachs ab, das übrige trocknet (Luft), und nach etlichen Arbeitsgängen wird sich oben an der Kerze weniger Wachs ansammeln als unten, sodass sie konisch wird.

Der *Töpfer* nimmt die trockene Tonerde (Erde) und muss sie zunächst durchfeuchten, um sie geschmeidig zu machen (Wasser). Nun formt er mit seinen geschickten Händen auf dem Drehstuhl ein Gefäß, eine Vase. Sie wird zum Trocknen in einem Regal aufgestellt (Luft) und schließlich, wenn genügend Feuchtigkeit ausgetreten ist, in einem Spezialofen gebrannt (Feuer).

Eine Reihe von Handwerkern wird die Klasse besuchen und bei ihrer Arbeit bestaunen können. Diese Epochen sind das Besondere im dritten Schuljahr, sprechen die Kinder in ihren Willenskräften an und schaffen eine Beziehung zu Menschen, die mit ihren Händen für uns alle wichtige Arbeiten verrichten und denen wir vieles verdanken. Wichtig ist, dass die Kinder auch selbst zu vielen praktischen Tätigkeiten angeregt werden. Gelingt es, einige Handwerker und Berufe ausführlicher darzustellen, so könnte der krönende Abschluss dieser Thematik sein, mit den Schülern wenigstens einen kurzen Blick auf die «Urberufe» und die Tätigkeiten dieser Menschen zu werfen: Schäfer, Jäger, Fischer, Holzfäller, Köhler, Bäcker, Schneider, Schuster, Töpfer, Tischler, Gerber, Sattler, Spinner, Weber, Schmied.

Deutschunterricht

Auch in anderen Epochen wird das Motiv des Rubikons, das die Biografie der Neunjährigen prägt, aufgegriffen. Werfen wir einen kurzen Blick auf den Deutschunterricht. Die Kinder werden in die Welt der Grammatik eingeführt, sollen u. a. die ersten drei Wortarten kennenlernen. Die lebendigste, vielseitigste Wortart sind die *Tätig-*

keitswörter, die Verben. Man kann an die Fülle von Tätigkeiten des Bauern und all der Handwerker erinnern und aufzählen, was sie alles tun. Schließlich dürfen die Schüler auch sagen, was sie selbst alles tun können, und dabei werden wir überrascht, dass ein Kind «pfeifen» sagt, und schon pfeift ein anderes. Von da an wird bei jedem Wort schnell geprüft, ob man es nicht sofort in die Tat umsetzen kann. Ja, wenn Verben der Bewegung genannt werden, können sich die Kinder kaum noch am Platz halten. Diese Wortart regt unmittelbar zum Tun an! Um ein Chaos zu vermeiden, aber den Schülern auch nicht die Freude an dieser Entdeckung zu nehmen, ließ ich sie zwei Wörter sagen und tun, dann nannte ich ihnen eins, z. B. «ruhen, schlafen, träumen, sitzen ...» Sie beruhigten sich, lernten zugleich, dass es auch diese Art von Tätigkeiten gibt, und suchten freudig nach allen möglichen Verben.

Als wir uns daraufhin damit beschäftigten, *wie* der Bauer und die Handwerker ihre Arbeit verrichten, lernten die Kinder die *Eigenschaftswörter,* die Adjektive kennen. Sie merkten, dass diese Wortart nicht dazu anregt, aufzustehen und etwas ausführen zu wollen. Aber etwas anderes geschah: Sagte ein Kind «schnell», meldete sich ein anderes und sagte «langsam». Sofort begriffen sie, dass fast alle dieser Wörter innerlich dazu anregen, ein Gegenteil zu ihnen zu finden.

Beim Kennenlernen der *Hauptwörter* zählten wir auf, was wir auf dem Bauernhof alles mit unseren Augen sehen, in den Werkstätten der Handwerker entdecken können und welches Werkzeug sie benötigen. Beim Aufzählen der im Klassenzimmer sichtbaren Gegenstände stand niemand mehr auf, und es blieb ganz ruhig. Ja, die Hauptwörter sind das Gegenteil der Tätigkeitswörter.

In dieser ersten Sprachlehreepoche können die Kinder auch die unterschiedlichen *Satzarten* erleben: den Aussage-, Aufforderungs- und Fragesatz. Das Erlernen der Rechtschreibung, Leseübungen und das Verfassen kleinerer und größer werdender Nacherzählungen gehören ebenfalls zum Deutschunterricht der 3. Klasse. Die Voraussetzungen für das richtige Schreiben sind auch das klare und deutliche Hinhören und Sprechen; regelmäßige Sprechübungen, chorisch und einzeln, sind daher sehr zu empfehlen, und auf das stille Lesen im Lesebuch sollte das laute Vorlesen folgen. Nach dem Überschreiten des Rubikons ist es der richtige Zeitpunkt, die Sprache und ihre Gesetzmäßigkeiten kennen, erleben und verstehen zu lernen. Möglichst lebendig sollen die Kinder mit den verschiedenen Grammatikthemen vertraut gemacht werden.

Im vierten Schuljahr lernen die Schüler ein ungewohntes Versmaß kennen und rezitieren: den Stabreim, der in jeder Zeile mehrere Wörter hat, die mit dem gleichen Laut beginnen, aber nicht den gewohnten Endreim enthalten. Die Wörter mit gleichem Anlaut werden besonders kräftig betont und erfordern ein willenskräftiges Element. Die Texte aus dem Schöpfungsmythos der *Edda* eignen sich dafür besonders gut. Während des ganzen Schuljahres erzählt der Klassenlehrer den Kindern die germanischen Götter- und Heldensagen, aber auch die Sagen von Rübezahl und die Geschichten von Till Eulenspiegel und den Schildbürgern. Die vielen weiteren Grammatikthemen der 4. und 5. Klasse, Schreib- und Leseübungen und der altersgemäße Erzählstoff werden im Lehrplan der Waldorfschule ausführlich behandelt.[121]

Rechnen und Formenzeichnen

Im Rechenunterricht des dritten Schuljahres wird die Lebenssituation des neunjährigen Kindes in der Form aufgegriffen, dass die Schüler die erarbeiteten und fleißig geübten Rechenarten und -gesetze auf das praktische Leben anwenden lernen. Da wird auf einer alten Brückenwaage aus der Physiksammlung mit Gewichtssteinen alles Mögliche abgewogen, Ergebnisse werden aufgeschrieben, und mit Gramm und Kilogramm, später auch mit allen größeren Gewichten wird gerechnet. Beim Umgang mit Geld gilt es zu üben, wie man kleine und später große Summen addiert und subtrahiert, wie man Geld wechselt und beim Einkauf an der Kasse darauf achten lernt, ob die zurückgegebene Summe stimmt. Auch mit den Längenmaßen wollen die Kinder umgehen lernen. Zur Einführung werden erst einmal die eigenen Körpermaße angewendet, wie sie früher benutzt wurden: die «Elle», der «Fuß», die «Spanne». Mit welcher Freude messen die Schüler Tische und Stühle im Klassenzimmer und zu Hause ihr Zimmer aus, um dann zu erkennen, dass ihre Füße, mit denen sie durch den Raum schreiten, viel kleiner als die ihres Lehrers sind! Will man die Dinge vergleichen, muss es ein gemeinsames Maß geben, und nun erfreuen sie sich am Messen mit dem Zentimeter- und Metermaß, aber auch am Umrechnen in noch kleinere und größere Maße. Auch die Hohlmaße gehören dazu.

Es fehlt noch das Messen der Zeit. Wie lange braucht ihr von zu Hause bis zur Schule? Wer mit dem Bus fahren muss, sollte Fahrpläne lesen können. Wie lange braucht er bis zur Schule? Wenn auf dem Fahrplan 7.06 Uhr steht und darunter, dass der Bus alle zehn Minuten fährt, muss man selbst ausrechnen können, wann die nächsten Abfahrtszeiten sind. Eine meiner Klassen hatte an diesem Thema eine solche Freude, dass sie Fahrpläne von Bussen, U- und S-Bahnen, Fernbahnen, ja, sogar von Flugzeugen aufschreiben wollte.

Die schriftlichen Rechenarten gehören ebenfalls in dieses Alter. Wenn die Kinder im vierten Schuljahr zwischen sich und der Umwelt einen noch größeren Bruch vollzogen haben – der Übergang über den «Rubikon» also vollzogen ist –, führt der Klassenlehrer sie in die Bruchrechnung und ihre Gesetze ein. Die Zahl eins war bisher nicht teilbar. Nun teilen wir sie in zwei Teile, schreiben 1:2, und das Ergebnis lautet «ein halb», geschrieben ½. Als Bruch geschrieben, bleibt dies eigentlich eine Rechenaufgabe, nämlich: «1 geteilt durch 2», denn der Bruchstrich ersetzt ein Teilungszeichen. Im fünften Schuljahr, wenn die ganze Dezimalbruchrechnung mit all ihren Gesetzen hinzukommt, lernen die Kinder, wie man diese Teilung doch durchführen kann. Das Ergebnis von 1 : 2 lautet dann 0,5. Auch die Bruchrechnung wird fortgesetzt, und um größere Hauptnenner von Brüchen bestimmen zu können, kann die Zerlegung in Primfaktoren eingeführt werden.

Im *Formenzeichnen* stehen im dritten Schuljahr Spiegelungen an gekrümmten Achsen im Vordergrund, und im vierten Jahr üben sich die Kinder im Zeichnen von langobardischen Flechtbändern, die ein hohes Maß an Konzentration und Geschicklichkeit erfordern. Im fünften Schuljahr schließlich beginnt die Geometrie, aber noch nicht mit Zirkel und Lineal, sondern alles wird aus freier Hand gezeichnet. Da entsteht eine Fülle an Kreisen, Winkeln, Dreiecken, verschiedensten Vierecken, Sternen, und mit all diesen Gebilden, mit deren Namen und Gesetzen, aber auch mit einigen Grundkonstruktionen werden die Schüler nun immer mehr vertraut.

Damit haben wir einige wichtige Epochen des dritten und vierten Schuljahres angeschaut und betrachten nun auch die wesentlichen der beiden nächsten Schuljahre, um zu verstehen, wie der Lehrplan immer eine Antwort auf die jeweilige menschenkundliche Situation gibt.

Menschen- und Tierkunde

Im vierten Schuljahr ist der rechte Zeitpunkt gegeben, den Menschen mit dem Tier zu vergleichen. Die Zeit, Tiere miteinander sprechen zu lassen, ist längst vorbei. Nun gilt es, den Kindern zu erzählen, wie anders als wir Menschen die Tiere aussehen und leben, sich ernähren, sich bewegen und wie ideal sie für ihren Lebensraum geschaffen sind. Vergleichen wir sie mit den Menschen, müssen wir eingestehen, dass wir uns beispielsweise niemals auf einem Baum so geschickt bewegen könnten wie ein Eichhörnchen, im Wasser wie ein Fisch, in der Wüste wie ein Kamel, in der Luft wie ein Vogel.

Wir vergleichen also Tiere mit den unterschiedlichsten Beinen mit denen des Menschen und kommen zu dem Ergebnis, dass unsere Arme mit den Händen gerade nicht spezialisiert sind wie bei den Tieren. Wir können mit ihnen unzählige und unterschiedlichste Tätigkeiten ausführen und auch vielerlei Werkzeug zu Hilfe nehmen.

Als wir in meiner Klasse über das Faultier sprachen und hörten, dass es sich an einem Ast stundenlang mit der Kralle zum Ruhen und Schlafen aufhängen kann, meinte ein Kind, dass es auch gern solch eine Kralle hätte, um sich daran zu hängen. Im Klassengespräch wurde schnell deutlich, dass es dieses Werkzeug als «Steigeisen» gibt und wir Menschen dies den Faultieren abgeschaut haben. Einige Schüler äußerten, dass es hin und wieder interessant sein könnte, solche Kralle zu haben, aber auf keinen Fall dauerhaft!

Wie steht es mit unseren Beinen? Sie müssen uns ständig tragen, aber unsere Hände sind von diesem Dienst am Leib befreit. «Organe der Freiheit», nennen wir sie, können wir doch mit ihnen gute wie auch böse Taten verrichten. Beim Essen müssen viele Tiere das Maul unmittelbar zur Speise führen, während der Mensch dafür gesorgt hat, mit entsprechendem Werkzeug die Speise zum Mund zu führen. Die Gabel hatte in frühen Zeiten fünf Zinken, war also ganz der Hand nachgebildet. Wenn sich auch der Mensch durch vieles vom Tier unterscheidet, gibt es dennoch keinen Grund, überheblich zu werden. Liebe und Verständnis, große Hochachtung vor dem Tier und der Wille, sich für die Tierwelt einzusetzen, sind weitere Ziele des Unterrichts.

In einer Tierkundeepoche im fünften Schuljahr betrachten wir weitere Tiere und vergleichen sie mit dem Menschen unter neuen Gesichtspunkten. Man kann dabei von der Dreiheit Adler, Löwe und Rind ausgehen und von da aus viele weitere Tiere betrachten, die diesen Tiergruppen zugeordnet werden, also verschiedene Arten von Vögeln, Raubtieren und Huftieren.[122]

Pflanzenkunde

Waren wir im vierten Schuljahr in der Betrachtung vom Menschen ausgegangen, um die Tiere im Zusammenhang mit ihm zu verstehen, steigen wir im fünften Schuljahr eine weitere Stufe hinab ins Pflanzenreich und vergleichen auch dieses mit uns Menschen. Angefangen bei den Pilzen, führen wir die Kinder durch die Stufenleiter der gesamten Pflanzenwelt, behandeln mit ihnen die Algen, Flechten, Moose und vergleichen diese mit den Seelenerlebnissen der Kleinkinder. Farne, Schachtelhalme und die Nadelgehölze werden mit den Vorschulkindern in Beziehung gesetzt. Das Schulkind in den ersten Schuljahren hat mit den einkeimblättrigen Pflanzen, den Frühlingsboten, zu tun, und alle zweikeimblättrigen mit ihrer höchsten Ausgestaltung in der Rose lassen sich mit der Altersstufe vom zehnten bis zum fünfzehnten Lebensjahr vergleichen. Welch eindrucksvolle Idee Rudolf Steiners, auch die Pflanzen in ihren so unterschiedlichen Fähigkeiten mit der Entwicklung des Menschen zu vergleichen – aber nur in diesem Schuljahr! Zugleich aber sollen die Kinder lebendige Anschauungen von Wurzel, Stängel, Blatt und Blüte, z.B. an einer Pflanze wie Hahnenfuß oder Löwenzahn, bilden.[123]

Erdkunde

Der Erdkundeunterricht beginnt im vierten Schuljahr mit der Heimatkunde. Die Kinder werden eingeführt in das, was man Raum und Zeit nennt. Sie lernen zunächst die Geschichte ihrer Heimat kennen, indem man ihnen von den ersten Siedlern berichtet und entsprechende Stätten aufsucht. Um die Wege draußen auf neue Weise verstehen zu können, bedarf es der Erarbeitung einer ersten eigenen Landkarte, die im Allgemeinen mit großer Freude gezeichnet und dann bei den Spaziergängen angewandt wird! In diesem Alter sind die Kinder in der Lage, sich vorzustellen, wie die Landschaft von oben aussieht, aus der Vogelperspektive. Wir sagten bereits, dass der «Bruch» vollzogen sei. Dadurch erlangt das Kind die Fähigkeit, sich in die Vogelschau zu versetzen und die Welt von oben zu betrachten, was nötig ist, um sich in die Kartenkunde einzuleben.

Zugleich wird es ihm nun möglich, ein neues Verhältnis zur Zeit zu gewinnen und sich in die Vergangenheit zurückzuversetzen. Die Kinder erfahren, wie die Menschen dieser Gegend einstmals siedelten, wie sie hier heute leben und arbeiten, wie die Landschaft aussieht, welche Berge, Flüsse, Wälder und Felder dazugehören. Man schildert auch, welche Industrien entstanden sind und welche Verkehrsverhältnisse bestehen.

Besonderen Wert legte Rudolf Steiner darauf, die Kinder in der ersten Epoche auf den Gedanken aufmerksam zu machen, dass wir in unserem Heimatort auch Dinge gebrauchen und kaufen müssen, die von weither kommen, wo Menschen für uns gearbeitet haben, denen wir dankbar sein können. Umgekehrt arbeiten auch hier Menschen, die anderswo benötigte Dinge herstellen. Ein gegenseitiges Geben und Nehmen, ein brüderliches Miteinander spiegelt sich darin. Solche Gedanken fallen in diesem Alter auf besonders fruchtbaren Boden und sollten nicht fehlen.

Im fünften Schuljahr beschäftigen wir uns mit den Landschaften und den Wirtschaftsformen Mitteleuropas, gehen daher im Unterricht auf «Entdeckungsreisen» entlang den Küsten oder auf den großen Flüssen, auch machen wir Bergtouren, um Land und Leute kennenzulernen. Wie leben und was arbeiten die Menschen, die am Meer, im Hochgebirge oder Tiefland, in der Heide oder an einem Fluss oder gar bei einem Moor wohnen? Dabei werden auch Menschen betrachtet, die im Bergbau arbeiten. Im Kartenzeichnen werden die Fünftklässler durch Übung immer geschickter und lernen, mit dem Atlas umzugehen.

Die erste Geschichtsepoche

Hat man im vierten Schuljahr die Kinder mit der Vergangenheit ihrer näheren Umgebung vertraut gemacht, führt man sie im fünften Schuljahr viel weiter zurück in die frühen Kulturen der Menschheit, in das Leben der damaligen Völker, ihre Errungenschaften, Werke und Taten, auch ihre religiösen Empfindungen gegenüber den jeweiligen Göttern. Es geht darum, die Andersartigkeit dieser Kulturen den Kindern nahezubringen, noch nicht um eine kausale Darstellung oder gar Geschichtsimpulse.

Da kann man – anschließend an die indische Sage vom Großen Manu und den sieben Heiligen Rishis im alten Indien – anhand von vedischen Texten, den Upanishaden oder der Bhagavad-Gita versuchen, den Kindern ein Bewusstsein zu verschaffen, dass es den frühen Indern auf das Erleben und Erfassen des so umfangreichen Götterhimmels ankam. Die Erdenwelt erschien ihnen als Schein, als «Maja».

In der anschließenden persischen Kultur wurde durch das Wirken des so bedeutenden Zarathustra eine Menschengruppe im Hochland von Iran sesshaft und begann sich für die Arbeit an der Erde zu interessieren. Sie erlernte den Hausbau, Ackerbau, Kanalbau und die Bewässerung, die Getreidezüchtung, die Tierhaltung, während im Tiefland von Turan weiterhin nomadische Völker von Ort zu Ort zogen, wenn das jeweilige Gebiet keine weitere Lebensmöglichkeit bot, und die Erde ausgebeutet zurückließen.

Die Historie beginnt mit einer dritten Kultur in den Gebieten Chaldäa, Babylonien, Assyrien und Ägypten etwa 3000 v. Chr. Da entstehen im Zweistromland die ersten Städte der Menschheit, dabei wird die Arbeitsteilung erfunden, die erste Schrift wird entwickelt, das Schulwesen begründet, riesige Stadtmauern und große Tempel werden errichtet. In diesen werden Gottheiten verehrt, die mit den Geheimnissen der Geburt, den sogenannten Geburtsmysterien, im Zusammenhang stehen. In Ägypten entstehen Pyramiden und gewaltige Tempelanlagen, die alle mit den Geheimnissen des Todes, den sogenannten Todesmysterien, zusammenhängen. Ein riesiger Beamtenstaat, aufgebaut nach dem Prinzip einer Pyramide, regiert das Volk, an der Spitze ein Pharao. Die Schülern werden während der Epoche nicht nur Texte aus all diesen Kulturen aufschreiben und Zeichnungen anfertigen, sondern auch die Möglichkeit haben, in Ton wenigstens einige Schriftzeichen der Keilschrift mit einem Stift einzugraben, auch Hieroglyphen aufzuschreiben, die bildhafte Schrift, die von Champollion entziffert wurde.

Nachdem die Schüler die Weltabgewandtheit der Inder, die Strenge der Zarathustra-Religion und die Größe der ägyptischen Leistungen erleben durften und dabei so manches Ehrfurchtsgebietendes empfanden, erregen die Bilder der griechischen Geschichte ein noch größeres Interesse und Verständnis. Da werden zunächst die Sagen der Heroen geschildert, z. B. von Herakles und Perseus, und dann treten die Fünftklässler in die eigentliche Geschichte mit der Darstellung des Trojanischen Krieges ein, den uns Homer in Hexametern erzählt. So manche Urbilder des Denkens finden wir in diesen Sagen, und die griechische Kultur steht ganz im Zeichen der Entwicklung des Gedankens. In der *Odyssee* erleben wir, wie bei Odysseus die Gedanken nur so aufblitzen, woran sich die Kinder hell begeistern! Es wird darin aber auch das Leben der Griechen in der homerischen Zeit treffend geschildert.

Wie anders lebten dagegen die Spartaner, geradezu gegensätzlich zu den Athenern, und wie ist es deren Kindern ergangen, wurden sie doch im siebten Lebensjahr vom Elternhaus getrennt und unter härtesten Strapazen zu tapferen Kriegern ausgebildet!

Mit Solon, der Gesetze schafft und sich für die beginnende Demokratie einsetzt, blüht Athen auf. Den Persern, die mit einem gewaltigen Heer und großer Flotte, mit Schiffen wie riesige Festungen, das Land untertan machen wollen, begegnen die Griechen mit Intelligenz als Kampfmittel und setzen politische Mittel ein, sodass sie den Sieg davontragen.

Die olympischen Spiele, das Zeitalter des Perikles, die Tempelstätten, die großen Amphitheater, wo die Dramen bedeutender Dichter tagelang für Menschen aus Nah und Fern aufgeführt werden, Städtegründungen in anderen Ländern bilden den Höhepunkt der griechischen Zeit. Die Kinder sind im fünften Schuljahr in ihrer inneren Entwicklung den Griechen besonders ähnlich, und wie stark wirken diese Bilder auf sie!

Die Epoche schließt mit der Darstellung des Alexanderzuges. Dieser große Feldherr führt sein Heer durch all die Länder, in denen sich die hohen Kulturen entwickelt hatten, aber in umgekehrter Reihenfolge: Er zieht durch Ägypten, dann durch Persien bis an den Indus und bringt all die neuen Impulse, die Griechenland herauszubilden hatte, hinüber in den Osten. Überall entstanden Städte, die seinen Namen trugen.

Musik- und Eurythmieunterricht

Im *Musikalischen* vollzieht sich im Zusammenhang mit dem «Rubikon» ein bedeutsamer Schritt. Die Zeit der Pentatonik klingt im dritten Schuljahr langsam aus, die Kinder erwachen zum Erleben eines Grundtons, und daher ist nun möglich, einfache Tonleitern an sie heranzubringen, spätestens jetzt die C-Flöte einzuführen, aber auch zweistimmig zu singen und zu flöten, wenn einige Schüler auf der F-Flöte zu spielen beginnen. Durch das neue innere Erlebnis des Sich-absetzen-Könnens sind die Kinder auch in der Lage, die Notenschrift zu erlernen, nach Noten zu spielen und aufzuschreiben. Bisher haben sie alles vom Gehör her aufgenommen und auch in Klänge umgesetzt. Im vierten Schuljahr können Flöten und Streichinstrumente das gemeinsame Singen, mehr und mehr auch zweistimmig, begleiten. Bis zum fünften Schuljahr hin steigern die Kinder ihre Fähigkeiten in der Mehrstimmigkeit wie auch im instrumentalen Zusammenspiel, sodass es vielerorts möglich wird, Klassenorchester einzurichten, wobei die Kinder die Instrumente in der Schule spielen, die sie im Privatunterricht spielen lernen. Da Musik zu den «sozialisierenden Künsten» zählt, kann man den Klassen, die viel gemeinsam musizieren und singen, anmerken, dass sich dies auf das Gemeinschaftsleben, das tägliche Miteinander, sehr positiv auswirkt.

Das Gleiche gilt für den *Eurythmieunterricht,* wo die Kinder lernen, gemeinsam die eurythmischen Formen zu laufen und die Lautformen mit den Armen auszuführen. Das Thema «Tätigkeiten der Handwerker» wird im dritten Schuljahr künstlerisch aufgegriffen, und die Kinder lernen, sich nach Versen und Musik zu bewegen, wobei auch geometrische Formen wie Wellen, Kreis, Schleife, Gerade, Dreieck, Viereck vorkommen können. Zur Geschicklichkeit in den Händen werden auch Spiegel- und Rechts-Links-Übungen ausgeführt und die Gebärden der Konsonanten und Vokale übend verfeinert. Im vierten Schuljahr lassen sich bereits grammatikalische Formen für Verben und Substantive darstellen, da das Kind die Grammatik nicht nur mit Verstandeskräften, sondern auch mit

Gefühl und Wille aufnimmt. Auch die Alliteration wird aufgegriffen, indem die Schüler während der Rezitation kraftvoller Texte der *Edda* die Konsonanten im Stabreim eurythmisch darstellen. In der 5. Klasse lernen sie, die eurythmischen Gebärden parallel zum Laufen der Raumformen zu bilden – eine große Aufgabe. Von nun an ist der griechische Hexameter das Versmaß, womit die Schüler Homers Texte eurythmisch darstellen.

Dies sind nur einige Beispiele, was die Kinder in der 3. bis 5. Klasse der Waldorfschule lernen und erfahren, womit sie sich gedanklich, erlebnismäßig, praktisch-handwerklich und künstlerisch beschäftigen. Die genauere Darstellung der Unterrichtsinhalte, auch der Fächer, die hier nicht zur Sprache gekommen sind (die Fremdsprachen, Handarbeit und Sport), findet sich im Lehrplan der Waldorfschule.[124] In allen Fächern werden in erster Linie die Willenskräfte der Schüler angespannt, stets begleitet von starken Gefühlen und bildhaften Gedankenkräften. Es ist also der «ganze Mensch» tätig, und darauf kommt es an! Dabei haben die Lehrplanangaben, wie wir an einigen Unterrichtsbeispielen gesehen haben, eine starke Beziehung zu den einzelnen Entwicklungsschritten des Kindes, gehören wie Frage und Antwort zusammen.

Das zwölfte bis vierzehnte Lebensjahr

Die Verabschiedung von den Kindern am Ende des fünften Schuljahres kann noch ganz im Lichte der mittleren Kindheit erstrahlen: Welche Freundlichkeit, Vorfreude auf die Ferien, welch fröhliche Abschiedsworte und gute Wünsche für erholsame Ferien und ein strahlendes «Auf Wiedersehen im nächsten Schuljahr» kann man da erleben! Das bleiben für den Lehrer, wenn er an der Tür des Klassenzimmers den Schülern zum Abschied die Hand gibt, unvergessliche Augenblicke. Alles passt so gut zu dem Schönheitsideal der Griechen, das mit diesem Schuljahr zu Ende geht.

Sechs Wochen Ferien, und die Entwicklung schreitet voran! Die Kinder erscheinen in ihrem Habitus nun irdischer, eher als «Römer», sie sind dabei, sich zu verändern, jeder individuell, zu seiner Zeit. So konnte ich am ersten Morgen nach den Sommerferien einmal Folgendes erleben, was dieses neue Verhalten anfänglich kennzeichnet: Bisher kamen die Schüler morgens, wenn sie schon vor mir im Klassenzimmer waren, zur Begrüßung sofort zu mir an die Tür, hatten auch etwas zu erzählen, zu zeigen oder zu fragen. Als ich den Raum zu Beginn des sechsten Schuljahres betrat, waren schon viele da und saßen in etlichen Gruppen verteilt beisammen, um sich ihre Ferienerlebnisse zu erzählen. Dann sahen mich einige kommen, sprangen aber nicht gleich auf, sondern wandten sich zu den anderen, die mich nicht bemerkt hatten, und sagten wie gleichgültig: «Er kommt!» Ich hatte sie gestört, aber es war auch ein erstes Zeichen, dass sich die Heranwachsenden immer mehr absetzen werden, für sich sein wollen, eigenständiger werden wollen – und tatsächlich auch eigenständiger werden.

In der nun folgenden Zeit kann man in der Schule wie zu Hause eine Reihe von Beobachtungen machen, die bei einigen Kindern schon sehr bald auftreten, während sich andere noch Zeit lassen: Ihr Gang ändert sich, kann schlaksiger, lässiger werden und vorübergehend sogar unsicher wirken. Auch im Umgang mit ihrer Sprache werden einige lascher, lieben die Lässigkeit, während andere beginnen, willenshafter zu sprechen, und sich freuen, Eindruck auf andere machen zu können. Den Bewegungen einiger Kinder ist anzumerken, dass sie schon etwas gehemmter, drahtiger, steifer wirken. Das fällt besonders auf, wenn ein Klassenspiel eingeübt wird und der Lehrer die Schüler bittet, das Sprechen mit Gesten zu begleiten. Das war vorher nicht notwendig. Unbeschwert konnten sich die meisten auf der Bühne bewegen und ohne Scheu Gebärden ausführen, jetzt müssen sie diese bewusst neu kennenlernen.

In dieser Zeit werden manche Heranwachsenden etwas scheuer, sie wollen beim gemeinsamen Singen oder Rezitieren auf der Bühne nicht in der ersten Reihe stehen. Auch möchten sich einige am liebsten an die Wand lehnen, wenn sie vor der Klasse allein etwas vortragen sollen, um einen Halt zu spüren. Zu den äußeren Auffälligkeiten gehört auch, dass die Kinder einen weiteren Wachstumsschub erleben.

Man könnte in diesem Alter auch von einem Wahrnehmungshunger sprechen: Was die Elf- bis Zwölfjährigen mit ihren Sinnen aufnehmen, kann ihnen nicht stark genug sein. Jeden Sinneseindruck möchten sie am liebsten vergrößern, verdreifachen. Die Poster an der Wand können nicht groß genug sein, das Idol, das man dort ständig vor Augen haben kann, möchte man möglichst lebensgroß sehen – oder noch größer. Den Augen mutet man aber, wenn es von niemandem gebremst wird, viel zu: Blitzschnell müssen sie wahrnehmen, wenn mit der Konsole oder dem Gameboy vor dem Bildschirm mit dem Freund oder Verwandten Kämpfe oder Computerspiele gegeneinander ausgetragen werden. Das gilt auch, wenn der regelmäßige Umgang mit dem Smartphone und seinen vielen Beschäftigungsmöglichkeiten dazu verlockt, es immer wieder aus der Tasche zu holen und irgendein Spiel zu spielen, zu telefonieren oder schnell eine Nachricht zu versenden. Die Kinder können sich gar nicht satt sehen. Unentwegt wird beim Benutzen des Smartphones der Sehsinn beansprucht, aber auch der Hörsinn. Hat jemand die Stöpsel im Ohr, weiß man doch, dass er in «seine» Musik ganz versunken ist, die aber nicht von der Umgebung gehört wird. Um eindrucksvolle Lautstärke geht es dann aber zu Hause, wo die Musikanlage nicht groß genug sein kann. Wenn die Lautsprecher eine befriedigende Größe haben, die Musik laut tönt, die Bässe durchs ganze Haus dröhnen, sich die Eltern beschweren, ist es den Heranwachsenden gerade recht. Erzählt ein Mitschüler, dass er zu Hause einen Verstärker mit mehr Watt hat, der noch mehr Sound von sich gibt, muss man auch einen solchen haben. Wie es bei den Sinneseindrücken Übertreibungen gibt, so auch mit den Erzählungen: Die Zwölfjährigen versuchen, mit geschickt gewählten Worten ihre Eltern davon zu überzeugen, dass sie gegenüber ihren Klassenkameraden doch nicht hintanstehen dürfen, und wollen so ihre Mutter, ihren Vater möglichst zum sofortigen Kauf des Gewünschten überreden – ein Beispiel, das typisch ist und für viele andere, ähnliche Situationen stehen kann. Auf Elternabenden sollte man daher über solche Themen sprechen und mit anderen Eltern regen Gedankenaustausch pflegen, um hier gemeinsame Vorgehensweisen zu finden.

Im Unterricht verhalten sich die Schüler möglicherweise nach wie vor ganz ruhig, was nicht darüber hinwegtäuschen darf, dass sie große Freude an übermäßigem Lärm haben. Wie laut können sie werden, wenn sie auf dem Schulhof eine leere Konservendose finden und sie durch die Gegend kicken, hinterherlaufen und laut schreien! Es juckt sie in den Füßen, wenigstens einmal gegen diese Dose zu treten und aus Leibeskräften zu johlen, wenn ihnen das gelungen ist! Der Aufsichtslehrer ist in solcher Situation nicht zu beneiden.

Der Wahrnehmungshunger lässt sich auch bei anderen Situationen beobachten, und gelegentlich werden noch andere Sinne auf die Probe gestellt. Da kommt ein Schüler beim Mittagstisch im Beisein seiner Mitschüler auf den Gedanken, eine Wette abzuschließen. Er sieht auf dem Tisch ein großes, halb volles Senfglas und sagt: «Wetten, dass ich den Senf in genau zehn Minuten essen kann?» – «Das kannst du nicht! Du kriegst einen Euro, wenn du das schaffst!» Ein anderer macht ein besseres Angebot, will zwei Euro geben, und die Wette gilt. Sie nehmen das Glas unbemerkt vom Tisch, und draußen versammeln sich alle um den wagemutigen Schüler, um sich das Schauspiel nicht entgehen zu lassen. Der gewinnt die Wette tatsächlich, bekommt große Anerkennung, auch sein Geld, hat aber außer schrecklichem Durst nun auch noch Magenkneifen und fühlt sich elend. Er ist um eine interessante Erfahrung reicher geworden.

Auch dem Geruchssinn wird manchmal zu viel zugemutet: Da bringt ein Schüler eine Substanz mit, von der er weiß, dass es eine Zumutung bedeutet, sie riechen zu müssen. «Willst du mal riechen?», fragt er einen nach dem anderen und hält den Kameraden den Stoff kurz unter die Nase. Jeder schreckt hoch und stöhnt. Früher war das meist Salmiak, heute gibt es noch andere ekelerregende Gerüche. So empfindet der Heranwachsende Freude an Extremen.

Erinnert man sich, wie sehr sich die Kinder im fünften Schuljahr um Harmonie bemühten, fällt in zunehmendem Maße auf, dass sie jetzt sehr viel kritischer werden, schneller unzufrieden sind und dies auch gern äußern. Wenn sie über andere Menschen sprechen, fallen ihre Urteile oft entweder positiv oder negativ aus. Wollte man dies mit Farben ausdrücken, müsste man sagen, dass die Kinder nur noch schwarz oder weiß kennen. Wenn wir später über das Zeichnen und Malen sprechen, kommen wir auf diesen Tatbestand zurück.

Andererseits lässt sich beobachten, dass in diesem Alter auch eine neue Art von Freundschaft entstehen kann. Es gibt neue und auch immer mehr gemeinsame Interessen, die man gern gemeinsam pflegt. So vermögen sich Freundschaften zu bilden, die das ganze Leben hindurch anhalten. Unsere Tochter beispielsweise hatte in der Mitte ihrer Kindheit immer wieder andere Kinder mit nach Hause gebracht und gern mit allen gespielt. Vom zwölften Lebensjahr an waren es dann nur noch fünf, aber immer dieselben. Heute sind diese Kameradinnen über vierzig, wohnen in verschiedenen Städten und haben zum Teil Kinder – und da sie sich immer noch so gut verstehen und ähnliche Interessen haben, treffen sie sich bei jedem Anlass, der sich ihnen bietet.

Da die Mädchen und die Jungen auf ihre Art einen gewissen Aufwachprozess durchmachen, ändert sich bei vielen ihr Verhalten auffällig. Sie beginnen, forscher aufzutreten, wirken selbstbewusster, während die Jungen, wenn sie nicht gerade in einer Gruppe sind und sich gemeinsam sehr stark fühlen, etwas scheuer werden und sich innerlich zurückziehen. Sie mögen aber doch gern einmal unbeobachtet zu den Mädchen hinschauen, die sich jetzt schon zu schminken anfangen. Diese Phänomene traten in früheren Zeiten später auf, in der Pubertät oder «Erdenreife», wie Steiner diese Zeit nannte, aber heutzutage haben wir es ab dem zwölften Lebensjahr mit der uns gut bekannten «Vorpubertät» zu tun.

Einige Mädchen beginnen zu kokettieren, und wenn sie sich über einen geärgert haben, können sie sich keck vor einen stellen und sich über etwas, das sie ungerecht finden, lautstark beschweren. Auch kommt es häufiger vor, dass Mädchen in der Gruppe unerwartet etwas finden, über das sie laut zu lachen anfangen, und nicht wissen, wie sie wieder aufhören sollen. Das kann in der Klasse, auf dem Schulhof und auch im Unterricht zu völlig unpassenden Gelegenheiten geschehen. Dieses «Giggeln» ist alterstypisch und stellt für die Umgebung eine Herausforderung dar. Versuchen Mit-

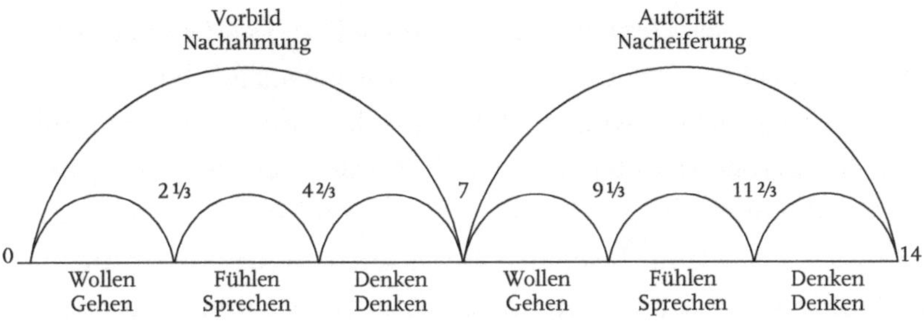

Abb. 32: Gliederung der Lebensabschnitte in den ersten beiden Jahrsiebten

schüler oder gar Lehrer mit Worten oder freundlichen Bitten, es zu unterbinden, wird noch stärker gelacht. Mit Geduld und vor allem mit Humor sind solche Situationen zu meistern.

Gut, wenn es dem Lehrer gelingt, seine Schüler im Unterricht immer wieder einmal zum Lachen zu bringen! Sie sehen auch gern einmal, wenn sie den Lehrer zum Lachen bringen können und erleben dürfen, dass er neben allem Ernst seines Unterrichtsfachs Sinn für Späße hat. Lachen gleicht einem seelischen Ausatmen, und danach können die Schüler auch wieder aufmerksamer sein und mit erneutem Ernst, also mit einem seelischen Einatmen, mitarbeiten.

Wenn wir das zweite Jahrsiebt wieder als großen Bogen betrachten, beginnt mit dem zwölften Lebensjahr das dritte Drittel (Abb. 32). Bereits für den Bogen des ersten Lebensjahres haben wir dort dieses Drittel mit den Kräften des Denkens in Verbindung gebracht. Dort waren es neue Denkkräfte, die es dem Kind ermöglichen, Fragen zu formulieren. Nun taucht wieder eine neue Denkfähigkeit auf, eine Stufe höher: das kausale Denken. Was uns Erwachsenen ganz selbstverständlich ist, dass Ursache und Wirkung als Begriffe zusammengehören und in enger Beziehung zueinander stehen, wird in diesem Alter in einer Art seelischen Erwachens mehr oder weniger deutlich erkannt und erlebt. Und daher beginnen die Waldorfschulen zu diesem Zeitpunkt, die Naturwissenschaften zu unterrichten. Da sind die vielen physikalischen Phänomene, die wir den Heranwachsenden zu zeigen haben und die in ihnen innerlich zu Fragen werden, die sie durch eigenes Denken beantworten sollen. Das Denken beginnt in seine Rechte einzutreten. Die Waldorfpädagogik begleitet seine Entwicklung auf dem Weg vom bildhaften hin zum abstrakten Denken, z. B. im Geometrieunterricht der 6. Klasse oder ein Jahr später in der Mathematik, wenn die Algebra eingeführt wird. Von nun an wird sich, wie wir noch sehen werden, auch die Unterrichtsmethode ändern müssen. Und immer mehr Schüler möchten nicht mehr als «Kinder» angesprochen werden, sie fühlen sich mehr und mehr als Jugendliche. Eine neue Zeit bricht an!

Betrachten wir nun wieder einige Unterrichtsfächer, die, dem Lehrplan entsprechend, auf die geschilderten Phänomene eingehen und den Schülern helfen, den weiteren Entwicklungsschritt zu meistern.

Wie antwortet der Lehrplan?
Ein Blick in die Epochenfächer

Geometrie

Im fünften Schuljahr haben die Schüler in der «Freihandgeometrie» bereits etliche geometrische Figuren, Linien, Winkel mit ihren geometrischen Bezeichnungen kennengelernt. Da sie in den Jahren zuvor schon viel gezeichnet hatten, entstanden unter ihren geschickten Händen rasch Kreise, verschiedenste Drei- und Vierecke, farblich eindrucksvoll gestaltet. Im sechsten Schuljahr sind sie gespannt darauf, wie ihnen alle diese Zeichnungen gelingen werden, die sie von nun an mit Zirkel, Lineal, Winkelmesser, angespitzten Bleistiften und größtmöglicher Genauigkeit anfertigen werden. Da gilt es, alles Lässige auf die Seite zu schieben und bereits am ersten Tag mit dem Zirkel eine «Kreisrose» zu zeichnen, bei der jeder Schnittpunkt genau sein muss. Da wird der Hauptkreis mit einem bestimmten Radius gezeichnet, dann sollen mit dem Zirkel, auf der Kreislinie herumwandernd, sechs weitere Kreise mit dem gleichen Radius abgetragen werden. Man sticht dort ein, wo der vorherige Kreis die Kreislinie durchschnitten hat. Beim letzten Schnittpunkt zeigt sich, ob man genau genug war. – In der Epoche entstehen erst Kreisrosen, dann durch weitere Verbindungslinien und Kreisbögen solche Schnittpunkte, die es ermöglichen, unterschiedliche Dreiecke, Quadrate, Rechtecke, Rhomben und Trapeze im Kreis einzuzeichnen. Dabei kommt es immer auf Gründlichkeit an, und es ist zu beobachten, dass die Schüler durch diese Bemühungen Formkräfte erwerben und sich innerlich straffen. Die Denkkräfte werden im Geometrieunterricht ebenfalls geschult, denn im Laufe der Epoche wird zu den Zeichnungen die Konstruktion mündlich wie schriftlich beschrieben. Jeder Schritt muss verständlich erläutert werden – eine gute Schulung.

In der 6. und 7. Klasse erlernen die Schüler Konstruktionen von Dreiecken aller Art mit charakterisierenden Beschreibungen, dann auch von Vierecken, parallel dazu die Grundkonstruktionen vom Errichten einer Senkrechten und Fällen eines Lots auf eine Gerade, von einer Winkelhalbierenden und die Parallelverschiebung. Eine Fülle wichtiger Gesetzmäßigkeiten gilt es kennenzulernen, etwa die Kongruenzsätze, verschiedene Winkelarten, den geometrischen Beweis, die Winkelsumme im Dreieck und den Pythagoräischen Lehrsatz. Der Geometrieunterricht stellt wertvolle Anforderungen an das zeichnerische Können und an die Denkfähigkeiten der Heranwachsenden. Wenn es gelingt, sie zu begeistern, wird auch ihre Gefühlswelt einbezogen. So ist es auch in diesem Fach möglich, alle drei Seelenkräfte einzubeziehen – der ganze Mensch ist tätig.

Mathematik

Zwei Jahre lang haben die Schüler mit Brüchen und Dezimalbrüchen rechnen gelernt, wobei es um den richtigen Umgang mit deren Gesetzen und die richtige Anwendung der Regeln ging. Nun kommt ein Schuljahr, in dem die Zahlen wieder mit dem praktischen Leben in Verbindung gebracht werden. Das erinnert uns daran, dass in den beiden ersten Schuljahren ebenfalls nur mit den reinen Zahlen und ihren Gesetzen gerechnet wurde, im dritten aber alles an den praktischen Umgang angeknüpft wurde. Die Schüler lernen jetzt die Prozentrechnung kennen und dann deren Anwendungen im täglichen Leben, wo man von Rabatt, Skonto, Gewinn/Verlust und Mehrwertsteuer spricht und sie errechnen kann. Wichtig ist, über das Geldwesen zu sprechen, wie es zur Geldwirtschaft kam, wie das Bankwesen entstand, wobei man auch auf das Sparen und Leihen von Geld zu sprechen kommt und die Zinsrechnung einführt. In dieses Schuljahr gehören aber auch die Schlussrechnung und der Umgang mit dem Dreisatz. Sehr anschauliche Beispiele zu den erwähnten Themen sind in dem Buch von Ernst Schuberth, *Mathematik im sechsten Schuljahr*, aufgeführt.[125]

Nach den Prozent- und Zinsrechnungen kommt der Augenblick, in dem der Lehrer mit den Sechstklässlern eine erste Formel entwickelt und ihnen den Umgang damit zeigt. Dies ist der Übergang zur Algebra, zum Rechnen mit Buchstaben. Im nächsten Schuljahr lernen die Schüler dann die Algebra mit all ihren Rechengesetzen kennen. Die negativen Zahlen werden eingeführt und die vier Grundrechnungsarten vom numerischen bis ins algebraische Rechnen erlernt; dabei spielt der Gebrauch von Klammern eine wichtige Rolle. Auch die höheren Rechenoperationen, das Potenzieren und Radizieren, tauchen auf, und es ist sinnvoll, damit anzufangen, die Quadratzahlen wie auch die Binomischen Formeln auswendig zu lernen. Ein weiteres Thema der 7. Klasse sind die linearen Gleichungen mit vielfältigen Anwendungen. Der Lehrplan erwähnt auch das kaufmännische Rechnen mit einigen Elementen der Buchführung, außerdem die Oberflächen- und Volumenberechnungen an Würfel, Quader, Prisma und auch die Kreisberechnungen, wozu die Schüler die Zahl «Pi» kennenlernen müssen, um die Formeln für Kreisumfang und Kreisfläche verstehen zu können.[126]

Physik

Mit dem Auftauchen der neuen Denkkräfte, dem «kausales Denken», setzt in der 6. Klasse auch der Physikunterricht ein und bietet den Schülern reichlich Möglichkeit, Wirkungen wahrzunehmen und Ursachen zu ergründen. Nach den Phänomenen aus der Akustik und der Optik beschäftigen sie sich mit der Wärmelehre, aus der wir hier ein Beispiel wählen, das zeigt, wie wichtig Physik für das Leben ist und wir die Welt besser verstehen, wenn wir viele ihrer Eigenarten kennen.

Der Klassenlehrer möchte den Kindern zeigen, dass kaltes Wasser andere Eigenschaften aufweist als warmes oder sogar heißes. Er nimmt zwei Stative, befestigt schräg an ihnen je ein gewöhnliches Brett und lässt die Enden der Bretter in einem Waschbecken am Experimentiertisch enden. Die Schüler können von vorn auf das Brett schauen und sollen nun beobachten, wie das kalte Wasser, das man oben auf das Brett gießt, über das Brett herabläuft und ins Waschbecken tropft. Der Lehrer füllt eine Kanne mit kaltem Leitungswasser und gießt sie oben über dem Brett aus. Man sieht, dass das Wasser, nach links und rechts wellend, also in Mäanderform, langsam herunterfließt. Am Ende löst es sich in Tropfen auf, und diese plumpsen hörbar ins Waschbecken. Inzwischen hat der Lehrer über dem Bunsenbrenner Wasser in einem Wasserkessel erhitzt und gießt es über dem anderen Brett aus. Es fließt auffallend geradliniger und schneller, bildet keine Mäander, und der Strom fließt auch in dieser Form in das Becken, ohne zu plätschern. Es trifft weich auf. Die Kinder beobachten diese Phänomene, beschreiben sie im anschließenden Gespräch und bemühen sich, einiges zu sagen, was sie gefühlsmäßig mit dem Erlebten verbinden. Die gedankliche Seite wird für den nächsten Morgen aufgespart; die Schüler sollen selbst gedanklich herausfinden, was die Ursachen für diese Erscheinungen sein könnten. Zufrieden stellen sie fest, dass warmes Wasser beweglicher, flüssiger ist als kaltes. Schließlich fällt einem Kind ein, dass Wasser, das im Herbst immer kälter wird, zu festem Eis werden kann.

In der Akustik erleben die Schüler, wie unterschiedlich auf Musikinstrumenten die hohen und tiefen Töne erzeugt werden, wie kurze oder stärker gespannte Saiten hohe Töne erzeugen, lange und weniger gespannte tiefe Töne. Schwingungen werden an den eindrucksvollen Versuchen mit den «Chladnischen Klangfiguren» erlebt, und schließlich wird auch der Kehlkopf betrachtet, der, senkrecht angeschaut, wie eine Flöte, im Querschnitt durch die Stimmbänder wie eine Leier aussieht. Mit vielen weiteren Versuchen und beobachtbaren Phänomenen – die wir hier nicht weiter beschreiben können – beschäftigen sich die Schüler in der Akustik, der Optik, im Magnetismus, der Wärmelehre und der Elektrizitätslehre.

Im siebten Schuljahr, wenn sich die Schüler seelisch-geistig und erlebnismäßig noch weiter mit der Mechanik ihres eigenen Körpers verbunden haben, wird zusätzlich die «Mechanik» mit ihren Hebelgesetzen, dem Stemmeisen, der Wippe, der Schiefen Ebene usw. behandelt. Für Schüler und Lehrer gibt es in dieser Epoche eine unvergessliche Situation: Wenn abschließend die «Rolle» und der «Flaschenzug» praktisch erarbeitet werden, muss der Lehrer den Heranwachsenden die Freude machen und sich im Kindersitz nach oben bis unter die Decke ziehen und viele drollige Bemerkungen über sich ergehen lassen. Die Schüler haben es in der Hand, wann der Lehrer wieder festen Boden unter den Füßen bekommt.

Chemie im siebten Schuljahr

Mit einem weiteren naturwissenschaftlichen Fach, der Chemie, beginnt die Waldorfschule im siebten Schuljahr, wenn die Schüler bezüglich ihres Verinnerlichens einen Schritt weiter gekommen sind. Am Anfang dieser Epoche, die oft mit Spannung erwartet wird, beschäftigt sich die Klasse mit dem Feuer, das nahezu alle Stoffe verändert. Es wird beobachtet, wie Holz, dann auch wie die verschiedenen Teile der Pflanze verbrennen, und die Schüler lernen anschaulich durch Versuche, dass man entsprechend den vier Elementen auch von vier verschiedenen Feuern sprechen kann. Das

Feuer mit Brikett bringen wir lediglich zum Glühen – ein «irdisches» Feuer. Lassen wir auf einem Brett im Dunkeln brennenden Spiritus ins Wachbecken herunterfließen, ist es ein «wässriges» Feuer. Eine Bäckertüte füllen wir über dem Bunsenbrenner mit Gas und leeren die Tüte schnell über einer brennenden Kerze – ein «luftiges» Feuer. In einer Dose entzünden wir Petroleum und können es nicht mit Wasser löschen – ein «feuriges» Feuer. Das Element Luft beschäftigt die Klasse weiterhin, wenn die Bedeutung der Luft für das Feuer untersucht wird. Wir können mit ihr eine Kerze und kleine Feuer ausblasen, aber auch durch Pusten vorhandene Glut zu Feuer entfachen. Ein Schornstein verstärkt das Feuer, ein Becherglas über eine Kerze gestülpt löscht die Kerze aus. All diese Zusammenhänge gilt es nun durch kausales Denken herauszufinden. Weitere interessante Inhalte dieser Epoche können hier nur erwähnt werden, z. B. der Kalkkreislauf, das Thema «Säure, Laugen, Salze» und deren Nachweis mit Rotkohlsaft, Metalle und ihre Oxide usw.[127]

Geografie mit Himmelskunde und Gesteinskunde

Etwas ausführlicher wollen wir uns mit der Geografieepoche der 6. Klasse befassen, da die Schüler hier auch Phänomene der Himmelskunde und der Gesteinskunde kennenlernen. Nachdem im fünften Schuljahr Mitteleuropa betrachtet wurde, wird im folgenden Jahr der Blick zunächst auf ganz Europa gelenkt. Da lernen die Sechstklässler neue Landschaften und deren Bewohner, Gegensätze zwischen Nord und Süd, Ost und West kennen, erlernen weitere Namen und fertigen so manche Karte und Zeichnung und manchen Text an.

Betrachten wir zunächst, welche Bedeutung der Himmelskunde zum Verständnis von Geografischem zukommt. Rudolf Steiner regte an, in diesem Alter die Kinder in Gedanken vom derzeitigen Standort aus eine Reise nach Norden bis zum Pol durchführen zu lassen, dann eine Reise nach Süden bis zum Äquator und dabei auf den Wuchs der Pflanzen, den jeweiligen Sonnenstand und die Jahreszeiten zu achten. Wandern oder fahren wir mit einem Bus, streckenweise auch mit einem großen Schiff, zuerst nach Norden: Nach längerer Fahrt fällt uns auf, dass wir immer mehr Nadelbäume und weniger Laubbäume sehen, die auch zusehends kleiner werden und schließlich im hohen Norden ganz verschwinden. Alle Blumen werden ebenfalls kleiner, ducken sich am Boden, und weit im Norden kann sich die Erde nur noch mit Moosen, Flechten und Algen bedecken, die noch weiter nördlich rarer werden und schließlich dem ewigen Eis weichen müssen.

Dann beginnt die Wanderung zum Nordpol. Auf dem Weg dahin haben wir immer die Himmelsrichtungen verfolgt: Rechter Hand war Osten, linker Hand Westen und hinter uns Süden. Auf dem Pol stehend, fragen wir uns, wo nun die vier Richtungen zu suchen sind. Ost und West sind völlig verschwunden, Norden ist da, wo wir stehen, und Süden ist von dort aus überall. Der Kompass zeigt uns an, wo der magnetische Nordpol ist. Den Sonnenstand haben wir beim Gang zum Nordpol ebenfalls beobachtet; die Tagesbögen der Sonne wurden immer flacher, die Tage immer länger, die Sonne ging immer schräger unter, und nördlich des Polarkreises blieb sie schließlich über dem Horizont: Wir waren im Land der Mitternachtssonne angekommen und konnten im Tageslicht zum Pol wandern, dort umkehren und zurückgehen.

Die Reise nach Süden führt uns weite Strecken über Land. Die Pflanzenwelt verändert sich ebenfalls, Bäume und Pflanzen werden größer, und nach Durchquerung der Wüste werden Gräser in der Savanne um ein Mehrfaches größer als unsere. Im tropischen Regenwald am Äquator erreichen Bäume ihre Höchstgrenze und hüllen alle Pflanzen darunter in Schatten, sodass es dort dunkel ist und die Tiere wie auch viele Pflanzen nicht auf dem Erdboden, sondern nur oben auf den Bäumen leben können, etwa Frösche und Ameisen. Überall trieft täglich das Wasser von den Bäumen, sodass es das ganze Jahr über tropisch warm und feucht ist und die Temperatur konstant bleibt.

Woher kommt das viele Wasser? Im Gegensatz zum Norden klettert die Sonne hier täglich sehr steil, zeitweise senkrecht in die Höhe, verdunstet das Regenwasser vom Vortag, und dieses verdichtet sich nachmittags zu Wolken. Mit Blitz und Donner kracht es später hernieder und ruft das üppige Wachstum hervor. Im Wald selbst kennt man keine Jahreszeiten: Ein Baum macht gerade seinen Herbst durch und lässt seine Blätter fallen, ein anderer steht kahl dort und ist in seinem Winterzustand, manche andere gerade im Frühlings- oder im Sommerzustand. Von hier aus kehren wir zurück.

Was wir bisher angeschaut haben, sind äußere Erscheinungen, «Phänomene», die Rätsel aufgeben und die es für die Heranwachsenden mit ihrer neuen Fähigkeit des kausalen Denkens zu lösen gilt. Fassen wir unsere Erlebnisse zusammen: In Richtung Norden werden alle Pflanzen kleiner, auch die Sonnenbögen. Hoch im Norden geht die Sonne ein halbes Jahr lang nicht unter, aber es folgt ein halbes Jahr Dunkelheit, dort gibt es also ein halbes Jahr Sommer und ein halbes Jahr Winter, dort sind also Tag wie Nacht gleich der Jahreszeit. In Richtung Süden werden alle Pflanzen größer, die Sonnenbögen steiler, bis noch weiter in der Äquatorgegend die Sonne morgens senkrecht aufgeht und abends senkrecht hinter dem Horizont verschwindet. Es bricht sofort die Dunkelheit herein. Jahreszeiten gibt es nicht, stattdessen nur Tag und Nacht. Es leuchtet den Schülern nun ein, dass das Pflanzenwachstum, die Höhe der Pflanzen, aber auch die verschiedenen Pflanzenarten ganz von der Sonne und ihren Bewegungen abhängen müssen.

Im gemäßigten Klima können wir zwischen den beiden Extremen leben. Bei uns entstehen durch die tägliche Sonnenbewegung Tag und Nacht und durch die jährliche Wanderung die vier verschiedenen Jahreszeiten. Damit in Verbindung können wir unsere Pflanzenwelt und ihre Art zu wachsen, zu blühen und zu fruchten verstehen. Bei uns gibt es auch die tägliche Dämmerung: Abends und morgens geht die Sonne schräg unter bzw. auf, bleibt also eine längere Zeit unter dem Horizont, sodass es noch lange hell bleiben kann. Vieles mehr kann auf dieser gedanklichen Wanderung betrachtet werden.

Wenn man auf diese Weise die Sonne betrachtet, entspricht das dem Verhältnis, wie die Pflanzen – und wir Menschen ebenfalls – die

Sonnenbewegung am Himmel «erblicken». Über diese Tatsache und über den Fixsternhimmel sowie die verschiedenen Bewegungen von Sonne und Mond wird im weiteren Astronomieunterricht gesprochen. In den beiden nächsten Schuljahren betrachtet man Sonnen- und Mondfinsternisse, Planeten und ihre Bewegungen, Kometen und den Tierkreis (Zodiak).

Im Zusammenhang mit der Geografie lernen die Kinder auch Wesentliches über die Gesteine kennen. Zuerst beschäftigen sie sich in der *Gesteinskunde* mit dem großen Gegensatz zwischen Granit- und Kalkgebirgen, lernen dann die verschiedenen Erdzeitalter mit ihren besonderen Gesteinen kennen. Dafür ist es wichtig, dass man diese in der Gesteinssammlung der Schule vorfindet und den Schülern zum Anfassen in die Hand geben kann. Außerdem sollte man nicht versäumen, ihnen einen ersten Einblick in die lichte, staunenswerte Welt der Edelsteine zu vermitteln, die verschiedenen farbigen Quarze, Achate, Rubin und Opal bis hin zum Turmalin. Da können die Schüler erleben, dass auch für Erwachsene vieles rätselhaft bleibt und es kaum Antworten auf Fragen wie die folgenden gibt: Wie konnten so lichtvolle farbige Kristallformen einst im finsteren Erdinnern entstehen? Wie konnte das Urgestein entstehen, das weltweit aus den drei Substanzen Feldspat, Quarz und Glimmer zusammenströmte? Erstaunlicherweise ist der Quarz voller Licht, der Glimmer dagegen finster, schwarz und der Feldspat farbig – eine Dreiheit, die wir von der Entstehung des Regenbogens kennen, der bekanntlich die Farben enthält, aber uns nur erscheint, wenn auf der einen Seite das helle Licht der Sonne scheint, ihr gegenüber hinter dem Regenbogen die schwarze Wolkenwand steht und der Regen gerade vorbeigezogen ist bzw. wir noch im Regen stehen.

In der 7. Klasse werden, wenn Europa unter dem Gesichtspunkt von Polaritäten behandelt wurde und ein systematischer Überblick über die «die Erde als Ganzes» vermittelt wurde, noch zwei weitere Kontinente genauer betrachtet: Afrika und Asien. Bei der Betrachtung von Afrika bietet sich an, den Schülern ein Verständnis für die Vegetationsgürtel und Klimazonen und die unterschiedlichen

Lebensweisen der dortigen Bevölkerung (z. B. Hirtennomaden, Ackerbauern, Oasenbewohner, Bergarbeiter) zu vermitteln. Der Lehrer beschreibt die Fertigkeiten und Fähigkeiten der Menschen, die verschiedenen Religionen, das Auflösen von Traditionen und ihre Auseinandersetzungen mit dem westlichen Weltverständnis. Auch Beispiele für sinnvolle Entwicklungen sollten gezeigt werden. Beim Thema «Asien» kann man beispielsweise die Großlandschaften und ihre vorherrschenden Religionen (Buddhismus, Hinduismus, Islam), den Ballungsraum Ostasien, Südostasien und das Element des Wässrigen, das Verhältnis der Menschen zur Natur, die sich verändernde Rolle Asiens in der modernen Welt sowie China und Indien als aufstrebende Wirtschaftsmächte schildern.[128]

Naturkunde

In der *Tierkunde* ergibt sich im sechsten Schuljahr die Möglichkeit, den Kindern die Welt der Insekten zu erschließen – nicht nur, weil viele Arten durch Fehlverhalten der Menschen in ihrem Bestand bedroht sind, sondern weil sie von so großer Bedeutung für alle Lebewesen sind. Viele Waldorfschulen haben beispielsweise begonnen, unter fachmännischer Anleitung Bienen zu züchten, und tun dies mit den Schülern gemeinsam.

Auch die Pflanzenwelt ist bedroht. In der *Pflanzenkundeepoche* bringt der Klassenlehrer den Schülern viele der höheren Pflanzenfamilien nahe, z. B. Kreuzblütler, Doldengewächse, Schmetterlingsblütler, Lippenblütler, Hahnenfuß- und Rosengewächse, aber auch Gräser und Heilpflanzen. Kausale Zusammenhänge ergeben sich beim Betrachten der unterschiedlichen «Baupläne» der Pflanzen, ihrem Standort sowie ihrer Art und Weise, im Jahreslauf zu blühen und zu fruchten. Auch im Geografieunterricht ergeben sich viele Gelegenheiten, die Pflanzen- und Tierwelt einzubeziehen, wenn andere Länder der Erde betrachtet werden.

Ernährungs- und Gesundheitslehre der 7. Klasse

Im siebten Schuljahr wendet sich die Betrachtung wieder dem Menschen zu. Im vierten machte die Betrachtung des Menschen den Anfang, ging über zu den Tieren (4. Klasse), den Pflanzen (5. Klasse), zur Erde (6. Klasse) und kehrt mit der Betrachtung der Ernährungs- und Gesundheitsverhältnisse zum Menschen zurück. Rudolf Steiner setzte das Thema in dieses Jahr, weil er in diesem Zeitraum die letzte Möglichkeit sah, dass die Schüler an ihre ursprünglichen Ernährungs- und Gesundheitsempfindungen anzuknüpfen vermögen, die bald darauf immer mehr verschwinden.

In der Ernährungslehre werden die verschiedenen Nahrungsmittel, ihre Qualität, ihre Wirkung auf den Menschen, Zubereitungsarten, Essgewohnheiten und vieles mehr behandelt. So zeigt sich etwa, dass Wurzeln auf unser Nerven-Sinnes-System wirken, Stängel und Blatt auf unsere rhythmische Mitte, Blüte und Frucht auf die Verdauung, das Stoffwechsel-Gliedmaßen-System. Damit hat man einen Schlüssel, um Nahrungsmittel besser verstehen zu können. Auch Gifte, Kaffee, Alkohol, Tabak, Drogen sowie die große Bedeutung der verschiedenen Gewürze für unsere Ernährung werden betrachtet. Die Vorgänge der Verdauung und Ausscheidung, deren Organen, ebenso die Atmung, Herz und Kreislauf und anfänglich das Zentralnervensystem sind wichtige Themen dieser Epoche. Dazu, wie man durch Ernährung und gute Lebensgewohnheiten aktiv zu seiner Gesundheit beitragen kann, gibt es vieles zu sagen.

In das siebte Schuljahr gehört auch der eigentliche Sexualkundeunterricht, wenn die Heranwachsenden die dazugehörigen inneren Reifeprozesse erlangt haben. Freilich spielen Aspekte, die im erweiterten Sinne zu diesem Themenbereich gehören, etwa die Pflege der Beziehungs- und Konfliktfähigkeit, das Erleben von Grenzen, das Gewahrwerden des anderen Menschen und seiner Bedürfnisse, schon seit Beginn der Schulzeit immer wieder – altersentsprechend – eine Rolle.

Geschichte

Die innere Entwicklung des Heranwachsenden im zwölften Lebensjahr lässt manches erkennen, das den Römern und deren innerer Verfassung ähnelt. Dazu drei Beispiele: Gegenüber den Griechen haben die Römer voller Kraft, Mut und Eroberungswillen mit großen Heeren gewaltige Märsche in die Nachbarländer unternommen. In Rom wurde der Mensch zum «Civis», zum «Bürger», der seine Rechte hat. Jahrhunderte hindurch gab es während der römischen Frühzeit den ständigen Gegensatz von Patriziern (die reichen Bürger mit den Ämtern) und Plebejern (die armen Bürger, die sich im Laufe der Geschichte die Ämter von den Reichen erkämpfen mussten) – ein Gegensatz im Großen, der mit dem geschilderten «Schwarzweiß-Urteil» der Schüler vergleichbar ist. Der Lehrplan der Waldorfpädagogik sieht daher in der 6. Klasse die gesamte römische Geschichte vor, einschließlich dem Beginn des Christentums, und dann die weiteren Ereignisse vom ersten Auftreten der Germanen bis zum Ende des Mittelalters.

Ins siebte Schuljahr gehören die großen Entdeckungsreisen der Erde, bedeutende Erfindungen, beispielsweise Buchdruckerkunst, ausländische Entwicklungen und die Reformationszeit mit ihren Glaubenskriegen und Verfolgungen Irrgläubiger bis hin zum Dreißigjährigen Krieg. Historisch ist dies der Beginn der Neuzeit, und bei den Schülern ist es die Zeit, in der in ihnen neue Interessen erwachen und sie Freude am Entdecken entwickeln.

Erzählstoff

Bis zum Ende des fünften Schuljahres hat der Klassenlehrer den Kindern am Ende des Hauptunterrichts vor allem Mythen erzählt. Von der 6. bis zur 8. Klasse kann er zwischen zwei Themenbereichen wählen: Völkerkunde oder Bilder aus der alten, dann der mittleren und schließlich der neueren Geschichte. Wie bedeutsam ist es gerade heute, dass die Heranwachsenden von anderen Völkern hören und erfahren, wie diese leben, welche Beziehung sie zu ihrer Umgebung haben, welche Sitten und Gebräuche, welche Kleidung, Ernährung zu ihnen gehört und welche Probleme sie derzeit haben! Mit den Beschreibungen von Lebens- und Schicksalswegen sowie den Schilderungen fremder Länder und Völker kommen wir dem erwachenden Menschen- und Weltinteresse der Schüler entgegen. Damit regen wir bei ihnen das Verständnis für das Andersartige an und ermöglichen zugleich neue Impulse für die Eigenwahrnehmung.

Malen und Zeichnen

Hört man unbemerkt zu, wenn Schüler über jemanden sprechen, der einem bekannt ist, kann man erleben, was wir bereits angeschaut haben: Sie schildern ganz einseitig – entweder ist er großartig oder gar nichts, einfach doof. Sie schildern schwarzweiß. In diesem Alter antwortet der Lehrplan für Malen und Zeichnen mit der Anregung, die Farbe völlig abzusetzen und stattdessen den Schülern das «Hell-Dunkel-Zeichnen» zu zeigen. Tatsächlich kann man das Arbeiten mit Wasserfarben für ein oder zwei Jahre einstellen, und nun gilt es, mit Kohle oder schwarzem Wachsbuntstift auf einem weißen Blatt erst einmal unterschiedlich kräftige Flächen durch Schraffieren zu erlangen. Das muss man erst lernen! Neue Interessen erwachen in den Schülern, und sie beginnen, Entdeckerfreuden zu entwickeln, Neues auszuprobieren. Wenn es gelingt, wenigstens eine Stelle so richtig schwarz, tiefschwarz zu gestalten, können sie erleben, dass die weißen Stellen auf dem Papier ihnen immer weißer erscheinen, einen guten Kontrast bilden. Von jetzt an lernen sie, die Flächen auf unterschiedlichste Weise zu gestalten und so die Aufgaben der «Licht- und Schattenlehre» zu bewältigen, etwa aus verschiedenen Richtungen beleuchtete Körper (Kugel, Zylinder, Kegel, Würfel) und deren differenzierte Schatten zu zeichnen.

Die Siebtklässler zeichnen in der Projektions- und Schattenlehre verschiedene Durchdringungen, etwa wie ein zylindrischer oder kantiger Stab durch einen Kegel geht. Andere Beispiele: Kegel durch

Würfel, Kegel durch Kugel unter Berücksichtigung der sich ergebenden Schnittflächen und Schlagschatten. Außerdem beginnt das perspektivische Zeichnen. «Zentralperspektive, Vogelperspektive, Froschperspektive, Zeichnungen mit mehreren Fluchtpunkten; hierbei ist immer auch die Licht- und Schattenverteilung zu berücksichtigen. Studien hierzu an realen Objekten, wie z. B. an Gebäuden und Innenräumen.»[129] Die Vorstellungsfähigkeiten der Schüler werden auf diese Weise intensiv verlebendigt, erweitert und geschult.

Handarbeit

In der Handarbeit gehört das sechste Schuljahr menschenkundlich gesehen zu den besonders spannenden. Die Kinder vollziehen Schritte der Verinnerlichung, es entsteht seelischer Innenraum, und zugleich tragen sie Seelisches nach außen. Dieses Motiv spiegelt sich im Lehrplan wider. Gemeint ist das Umstülpen: Die Zwölfjährigen dürfen sich ein Tier wählen, das sie erst zeichnen, dann in der beabsichtigten Größe auf einen Bogen Papier aufmalen und ausschneiden. Nun legen sie diese Papierform auf ein Stück Stoff und übertragen sie darauf zweimal. Dann werden die beiden gleich großen Stoffteile ausgeschnitten und von Hand zusammengenäht. Schließlich kommt der große Augenblick: Das Ganze wird umgestülpt – außen wird innen. Aus den flachen Teilen ist ein Innenraum entstanden. Dieser wird nun ausgestopft, sodass die Tierform in groben Zügen vor den Augen ihres Schöpfers erscheint. Freilich gibt es noch viel zu tun, bis Augen, Ohren usw. die fertige Arbeit zieren.

Werken

Der Werkunterricht begann an Waldorfschulen früher im sechsten Schuljahr, wenn die Kinder über die entsprechenden physischen Kräfte verfügen, um mit den nötigen Werkzeugen umgehen zu können. Inzwischen hat die Erfahrung gezeigt, dass man schon ein oder zwei Jahre vorher beginnen kann, sie an das Arbeiten etwa mit dem Handschnitzmesser zu gewöhnen. An einigen Schulen schnitzen die Kinder aus Rinde und Ästen kleine Astfiguren, Zwerge, Schäfchen mit Hirten oder auch Rindenschiffchen. Hier und da lässt man auch schon einen Quirl, Brieföffner oder Löffelchen schnitzen.

Die Sechstklässler lernen mit weiteren Werkzeugen geschickt umzugehen. Sie beschäftigen sich damit, die beiden Linien des ersten Schultags, die Gerade und die Krumme, im Raum sichtbar zu machen. Mit Hammer und Hohleisen fertigen sie allerlei Gegenstände, die man im Alltag gebrauchen kann (Kochlöffel, Pfannenschaber, Salatbesteck, Rührholz, Mehlschaufel, Stopfei, Holzhammer usw.). Auch eine besondere Art von Spielzeug wird oft angefertigt: einen hoppelnden Hasen, eine watschelnde Ente, einen wippenden Bären oder ein pickendes Huhn. Hier kommt es darauf an, dass die Kinder den charakteristischen Bewegungsablauf des jeweiligen Tieres beobachten, innerlich erfassen und in einen mechanischen Ablauf umsetzen. Während all dieser Tätigkeiten lernen sie zusätzlich zum Arbeiten mit dem Hohlmesser das Hobeln, Sägen und Schneiden mit dem Ziehmesser. Der sichere Umgang mit den Werkzeugen wird ebenso geschult wie die materialgerechte Bearbeitung.

Zum darauffolgenden siebten Schuljahr gehört die Herstellung einer Schale, wobei die Schüler lernen, Innenräume, Seelenräume zu schaffen. Auch das Herstellen von komplizierterem Spielzeug stellt an sie höhere Anforderungen. Es ist möglich, dass sich Gruppen bilden, die gemeinsam für einen Hort oder Kindergarten etwas arbeiten: einen ganzen Bauernhof mit Tieren und deren Stallungen oder ein Dorf mit Häusern, Kirche und Brunnen. Zu den anschließenden Arbeiten gehören Nussknacker, Segelschiffe, Schalen, Federkästchen, Dosen mit Deckel.

Eurythmie

Formen wie Dreieck und Viereck, gut bekannt aus der ersten Geometrieepoche, lernen die Schüler nun durch gemeinsames Laufen in ihren Verwandlungen und Verschiebungen kennen.

Solche Übungen unterstützen das wachsende Orientierungs- und Abstraktionsvermögen. Rhythmus- und Symmetrieübungen sowie musikalische Ton- und Intervallübungen tragen dazu bei, dass die Heranwachsenden nicht so leicht aus dem Gleichgewicht kommen, wie es für dieses Alter typisch ist. Bei allen Übungen kommt es auf Exaktheit der Bewegungsabläufe an, was wir uns bereits beim Arbeiten mit Zirkel und Lineal verdeutlicht haben.

Im siebten Schuljahr lernen die Schüler parallel zum Deutschunterricht die dort auf andere Weise angesprochenen Seelenstimmungen kennen – Freude, Trauer, Ernst und vor allem auch Heiterkeit – und sie in eurythmischen Bewegungen und Gebärden auszuführen. Humoresken gehören in dieses Alter. Hinzu kommen Konzentrations- und Beherrschungsübungen. Gemeinsam laufen Siebtklässler Verschiebungen von Fünf-, Sechs-, Sieben- und Achtecken in komplizierter Form. Wenn solche Übungen in Feiern vor allen Schülern und Eltern vorgeführt werden, kann man ein allgemeines Staunen der Zuschauer bemerken und am heftigen Applaus hören. Das gilt auch für die Darbietung von komplizierten Stabübungen.

Fremdsprachen

In der ersten Waldorfschule (Stuttgart-Uhlandshöhe) durften die Schüler ab dem fünften Schuljahr Griechisch lernen, Latein kam im sechsten Schuljahr hinzu. Heute gibt es nur noch sehr wenige Schulen, die das Angebot in dieser Form machen. Griechisch wird manchmal für ein Jahr in der 5. Klasse angeboten, Latein später in der Oberstufe, wenn es gewünscht wird, z. B. für das Kleine Latinum. Zwei moderne Fremdsprachen erlernen alle Schüler, und wir betrachten den neuen Entwicklungsschritt der Sechstklässler am Englischen. Alles Wesentliche gilt auch für die anderen Fremdsprachen.

Im sechsten Schuljahr können dramatische und heroische Gedichte eine wichtige Rolle spielen, ebenso alles Humoristische. Die Schüler lernen Lieder und üben kurze Dialoge aus dem Alltag und lesen eine Lektüre. In der Landeskunde kann die Geografie von England,

Schottland, Wales oder Irland behandelt werden (in der 7. Klasse auch von Nordamerika). Wie sieht die Landschaft aus? Welche Bräuche und Dialekte sind dort üblich? Welche Folklore wird gesungen? Was lässt sich über die Kultur sagen? Gibt es Koch- und Backrezepte, die man ausprobieren könnte? Interessant sind auch Themen wie: Leben in der Stadt oder auf dem Land, Leben im Haushalt, Einkauf, Feste feiern, Jahreszeiten und Wetter erleben, auch Krankheit, Sport und Spiel – eine Fülle von Möglichkeiten!

Neben Rezitationen, Lektürearbeit und Grammatikübungen geht es auch um Wortschatzarbeit und Idiome. Die Schüler lernen Formen der Alltags- und Umgangssprache, vor allem auch Formen des höflichen Ausdrucks. Ein Höhepunkt könnte ein Klassenspiel sein, z. B. «Robin Hood».

Sport und Turnen

Im sechsten Schuljahr gilt es darauf zu achten, wie Spannung und Lösung die beiden Grundelemente der Muskeldynamik sind. Bei vielen Gelegenheiten kann man dies erkennen, wenn man zuschaut, *wie* die Schüler laufen. Es kommt immer wieder darauf an, dass sie ihre sportlichen Disziplinen mit Mut und Geschicklichkeit – die ja durch ein lang erprobtes Zusammenspiel aller Muskeln entsteht – ausführen. Nun kann im Unterricht mit einer systematischen Schulung in Leichtathletik und Geräteturnen begonnen werden. Im siebten Schuljahr erfahren die Schüler darüber hinaus ihre Elastizität und Spannkraft, die sie dem Kräftigerwerden ihrer Sehnen verdanken. Bei den Übungen zum Springen, Federn, Schwingen machen sie altersspezifische Bewegungserfahrungen. Die zahlreichen Disziplinen (z. B. Bothmer-Gymnastik, Geräteturnen, Leichtathletik, Ballspiele, Schwimmen, Artistik) mit ihren vielfältigen Übungen werden im Lehrplan und in dem ausführlichen Buch *Der Sportunterricht an der Waldorfschule* detailliert beschrieben und menschenkundlich begründet.[130]

Gartenbau

Spätestens ab der 6. Klasse können alle Schüler die Arbeiten im Garten handhaben und kennenlernen. Dieser Unterricht gibt den jungen Menschen die Möglichkeit, Zusammenhänge in der Natur zu erleben und verstehen. Sie erwerben sich gemeinsam Fähigkeiten und Kenntnisse, die ihnen später ermöglichen, Verantwortung für das Gedeihen der Natur zu tragen und sich dafür einzusetzen. Natürlich hängt alles davon ab, ob die Schule ein Gelände hat, auf dem ein solcher Garten mit den entsprechenden Einrichtungen (Geräteraum, Geräte für viele Schüler, Beete für einjährige Gemüsepflanzen, Kräutergarten, Wasseranschluss, Anlage für einen Komposthaufen, Gewächshaus etc.) angelegt werden kann.

Im ersten Jahr des Gartenbaus (6. Klasse) geht es um das Kennenlernen und die praktische Ausübung der Grundtätigkeiten: Die Kinder schaufeln die Erde vom Komposthaufen und sieben sie durch, eine wundervoll weiche, schwarze Erde, von der die Hände nicht schmutzig werden. Sie lernen, ein Beet anzulegen, zu graben, zu harken und zu säen, auch müssen sie die Saat pflegen, indem sie hacken, die Erde lockern, Unkraut muss gejätet werden, und schließlich kommen all die Erntearbeiten. Mit der Sichel mähen sie Gras und lernen auch, Blumen- und Kräutersträuße zu binden. Viele weitere Unterrichtsthemen sind möglich (z. B. das Ernten und Konservieren, Tierpflege, Honigernte, einfache Milchverarbeitung, das Kennenlernen der «Umkreiskräfte» von Sonne, Wasser, Wind und Bodenarten und deren Wirkung auf das Pflanzenleben). Im siebten Schuljahr werden alle wichtigen Arbeiten im Garten wie im vorherigen Jahr ausgeführt. – An vielen Waldorfschulen findet in der 7. Klasse auch ein Forstpraktikum statt. Es ist das Ziel, die Schüler lebenspraktisch zu erziehen, damit sie später in der Lage sind, einen eigenen Garten zu bewirtschaften.

Mit der Betrachtung all dieser Fächer endet der dritte Bogen im zweiten Jahrsiebt.

Dritter Rückblick

Wenn wir das ganze zweite Jahrsiebt überblicken, bestätigt sich unsere Vermutung, dass die Entwicklung des Kindes in einem weiteren Dreischritt verläuft. Die erste Phase betonte wie zuvor die Willenskräfte. Der ganze Unterricht, die Methodik, alle Fächer der Waldorfpädagogik berücksichtigen diese Tatsache. Die Kinder werden zu vielfältigem Tun angeregt, besonders durch die verschiedenen Künste. Nicht nur die Hände, sondern der ganze Mensch wird immer geschickter, weil durch die intensive Betätigung der Willenskräfte die Leiblichkeit insgesamt sowie das Seelische und Geistige, das Denken, beweglicher werden. Für die ersten drei Lebensjahre haben wir den Dreischritt als «Gehen–Sprechen–Denken» bezeichnet, ihn auch auf die ersten sieben Jahre übertragen und können ihn nun sogar auf die zweiten sieben Jahre anwenden: Wollen wir die erste Schulzeit, das erste Drittel, zum «Gehen» in Beziehung setzen, können wir sie ein «Hineingehen» in einen wichtigen Lebensabschnitt nennen. Ebenso berechtigt ist die Bezeichnung «Sprechen» für die zweite Phase, in der die Sprache zwischen Lehrer und Schüler von größter Bedeutung ist. Die dritte Phase steht ohnehin unter dem Motto «Denken» (siehe Abb. 32, S. 231).

Sieben Jahre nach dem ersten Ich-Punkt, bei 2⅓ Jahren, der in das Trotzalter mündet, beginnt der nächste Entwicklungsschritt wiederum mit einem auffallenden Umbruch, dem «Rubikon». Im Hinblick auf die drei Seelenkräfte, die es nun, im zweiten Drittel dieses Jahrsiebts, zu entwickeln gilt, sind es vor allem die Gefühle. Die Gefühle des Vertrauens und der Sicherheit möchte das Kind entwickeln, und es erwirbt in diesem Alter die Fähigkeit zu ergründen, ob der bisher so geschätzte Lehrer weiterhin eine geliebte Autorität bleiben wird. Alles hängt davon ab, wie sich das neue Verhältnis gestaltet.

Sämtlicher Unterricht muss zum Erlebnis werden, so gestaltet, dass das Kind mit dem Herzen dabei sein kann, mit seinem Fühlen, möglichst oft mit Gefühlen der Begeisterung. Ist der Beginn dieser

Phase auch dramatisch, so ist umso erstaunlicher, dass sie recht harmonisch ausklingt. In der Mitte der Kindheit lässt sich beobachten, dass die Kinder oft am gesündesten sind und seltener als sonst im Unterricht fehlen. In dieser Zeit verändert sich auch ihr Atem- gegenüber dem Blutrhythmus: Fortan kommen vier Pulsschläge auf einen Atemzug. Das Verhältnis von 5:1 wandelt sich zu 4:1 und bleibt für das ganze weitere Leben so. Die Kinder erreichen jetzt die «Atemreife». Zugleich vollzieht sich in der Körpermitte noch eine auffällige, interessante Veränderung: War der Rumpf bisher eher walzenförmig, bildet sich in dieser Zeit die Taille. Es wird deutlich, dass in der mittleren Phase des zweiten Jahrsiebts die Individualität des Menschen vor allem das Rhythmische System durchgestaltet. Wir haben es als die Mitte zwischen Nerven-Sinnes-System, das nach oben besonders mit dem Kopf in Beziehung steht, und Stoffwechsel-Gliedmaßen-System, das nach unten zu in den Stoffwechselorganen sowie in Armen und Beinen wirksam ist, charakterisiert (s. S. 139ff.). Im Zentrum des Rhythmischen Systems schlägt unermüdlich das menschliche Herz. Pestalozzi setzt es als Bezeichnung für das Wort «Fühlen» ein, und es gibt viele Sprachwendungen, in denen das Herz mit dem Fühlen in Zusammenhang gebracht wird, z. B. «etwas aus vollem Herzen tun»; in der Pädagogik geht es darum, «mit dem Herzen dabei zu sein».

Zu Beginn des dritten Drittels, im zwölften Lebensjahr, erwachen neue Denkkräfte. Nun gilt es, das kausale Denken zu entwickeln und zu üben. Die Individualität ergreift das Nerven-Sinnes-System. So wie sich die jungen Menschen dieses Alters durch ihre Sinne zur Außenwelt öffnen und in Beziehung setzen, verbinden sie sich durch das Nervensystem mit ihrem Inneren. Dadurch lässt sich ahnend verstehen, wie es einerseits zum beschriebenen Wahrnehmungshunger kommt, andererseits zu der erwähnten Verinnerlichung. Jetzt setzt in der Pädagogik der naturwissenschaftliche Unterricht ein; wichtig dabei ist, dass er keine Theorien lehrt, sondern durch phänomenologische Betrachtungen im Anschluss an die Versuche dazu beiträgt, kausales Denken zu erüben.

Nun werden auch die Gliedmaßen der Heranwachsenden schlaksiger, da sich das Ich des Kindes, das seit der Geburt von oben den Leib ergreift, nach unten immer tiefer inkarniert und sich mit ihm in den dargestellten Entwicklungsschritten verbindet. Rudolf Steiner schildert, wie der Heranwachsende in der Mitte der Kindheit noch ganz in den beweglichen Muskeln lebt und dadurch in jeder Hinsicht so beweglich sein kann; danach aber, in der dritten Phase, verbindet sich das Ich mehr und mehr mit den Sehnen, die den Muskel mit dem Skelett verbinden.[131] Der bewegliche Muskel stellt bekanntlich das genaue Gegenteil eines Knochens dar. Am Ende dieser Phase ergreift das Ich das gesamte Skelett, und zur selben Zeit kann man an so manchen Jugendlichen Lässigkeit, Schlaksigkeit und Lümmeln wahrnehmen. Deshalb legt man beispielsweise im Geometrieunterricht der Waldorfschule auf größtmögliche Genauigkeit und Formkraft Wert.

Hier erkennen wir wieder eine Bewegungsrichtung, die von oben nach unten verläuft, vom Kopf zu den Füßen. Im Zusammenhang mit den Entwicklungen des ersten Lebensjahres haben wir diese Bewegung beim Aufrichteprozess des Kindes bereits kennengelernt. Wir werden sie bei unseren Betrachtungen ein weiteres Mal am Ende des dritten Jahrsiebts finden und dann genauer anschauen.

Bei der Entwicklung der drei Seelenbereiche Wollen–Fühlen–Denken haben wir es mit der Gegenrichtung zu tun: Vom Tun mit den Gliedmaßen verläuft der Entwicklungsweg durch die fühlende Mitte hinauf zum denkenden Haupt – anders ausgedrückt: vom Stoffwechsel-Gliedmaßen-System über das Rhythmische System zum Nerven-Sinnes-System. Bildhaft formuliert: vom unteren über den mittleren zum oberen Menschen. In der Mitte der Kindheit überkreuzen sie sich.

Denken – Haupt	↓	↑	Nerven-Sinnes-System
Fühlen – Rumpf			Rhythmisches System
Wollen – Gliedmaßen			Stoffwechsel-Gliedmaßen-System

In diesen sieben Jahren ist dem Waldorflehrer bewusst, dass er mit seinem Unterricht auch eine Wirkung auf die fünf Qualitäten des kindlichen Lebensleibs ausübt, die wir zusammen mit den fünf Aufgaben aufgezählt haben (s. S. 147). Da der Klassenlehrer seine Schüler in der Regel acht Jahre lang führt, begleitet er sie noch ein Jahr länger, bis ins kommende Jahrsiebt. An dieser Schwelle endet aber sein direkter Einfluss auf ihr Temperament, ihr Gedächtnis, auf Charakter und Gewissen, Neigungen und Gewohnheiten. Er kann sich rückblickend fragen: Wie weit habe ich durch mein Erzählen und meine Methodik dazu beizutragen, dass sich die Temperamente der Kinder harmonisierten? Wie haben sich ihre Gedächtniskräfte entfaltet, habe ich sie genügend gepflegt? Konnte ich durch meinen Unterricht und mein Verhalten den Kindern Gelegenheit geben, ihren Charakter zu stärken und ihr Gewissen zu läutern? Habe ich genügend auf ihre Neigungen und Gewohnheiten geachtet und dazu beigetragen, dass solche verändert wurden, die dem Kind in seiner weiteren Entwicklung geschadet hätten?

Nach all den Dreischritten während der ersten vierzehn Jahre dürfen wir erwarten, dass sie sich auch im dritten Jahrsiebt zeigen werden. Wir werden sehen, dass sich das Motiv von «Gehen–Sprechen–Denken» noch einmal in der Zeit vom vierzehnten bis zum einundzwanzigsten Lebensjahr finden lässt. Dass die Entwicklungsbögen über den drei Phasen individuell durchlaufen werden, haben wir bereits betont. Sie stellen ein mittleres Maß der Entwicklung dar. Das Gleiche gilt von den Siebenerrhythmen.

Zeigt sich am Ende der ersten sieben Jahre eine deutliche körperliche und seelische Verwandlung, die mit der Schulreife zusammenhängt, so können wir am Ende des zweiten Jahrsiebts wieder eine große Veränderung erwarten. Es sind die Phänomene, die als «Pubertät» bekannt sind und die Rudolf Steiner sehr treffend als «Erdenreife» bezeichnet. Da sie mit der «Geburt» eines weiteren Wesensgliedes in Beziehung stehen, werden wir zum besseren Verständnis einen weiteren Exkurs in die Geisteswissenschaft unternehmen.

Dritter Exkurs und die Erdenreife

Am Ende des Kapitels über das erste Jahrsiebt haben wir uns gefragt, wodurch der Dreischritt von Wollen–Fühlen–Denken eigentlich bewirkt wird (s. S. 120ff.). Nun gibt es einen inneren Zusammenhang von Denken, Fühlen und Wollen. Auch das Denken muss immer gewollt sein, sonst könnte es nicht stattfinden. Wir erleben das Denken außerdem fühlend, indem wir es z.B. als «stimmig» gewahr werden, es also mit einer Art musikalischer Empfindung durchtasten. Der Anfang jedes Denkaktes ist ein Willensimpuls, das Ende des Denkaktes ein «ersterbendes» Wollen. Rudolf Steiner, der lieber charakterisiert als definiert, spricht das so aus: Der Wille ist ein junges Denken, und das Denken ist ein alt gewordenes Wollen.[132]

Im ersten Exkurs (S. 125ff.) haben wir außerdem den Menschen unter dem Aspekt der Vierheit, den vier Wesensgliedern, betrachtet: Bei der Geburt ist es der physische Leib, der in die Welt tritt. Er ist vom Lebens- oder Ätherleib durchdrungen, außerdem von einem Empfindungs- oder Astralleib und vom Ich des Menschen. Diese drei sind anfänglich noch wie in einer Hülle und werden im Laufe der einundzwanzig Jahre schrittweise «geboren», werden frei von ihrer Arbeit am Körper, werden selbstständig. Während der ersten sieben Jahre baut der Ätherleib mit seinen plastizierenden Bildekräften den physischen Leib auf, lässt ihn wachsen und formt ihn und dessen Organe. Ein Teil des Ätherleibs bleibt das ganze weitere Leben mit der Ernährung, dem Wachstum, der Regeneration und Fortpflanzung beschäftigt. Der größere Teil aber befreit sich in drei Schritten von seiner leiblichen Aufgabe und trägt die seelischen Kräfte, die das Kind für das Vorstellungsleben und Gedächtnis benötigt und die wir im Unterricht ansprechen und schulen.

Dieser Dreischritt entspricht den drei gezeichneten Bögen, beginnend mit dem Stoffwechsel-Gliedmaßen-System und dem Wollen (s. Abb. 33, S. 268). Daher macht auch das Lernen mit der Hand den Anfang. Je beweglicher und geschickter die Gliedmaßen werden, desto beweglicher und geschickter wird später das Denken werden. Die ätherischen Bildekräfte werden nach dem Dreischritt von dieser Tätigkeit am physischen Leib größtenteils befreit, der Ätherleib wird «geboren», wie Rudolf Steiner es nennt.[133]

Der Astralleib ist in diesem Alter noch so im physischen Leib wirksam, wie wir es vom Lebensleib zwischen Geburt und Zahnwechsel während der ersten sieben Jahre kennen. Er verrichtet ebenfalls in allen drei Bereichen des Körpers seine Aufgaben und wird schrittweise frei, beginnend im Stoffwechsel-Gliedmaßen-System. Der Weg des Lernens «vom Greifen zum Be-greifen» beginnt beim Tätigsein in den Gliedmaßen. In der Mitte der Kindheit ist es der Astralleib, der im Rhythmischen System die beschriebene Atemreife begleitet, den Puls-Atem-Quotienten von 4 : 1 herstellt und in der Blutzirkulation mitwirkt. Im letzten Drittel des zweiten Jahrsiebts beginnt er sich allmählich auch von seinen physischen Aufgaben im Kopf zu lösen, sodass seine Kräfte schließlich dem Denken zur Verfügung stehen.

Ungefähr im vierzehnten Jahr hat der Astralleib seine Emanzipation vollzogen, ist frei geworden, hat seine Arbeit am physischen Leib beendet. Erinnern wir uns, was wir unter «Astralleib» verstehen. Er ist ein Wesensglied, das wir auch an den Tieren beobachten können. Umgangssprachlich ist er das, was wir als «Seele» bezeichnen. Das Tier hat ebenfalls Seele. Dieser Leib ist der Träger unseres Bewusstseins. Wenn wir über unsere Sinnesorgane, Auge, Ohr, Nase usw., in der Außenwelt etwas wahrnehmen, ist es der Empfindungsleib, der uns die Empfindung der Sinne vermittelt und zum Erlebnis bringt. Er ist empfänglich für diese Eindrücke, ist beeindruckbar. Durch ihn können wir Freude, Leid, Schmerz empfinden und sie uns zu Bewusstsein bringen. In ihm finden wir Lust und Unlust, Triebe, Begierden und Leidenschaften. Beim Freiwerden erscheinen auch reflexive Kräfte, die gliedern, strukturieren, ordnen können. Auch solche Kräfte tauchen auf, mit denen der Jugendliche das Wahrgenommene auf sich selbst beziehen kann, außerdem Kräfte des Begehrens, Wünschens und Aneignenwollens. Geläuterte Lust-

und Unlustgefühle leben ebenfalls im Astralleib; Wünsche und Begierden können durch die Arbeit des Ich verfeinert werden.

Die Seelenkräfte von Wollen, Fühlen und Denken wirken von Geburt an im Astralleib. Sie konfigurieren sich nun neu, passen sich der veränderten Situation an, weil der Astralleib frei geworden ist. Die Willenskräfte werden mächtiger, benötigen und suchen Bereiche, in denen sie sich betätigen können, wo sie gebraucht werden, möglichst sinnvoll. Die Gefühle werden kraftvoller, gewinnen an Tiefe, und die Umgebung erlebt, wie Sympathien und Antipathien immer stärker werden. Das Denken entwickelt allmählich neue Qualitäten, wird sicherer, kommt deutlich zum Ausdruck und kann bestimmend in die Lebensäußerungen eingreifen. Alle drei Kräfte verstärken sich, zugleich aber entsteht der Drang, sie zu betätigen, und zwar aus eigenem Antrieb, aus eigener Kraft. Der Jugendliche will aus seinem eigenen Wesen, seiner Persönlichkeit heraus handeln dürfen, sich mit seinen Gefühlen auf seine Weise mit der Welt und den Menschen verbinden oder sie ablehnen, will selbst erkennen dürfen.

Das Märchen «Dornröschen» der Brüder Grimm beschreibt den Augenblick des fünfzehnten Geburtstags. Dornröschen wird an diesem Tag von den Eltern allein gelassen. Das Mädchen zeigt großes Interesse, das ganze Schloss kennenzulernen, und gelangt schließlich in ein verschlossenes Turmstübchen, in dem Fäden gesponnen werden. Nun will es das auch lernen, setzt sich ans Spinnrad, an dem zuvor eine alte Frau saß – vielleicht die Fee, die bei der Taufe nicht eingeladen war? Von den vielen Aspekten, die sich in diesen Imaginationen ausdrücken, greifen wir den heraus, der für unsere Betrachtung von Bedeutung ist: Die Menschenseele, in diesem Märchen «Dornröschen» genannt, steigt von unten nach oben durch das Schloss, war also bereits unten und in der Mitte und kommt oben im Turmstübchen an. Ist dies nicht ein eindrucksvolles Bild für den beschriebenen Vorgang? Wir ahnen, dass es der Astralleib ist, der sich durch die untere und mittlere Region des Leibes durchgearbeitet und befreit hat und nun den Kopf erreicht, wo er beginnen möchte, die Gedankenfäden zu spinnen. Es werden nicht lebendige, schöpferische Gedanken bei der Abgesandten der dreizehnten Fee sein, sondern trockene, abstrakte, die zur Intellektualität führen. Zwölf Feen haben der Seele bei der Taufe zwölf Fähigkeiten geschenkt, die sie in die Lage versetzen, die Welt durch zwölf Sinne nicht nur wahrzunehmen, sondern auch zu empfinden.

Körperliche Veränderungen

Wie sieben Jahre zuvor, spricht man von einem Gestaltwandel, der bereits im letzten Drittel des vorherigen Jahrsiebts, also etwa mit zwölf, einsetzen kann. Und wie bei allen Zeitangaben muss man auch hier beachten, dass zum Teil erhebliche individuelle Abweichungen auftreten. Das Wachstum beginnt in dieser Phase an den Händen und Füßen, geht auf die Unterschenkel über, dann die Oberschenkel und ergreift zur selben Zeit auch die Unterarme und Oberarme. Danach erst wächst der Rumpf. Und schließlich entwickeln sich die Muskeln auffallend. Nicht selten sieht man vierzehnjährige Jungen, die groß erscheinen, weil ihre Beine fast ausgewachsen sind, aber ihr Rumpf und ihre Brust wirken noch schmächtig. Ihre Arme können an der Seite baumeln und die Bewegungen ungeschickt und schlaksig wirken. Am Kopf setzen die Wachstumsprozesse ebenfalls zuerst im unteren Teil ein. Das wird verständlich, wenn wir uns daran erinnern, dass sich in jedem Teil des Körpers das Ganze widerspiegelt. Im unteren Teil des Kopfes spiegelt sich das Stoffwechsel-Gliedmaßen-System wider, und da es zuerst zu wachsen beginnt, wachsen am Kopf zuerst Unter- und Oberkiefer, dann die Nase.

Der Jugendliche macht eine Phase durch, in der wir bezüglich seiner Proportionen vorübergehend Disharmonie beobachten können. Der Körper, sein «Haus», kann ihm in dieser Zeit fremd werden, weil er aus seinen vertrauten «architektonischen» Proportionen herauswächst, das Körperempfinden anders, ungewohnt wird. Das Verhältnis zum eigenen Körper wird bewusster. Man bemerkt, wie die eigene Figur auf andere wirkt, dass das Aussehen, das Gewicht eine wichtige Rolle spielen können. Wie steht es mit den eigenen Körperkräften? Gehöre ich zu den Starken oder bin ich ein Schwächling? Wie wirkt mein Gesicht auf andere, sollte ich es durch Schminken ein wenig «verschönern»? Ist man mit den Wahrnehmungen an seinem Körper nicht einverstanden, kann leicht Unzufriedenheit eintreten und einem das Leben schwermachen. Sie kann sich noch steigern, wenn obendrein die anderen, seien es Freunde, Mitschüler oder Gäste, kränkende Bemerkungen von sich geben. Jugendliche, die frühreif sind, wirken zufriedener, selbstsicherer und ausgeglichener als solche, die sich Zeit lassen. In der Klasse können diese Frühreifen recht dominant auftreten, und es ist eine Aufgabe für Lehrer und Mitschüler, sie gut in die Gemeinschaft zu integrieren.

Als etwas ganz Besonderes dürfen die Jugendlichen erleben, dass sie zeugungsfähig werden und dazu beitragen können, neues Leben hervorzubringen. Für die Mädchen bedeutet dies, mit bisher unbekannten Rhythmen leben zu müssen, die den Körper ergreifen, der bewussten Handhabung bedürfen und akzeptiert werden wollen. Gut ist es, wenn Mädchen wie Jungen in diesem Alter einen Menschen finden, der viel Verständnis zeigt und es versteht, selbstlos zu beraten und auf allerlei Fragen hilfreich zu antworten! Dem Jugendlichen stellt sich die Entwicklungsaufgabe, seinen Körper wiederzuerobern, ihn innerlich zu durchdringen und zu einem Instrument seiner Seele zu machen, ihn wie ein Musikinstrument zu stimmen und darauf spielen zu lernen. Das kann zu einem neuen Identitätsgefühl führen.

Die seelischen Veränderungen

Mit dem schrittweisen Freiwerden des Astralleibes steigert sich im Jugendlichen die Fähigkeit zu lieben. Es taucht aber nicht allein die Liebe zum anderen Geschlecht auf, sondern die Liebe zur ganzen Welt. Deshalb regt Rudolf Steiner an, dass die Schüler während der nächsten Jahre in allen Fächern dazu angeregt werden, «Weltinteresse» zu entwickeln.[134] In diesem kleinen Wort steckt eine riesige Aufgabe. Aus diesem Grund bietet die Waldorfschule ihren Schülern einen sehr umfangreichen Fächerkanon mit vielen Künsten an. Durch sie erhalten sie vielerlei Anregungen, die Welt kennen, achten und verstehen zu lernen, sodass viele Interessen geweckt werden. Also muss der Lehrer so unterrichten, dass sich bei den Schülern Interesse einzustellen und er sie vielleicht sogar zu begeistern vermag. Wie kann das gelingen? Es hängt einerseits mit den Themen der einzelnen Fächer zusammen, freilich auch mit den Unterrichtsmethoden, aber andererseits ganz wesentlich damit, dass sich der Lehrer zu Hause den Unterrichtsstoff für den kommenden Tag intensiv aneignet und sich selbst genügend dafür interessieren, möglichst sogar begeistern kann. Wie sollen sich Schüler für etwas begeistern können, das der Lehrer in seiner abendlichen Vorbereitung als uninteressant, langweilig empfunden hat und es morgens aus dieser Stimmung heraus vorträgt? Gelingt es ihm dagegen abends, auch einem weniger interessanten Stoff etwas ganz Neues abzugewinnen, wird er morgens seine Schüler motivieren können und es ihnen ermöglichen, sich ebenfalls dafür zu erwärmen. Gedanken haben bekanntlich Wirkungen!

Acht Jahre hat der Klassenlehrer seine Schüler in vielen Fächern unterrichtet, hat ihnen vorgelebt, wie man sich für so vieles interessieren kann. Von der 9. Klasse an bedarf es aber eines so umfangreichen Fachwissens, dass nun die Oberstufenlehrer mit dem entsprechenden Fachstudium die Epochen in den verschiedenen Fächern übernehmen. Erinnern wir uns an unsere Schulzeit und fragen uns, an welchen Unterricht in der Oberstufe wir gern zurückdenken, dann tauchen die Stunden auf, in denen uns die Lehrerpersönlichkeit mit ihrem erstaunlichen Wissen und Können, eindrucksvoll vorgetragen, begeistern konnte.

Rudolf Steiner machte auch darauf aufmerksam, was geschieht, wenn es nicht gelingt, den Schülern zu umfangreichen Interessen zu verhelfen: Sie können beginnen, sich einseitig zu stark für das andere

Geschlecht zu interessieren oder sich zu intensiv mit sich selbst zu beschäftigen, sich nur für sich selbst zu interessieren. Als Gefahren nennt er das eine Extrem «Erotik» und das andere «Machtkitzel».[135] Heute sprechen wir von «Machos», wenn solche Jugendliche mächtig auftreten, sich gern als Anführer sehen, Gruppen um sich bilden, andere beherrschen und untertan machen.

Um den Zusammenhang von Astralleib, Liebe und Weltinteresse noch besser verstehen zu können, fügen wir eine weitere von vielen möglichen Charakterisierungen Rudolf Steiners an: «Der Inhalt des Astralleibes ist die Liebe zu den Menschen, zur Natur, zu den Sternen, zu den übersinnlichen Wesen und Göttern und dem Gotte. Der Astralleib arbeitet bis zur Geschlechtsreife an der eigenen Menschennatur – das Kind verlangt egoistisch, lieben zu können, die Autorität neben sich zu haben, der es anhängt – nun wird er als selbstständiges Wesen geboren, die Liebe wird frei.»[136]

Wir ahnen, dass sich die Individualität während der nächsten sieben Jahre in einem Dreischritt, wie wir ihn schon zweimal kennengelernt haben, auf ähnliche Weise von unten nach oben emporarbeitet und schließlich im einundzwanzigsten Jahr die Freiheit errungen hat. Das geschieht aber, wie wir noch erfahren werden, bei Mädchen anders als bei Jungen.

Fragen wir uns nun, was mit dem vierten Wesensglied geschieht, dem Ich, das ja von Geburt an mit den drei anderen Gliedern verbunden ist und daher noch nicht frei sein kann. Es befestigt sich während der ersten sieben Jahre im physischen Leib. Im zweiten Jahrsiebt befestigt sich das Ich im Ätherleib, und es wird sich von nun an während der nächsten sieben Jahre in einem Dreischritt im Astralleib befestigen. Zusammengefasst: 1–7: Befestigung des Ich im physischen Leib; 7–14: Befestigung des Ich im Ätherleib; 14–21: Befestigung des Ich im Astralleib.

Es geht also um eine dreifache Befestigung in den Wesensgliedern des Menschen. Diese Befestigung, so schildert sie Steiner, geht in dieser Zeit im Mädchen anders vor als im Jungen: «Der astralische Leib der weiblichen Natur ist in sich differenzierter, wesentlich reicher gegliedert als der Astralleib des Mannes, der in einer gewissen Weise ungegliederter, undifferenzierter, gröber ist. Beim Mädchen wird das Ich vom Astralleib stärker aufgesogen. Gegen das 20. Jahr hin findet dann ein starker Gegendruck statt, eine starke Anstrengung, zum Ich zu kommen ... Beim Mädchen löst sich das Ich gewissermaßen in dieser Zeit im Astralleib auf und bleibt unselbstständig, während der Astralleib eine gewisse Selbstständigkeit schon im 14./15. Jahr erhält ... Beim Knaben saugt der astralische Leib das Ich viel weniger ein. Es bleibt das Ich zwar verborgen. Es ist noch nicht recht wirksam, aber es bleibt doch, ohne dass es stark beeinflusst wird von dem Astralleib, bestehen, sodass der Knabe viel leichter in diesem Alter ein Duckmäuser wird als das Mädchen.» An anderer Stelle heißt es: «Die Lümmel- und Flegeljahre beginnen: Ihr Ursprung ist zu suchen in diesem zum besonderen inneren Erfühlen kommenden Astralleib, der das Ich in sich schließt, das aber noch nicht zur vollen Entfaltung gekommen ist, und in dem Ringen, um in das richtige Verhältnis zum Erleben des Systems des Physischen und dadurch zur ganzen Umgebung zu kommen.»[137]

Wir können nun verstehen, warum das Mädchen viel leichter etwas Freies bekommt, etwas, das zum äußeren Auftreten hinführt. «Die Mädchen werden wacker. Es lebt das, was vom Ich durchdrungener Astralleib ist, stärker in den Ätherleib hinein: daher fest im Auftreten, die Persönlichkeit betonend, sich hinstellend. Es will zeigen, welches sein Wert ist. Im Extrem: Ausartung zur Koketterie, Eitelkeit, zur Sucht nicht nur durch sein Seelisches sich zu zeigen, sondern auch durch das, was man sich äußerlich anhängt. Es kann Putzsucht auftreten.» Nach außen werden der Gang und die Haltung anders, der Kopf wird freier gehalten, im Extrem bis hin zur Hochnäsigkeit.[138] Deutlich ist auch, warum so mancher Junge in diesem Alter dazu neigt, sich gern zurückzuziehen, und scheuer ist. Auf diese Scheu sollte man als Erzieher mit einer gewissen Behutsamkeit eingehen.

Nachdem wir einen ersten Einblick in den Zusammenhang von Astralleib und Ich des Jugendlichen gewonnen haben, können wir besser verstehen, was es für die jungen Menschen bedeutet, in diesem Alter Ideale entwickeln zu können. Hierzu zwei Aussagen von Rudolf Steiner: «Geradeso wie der menschliche Leib sein gesundes Knochensystem braucht, wenn er nicht einherwackeln soll, so braucht der Astralleib mit dem eingeschlossenen Ich, wenn er sich richtig entwickeln soll, in diesem Lebensalter Ideale ... Ideale, diejenigen Begriffe, die einen Willenscharakter haben, Ideale mit Willenscharakter, das ist dasjenige, was wir jetzt als ein festes Gerüst dem astralischen Leib einfügen müssen.» Für die Jungen dieses Alters wird Steiner ganz konkret: «Der Knabe entwickelt ein starkes Bedürfnis in dem Sinn: ‹Ein jeglicher muss seinen Helden wählen, dem er die Wege zum Olymp hinauf sich nacharbeitet.› Und es ist von besonderer Wirksamkeit, dem Knaben das reale Ideal vorzustellen, irgendeine bildliche Persönlichkeit, oder wohl auch eine mythische Figur oder eine Fantasiefigur, die man mit dem Knaben ausgestaltet, oder die Elemente zu einer solchen gestaltet ... Beim Schulausflug mit den Einzelnen reden: ‹Wie stellst du dir vor, dass du das machen wirst, dass du jenes machen wirst?› Man weist auf die Zukunft hin, nimmt die Zweckidee, die Zielidee in das Leben auf. Wir durchsteifen in einer gewissen Weise den Astralleib, und das ist wichtig, dass wir ihn in diesem Lebensalter in dieser Weise durchsteifen.»[139]

Wie schnell finden heute die Jugendlichen ihre Idole, was nicht verwechselt werden sollte mit dem, was hier gemeint ist! Hier stellt sich dem Erzieher eine verantwortungsvolle Aufgabe. Wenn Rudolf Steiner damals, vor nunmehr hundert Jahren, die erste Waldorfschule besuchte, bei den Lehrern im Unterricht zuschaute und Anregungen gab, machte er immer wieder darauf aufmerksam, wie wichtig, ja wie notwendig es sei, dass der Lehrer Kontakt zu seinen Schülern habe. War dies nicht genügend der Fall, sagte er dem jeweiligen Kollegen: Will man Ideale bei seinen Schülern veranlagen, muss man sie gut kennen, muss zu ihnen Kontakt haben und ihn auch pflegen.

Betrachten wir nun die pädagogisch-menschenkundlichen Phänomene dieses Alters, um anschließend die Zusammenhänge mit den Unterrichtsfächern der 8. und 9. Klasse besser zu verstehen.

Das dritte Jahrsiebt

Das vierzehnte bis siebzehnte Lebensjahr

Am besten stimmen wir uns mit der Darstellung einer für dieses Alter charakteristischen Begebenheit ein, um auf eine wesentliche Veränderung des jungen Menschen aufmerksam zu werden: Ein Vierzehnjähriger lässt sich von seinen Eltern dazu überreden, doch wenigstens noch einmal mit ihnen in den Sommerurlaub zu fahren. Das fällt ihm nicht schwer, da er mit ihnen stets schöne Erlebnisse hatte. Sie haben ihm immer bedeutende Sehenswürdigkeiten gezeigt und Interessantes dazu erzählt, und das wusste er zu schätzen. Nun also, an einem Tag dieses Urlaubs, stehen die drei unvermittelt vor einem imposanten Turm. Der Vater beugt sich weit nach hinten, schaut nach oben und ruft staunend aus: «Mann, ist das ein hoher Turm!» Ein ehrliches Urteil, und deshalb versteht er nicht, warum sein Sohn neben ihm sagt: «Finde ich gar nicht.» Er stutzt und sagt etwas betroffen: «Der Turm ist doch wirklich gewaltig, so ein hohes Gebäude habe ich lange nicht gesehen!» Der Sohn: «Ich finde ihn trotzdem nicht hoch.» Und er weiß, dass er seinen Vater damit ein wenig verärgert. Der wendet sich zu seiner Frau: «Was meinst du? Ist die Höhe nicht beeindruckend?» Sie bekräftigt sein Urteil und sagt: «Papa hat ganz recht!» Der Junge scheint es zu genießen, dass die beiden sich gegen ihn stellen, und betont auch der Mutter gegenüber seine Einschätzung. Und der Vater will ihn weiterhin überzeugen, dass er recht hat: «Da hörst du's. Mutter sieht es genauso!» Dann kommt er auf den Gedanken, einen Passanten nach seinem Urteil zu fragen, und der bestätigt mit Kennermiene: «Ja, das Gebäude wird wegen seiner Höhe bewundert. Eine enorme Bauleistung!» Und die Eltern stürzen sich verbal auf den Jungen: «Da hast du es, auch andere finden den Turm hoch!» Während die beiden den Kopf schütteln und sich über den Sohn und sein Verhalten ärgern, steht der ganz gelassen da und sagt dann cool: «Der Fernsehturm in Tokio ist höher.» Dem Vater platzt der Kragen, die Stimmung ist verdorben.

Warum musste denn der Junge seine Eltern ärgern, wollte er das wirklich? Keineswegs! Wir haben es spätestens von jetzt an mit einem Alter zu tun, in dem es nur noch um das eigene Urteilen geht. Der Junge braucht nicht mehr die Meinung seines ansonsten geschätzten Vaters und hat sich so vom Urteil des Erwachsenen, das ihm bisher wichtig war, abgesetzt und eine kleine Lektion erteilt, ganz unbeabsichtigt. Das Beispiel steht für viele. Wie oft wollen Eltern und Lehrer, dass die heranwachsenden Jungen und Mädchen in derselben Weise wie früher ihre Gedanken, Meinungen, Standpunkte einfach übernehmen! Doch die Jugendlichen wollen ihr eigenes Urteil schulen, und nicht selten kommt es so zu Zusammenstößen.

Die Achtklässler – sie werden im Laufe des Schuljahres vierzehn – erleben die erste Phase des neuen Jahrsiebts noch mit dem Klassenlehrer gemeinsam. Er, der sie schon sieben Jahre lang kennt, führt sie ein weiteres Jahr durch diese Umbrüche. In dieser Zeit beginnt wieder eine Lebensphase, die vornehmlich durch den Willen geprägt ist; sie steht diesmal unter der Überschrift «eigenes Urteilen».

In einem seiner ersten Vorträge über Pädagogik hat Rudolf Steiner 1907 für jedes Jahrsiebt sogar zwei Begriffe genannt, die er später «Zauberworte» der Erziehung nannte: für die ersten sieben Jahre «Vorbild und Nachahmung», für die zweiten sieben Jahre «Autorität und Nacheiferung», für die dritten «eigenes Urteil und Grundsätze».[140] Ihre Richtigkeit hat sich in den vergangenen hundert Jahren in den Waldorfschulen bestätigt und in der Anwendung sehr bewährt. Scharfes Kritisieren, heftiges Ablehnen gehören zu diesem Alter, aber auch die Fähigkeit, ganz Feuer und Flamme für etwas zu sein. Das Innenleben der Schüler geht von nun an die Erzieher nichts mehr an. Scherzhaft sagt man zuweilen, dass die Jugendlichen ein unsichtbares Schild mit der Aufschrift «Wegen Umbau geschlossen» umhängen haben. Verständlich, dass einigen Schülern das Urteilen anfangs nicht leichtfällt. Nicht selten kommt es vor, dass sie sich anhören, was der andere sagt, und da ihnen nichts Eigenes einfällt, behaupten sie einfach das Gegenteilige. Solches Widersprechen gibt ihnen zunächst das Gefühl, eine Art eigenen Urteils gebildet zu haben. Andere Jugendliche wiederum urteilen einfach drauflos, ganz aus den Willenskräften heraus.

Das erste Drittel dieses Jahrsiebts kann auch zum ersten Jahrsiebt in Beziehung gesetzt werden, zu dem das Zauberwort «Nachahmung» gehört. Tatsächlich taucht bei manchem Jugendlichen das Bedürfnis auf, jemanden nachzuahmen, der ihm besonders imponiert. Ein mir bekannter Jugendlicher war z. B. sehr gehemmt, wenn er vor mehreren Menschen quer durch einen Raum gehen sollte; er fühlte sich innerlich steif und wusste nicht, wie er sich bewegen sollte. Dann entdeckte er, dass es interessant aussähe, wie John Wayne zu gehen: bei jedem Schritt in den Hüften etwas abknicken. Das übte er eifrig und fühlte sich so in jener Zeit sicherer. Einige Menschen haben mir bestätigt, dass es ihnen ähnlich erging. Es ist die Suche nach geistvollen Idealen, und auf dem Weg dorthin findet so mancher erst einmal Idole, denen er nachzueifern versucht.

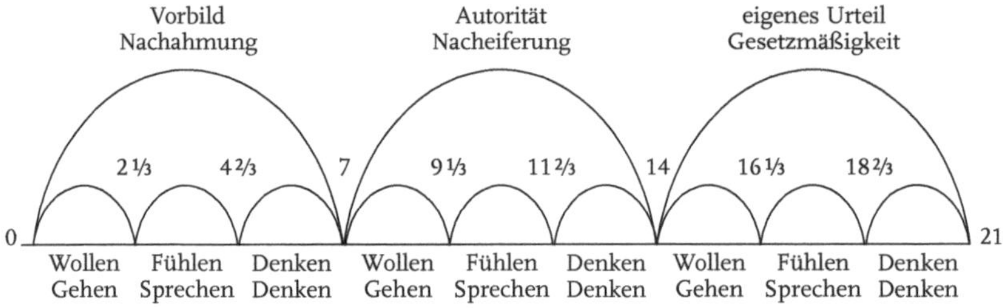

Abb. 33: Die Dreierschritte der menschlichen Entwicklung in den ersten drei Jahrsiebten

Beim Betrachten des ersten Jahrsiebts hat sich uns gezeigt, wie wichtig es für das Kind ist, von Wärme aller Art – von physischer, aber auch seelischer und geistiger – umgeben zu sein. In dieser Zeit geht es darum, es zu umhüllen, einzuhüllen. Auch später spielt dieses Motiv noch eine Rolle, was mir an folgenden zwei Erlebnissen deutlich wurde. Eine meiner 8. Klassen war während der Aufbauphase der Schule in einem Pavillon untergebracht, der sich gut beheizen ließ und bei Schulbeginn eher zu warm als zu kalt war. Aber mehrere Schüler kamen im Parka in den beheizten Raum, und jeden Morgen musste ich ihnen zu verstehen geben, die warmen Jacken doch bitte an der Garderobe vorm Klassenzimmer aufzuhängen. Ein Schüler blieb hartnäckig, probierte es immer wieder und wartete auf mein Wort: «Bitte den Parka draußen aufhängen!», und als ich das bereits dreimal gesagt hatte, gab ich ihm nur noch ein entsprechendes Zeichen. Daraufhin trat er mürrisch den Weg vor die Tür an. Beim Hinausgehen warf er einen genervten Blick auf die Mitschüler, die das Spiel schon kannten und sich darüber amüsierten. Und wenn er dann wieder hereinkam, trug er einen dicken Pullover mit Rollkragen. Er brauchte wie so mancher anderer Schüler reichlich Wärme. Einen Extremfall erlebte ich, als ich in einer 10. Klasse hospitierte und meinen Augen nicht traute: In der letzten Reihe saß ein Jugendlicher nicht nur im Mantel, sondern hatte auch einen Hut auf und trug Handschuhe. Derart warm eingehüllt, lauschte er gespannt dem Unterricht.

Das erste der beiden Beispiele illustriert auch, dass es wichtig ist, eine Bitte an den Heranwachsenden nicht ständig mit denselben Worten zu wiederholen, sondern wenigstens den Wortlaut zu ändern oder, besser noch, durch Zeichensprache zu ersetzen. Humorvolle Bemerkungen haben eine ganz besondere Wirkung. Sie verletzen nicht, zeugen von Souveränität, geben Anlass zum Schmunzeln. Zu dieser Zeit kann man ja öfter erleben, dass einige Jungen sich gern lümmeln und flegeln. In einer 8. Klasse legte sich einer meiner Schüler einmal in der ersten Reihe unmittelbar vor mir mit dem ganzen Oberkörper auf den Tisch und breitete sich dort aus, die Arme zu mir ausgestreckt, die Hände über die Tischkante hinaus abgewinkelt. Seine Haltung war in höchstem Maße lässig, lustlos, auch sah er mich auf genau diese Weise an. Ich überlegte, ob ich jetzt sagen sollte: «Setze dich bitte ordentlich hin!» Oder gar: «Du lümmelst und fläzt dich hier, als wärst du allein!» Und wenn ich noch einen strengen oder gar giftigen Unterton in die Stimme gelegt hätte, wäre das Arbeitsklima, die gute Stimmung sehr belastet gewesen. Aber dann kam mir ein guter Einfall, und ich sagte humorvoll: «Falls du deine Arme und Hände suchst, da liegen sie.» Die Klasse antwortete mit einem schallenden Gelächter, der Schüler war etwas verwirrt und setzte sich sofort aufrecht hin. Nie wieder hat er sich vor meinen Augen so lässig präsentiert. Hätte ich bissig reagiert, dann hätte er sich vermutlich zur Klasse umgedreht und durch eine Kopfbewegung zu verstehen gegeben, wie armselig er meine Reaktion empfindet.

Auch eine andere Situation zeigt, wie sehr es in diesem Alter auf Humor und gute Einfälle ankommt. Gegen Ende eines Schuljahres sollte ich in einer mir bislang unbekannten 8. Klasse den Unterricht übernehmen. Ich prägte mir eifrig mithilfe von Fotos die Namen aller Schüler ein und konnte fast alle Jugendlichen am Montagmorgen an der Tür namentlich begrüßen. Das erstaunte einige sehr, was mich erfreute und zuversichtlich stimmte. Die Schüler gingen aber nicht auf die Plätze, sondern standen oder saßen in Gruppen zusammen, um sich alles Mögliche zu erzählen. Sie redeten und redeten, sprachen sehr laut, riefen auch etwas quer durch den Raum. Um acht Uhr trat ich vor sie hin und stellte mich vor die Tafel, damit, wie ich das gewohnt war, selbstverständlich Ruhe einkehrte. Doch sie dachten gar nicht daran, still zu werden. Ich wartete eine Weile, dann setzte ich mich an den Lehrertisch vor ihnen. Was sollte ich tun? Eine solche Situation hatte ich noch nie erlebt, und ich kam mir wie ein Anfänger vor. Da saß ich nun, holte ein Buch aus der Aktentasche und versuchte zu lesen, war aber innerlich um einen Einfall bemüht. Der kam nicht von allein. Und die Schüler redeten weiter. Nach einiger Zeit fragte mich ein Mädchen, das mit ihrer Nachbarin kräftig im Gespräch war: «Herr Eller, machen wir gar nichts zusammen?» Ich guckte sie an, nickte, stand auf, und da kam die Intuition: Ich ging an die Tafel und schrieb seelenruhig: Ich warte schon neun Minuten. Alle stutzten und waren sofort bereit, auf die Plätze zu gehen. Eine Minute später konnten wir gemeinsam anfangen. Von da an ließen sie mich nie wieder warten. Wie ich danach erfuhr, waren sie daran gewöhnt, dass ihr Klassenlehrer sie sehr laut zum Unterrichtsbeginn aufforderte. Für den spontanen Einfall bin ich noch heute dankbar.

Das Verhalten einiger Jugendlicher kann jetzt sehr zu wünschen übrig lassen, weshalb nicht selten Eltern und Lehrer so gereizt sind, dass sie zornig werden und aufbrausen. Hat sich z. B. ein Lehrer am Anfang der Schulstunde verspätet und die Schüler sind im Klassenzimmer so laut, dass der Lärm durchs Schulhaus dringt, kommt oft ein Kollege, um für Ruhe zu sorgen. Er betritt den Raum, die Schüler sehen ihn auch, aber es wird nicht still. Dann stellt er sich vor die Klasse, doch der Lärm geht weiter. Der Zorn übermannt ihn ... Es bleibt laut. Er fängt an zu brüllen, um gegen den Lärm anzukommen, und vielleicht wird es endlich ruhig – oder die Schüler werden aufsässig. Ein anderer Lehrer dagegen zeigt sich lediglich an der Tür, bleibt dort stehen, sagt kein Wort und ist innerlich ganz gelassen. Die Schüler gehen rasch auf ihre Plätze, werden still und warten darauf, dass er etwas zu ihnen sagt. Er schaut sie nur an, und falls er überhaupt etwas sagen will, macht er sie vielleicht darauf aufmerksam, dass der Kollege bald kommen wird und sie am besten auf ihren Plätzen bleiben. Kennt das nicht jeder von früher, dass es Lehrer gibt, bei denen die Schüler von selbst ruhig werden und auch während des Unterrichts ruhig bleiben? War das damals für uns nicht rätselhaft? Hier wirkt die innere Persönlichkeit des Menschen – jemand, der an sich arbeitet, der authentisch ist, seine Temperamente im Griff hat, Selbstbeherrschung übt, tiefes Verständnis für die Kinder und Jugendlichen hat und sie auch schätzt.

Die Jugendlichen dieses Alters können Geheimnisse gegenüber Lehrern und Mitschülern haben, sie verschließen sich, setzen sich ab und zeigen nicht, was in ihnen vorgeht – dann wieder gibt es unerwartet Situationen, in denen sie spontan einander beistehen, eine Art Gruppenseele bilden und gemeinsam reagieren. So waren z. B. in einer meiner 8. Klasse die Schüler während des Unterrichts konzentriert mit einer schriftlichen Arbeit beschäftigt; währenddessen nutzte ich die Gelegenheit, einen Blick auf ihre Hausaufgaben zu werfen, ging leise durch die Reihen, blieb bei jedem Einzelnen stehen, betrachtete das aufgeschlagene Heft und gab mit Kopfnicken oder ein paar gedämpften Worten einen Kommentar. Schließlich war ich inmitten der Schülerschar, hatte sie vor, neben und hinter mir, als mir ein Mädchen sagte, sie habe keine Hausaufgaben gemacht. Auf meine Frage hin wollte sie antworten, doch schon redeten von allen Seiten ihre Mitschüler für sie und erklärten mir, dass sie keine Aufgaben machen konnte, weil sie doch zur Konfirmandenstunde musste und sie in anderen Fächern so viele Aufgaben zu erledigen hatten. Wie interessant! Alle anderen hatten die Aufgaben gemacht und setzten sich spontan für das Mädchen ein, als hätte meine Frage allen gegolten und sie müssten für sich selbst eine Entschuldigung finden, vor allem aber der Mitschülerin helfen.

«Humor ist, wenn man trotzdem lacht», stand auf einem weißen Blatt, eingefasst von einem schwarzen Bilderrahmen, der im Klassenraum der 10. Klasse hing. Das war nach dem Krieg, als ich in Bad Homburg das Gymnasium besuchte. Wir Schüler unterhielten uns über diese merkwürdige Formulierung, konnten aber nicht viel damit anfangen. Heute gehört für mich der Humor zum notwendigen Handwerkszeug jedes Lehrers, der mit Jugendlichen zu tun hat. Rudolf Steiner hat in einem seiner Kurse Hinweise gegeben, wie man in schwierigen Situationen mit Jungen anders als mit Mädchen humorvoll sein kann: «... denn es muss tatsächlich gegenüber dem Knaben in dieser Zeit eine Art Humor vorhanden sein, die darin besteht, dass man auf der einen Seite auf die Sache eingeht und auf der anderen Seite doch wiederum zeigt, dass man die Sache nicht ganz ernst nimmt. Man muss sich in der Hand haben, um diese zwei Seiten des Benehmens eben zu entwickeln. Jedenfalls, wer sich in Harnisch bringen lässt durch die Äußerungen des Lümmels oder Flegels, der hat als Erzieher verloren, wie es derjenige als Erzieher verdorben hat, der, wenn die Schüler ungehörig sich benehmen und toben, erst recht anfängt zu brüllen und dann sagt: wenn ihr nicht gleich ruhig werdet, schmeiße ich euch allen die Tintenfässer an den Kopf! Die Kinder haben dann keinen Respekt mehr vor ihm. – Beim Mädchen, wenn sie die andere Seite zum Ausdruck bringen, ist es nötig, dass man eingeht – ich muss da schon in einer gewissen Terminologie reden – mit einer gewissen Grazie selbst auf die koketteren Ungezogenheiten, aber, bildlich gesprochen, sich nachher umdrehen. Also sowohl eingehen mit einer zarten Grazie auf diese Dinge, aber ja nicht merken lassen, dass man Anteil nimmt. Man lässt die Mädchen sich austoben. Etwas schnippisch auftretende Mädchen lässt man austoben. Dann lässt man das Mädchen allein mit sich selbst in seinem Austoben. – Beim Knaben geht man mehr ein auf das Lümmel- und Flegelhafte; aber man zeigt, dass man es doch nicht ganz ernst nimmt, dass man etwas lacht, aber fein lacht, dass der Knabe sich nicht besonders ärgert.»[140]

So hätte etwa der Vater, der sich beim Betrachten des Turms über das Verhalten seines Sohns ärgerte, einerseits bedenken müssen, dass seine Meinung nicht mehr gefragt war, andererseits wäre es gut gewesen, ihm wäre eine humorvolle Bemerkung zur Höhe des Fernsehturms von Tokio eingefallen, die er schmunzelnd von sich gegeben hätte. Mit Mädchen kann man oft nicht in der gleichen Weise umgehen. Wenn ihnen etwas nicht passt, kommen sie gern in Gruppen energisch auf einen zu, stellen sich schnippisch vor einen und lassen die Anführerin für alle reden. Sie beginnt mit einem Vorwurf, und alle anderen nicken oder äußern sich mit ähnlichen Worten. Sie wollen ernst genommen werden, und Schmunzeln wäre da fehl am Platz, aber die Anregung Steiners hilft: ruhig, freundlich bleiben, kurz eingehen auf die Anklage, ohne sich anmerken zu lassen, ob man beeindruckt ist oder nicht, und sie sich austoben lassen. Sich über ihre Art und Weise des Vorwurfs zu ärgern und sich darüber zu äußern, macht die Sache schlimmer. Aber sich innerlich umdrehen und an die Stelle der Verärgerung den Humor zu stellen, kann helfen.

Naht in der Waldorfschule das Ende des achten Schuljahres, endet in der Regel auch die achtjährige Klassenlehrerzeit. Das Prinzip der «Autorität», das sieben Jahre lang so bedeutend für die Entwicklung der Heranwachsenden war, ist eigentlich schon ein Jahr früher vorbei. Über dem achten Schuljahr stand bereits das «Zauberwort» des dritten Jahrsiebts: «eigenes Urteilen». Das muss bereits im Methodischen berücksichtigt werden. Eine der Aufgaben, die sich schon in diesem Schuljahr stellt, lautet, wie bereits erwähnt: in allen Fächern Weltinteresse zu wecken! Von der 9. Klasse an kann dies der Klassenlehrer nicht mehr leisten. Er stand bisher vor seinen Schülern als derjenige, der gerade nicht Spezialist für ein oder zwei Fächer ist, sondern an allem interessiert ist und es seinen Schülern vorzuleben versucht.

Wie antwortet der Lehrplan auf die Alterssituation?

Deutschunterricht und Klassenspiel

Die innere Dramatik der jungen Menschen spiegelt sich in dem wider, was sie thematisch im Deutschunterricht erwartet. Da werden sie so manche Ballade kennenlernen und gemeinsam rezitieren; je aufregender die Inhalte, desto begeisterter sind sie dabei. Eine Achtklassepoche ist den Biografien von Goethe und Schiller gewidmet.

Die Schüler stellen fest, dass das Leben der beiden voller interessanter Gegensätze war. Erfahren sie, unter welch dramatischen Umständen und schwierigen Verhältnissen der junge Friedrich seine Schulzeit in der Karlsschule verbringen musste, wird ihnen deutlich, welch erfreuliche Kindheit der junge Johann Wolfgang erleben durfte und wie vergleichsweise gut sie selbst es heute haben.

Zum Abschluss der Klassenlehrerzeit wird ein Klassenspiel einstudiert, auf die Bühne gebracht und der Öffentlichkeit vorgeführt. Da gilt es nicht nur, Texte auswendig zu lernen, an der Sprache zu arbeiten und sinnvolle Gebärden einzustudieren, sondern auch Kostüme zu nähen, Kulissen zu bauen, Probentermine einzuhalten, Requisiten zu beschaffen und vieles mehr – für die Schüler eine besondere Zeit voller Dramatik und Spannung, ob das Ganze gelingen wird. Auch wenn es für sie nichts Neues ist, auf der Bühne zu stehen, stellt es diesmal eine größere Herausforderung für alle dar und schmiedet die Schüler zusammen; es stärkt ganz besonders die Klassengemeinschaft.

Als Lektüre empfiehlt der Lehrplan der Waldorfschule für diese Klassenstufe Texte aus Schillers historischen Schriften, etwa die *Geschichte des Dreißigjährigen Krieges* oder *Der Abfall der Niederlande*, aber auch Herders *Ideen zur Geschichte der Menschheit* und Lessings *Erziehung des Menschengeschlechtes* – anspruchsvolle Texte, die eine Reihe von Fähigkeiten voraussetzen.[141]

Im neunten Schuljahr übernimmt der Germanist den Deutschunterricht. Eines der Themen lautet: «Die verschiedenen Arten des Humors», und eine ganze Epoche lang kann daran gearbeitet werden. Als ich in der 9. Klasse eine «Humorepoche» gab, sollte jeder Schüler am Anfang einmal einen Witz erzählen, die einfachste Form von Humor. Aber zu einem guten Witz gehört, dass er nicht zu lang ist, die Pointe gut vorbereitet wird, alle Einzelheiten gut verständlich sind und der Erzähler gut erzählen kann. Es gibt Mundartwitze, ausländische, Bilderwitze mit und ohne Text, humoristische Bildergeschichten wie bei Wilhelm Busch und Loriot, aber auch Komödien und Satiren. Welch großes Feld von Möglichkeiten, das die Schüler sehr interessiert und anspricht! Für uns Erwachsene ist Humor, wie wir gesehen haben, unentbehrlich, um mit Schülern dieses Alters zurechtzukommen. Für weitere wichtige Themen verweisen wir hier auf den Lehrplan der Waldorfschule: «Als Referatthemen bieten sich Biografien historischer Persönlichkeiten an, wobei Recherche, Stoffgliederung und Präsentation thematisiert und geübt werden sollten. Sinnvoll ist auch ein Einstieg in die Medienerziehung. Dabei ist ein Überblick über die Nutzungs- und Wirkungsmöglichkeiten verschiedener moderner Medien sinnvoll. Systematisch und explorativ können Druckmedien untersucht werden. Ziel ist das Kennenlernen verschiedener Arten von Printmedien (Zeitung, Zeitschrift, Abonnementzeitschrift, Boulevardzeitung etc.) und der verschiedenen Textsorten in Zeitungen (Bericht, Leitartikel, Kommentar, Reportage, Interview, Glosse, Notiz etc.).»[142]

Mathematik und Geometrie

Im Mathematikunterricht wird schrittweise die Algebra weiterentwickelt, die Schüler lernen Gesetz nach Gesetz kennen und anwenden. Auch die Gleichungslehre wird immer komplizierter. Eine neue Rechenart ist das Wurzelziehen. Was geschieht dabei und warum gehört es in dieses Alter? Indem wir ergründen, welche Zahl mit sich selbst malgenommen z.B. 81 oder 144 ergibt, gehen wir der Zahl gewissermaßen auf ihren Grund, so wie wir «einer Sache auf den Grund gehen» oder bei einer Pflanze hinunter zu ihrer Wurzel gehen. Finden wir die richtige Zahl, haben wir sie wie eine Wurzel (lat. radix) ans Licht gezogen. «Radizieren» nennen wir daher das Wurzelziehen. In den Jugendlichen lebt das tiefe innere Anliegen, sich selbst zu «ergründen», sich zu verstehen. Auf diesen menschenkundlichen Aspekt geht der Mathematiklehrplan hier ein. Man kann auch auf geometrischem Weg das Wurzelziehen ableiten. Bei einem rechtwinkligen Dreieck werden über den drei Seiten die Quadrate konstruiert. Die Schüler erkennen den Lehrsatz des Pythagoras wieder und lernen verstehen, dass man die Seitenlängen berechnen kann, wenn man die Wurzeln aus den Quadratflächen zu ziehen vermag.[143] Im Geometrieunterricht der 8. Klasse lernen sie außerdem weitere, vor allem schwierigere Beweise des pythagoräischen Lehrsatzes kennen. In dieses Alter gehören Flächenberechnungen für Quadrat, Rechteck, Parallelogramm, Dreieck, Trapez und Raumberechnungen von Würfel, Prisma, Pyramide. Kompliziertere Dreieckskonstruktionen mit Konstruktionsbeschreibungen und Scherungen als flächengleiche Formverwandlungen auszuführen, auch symmetrische und nicht symmetrische Vierecke zu zeichnen, stellen weitere Anforderungen an die Schüler. Wenn die Zeit reicht, wäre zu wünschen, dass sie den Goldenen Schnitt im Zusammenhang mit der menschlichen Gestalt kennenlernen und einen Einblick in die Besonderheiten der fünf platonischen Körper bekommen und sie aus Pappe nachbasteln.

Im folgenden neunten Schuljahr werden die Jugendlichen in die Kombinatorik und die Anfangsgründe der Wahrscheinlichkeitsrechnung eingeführt. Sie erfahren, dass das Denken über das Gegebene hinausgreifen und den allgemeinen Fall beherrschen kann, und es wird ihnen ein Übungsfeld für formales, logisches Denken geboten. In der Geometrie zeichnen und erarbeiten sich die Neuntklässler u.a. die «Kegelschnitte»: Ellipse, Parabel und Hyperbel mit einer Vielzahl von Konstruktionsmöglichkeiten. Sie begegnen dabei dem Unendlichkeitsbegriff – ein Thema, das in diesem Alter ihre Vorstellungskräfte auf ideale Weise beansprucht. Daneben werden viele weitere Themengebiete der Mathematik und der Geometrie behandelt, die hier nicht besprochen werden können.

Geschichte

In der 8. Klasse wird die Zeit vom Dreißigjährigen Krieg bis zur Gegenwart behandelt. Besonders das Kulturgeschichtliche soll dabei berücksichtigt werden. Der Heranwachsende sollte erfahren, wie durch die Erfindung des mechanischen Webstuhls und der Dampfmaschine die Welt verändert wurde. Durch drei technische

Erfindungen des 18. Jahrhunderts – die wir im Folgenden skizzieren wollen – verwandelt sich die vorindustrielle Welt, das geregelte Leben in der von den Zünften bestimmten Stadt und auf dem Land, wo die festen Rhythmen der Jahreszeiten alle Arbeitsvorgänge beherrschen.

1733 erfindet in England John Kay den «Schnellschützen», das «fliegende Weberschiffchen», sodass es von nun an einen mechanischen Webstuhl gibt. Mit ihm kann man so viel schneller weben, dass selbst die flinksten Spinner nicht genug Garn liefern können. Mit James Hargreaves' Erfindung einer Spinnmaschine, die sechs Fäden auf einmal zu spinnen vermag und nur von einer Person bedient werden muss, wird 1764 auch das Spinnen revolutioniert. Bald schon verbessert Richard Arkwright die Maschine und baut eine erste Fabrik mit Spinnmaschinen und mechanischen Webstühlen. Weitere Fabriken folgen. Wasserräder, so groß wie bei Mühlen, müssen sie antreiben, aber im Sommer trocknen die Bäche aus, im Winter gefriert das Wasser, und die Räder stehen still. 1776 gelingt es James Watt tatsächlich, zwei erbaute Dampfmaschinen in Betrieb zu nehmen. Zusammen mit dem Unternehmer Matthew Boulton stellt er insgesamt 496 Maschinen her; einige arbeiten 120 Jahre lang.

Bis die drei neu erfundenen Maschinen gegen den Handwebstuhl bestehen können, vergehen noch Jahre. Erst 1805 kommt es dazu, dass die Fabriken den Webern und Spinnern die Arbeit wegnehmen. Die Technische Revolution nimmt ihren Lauf: Zahllose Menschen werden für die Betreuung der Maschinen benötigt. Sie müssen in einfachste Wohnungen in der Nähe der Fabriken ziehen, verdienen nur wenig, Kinder müssen mitarbeiten, alle werden ausgebeutet. Bald zeigt sich, dass nicht genug Wolle herbeigeschafft werden kann. Von Amerika holt man die Baumwolle. Dort hat man nicht genügend Menschen, um auf riesigen Feldern die Baumwolle anzubauen, zu ernten und zu entkernen. In Afrika werden Schwarze aus dem Urwald geraubt, auf Schiffe geladen und unter schwierigsten Bedingungen nach Nordamerika verschleppt und als Sklaven gehalten. Nach Jahren kann genug Ware hergestellt werden, die Textilindustrie beginnt zu blühen, aber in England kann man nicht alles verbrauchen und verkaufen. Man exportiert ins Ausland. Auf dem Kontinent werden die Weber und Spinner arbeitslos, weil auch dort die drei Maschinen ihre Arbeit ersetzen, bald schon Tag und Nacht laufen. Große soziale Nöte entstehen.

Diese Themen ergeben für die Schüler eine Fülle kausaler Zusammenhänge und regen zu sehr interessanten Gesprächen an, wie sich das Leben der Menschen geändert hat. Mit jeder weiteren Erfindung schreitet die Industrialisierung voran. Die Lokomotive, die umgewandelte Dampfmaschine, führt zum Eisenbahnbau. Man braucht immer mehr Eisen und Stahl. Um Eisen zu verhütten, braucht man Kohle usw. Eine Erfindung zieht die andere nach sich.

Daneben werden auch der Absolutismus und die Französische Revolution, die Menschenrechte in Nordamerika, die Zeit Napoleons und politische Entwicklungen im 20. Jahrhundert behandelt. Die Thematik im neunten Schuljahr greift dann noch einmal diejenigen vom Vorjahr auf: Man behandelt die Neuzeit, aber unter einem neuen Gesichtspunkt. Jetzt werden die wirkenden Ideen, ihre Verwirklichung und ihr Scheitern verfolgt. Im 20. Jahrhundert bildet sich allmählich ein weltumspannendes Bewusstsein in Kultur, Wirtschaft, Technik und Politik, aber auch in Bezug auf ökologische Zusammenhänge.

Anatomie

Die Jugendlichen erleben das Ende ihrer Kindheit und damit im Zusammenhang die Fragen nach der eigenen Existenz, die gerade durch den vermehrten Dissens zwischen körperlichen und seelischen Vorgängen besonders aktuell werden. Es ist die Aufgabe der Pädagogik, den Weg der Heranwachsenden zur «Erdenreife» adäquat zu begleiten. Der Lehrplan der Waldorfschule sieht vor, jetzt vor allem die Knochen- und die Muskelmechanik sowie Auge und Ohr zu behandeln.[144] Indem wir das mineralisierte Knochenskelett in den Mittelpunkt rücken, «erdet» diese Epoche verstärkt die jungen Menschen. Beim Zeichnen der einzelnen Knochen lernen sie die Phänomene zu beobachten, die oben

(S. 133ff.) dargestellt wurden. Die Beschäftigung mit dem Skelett, das den Menschen stützt und den aufrechten Gang ermöglicht, ist für die Heranwachsenden zugleich eine pädagogische Hilfe, den Weg zur endgültigen «Erdenreife» zu finden.

In der 9. Klasse werden die Organe der Sinneswahrnehmung, des Stützskelettes und der Bewegungsorganisation behandelt. Auch werden Themen vom Vorjahr aufgegriffen, aber nun mit allen Möglichkeiten exakter Formenkunde und der Ermittlung der physiologischen Funktionen bis hin zur Betrachtung der jeweiligen Krankheiten.

Geografie, Geologie und Astronomie

Weltinteresse gilt es zu wecken, und das ist im Geografieunterricht besonders einfach. Zwei weitere Kontinente sind noch zu behandeln: Australien sowie Nord- und Südamerika. Typische Landschaften und eine eindrucksvolle Tier- und Pflanzenwelt finden wir hier. Aber es geht auch um das geistig-seelische Leben der Völker, ihre Kulturen. So lernen die Schüler verschiedene Seelenverfassungen kennen und mit der unsrigen zu vergleichen. Wurde in der Geschichtsepoche die Auswanderung zahlloser Europäer in die beiden amerikanischen Kontinente bereits dargestellt, ist es nun interessant zu hören, wo sie siedeln, welche Sprache sie sich gemeinsam aneignen und wie sie das Land verändern. Dabei wird auch besprochen, was dies für die Urbevölkerung bedeutet.

Im neunten Schuljahr erleben die Jugendlichen immer mehr ihre körperliche Schwere. Betrachten sie im Biologieunterricht der 8. Klasse deshalb das Skelett, so befassen sie sich in einer Geologieepoche der 9. Klasse mit dem, was man das «Skelett der Erde» nennen kann: die Gesteinswelt, die Gesteinshülle, dann aber auch die Kontinente mit ihren Bildungen, die Ozeane, Grabenbrüche, den Vulkanismus. Es ist faszinierend, zu entdecken, dass die beiden riesigen Gebirgsketten der Erde, im Westen in Nord-Süd-Richtung verlaufend die Rocky Mountains und die Kordilleren, im Osten hingegen in Ost-West-Richtung die Kette vom Himalaya bis zu den Alpen, unter einem bestimmten Betrachtungswinkel ein Kreuz bilden, quasi ein «Gebirgskreuz der Erde». Beim anschließenden Erarbeiten der Erdgeschichte geht es auch um das Thema «Von der Kontinentaldrift zur Plattentektonik».

Hat man in der Astronomie die Möglichkeit gehabt, über den Tierkreis und die Planeten mitsamt Sonne und Mond mit den Schülern zu sprechen, ist für das neunte Schuljahr vorgesehen, den Dopplereffekt zu erarbeiten. «In der Tat war die Benutzung des Dopplereffektes in der Astronomiegeschichte ein entscheidender Schritt der Ausweitung des irdischen Entfernungsraumes in den Fixsternkosmos. Die Ausschöpfung des Raumes menschlich-irdischer Existenz bis in die Fixsternwelt hinein, das ist in der Physik des 9. Schuljahres Thema.»[145]

Physik und Chemie

Im achten Schuljahr kommen zu den bisherigen Gebieten der Physik vier weitere hinzu, die viel mit unserem praktischen Leben zu tun haben: In der Hydrostatik und Hydrodynamik geht es um die physikalische Seite des Wassers, und so werden die jungen Menschen mit dem Archimedischen Prinzip, dem hydrostatischen Auftrieb, den kommunizierenden Röhren, der Wirkungsweise der Pumpen und vielem mehr vertraut. In der Aerostatik und der Aerodynamik geht es um Wetterkunde, die verschiedenen Wolkenarten, Hoch- und Tiefdruckgebiete, die Entstehung und Stärke der Winde, das Lesen einer Wetterkarte.

Besonders wichtig ist das Thema «Klima» mit seinen derzeitigen Veränderungen. Auch gehört, wenn irgend möglich, der Bau eines Wasserbarometers dazu.

Durch viele Versuche und durch das Verstehen der den Phänomenen zugrundeliegenden Gesetzmäßigkeiten tauchen die jungen Menschen tiefer in die weiteren Gebiete der Physik ein: Akustik (z. B. Schallgeschwindigkeit und -ausbreitung in Luft und Wasser), Wärmelehre (Wärmeleitung und -isolierung mittels verschiedener

Materialien), Elektromagnetismus (Relais, Elektromotor) und Optik (Hebung, Brechung, Fernrohr, Mikroskop, Fotoapparat und Funktion des menschlichen Auges).

In der 9. Klasse wird die Physik, aber auch die Chemie vom Fachlehrer unterrichtet, und der Lehrplan der Waldorfschule hebt dabei hervor: «Im naturwissenschaftlichen Unterricht der Oberstufe wird angestrebt, von den erlebnisgesättigten Erfahrungen der Mittelstufe auszugehen, diese dann gedanklich weiter zu ordnen und sie letztlich in ihrer Gesetzlichkeit zu erfassen. Der Schüler soll so davor bewahrt werden, halbverstandene Theorien für den Aufbau seines Weltbildes höher einzuschätzen als die eigene Erfahrung und Urteilsbildung.» Die Schüler sollen sich eine Reihe von Fähigkeiten und Fertigkeiten in Physik und Chemie aneignen: «Genau zu beobachten und die Beobachtungen zu formulieren, einfache Experimente durchzuführen und Ergebnisse zu interpretieren, aus den Beobachtungen selbstständig Begriffe zu bilden, Messfehler zu erkennen und ihre Einflüsse abzuschätzen, grafische Darstellungen von Messreihen auszuführen und sie auszuwerten, physikalische Vorgänge mithilfe bekannter Gesetze zu verstehen.»[146]

Über die einzelnen Themenbereiche der Physik und der Chemie – hier ist es vor allem die organische Chemie (u. a. Stärke, Zucker, Eiweiß, Fette und Öle, Oxidations-, Reduktions- und Gärungsprozesse) – informiert ausführlich der Lehrplan.

Kunstgeschichte in der 9. Klasse

In dem neuen Fach der Kunstgeschichte betrachten die Jugendlichen die bildenden Künste Malerei und Plastik während dreier großer Zeiträume: Ägypten, Griechenland und Renaissance. Dabei wird ihnen deutlich, dass es sich zugleich um Schritte der menschheitlichen Bewusstseinsentwicklung handelt. Zur ägyptischen Kultur gehört der Totenkult, und die Kunst hängt damit zusammen. Die gewaltigen Statuen, die den Menschen als Stehenden, Sitzenden, Knienden, Hockenden darstellen, wirken wie Wesen, die dem Reich der Zeitlosigkeit angehören. In Griechenland wird die Plastik weiterentwickelt, bekommt etwas Prozesshaftes, wird knospenhaft in der archaischen Zeit und gelangt zur Blüte in der klassischen Zeit. Hat man danach über die Katakomben und die Mosaiken von Ravenna, die Anfänge der christlichen Kunst, gesprochen, geht es um den Übergang von der spätmittelalterlichen Kunst zur Frührenaissance. In der Renaissance gibt es mehrere Repräsentanten einer neuen Weltzuwendung, durch die die Linearperspektive entdeckt wird. Leben und Werk von Michelangelo und Raphael bilden den Höhepunkt der Epoche. Darüber hinaus ist die Auseinandersetzung mit vielen weiteren kunstgeschichtlichen Themen möglich.

Handarbeit und Werken

In der Zeit der Erdenreife gewinnen die Schüler das Bedürfnis, Mechanisches zu durchschauen. Da sie das Schneidern erlernen und dabei ein oder mehrere Kleidungsstücke anfertigen, lernen sie zugleich, mit einer Nähmaschine zu arbeiten. Dies soll zunächst eine Tretnähmaschine sein, damit sie zugleich deren Bau und Funktion kennenlernen. Außerdem sind bei dieser rhythmischen Bewegung Kopf, Hand und Fuß gefordert, also Denken, Fühlen und Wollen. Wer meint, dass Schneidern nur eine Angelegenheit für Mädchen sei, irrt sich und sollte einmal zusehen, mit welchem Schwung und Können die Jungen nähen können,

Indem sich die Jugendlichen die gefertigten Dinge gegenseitig zeigen und darüber sprechen, lernen sie ihr Produkt selbst immer besser einzuschätzen und zu beurteilen. Die Bewertung des Erwachsenen verliert nach und nach an Bedeutung, und der Lehrer wird mit seiner funktionalen Autorität mehr in seiner Rolle als Experte wahrgenommen. Der Lehrplan erwähnt noch zwei weitere Themen: die Materialkunde und das Erleben von Arbeitsteilung innerhalb der Schülergruppe während der Herstellung eines Werkstücks.

Im folgenden Jahr schaffen die Schüler einen Innenraum auf ganz unerwartete Weise: Sie flechten einen Korb, der womöglich so groß ist, dass man ihn im Garten zum Laubsammeln benutzen kann. Beim Flechten lernen sie die Werkstoffe kennen, eignen sich verschiedene Flechttechniken an und wagen sich schließlich auch an kompliziertere Verbindungen. Den Abschluss bildet eine schriftliche Werkbeschreibung. Unsere Tochter brachte am Ende des Schuljahres einen Tragekorb in der beschriebenen Größe nach Hause. Wenn er auch nicht ganz so rund war, wie sie es gern gehabt hätte, diente er uns jahrelang zum Sammeln von Altpapier.

In der 8. Klasse sind die Schüler in der Lage, Form und Funktion eines Gegenstandes, den sie herstellen wollen, zu erkennen und entsprechend zu gestalten. Wollen sie einen Besen binden, einen Bilderrahmen oder eine Gestellsäge herstellen, müssen vor der Ausführung alle Arbeitsschritte folgerichtig überlegt werden. Dann kommt es auf Passgenauigkeit und exaktes Arbeiten an, wenn die Schüler Nistkästen, Futterhäuschen, einen Bollerwagen oder zusammen mit anderen eine Kugelbahn bauen. Sie dürfen zwischen den Aufgaben selbst wählen.

Im neunten Schuljahr lernen die Jugendlichen das Tischlern. Zu den praktischen Fähigkeiten, die so geübt werden müssen, dass genügend Sicherheit und Fertigkeit entstehen, gehören vor allem das Anreißen, Sägen und Hobeln, aber auch die Kenntnis einfacher Holzverbindungen und der verschiedenen Werkzeuge samt deren Pflege. Den Anfang bilden Arbeitsvorgänge, in denen genau Maß gehalten werden muss. Da werden Wandregale und Kästen mit Deckel geplant, gebaut und selbst kontrolliert. Anschließend haben die Schüler freie Wahl, was sie tischlern wollen und sich dabei zutrauen.

In einigen Waldorfschulen können die Jugendlichen auch das Schmieden kennenlernen. Hierbei erleben sie, wie sich glühendes Eisen formen lässt und dem Schlag des Hammers gefügig nachgibt. Sie lernen anfänglich, fachgerecht mit den verschiedenen Hämmern und Zangen umzugehen, den Schlag mutig und gezielt auszuführen, an Esse und Amboss schnell zu reagieren und dabei fest auf den Beinen zu stehen. Das gilt für Mädchen wie für Jungen.

Sport

Im achten Schuljahr kommen die jungen Menschen auf der Erde an, werden «erdenreif». Sie erleben die Schwere, das Feste und müssen sie durch die eigene Anstrengung, durch Kräfteeinsatz überwinden lernen. So manche sportliche Betätigung verlangt ihnen Kraft, Selbstbeherrschung und Haltung ab. In den verschiedenen Disziplinen der Gymnastik, des Geräteturnens, der Leichtathletik und bei Ballspielen werden sie mit unterschiedlichen Techniken vertraut, erfahren die Freude an der Bewegung und die gemeinschaftsfördernden Aspekte der Teamsportarten.

In der 9. Klasse sollen die Jugendlichen u. a. bei der Schulung ihrer Willenskräfte herausfinden: Wie überwindet man einen toten Punkt? Wie kann man eine explosionsartige Bewegung aus der Ruhe heraus hervorbringen, wie sie beim Kugelstoßen notwendig wird? Viele weitere Sportarten sind Bestandteil des Unterrichts.

Sozialkunde

Als gesondertes Fach erscheint die Sozialkunde ab der 9. Klasse, wird vorher in einzelnen Epochen aber immer wieder einbezogen. Wenn im Geschichtsunterricht über das Ende des 1. Weltkriegs gesprochen wird, kann der Klassenlehrer auch Rudolf Steiners Gesellschaftsimpuls der «Sozialen Dreigliederung» in großen Linien darstellen.[147] Die Grundzüge, dass in einem Staat das Geistesleben mit Freiheit, das Rechtsleben mit Gleichheit, das Wirtschaftsleben mit Brüderlichkeit verbunden werden sollte, fußen auf den drei Idealen der Französischen Revolution, die in dieser Form eine sinnvolle Zuordnung erfahren. Steiners Bemühungen und die Dreigliederungsbewegung von 1919 schlugen leider fehl, doch sind sie nach wie vor aktuell, und viele kulturelle, soziale und wirtschaftliche Initiativen haben sich auf dieser Grundlage gebildet. Auch die Waldorfschule, mittlerweile eine weltweite Bewegung, ist aus diesen Impulsen hervorgegangen.

Für das neunte Schuljahr formuliert der Lehrplan zur Sozialkunde folgenden Hinweis: «Es ist pädagogisch intendiert, dass die Urteilsbildung der Heranwachsenden in diesem Schuljahr vor dem Hintergrund der modernen gesellschaftlichen Leitziele und Ideale (Menschen- und Bürgerrechte) angeregt wird, um so den Individuationsprozess zu fördern. Ein methodischer Schwerpunkt ist somit die erlebnishafte Begegnung mit Menschen, die sich für besondere soziale und gesellschaftliche Ziele einsetzen; die Schüler und Schülerinnen können sich auf verschiedenen Wegen (Reportagen, Dokumentationen, Schriften, ggf. auch persönlich) Informationen beschaffen.»[148] Viele differenzierte Unterrichtsinhalte (zu Medien und Information, Grundrechten, gesellschaftlichem und politischem Wandel) sind dabei möglich.

Auf die Darstellung weiterer Unterrichtsfächer – Fremdsprachen, Musik, Eurythmie, Kunstunterricht, Gartenbau – verzichten wir aus Platzgründen und beenden hier unsere Betrachtungen zum ersten Drittel der Jugendzeit.

Das siebzehnte bis neunzehnte Lebensjahr

Wenn wir den Beginn des zweiten Drittels im Jugendalter betrachten, erinnern wir uns daran, dass sieben und vierzehn Jahre zuvor die Übergänge zum jeweils nächsten Drittel von besonderer Bedeutung waren: Der Zeitpunkt von 2⅓ Jahren hängt mit dem ersten «Ich-Sagen» zusammen, derjenige von 9⅓ Jahren mit den «Rubikon-Erlebnissen». Jedes Mal handelt es sich um neue, auffallend stärkere Eingriffe des Ich. Wir lernen hier einen noch wenig beachteten Siebenjahresrhythmus kennen. Für den Zeitpunkt von 16⅓ Jahren dürfen wir also erwarten, dass sich die Ichkräfte erneut verstärken und zeigen werden (siehe Abb. 35, S. 326).

Blicken wir noch einmal kurz auf die erste Phase des dritten Jahrsiebts, die von 14 bis 16⅓ reicht und die wir als «Willensphase» gekennzeichnet haben. Gefühle, Gedanken, Ideen, auch vielerlei

Wünsche können in ihr plötzlich und heftig zutage treten. Was man eben noch sympathisch fand, kann spontan in Antipathie umschlagen. Wofür man sich eben noch begeistert hat, wird plötzlich langweilig, uninteressant. Sehnsüchte und Wünsche können eine überragende Rolle spielen: Man will etwas erreichen, von dem man selbst nicht weiß, was es eigentlich ist. Vielfach wechseln auch die Gefühle zwischen Ausleben und Scheu. Erhard Fucke fasst diese Phänomene so zusammen: «Das Gefühlsleben hat gleichsam einen ‹meteorologischen Charakter›, es ist ‹launisch› und daher schwer im Voraus zu bestimmen.»[149]

Gehen wir nun zur mittleren Phase über, die – wie bei den zwei vorhergehenden Jahrsiebten – dem Fühlen zuzuordnen ist. Wir ahnen, dass die soeben geschilderten Erlebnisse eine gewisse Verinnerlichung erfahren, dass es möglich wird, Gefühle zu vertiefen, wenn es vom Jugendlichen angestrebt wird. Das wird sich in der folgenden Betrachtung zeigen. Die Schüler sind zu Beginn dieser Phase in der 10. Klasse – oder werden bald Zehntklässler –, und sie endet im Laufe der 12. Klasse. Wenn wir uns im Anschluss wieder einzelnen Unterrichtsfächern zuwenden, müssen wir also zwei Jahrgänge, die 10. und die 11. Klasse, in den Blick nehmen; das zwölfte Schuljahr als Krönung der Schulzeit fällt weitgehend in die dritte und letzte Phase des dritten Jahrsiebts, in dem auch die Abiturvorbereitung stattfindet.

Bei unserer Darstellung der ersten drei Jahre haben wir den Dreischritt «Gehen–Sprechen–Denken» angeschaut und versucht, ihn bei den weiteren Phasen ebenso anzuwenden. Ist dies auch für das Jugendalter möglich? Wir haben gesehen, dass man in Bezug auf das erste Drittel des dritten Jahrsiebts berechtigt von einem «Hineingehen» sprechen kann. Die zweite Phase beinhaltet das «Sprechen». Eine meiner Kolleginnen hat in einem Vortrag über die Arbeit mit Oberstufenschülern die drei Phasen einmal näher charakterisiert. Über die erste Phase setzte sie das Motto «Urteil» und erläuterte, dass die Jugendlichen einfache Urteile ohne lange Prüfung fällen, also gleichsam ein «Drauflosurteilen» ausprobieren. In der zweiten Phase, so ihre Beobachtungen, entwickeln sie allmählich besser durchdachte Meinungen, nehmen festere Standpunkte ein. Sie diskutieren gern und versuchen dabei, den anderen von der eigenen, besseren Meinung zu überzeugen. Dabei kann es vorkommen, dass man enttäuscht ist, wenn dies nicht gelingt, und sich dann wie der Fuchs in der Fabel äußert, der die begehrten süßen Weintrauben bei allen Bemühungen nicht erreichen kann und sie nun «sauer» findet: «Mit dem kann man ja nicht diskutieren!» Im Unterricht wie in den Pausen und bei allen gemeinsamen Begegnungen lässt sich in dieser Zeit immer wieder beobachten, dass die Jugendlichen bei vielen Gelegenheiten das Gespräch suchen. Sie wollen Erlebnisse austauschen, hören, was der andere denkt, ihre Probleme erörtern und auch sich gegenseitig anregen. Meine Kollegin setzte über die zweite Phase den Begriff «Meinung». Wir können daher die zweite Phase mit «Sprechen» charakterisieren (s. Abb. 34, S. 311). Mit dem Begriff für das dritte Drittel werden wir uns erst später beschäftigen, doch wir ahnen, dass er mit dem Denken zu tun haben wird.

Hans-Gerhard Wyneken schreibt über den Beginn der mittleren Phase mit 16 ⅓: «Zu diesem Zeitpunkt befinden sich die Jugendlichen in der 10. Klasse, und man kann diesen Entwicklungspunkt, der wieder etwas unbemerkt vor sich geht, oft nur daran wahrnehmen, dass die Klasse als Gesamtheit erste Signale zu erkennen gibt, der Vernunft zugänglich zu werden. Die schlimmsten Unarten setzen sich als Bodensatz ab und verlieren ihren Reiz. Jetzt beginnt in Reinheit die eigentliche Jugendzeit. Man darf sich hier nicht täuschen lassen, wenn der einzelne Jugendliche das scheinbare Gegenteil zeigt ... während im Klassenganzen eine erste Selbstständigkeit, vor allem im Denken, die Oberhand gewinnt und dadurch eine andere Interessenlage beginnt.»[150]

Die erfahrene Oberstufenlehrerin Mona Doosry geht in ihrem eindrucksvollen Buch *Zwischen Pubertät und Mündigkeit* ebenfalls besonders auf die Jugendlichen in der 10. Klasse ein. Sie sieht diesen Zeitraum als eine der Krisenzeiten und als Beginn einer «Stufe der Ichbewusstseins-Entwicklung», einer Stufe, der man viel Aufmerksamkeit zuwenden sollte. Nach ihrer Beobachtung hat sich die seelische Konstitution der Schüler entweder stabilisiert oder aber wird labiler, angreifbarer». Ausführlich beschreibt sie, wie eine Schülerin in der 9. Klasse trotz der im Jahr davor vollzogenen Trennung der Eltern noch ein sonniges Gemüt hatte, sich aber nach dem «Einbruch», den sie daraufhin im nächsten Schuljahr erlebte, lange Zeit nicht erholen konnte. Dass sich Krisen, die im zehnten Schuljahr auftreten, länger hinziehen, konnte Doosry häufiger beobachten. «Die Situation des Zehntklässlers lässt sich insgesamt mit dem Gefühl beschreiben, dass das Alte nicht mehr trägt. Man erlebt in der 10. Klasse oft, dass ganz fleißige Schüler nicht mehr weiterkommen, den Sprung in die 11. und 12. Klasse nicht mehr so schaffen wie andere, auf der Stelle treten. Das Alte trägt nicht mehr, man kann sogar sagen, das Alte stört, und das Neue wird gesucht und erhofft, kann aber von den Jugendlichen selber noch nicht ergriffen werden.»[152] In Gesprächen, die sie mit Schülern dieses Alters führte, hörte sie oft heraus, dass die jungen Menschen Veränderungen suchen, vielleicht selbst nicht richtig wissen, welcher Art sie sein sollen – möglicherweise ein Schulwechsel, eine Veränderung der Umgebung. Hier und da wird dieser Schritt auch in die Tat umgesetzt und später oft bereut.

Aus der Poetikepoche einer 10. Klasse zitiert Doosry das selbst verfasste Gedicht einer Schülerin, das so aussagekräftig ist, dass wir es auch im Zusammenhang unserer Betrachtungen wiedergeben:

Ich bin eine Schallplatte.
In jeder Rille ein Ton.
Mancher meinte, er kenne mich schon,
nachdem er mich einmal gehört hatte.
Man dreht mich auf den turntables der Welt.
Und ohne stillzustehen,
werde ich mich weiterdrehen,
bis man mich abstellt.[153]

Erstaunlich, wie gut sich das Mädchen selbst reflektieren kann – dass sie das eigene Gefühl mit dem Bild einer Schallplatte vergleicht, einem Objekt, das von außen bestimmt wird und sich dabei immer um sich selbst dreht.

Die Schüler werden jetzt, verglichen mit ihrem Verhalten im neunten Schuljahr, zurückhaltender. Dazu noch einmal Doosry: «Plötzlich ist da Zurückhaltung, dieses Verstummen. Aber die Verbindung zur Welt muss irgendwie geschaffen werden, aus diesem Vakuum heraus. Da wäre es wichtig, Urteilstätigkeit im Zusammenhang mit Verstandestätigkeit zu üben, die Logik, das Gesetzmäßige zu erfassen.»[154]

Beobachten kann man als Lehrer aber auch, dass man sich mit einer 10. Klasse unterhalten und mit den Schülern gute Gespräche führen kann. Sie sind oft nicht mehr so unsicher wie vorher, suchen ihre eigenen Grenzen und ihren eigenen Geschmack, wollen Neues ausprobieren dürfen und können dabei gelegentlich auch radikal werden. In gewisser Weise ist alles Alte zu Ende und trägt nicht mehr. Der seelische Innenraum der Schüler tut sich langsam als etwas Eigenes auf, und die innere Empfindung könnte man so charakterisieren: ‹Ich empfinde, dass das Ziel noch nicht da ist, aber ich spüre, dass ich etwas aus mir heraus tun muss.› Noch ist das Ich des Schülers nicht genügend präsent, zeigt sich nur in Form von plötzlichen Einschlägen, und daher entsteht so manche Krise.[155]

Auf einen weiteren sehr wichtigen Aspekt macht Henning Köhler aufmerksam. In einem Gespräch stellt er einem Sechzehnjährigen die Frage, ob er überhaupt das Gefühl habe zu leben. Daraufhin antwortet der Junge: «Nein, ich habe das Gefühl, ich bin wie tot. Und manchmal träume ich auch, ich sei tot, und finde mich selbst vor wie einen Toten.»[156] Er erzählt von seinen Interessen, die er hatte und ihm nichts mehr bedeuten, er lehnt alles ab, was alt ist, möchte vielleicht auf einen Bauernhof, ist sich aber noch nicht sicher. Dann findet er ein interessantes Bild für seine innere Situation: Er fühlt sich wie in einem Wartesaal. Der Jugendliche ahnt, dass etwas kommen wird, aber das Neue ist noch nicht da.

In diesem Alter wächst auch die Suizidgefahr. Das Ich ergreift das Rhythmische System, und wir haben es hier – nach dem ersten «Ich-Sagen» und den «Rubikon-Erlebnissen» – mit einem dritten «Ich-Punkt» zu tun. Zweimal sieben Jahre sind seit dem ersten Ich-Erlebnis vergangen. Wenn der Jugendliche in diesem Alter verzweifelt nach einem Sinn seines Daseins sucht, keinen Anschluss an die Mitmenschen und die Welt und auch keine Ideale findet, sich durch den Verlust einer Freundschaft einsam fühlt oder schwermütig wird, kann die Gefahr auftreten, dass er aus dem Leben scheiden will.

An dieser Stelle sei erwähnt, wie bedeutungsvoll und hilfreich gerade für dieses Alter ein Grundprinzip der Waldorfschule sein kann: Die Kinder und Jugendlichen bleiben all die Jahre im Klassenverband, da es kein Sitzenbleiben gibt. Sie kennen sich gut, haben schon vieles gemeinsam erlebt, meist auch Freundschaften geschlossen. Die Lehrer kennen ebenfalls ihre Schüler von Anfang an, sodass schon manches Gespräch stattgefunden hat, vielleicht auch bereits die eine oder andere Krise gemeinsam durchgestanden wurde. Da die Zeugnisse in ausführlicher Textform, ohne Punkte- oder Notensystem, ausgestellt werden, entsteht für die Schüler während der ersten zehn Schuljahre nicht der oft zitierte Leistungsdruck. Erst gegen Ende der Schulzeit wird es notwendig, Zensuren zu geben, um einen gewünschten Abschluss zu erreichen. Während all dieser Jahre entwickelt sich im Allgemeinen ein gewisses Vertrauensverhältnis zwischen Schüler und Lehrer, das von Bedeutung ist, wenn über einen Jugendlichen eine Krise hereinbricht. Wichtig ist es, eine Klassengemeinschaft zu begründen, in der sich jeder Einzelne aufgenommen fühlt. Auch das ist eine Kunst, eine «soziale Kunst».

Die Fähigkeit und die Art des Urteilens verändern sich ebenfalls im Laufe der Oberstufenzeit. Mona Doosry skizziert hierzu einen interessanten Dreischritt: Im neunten Schuljahr beurteilen die Jugendlichen etwas ganz aus ihrem spontanen Erleben, ihrem momentanen Empfinden heraus. Das hat mit ihrem praktischen Leben zu tun, und Doosry nennt dies «praktische Urteilskraft». Das ändert sich in der 10. Klasse, wenn sich die Schüler stärker verinnerlichen, die Urteile mehr durchdacht werden, wenn viel mehr theoretisiert wird und sich eine «theoretische Urteilskraft» herausbildet, wie Doosry sie nennt. Im zwölften Schuljahr, wenn die Individualität die Urteile innerlich ergreift und durchdringt, werden diese zu etwas Eigenem, zu persönlichen Urteilen. Mit «individualisierter Urteilskraft» lässt sich dies treffend charakterisieren.

Wir schließen hiermit die grundlegenden Betrachtungen zur mittleren Phase der Jugendzeit ab und wenden uns Schwerpunktthemen in einzelnen Unterrichtsfächern mit den jeweiligen menschenkundlichen Begründungen zu. Die Lehrpläne werden von nun an noch umfangreicher als bisher, sodass hier wieder nur wenige Aspekte herausgegriffen werden können. Andererseits soll doch zumindest angedeutet werden, welch eindrucksvolle Themen in den beiden Klassenstufen erarbeitet werden, was die Schüler auf künstlerischem Gebiet lernen dürfen und wie umfangreich sie gerade auch in den Naturwissenschaften geschult werden. Wichtig ist zu wissen, dass alle Themen – wie in den früheren Schuljahren – mit den jeweiligen Entwicklungsschritten der Schüler in Verbindung stehen; darauf liegt auch der Schwerpunkt unserer Betrachtung.

Altersentsprechender Unterricht

Mathematik, Feldmessen, Geometrie

Der Schüler soll in der Oberstufe «von der Kenntnis zur Erkenntnis» geführt werden, er soll sich auf die eigene Erkenntniskraft, auf das selbst errungene Urteil stützen.[157] Das erfordert neue methodische Schritte. Einen solchen können wir für die 10. Klasse besonders gut im Mathematikunterricht studieren. Die Schüler lernen die Ebene Trigonometrie kennen, mit Winkelfunktionen umzugehen, erfahren die Unterschiede von Sinus, Cosinus, Tangens und können bald damit rechnen. Aber damit sollen sie auch praktisch umgehen lernen. Das geht am sinnvollsten, wenn sie die Möglichkeit bekommen, einmal in ihrem Leben ein Stück Landschaft zu vermessen. Das geschieht in Form eines Praktikums.

Zunächst wird in einer Mathematikepoche der Umgang mit den Winkelfunktionen erarbeitet, sodass alles Rechnerische genügend beherrscht wird, bevor man ins Feldmesspraktikum aufbricht. Alle Utensilien, die beim Vermessen gebraucht werden, hat die Schule rechtzeitig angeschafft. Vor Ort wird die Klasse meist in Dreiergruppen eingeteilt, und jedes Team erhält seine Geräte und bekommt sein Gebiet zugeteilt, das es am nächsten Tag zu vermessen gilt.

Vom Morgen bis zum späten Nachmittag sieht man die Gruppen im Gelände selbstständig mit Theodoliten, Messlatten und Messbändern hoch engagiert umgehen, wobei es vor allem um Winkelmessungen geht und darum, die Daten sorgfältig aufzuschreiben. Überall kann man bunte Grüppchen beobachten, die rot-weiße Stäbe halten, gebückt hinter dem Theodoliten stehen oder Messdaten aufschreiben, wie man es von Geometern kennt. Abends schlägt die Stunde der Wahrheit, wenn der Mathematiklehrer diese Daten mit denen anderer Gruppen vergleicht. Kein Lehrer muss sie korrigieren, das erfolgt durch das Ergebnis der gemeinsamen Arbeit. Hat man richtig gemessen, kann anhand der Messungen ein Abschnitt der eigenen anzufertigenden Vermessungskarte gezeichnet werden. Hat man Fehler gemacht, belehren einen die falschen Zahlen, und niemand muss einem sagen, dass tags darauf noch mal gemessen werden muss. Gegen Ende des Praktikums verwandelt jeder Schüler sein Zahlenwerk in eine eindrucksvolle farbige Vermessungskarte im DIN A 3-Format. Eine Epoche der besonderen Art von Selbstständigkeit, die meist sehr geschätzt wird.

Außer der Ebenen Trigonometrie gehören in diese Klassenstufe das Entwickeln der Logarithmen und deren Gesetze, spätestens in diesem Jahr auch die quadratischen Gleichungen. Da der Unterricht viel praktischen Lebensbezug aufweisen soll, kann das Buchführungsthema aus dem siebten Schuljahr aufgegriffen und als «Doppelte Buchführung» weitergeführt werden. Praktische Anwendung mathematischer Berechnungen wird für die Schüler auch durch die Querverbindung zur Physik erlebbar, etwa beim Thema «Wurf». Die Flugbahn beschreibt eine Kurve, die wir als Parabel kennen und als solche berechnen können.

In der Geometrie werden ein letztes Mal Kreis und Gerade behandelt. Es gilt, den Sehnen- und Tangentensatz zu konstruieren, zu verstehen und zu beweisen und den Höhen- und Kathetensatz im rechtwinkligen Dreieck als Sonderfall anzuschauen. Auch die Konstruktion und der Beweis des Goldenen Schnitts ist ein Thema. Danach wird in der 10. Klasse die Darstellende Geometrie eingeführt, die dem Schüler u. a. ermöglicht, technische Zeichnungen anzufertigen. Von seinen eigenen Tischlerarbeiten im Werkunterricht vermag er dann Entwürfe und Detailzeichnungen auszuführen.

Im elften Schuljahr werden Geometrie und Algebra in der analytischen Geometrie zusammengeführt. «Dem Schüler wird deutlich, wie geometrische Gebilde ihre Entsprechung in Gleichungen finden und wie neue geometrische Gebilde durch Gleichungen definiert werden können», heißt es im Lehrplan.[158]

In diesem Alter soll die Unendlichkeit gedanklich erfasst, soll der eigene Anschauungsraum erweitert werden. Daher wird nun auch die Projektive Geometrie eingeführt. Sie hebt die Geometrie auf eine neue Ebene. Da nun auch die sphärische Trigonometrie behandelt wird, erleben die Schüler auf diesem Gebiet ebenfalls eine Steigerung gegenüber der Trigonometrie der Ebene. Es handelt sich auch hier wieder um einen Zusammenschluss von Geometrie und Arithmetik. Insgesamt begegnen wir im elften Schuljahr häufiger der Tatsache, dass zwei Arbeitsgebiete miteinander verbunden sind.

Beim Rechnen mit Zinseszins und sowie dem Berechnen der «Halbwertszeit», die auch in der Atomphysik der 11. Klasse eine Rolle spielt, wird der Bezug zu aktuellen Fragen deutlich.

Der Deutschunterricht

Den Schwerpunkt bildet in der 10. Klasse ein Thema, bei dem es nicht sofort einleuchtet, wie es den Schülern in ihrer Entwicklungsphase, in der Altes zugrunde geht und Neues angestrebt wird, entgegenkommen kann. Es handelt sich um das *Nibelungenlied.* Zur Einstimmung in die nordische Mythologie dienen vielerorts Auszüge aus der *Edda*, den *Islandsagas*, dem *Hildebrandlied* und Beispiele alt- und mittelhochdeutscher Dichtung. Das *Nibelungenlied* wird auszugsweise in Mittelhochdeutsch gelesen und rezitiert, dann aber vor allem in einer neuhochdeutschen Fassung gelesen, da es darin ganz wesentlich um ein bestimmtes Motiv geht: Das Epos schildert Siegfrieds Heldentaten, seine Erlebnisse mit den Nibelungen, den Rachedurst seiner Gattin Kriemhild nach seinem tragischen Tod. Jahre vergehen, und sie vermählt sich mit dem Hunnenkönig Etzel und lädt später alle Nibelungen ins Hunnenland ein, wo ihre ganze Sippe durch Kämpfe zugrunde geht.

Bei den Germanen stand das Ehrgefühl obenan und durfte nicht verletzt werden. Geschah es, entstand tiefes Leid, und es gab keine Vergebung, sondern nur die Rache. Das *Nibelungenlied* zeigt, wie die germanische Sippe der Nibelungen nach diesem alten Prinzip handeln musste und dabei das Leben verlor. Eine alte Welt geht zu Ende. Aber es erscheint am Ende der Sage eine eindrucksvolle Gestalt, die nach unerwarteten Gesichtspunkten handelt. Sie verhält sich ganz neutral, mischt sich nicht in die Kämpfe ein, tötet keine Gegner im Kampf, sondern nimmt sie gefangen und bittet sogar darum, sie freilassen zu dürfen. Es ist Dietrich von Bern, eine Persönlichkeit als Vertreter einer gänzlich neuen Auffassung, einer edlen christlichen, mit einer Art individuellen Handelns.

Das Motiv von Alt und Neu der Zehntklässler ist hier im Bild ganz eindeutig zu finden. Die Menschen mit der alten Auffassung sterben, und ein erster individueller Impuls wird erlebbar. Interessante Gespräche können sich ergeben, wenn die Unterschiede von germanischem Sippenbewusstsein und modernem Individualbewusstsein herausgearbeitet werden. Des Weiteren können Motive aus dem *Nibelungenlied* aufgegriffen werden, die auch im modernen Bewusstsein eine Rolle spielen: Motive des Schicksals, der Treue, Rache, Vergebung und Verrat, die sich in der Literatur bis ins 20. Jahrhundert finden lassen.

Die Poetikepoche der 10. Klasse vermittelt nicht nur einen großen Überblick über die unterschiedlichen Formen der Dichtungen und Versmaße, sondern bietet den Schülern auch die Gelegenheit, selbst ein oder mehrere Gedichte zu schreiben.

Im elften Schuljahr tritt das Interesse an der eigenen Biografie in neuer Weise auf. Der Jugendliche will etwas von seiner Vergangenheit erfahren, blickt aber auch nach vorn auf die Zukunft und sucht Perspektiven und Urteilshilfen. Er will das eigene Leben unabhängig und selbstverantwortlich gestalten können. Auch hat er die Frage, ob es etwas Höheres gibt, nach dem er sich ausrichten kann, er sucht einen Leitstern, einen Sinn. In dieser Entwicklungssituation wird in der Waldorfschule der *Parzival* Wolframs von Eschenbach mit den Schülern behandelt. Im Zentrum des mittelalterlichen Versromans steht die Entwicklung eines Menschen von der Kindheit bis zur höchsten Reife. Die längste Zeit seines Lebens erlebt er Zweifel (mittelhochdeutsch «zwîfel»). Den kennen die Elftklässler! Die einzelnen Entwicklungsschritte Parzivals von der «tumbheit» (Dumpfheit) über den «zwîfel» bis zur «sælde» (Seligkeit) stellen einen Weg voller Prüfungen, Kämpfe, Irrtümer und Verzweiflung dar. Der Zweifel «an der eigenen Selbstverständlichkeit des Handelns wird zur Methode der Selbsterkenntnis, die es Parzival ermöglicht, seine ‹höhere› Berufung zu erkennen und den Weg des konventionellen Rittertums, wie es uns noch in dem in der Katastrophe endenden Nibelungenlied vorgeführt wird, hinter sich zu lassen ... Im Zentrum der Behandlung des Parzival steht also nicht, den Schülern den ästhetischen Wert bzw. den literaturgeschichtlichen Stellenwert des Epos klarzumachen. Vielmehr geht es um die Methode eines in ‹idealer› Weise ausgearbeiteten Entwicklungsweges, zu der die Schülerinnen und Schüler ein eigenes Verhältnis entwickeln können.»[159]

Zudem ist es möglich, Parzival-Motive in der Dichtung des 19. und 20. Jahrhunderts aufzufinden und zu behandeln. Gemeint sind Themen, die immer wieder in der Geschichte der Literatur aufgegriffen, aber ganz neu bearbeitet wurden: der Prozess der Ich-Werdung, Gottsuche, das Motiv des Verwundetwerdens und des Verwundens, die Ich-Du-Beziehung, die Qualität der Liebe, die Problematik von Schuld und Sühne, Verantwortung für die Folgen eigenen Handelns, die Begegnung mit sich selbst, Erziehungs- und Reifebedingungen.

Geschichtliche Bildung

Einen ersten Überblick über die alten Kulturen der Menschheit haben die Schüler bereits im fünften Schuljahr erlebt, jetzt, in der 10. Klasse, wird die menschliche Kulturgeschichte von ihren Ursprüngen bis zur griechischen Antike behandelt. Waren es damals eindrucksvolle bildhafte Darstellungen, so treten die Schüler auf dieser Stufe in Denkprozesse ein und erfassen Zusammenhänge. Vieles von dem, was sie kennen, wird zur Erkenntnis geführt. Geografisch-klimatische Verhältnisse und ihre Auswirkungen auf die Entstehung früher Kulturen gilt es herauszufinden und zu verstehen, und immer wieder werden Bezüge zur Gegenwart behandelt.

In der Ur- und Frühgeschichte können Skelettfunde und beim Betrachten der eiszeitlichen Zeichenkünste die erstaunlichen Fähigkeiten damaliger Menschen besprochen werden. Weitere Themen: die Hochkulturen Indiens mit Betrachtung des Kastenwesens und Irans mit der Einführung und hohen Bedeutung des Ackerbaus. Stadtkulturen entstanden in Mesopotamien, Ägypten und China, und schließlich mündet die Geschichte in die Kultur Altgriechenlands ein, an die sich die Königszeit, die Perserkriege, Handelskolonisation und Städtegründungen anschließen. In diesem Alter ist es aber auch wichtig, Vergleiche zu ziehen, z. B. zwischen der theokratischen ägyptischen und der antiken griechischen Kultur, in der sich das Verstandesdenken individualisierend entfaltet. Die Geburt des Dramas, das Theater, die Philosophie gehören zur Thematik und stoßen bei den Schülern auf großes Interesse. Die Behandlung der Alexanderzüge, die nicht nur Kriegerisches beinhalten, sondern bewirken, dass junges, neues Gedankengut in den Orient gebracht wird und die Griechen die Weisheit des Ostens kennenlernen, kann den Abschluss bilden.

Im elften Schuljahr erleben die Heranwachsenden in verschiedensten Fächern das Leitmotiv «Polarität und Steigerung», das methodisch vielen Unterrichtsstoffen zugrunde liegt. Beim Auffinden von Gegensätzen kann sich das Denken entzünden. Das Gesamtthema dieser Klasse ist die Welt des Mittelalters, und dieses entstand aus den Erbschaften eines griechisch-römischen, eines germanischen und eines jüdisch-christlichen Entwicklungsstroms.

Wichtig werden im Mittelalter die Klöster mit den verschiedenen Mönchsorden. Sie gilt es mit ihren Aufgaben und Lebensweisen ebenso zu verstehen wie die Bauern und Ritter und später die Handwerker in den Städten. Des Weiteren treten über Jahrhunderte hinweg Spannungen zwischen weltlicher und geistiger Herrschaft, zwischen Kaiser und Papst auf, aber auch zwischen abendländischer und orientalischer Kultur. Die Kreuzzüge, die Ritterorden und ihre Bedeutung gehören also ebenso zu den Themen wie die Städte mit ihrer Beziehung zu Handel und Gewerbe. Den Abschluss der Epoche kann die Reformation mit den daraus resultierenden Glaubenskämpfen bilden.

Biologie und Umweltkunde

In der 10. Klasse umfasst der Unterricht Biologie und Umweltkunde. Da die Schüler jetzt Vollzüge und Abläufe des eigenen Seelenvermögens schon bewusster beobachten und in Worte fassen können, sind sie auch vermehrt in der Lage, von der inneren Seite auf das eigene Leib-Seele-Verhältnis zu blicken. Es ist sinnvoll, mit der morphologischen Betrachtung zu beginnen und die physiologische und psychosomatische Organbetrachtung daran stufenweise anzuschließen. Im Mittelpunkt stehen die inneren Organe der Körperhöhlen und ihre möglichen Erkrankungen.

Die neuerliche Verständnisreife, die wachsenden Denkfähigkeiten ermöglichen es, im Biologieunterricht der 11. Klasse die durchgreifenden Themen der Lebenserscheinungen zu bearbeiten. Jeder Schüler ist damit beschäftigt, sein eigenes Weltbild aufzubauen, und so stehen die Grundfragen der Biologie im Mittelpunkt, vor allem die Zellenlehre und schließlich die Embryologie. Das Mikroskopieren gehört als Kurs ebenfalls in dieses Schuljahr.

Geografie

So wie die Zehntklässler in dieser Zeit allmählich ihren eigenen seelischen Innenraum entdecken, lernen sie in der Biologie die belebtesten Organe, die Brust- und Bauchorgane, und deren Funktionen kennen und verstehen, und deren Prozesse werden bis ins Seelische verfolgt. Parallel dazu werden in der Geografie die Lebensvorgänge des Organismus Erde betrachtet (das Erdinnere, die Wasser- und die Lufthülle unseres Planeten). Dabei ergeben sich – wie auch beim Betrachten der inneren Organe – vielerlei rhythmische Prozesse: der Aufbau des Erdinneren und der Erdatmosphäre, Bewegungsvorgänge der Plattentektonik, Meeresströmungen, Wetterkunde, Klima- und Vegetationszonen, die Ökosysteme der Erde.

Zur Geografie der 11. Klasse: «Geht man in der Biologie bei der Betrachtung der Zelle in den Bereich des unvorstellbar Kleinen, so kann man in der Geografie im Laufe einiger Astronomiestunden die Schüler in das unvorstellbar Große führen. Eine Besonderheit wird außerdem sein, Kartografie zu betreiben, die Kugelgestalt der Erde auf recht unterschiedliche Weise zweidimensional abzubilden, was der Abstraktionsfähigkeit der Schüler einer elften Klasse gerecht wird. Das eigentliche Thema für dieses Alter ist die Ökogeografie, die die Wechselbeziehung zwischen Raum, Bodenrelief, Klima, Vegetation und Mensch darstellt. Eine solche Epoche, die an das im 10. Schuljahr Behandelte anknüpft (die Hüllen der Erde), müsste eine Wirtschafts- und Sozialgeografie einschließen, die nicht nur die negativen Entwicklungen aufzeigt, sondern ansatzweise eine ‹Erdentwicklungskunde› veranlagt.»[160]

Physik und Chemie

Da der Jugendliche jetzt im Spannungsfeld zwischen hohen Idealen und Unsicherheit im Verhalten steht, ist es wichtig, ihm zunächst durch eine gute grundlegende Begriffsbildung in der Mechanik Klarheit und Sicherheit durch Erkenntnis zu vermitteln. Als beglückend kann er erleben, dass er beim Experimentieren durch Beobachtungen, Messungen und gedankliches Durchdringen Gesetze und nun auch mathematische Formeln entdeckt. Mathematisches Denken gibt Erkenntnissicherheit. Durch das Betrachten von Biografien bedeutender Physiker während der Wendezeit der Spätrenaissance blickt der Schüler zudem auf die Geburtsstunde der Physik. Im Laufe der 10. Klasse beinhaltet der Physikunterricht eine Fülle von Themen (z. B. zu Statik, Kinematik und Dynamik) und bietet dem Jugendlichen dadurch auch vielfältige Anregungen für seine Entwicklung.

Rudolf Steiner regte an, in der 11. Klasse zu den modernen Errungenschaften der Physik vorzustoßen. Jetzt werden daher die Elektrizitätslehre, der Elektromagnetismus, die Grundphänomene der Radioaktivität sowie die Begriffsbildung der Physik des 19. und 20. Jahrhunderts erarbeitet. Wie schon in früheren Klassen wird vom Experiment ausgegangen und durch Beobachtungen wie auch Messungen der mathematische Bezug gesucht.

Immer wieder begegnet dem Zehntklässler das Thema «Polarität und Steigerung». Dabei wird von einem starken Gegensatz ausgegangen und der Ausgleich zwischen den beiden Polen auf einer höheren, «gesteigerten» Stufe erreicht. In der anorganischen Chemie findet man dafür viele Beispiele, und da alle Salze aus den so gegensätzlichen Substanzen Säure und Lauge entstehen, eignet sich diese Thematik ganz besonders. Aus den im siebten Schuljahr diesbezüglich erworbenen Kenntnissen werden nun entsprechende Erkenntnisse gewonnen. Des Weiteren wird auch der Bezug zu den Säure-, Laugen- und Salzprozessen in Lebensvorgängen und Organismen betrachtet und viel Wert auf die alltägliche Bedeutung und die Behandlung technischer Prozesse gelegt.

Im elften Schuljahr erhält der Schüler dann einen Überblick über das gesamte Gebiet der Chemie. Er lernt die chemischen Elemente und ihre Ordnungen kennen, auch ihre Bedeutung in der Natur. Der individuelle Charakter der Elemente wird erarbeitet, und zwar im Zusammenwirken der chemischen Substanzen. Man kann sich fragen, wie unterschiedlich ein Element erscheint, wenn es mit anderen Stoffen verbunden wird oder wenn es vereinzelt auftritt. Auch das Periodische System und die Formelsprache sind Unterrichtsinhalte.

Kunst- und Musikbetrachtung

Es ist die Aufgabe des Kunstunterrichts in der Oberstufe, Interesse und Verständnis für Kunst zu wecken. Die Schüler lernen im Umgang mit ihr, bestimmte seelische Fähigkeiten zu erüben und zu entwickeln. Für die Klassen 9 bis 12 sind laut Lehrplan vor allem drei Aspekte wichtig: «1. Sensibilisierung der Sinneswahrnehmungen; Schulung intensiveren, wacheren und bewussteren Sehens und Hörens; 2. Bilden des ästhetischen Urteilsvermögens im Umgang mit den Raum- und Zeitkünsten; Schulung eines verfeinerten und differenzierteren Wahrnehmens von Qualitäten; 3. Kennen- und Verstehenlernen kunst- und kulturgeschichtlicher Entwicklungsschritte und deren Zusammenhang mit dem bewusstseinsgeschichtlichen Entwicklungsgang der Menschheit.»[161]

Auf dem Weg einer weiteren Verinnerlichung taucht im Kunstunterricht der 11. Klasse als neues Thema die Musik auf, ähnlich wie in der 10. Klasse die Dichtkunst (Poetikepoche) einen neuen Schwerpunkt bildete. Hegel charakterisierte die Musik als «Kunst der reinen Innerlichkeit».[162] Sie kann Inhalt einer eigenen Unterrichtsepoche sein oder auch so unterrichtet werden, dass Musik und Malerei zusammen betrachtet werden. Dann spielen umfassendere Gesichtspunkte eine Rolle; beispielsweise kann der Gegensatz der malerisch-plastischen Künste zu den sprachlich-musikalischen Künsten ein Leitmotiv sein.

Englisch

Der Lehrplan betont auch für den Fremdsprachenunterricht, dass sich die inneren Stürme beruhigen, das Chaos von Gefühlen abebbt und sich ein neues Sprachvermögen ankündigt. Die Sprache wird individueller und immer mehr zum Ausdruck des Ich. Das führt zu größerer Tiefe und Innerlichkeit. Die Heranwachsenden können merken, dass man mithilfe der Sprache das eigene Innenleben, das voller Bewegung erscheint, verstehen und in Bahnen lenken, es ordnen kann.

Die Pubertätszeit haben die meisten Schüler der 11. Klasse hinter sich gelassen und können sich für gedankliche und ästhetische Fragen öffnen. Es gelingt ihnen mehr und mehr, den eigenen Innenraum zu ergründen, und es entsteht langsam eine Empfindung für die Verantwortlichkeit für die eigenen Gedanken. Will man Gedankenreichtum erreichen, so bedarf es eines Reichtums an Sprache. Durch Fremdsprachen, die wir uns erarbeiten, lernen wir andere Menschen, Länder, andere Gewohnheiten und Denkweisen tiefer verstehen und begegnen deren geistigen Grundkräften. Die Literatur, Dichtung und Dramen der fremden Sprachen bieten viele Möglichkeiten, sich darin einzuleben.

Ganz besonders eignen sich Dramen, um Polaritäten anzuschauen, im Dialog die Menschen mit großen Gegensätzen zu erfassen und für den eigenen Innenraum fruchtbar zu machen. Vor allem bieten sich hier die Dramen von Shakespeare an, aber es können auch moderne aus der Blütezeit des Dramas in Großbritannien oder den USA der Fünfzigerjahre sein. Wünschenswert ist es, die Texte nicht nur zu lesen und zu besprechen, sondern das ganze Drama auch auf die Bühne zu bringen. Dann müssen Kulissen entworfen und gebaut, Kostüme geschneidert und genäht werden, an den Gebärden, vor allem aber an der Deutlichkeit der Sprache und richtigen Aussprache sowie der Betonung gearbeitet werden. Gelingt dies alles, bedeutet es einen großen sprachlichen Gewinn für jeden Schüler, hat er doch bei den Proben auch die Texte der anderen immer wieder gehört und ständig weiter verinnerlicht. Selbstverständlich kann auch aus dem Unterricht der anderen Fremdsprachen ein Spiel auf die Bühne gebracht werden. Die 11. Klasse ist dafür besonders geeignet.

Die weiteren Unterrichtsinhalte der Fremdsprachen in der 10. und 11. Klasse bezüglich Wortschatzarbeit, Grammatik, Rezitation, Unterrichtsgesprächen und schriftlichen Aufgaben müssen hier nicht im Einzelnen dargestellt werden.

Technologie und Gartenbau

Kenntnis und Verständnis der verschiedenen Technologien sind für moderne Menschen unabdingbar. Der Technologieunterricht soll daher nicht nur das nötige Wissen vermitteln, sondern zugleich Lebenskunde sein. Praxisnahes und exaktes Denken gilt es zu entwickeln, aber es geht auch darum, selbst tätig zu werden, Arbeitsprozesse mit den Händen auszuführen und dadurch besser zu durchschauen. Schülerinnen wie Schüler sitzen an Spinnrädern und erleben, was es z. B. heißt, aus der rohen Schafwolle einen gleichmäßigen Faden zu drehen und zugleich mit den Füßen dem Rad einen gleichmäßigen Schwung zu verleihen.

Galt die Epoche im zehnten Schuljahr mehr der Wiedereroberung von Technologien der Vergangenheit, so stehen im elften die gegenwärtigen im Vordergrund. Es geht vor allem um zwei sehr bedeutsame Gebiete mit je zwei wichtigen Begriffen: Kraft – Energie bei der Elektrizitätswirtschaft und Stoff – Materie bei der Papierherstellung. Im Laufe der 11. Klasse absolvieren alle Schüler ein Industrie- oder alternativ ein Sozialpraktikum. Es können auch während der Epoche Betriebe besichtigt werden.

Der Gartenbauunterricht klingt in diesem Schuljahr aus, verabschiedet sich aber mit einem Höhepunkt: Es ist das von Rudolf Steiner angegebene Pfropfen, das er als «Mysterium» bezeichnete, weil tatsächlich Geheimnisvolles geschieht. Seit nahezu dreitausend Jahren wird diese Kunst ausgeübt. Man setzt auf den Stummelast eines Obstbaums, dessen Früchte man veredeln möchte, eine Art

Zweig eines anderen, besonders guten Obstbaums und verbindet sie. Als Kind habe ich erlebt, dass auf einem Baum zur Hälfte Zwetschgen wuchsen, auf der anderen Seite gelbe Mirabellen. Wir Kinder haben den so gepfropften Baum immer bestaunt.

Informationstechnologie – Computerkunde

Es ist heute notwendig, dass der junge Mensch die Bedienung und die Nutzung der wichtigsten Anwendungen bzw. Geräte kennen und handhaben lernt, sich damit auskennt und beim Verlassen der Schule das Gefühl haben kann, auch diesbezüglich den Anforderungen des Lebens gewachsen zu sein. Für Zehntklässler geht es darum, den Aufbau und die Funktionsweise des modernen Computers kennenzulernen. Es war für mich schon vor zwanzig Jahren einmal begeisternd zu sehen, wie unser Physiklehrer nachmittags für die Schüler den Bau eines Computers vorbereitete. An einem größeren Gestell waren mehrere Elektrospulen mit kleinen Glühbirnen angebracht und mit Kabeln verbunden. Dann führte er mich in das binäre Zahlensystem ein und rechnete mir danach einfache Rechenaufgaben mithilfe des Computers vor: Es leuchteten die Glühbirnen nach jeder gestellten Aufgabe an der richtigen Stelle auf, und wer das binäre Zahlensystem kennt, vermag das Ergebnis an den leuchtenden Birnen richtig zu lesen. Seitdem weiß ich das System sehr zu schätzen.

Während im zehnten Schuljahr die Hardware-Technologie und deren logische Funktion im Mittelpunkt des Unterrichts steht, geht es im elften um die Software, um Funktionen und Algorithmen der Programme, aber auch um die Auswirkungen im Sozialen. Die Beziehung zwischen Mensch und Maschine, ebenso die Fragen nach der künstlichen Intelligenz gilt es zu betrachten, damit sich die Urteilsfähigkeit der Jugendlichen entwickeln kann.

Künste

Bis in die obersten Klassen sind die Künste von besonderer Bedeutung für die Entwicklung der Heranwachsenden. Die schöpferischen Kräfte, die in jedem Menschen darauf warten, sich entfalten und wachsen zu dürfen, werden in der Waldorfschule in den verschiedenen Künsten, die angeboten werden (Musik, Eurythmie, Malen, Zeichnen, Plastizieren, Gestalten mit Holz und Stein), vielseitig beansprucht, gepflegt und fortentwickelt.

Musik: Sonaten, Fugen enthalten formale Strukturen. Diese sollen die Schüler der 10. Klasse kennenlernen und sich ein Bewusstsein von der übergreifenden Sonatenform in der Musik der Klassik erarbeiten. Es ergeben sich Aufgaben zur Musikkunde, zu den Biografien bedeutender Musiker, zum Chorgesang und dem Kennenlernen verschiedener Instrumente. Besuche von Konzerten und Opernaufführungen fassen die gedanklichen Auseinandersetzungen im Erlebnis zusammen.

Es wurde bereits deutlich, dass in der 11. Klasse die Kunstepochen eine Akzentuierung durch die Musik erhalten (s. S. 301). Deutlich wird auch, dass die Musik eine Sonderstellung innerhalb der anderen Künste einnimmt.

Malen: Vom zehnten Schuljahr an sollen die Schüler einerseits ihre malerischen Erfahrungen aus den früheren Schulstufen aufgreifen und von nun an lernen, die Farben, deren Eigenart und Ausdrucksmöglichkeiten es zu erfassen gilt, bewusster anzuwenden. Sie werden sich immer stärker in den Ausdruckswert einer Farbe einfühlen und allmählich einen persönlichen «Stil» finden.

Im Zeichenunterricht der 10. und der 11. Klasse ist es angebracht, die Schüler zum exakten, gründlichen, ja scharfen Beobachten anzuleiten. Im Lehrplan heißt es dazu: «In einem Alter der Urteils- und Kritikfreudigkeit ist es geboten, das Thema Vorurteil mit all seinen Verfänglichkeiten im Gegensatz zu begründeten, aus der Sache resultierenden Urteilen zu bearbeiten. Wichtig sind Übungen im genauen Wahrnehmen; ist dies doch die Voraussetzung, um beim

Sachzeichnen, Kopieren und im Zeichnen in der Natur Genauigkeit aufbringen zu können!»[163]

Im Plastizieren soll die Geschicklichkeit der Hände beim Bearbeiten verschiedenster Materialien weitergebildet werden, und zugleich können die Schüler in ein zweckfreies künstlerisches Tun eintauchen. «Der plastische Unterricht hat die Möglichkeit, entfaltend und differenzierend auf das Empfindungsleben der Heranwachsenden zu wirken, und zugleich werden die Schaffensfreude und die Gestaltungslust gefördert.»[164] Im zehnten Schuljahr werden die Schüler mit den Grundlagen des plastischen Gestaltens vertraut gemacht, und sie sollen dabei die unterschiedlichen Flächenformen erleben. Formen von innen und außen erleben zu lernen bedeutet, einen neuen Erfahrungsschatz zu erwerben. Außerdem wird man dann auch organische Gestaltbildung von anorganischer unterscheiden können. Nachdem sich die Schüler die Grundtechniken angeeignet haben, sollen sie in der 11. Klasse lernen, in ihren Arbeiten Seelisches auszudrücken, Bewegungen darzustellen.

Eurythmie: Die neuen Fähigkeiten, Stimmungen und Haltungen eurythmisch auszudrücken kann von nun an systematisch geschult und erweitert werden. Auch das gedankliche Vorgreifen der Bewegungen wird dadurch veranlagt und kann geübt werden. Es gibt Schüler, die in der Lage sind, überschaubare Regieaufgaben zu übernehmen und den anderen ein Feedback zu geben. Insgesamt bringt all dies die Schüler dazu, immer mehr Eigenverantwortung zu übernehmen.

Etwa mit siebzehn, in der 11. Klasse, stellen sich die Schüler gern neuen eurythmischen Herausforderungen und ergreifen die Gebärden und Formen mit wachsender Souveränität. Auch ihre Selbststeuerung ist auf einem neuen Niveau angekommen, sodass sie sich an Soloprojekte heranwagen. Zur Interpretation von Gedichten arbeiten sie zu zweit zusammen und sprechen füreinander die Texte, während der andere sie eurythmisch gestaltet. Von der Konzeption über die Planung, das gezielte Üben bis zur Präsentation durchlaufen sie dabei alle Phasen eines eurythmisch-künstlerischen Prozesses.

Handarbeit und Werken

Der Handarbeitsunterricht in der Oberstufe geht in einen expliziten Fachunterricht über, in dem verschiedene Handwerke auf einführende Weise durch ausgebildete Fachkräfte unterrichtet werden. Jeder Arbeitsschritt muss geplant und verstanden sein, denn es geht um Exaktheit in Planung und Ausführung. Alle Handgriffe sollen sinnvoll und geschickt ausgeführt werden. Wie schon in den früheren Jahren tragen die Arbeiten einen kunsthandwerklichen Charakter, und alle Werkstücke sollen für den täglichen Gebrauch sein.

Im Lehrplan der 10. Klasse werden die beiden Techniken Spinnen und Weben erwähnt (s. S. 303). Für die 10. und 11. Klasse steht darüber hinaus das textile Gestalten im Zentrum des Handarbeitsunterrrichts. Es können Kleidungsstücke, Accessoires und Gebrauchsgegenstände, aber auch textile Raumelemente hergestellt werden. Dabei werden verschiedene Techniken wie Batik, Stoffdruck, Malen mit Stofffarben, Färben und Sticken angewendet.

Kartonage-Arbeiten gehören in die 11. Klasse, denn sie bilden die handwerkliche Grundlage, um in der 12. Klasse die Technik des Buchbindens ausführen zu können.

In der Mittelstufe ging es im Werkunterricht darum, dass die Tätigkeiten der Schüler dazu beitragen, die Sinne zu schulen und sich Geschicklichkeiten anzueignen. Nun kommt es darauf an, Aufgaben selbstständig zu übernehmen und die Willenskräfte bewusst zu ergreifen.

Tischlern und Schreinern: Für beide Klassen gilt, dass die Art der Holzverbindungen erweitert wird, dass die Schüler z. B. lernen, Schlitz, Zapfen oder Graten zu fertigen, wobei auch einfache Handmaschinen eingesetzt werden können. Es geht um anfängliche Möbelgestaltung, etwa den Bau einer kleinen Kommode oder eines Regals.

Beim Kupfertreiben in den Klassenstufen 10 und 11 erlernen die Schüler weitere Arbeitstechniken, indem sie Becher, Kännchen, Backformen und Dosen anfertigen. Mit dem Werkzeug können sie inzwischen gut und sicher umgehen. Sie lernen auch neue Verfahrenstechniken kennen.

Beim Schmieden in Klasse 10 und 11 kann die Arbeit ebenfalls um neue Arbeitsgänge erweitert werden. Die Schüler lernen Aufspalten, Drehen, Lochen und können schließlich mechanische Geräte, z.B. Riegel und Zangen, herstellen. Bedeutsam ist es für die Jugendlichen, im Team arbeiten zu lernen und beim gemeinsamen Hämmern ein rhythmisches Zusammenwirken aller Beteiligten zu erreichen.

Beim Betrachten der Lerninhalte fällt auf, dass sich die Fächer in den Klassen 10 und 11, in der Mitte des dritten Jahrsiebts, auf eine eigenartige Weise komplementär ergänzen. Dadurch kann der Schüler den Eindruck gewinnen: Die Welt zerfällt nicht in Fachgebiete; man kann die Erde und die menschlichen Kulturen verstehen. Ich kann ein wirklich umfassendes Weltbild gewinnen, das sich in den praktischen Bereichen als zielführend und lebensgemäß erweist.

Das neunzehnte bis einundzwanzigste Lebensjahr

Wir wollen nun das letzte Drittel des dritten Jahrsiebts und damit den letzten Entwicklungsabschnitt des heranwachsenden Menschen ins Auge fassen. Die Jugendlichen sind ja bereits mit der Vollendung ihres achtzehnten Lebensjahres mündige Staatsbürger geworden, sie haben rechtlich die Volljährigkeit erreicht, was ihnen ein neues Lebensgefühl vermittelt. Die Phase, die nun – mit etwa 18⅔ – beginnt, rundet zugleich den ersten großen Abschnitt ihres Lebens ab: Etwa 21 Jahre dauert es, bis sie im Vollbesitz ihrer Ichkräfte sind.

Erinnern wir uns und fassen kurz zusammen: Während der ersten sieben Jahre gelingt es dem Lebens- oder Ätherleib, in einem Dreischritt – neben seiner Tätigkeit am physischen Leib – dem Seelen- und Geistesleben eine Grundlage zu geben. Im zweiten Jahrsiebt durchdringt der Empfindungs- oder Astralleib in drei Schritten die drei Bereiche der menschlichen Organisation, und im dritten Jahrsiebt ist es das Ich, das diesen Dreischritt vollzieht. Aus dem Bereich des Willens, den das Ich während der Pubertät ergreift, arbeitet es sich in dieser letzten Phase (vom neunzehnten bis zum einundzwanzigsten Lebensjahr) bis hinauf in das Haupt. Diese Durchgestaltung ist zugleich ein Weg zur Freiheit. Wir können auch sagen: Diese Dreischritte von Ätherleib, Astralleib und Ich beginnen alle im Stoffwechsel-Gliedmaßen-System, das mit unseren Willenskräften zusammenhängt. Während jeder mittleren Phase wird von allen drei Wesensgliedern das Rhythmische System durchdrungen, das mit dem Fühlen in Verbindung steht. Im dritten Drittel wird schließlich das Nerven-Sinnes-System ergriffen, das mit den Denk- und Wahrnehmungsfähigkeiten in Verbindung steht. In diesem letzten Drittel des dritten Jahrsiebts ergreift also unser Ich die Kopfregion, das Nerven-Sinnes-System, und wir dürfen erwarten, dass sich dadurch die Bewusstseinskräfte, die Denkfähigkeiten des Jugendlichen steigern und das Ich, das sich in der Persönlichkeit ausdrückt, mehr und mehr entfaltet und immer deutlicher hervortreten kann.

In Abbildung 33 (S. 268) entspricht diese Phase dem neunten Bogen; wir können ihn wieder mit dem Begriff «Denken» kennzeichnen. Nach der Darstellung meiner Kollegin (siehe S. 287f.) lässt sich das erste Drittel mit dem Begriff «Urteil» charakterisieren, das zweite mit «Meinung» im Sinne von «seine Meinung wie einen Standpunkt» vertreten, das dritte Drittel mit «Erfahrung», womit die Kollegin sagen wollte, dass der Jugendliche durch die sich steigernden Denkfähigkeiten bereits auf Erfahrungen zurückblicken und daher schon «aus Erfahrung sprechen» kann (s. Abb 34).

Mona Doosry hat in einem Kurs einen weiteren Gesichtspunkt zur Charakterisierung der drei Abschnitte vorgebracht: Sie sprach von drei Seelenqualitäten, die wir im Laufe unseres Lebens entwickeln und wie eine Art Vorblick in den drei Phasen aufblitzen Das erste Drittel, in dem der Jugendliche aus seinen spontanen Empfindungen, Wünschen, Urteilen heraus reagiert und handelt, nennt sie «Empfindungsseele». In der zweiten Phase tritt bereits

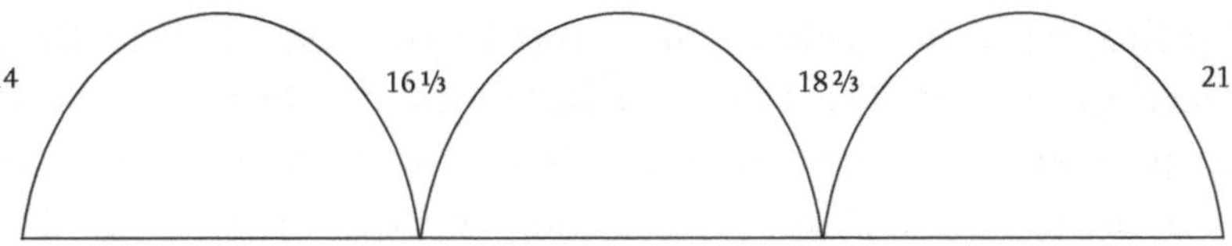

Gehen
Urteil

Empfindungsseele

Sprechen
Meinung

Verstandes- oder Gemütsseele

Denken
Erfahrung

Bewustseinsseele

Abb. 34: Die drei Abschnitte des Jugendalters

mehr Besonnenheit ein, die Verstandes- und Gemütskräfte treten verstärkt in den Vordergrund: Es sind die Kräfte der «Verstandes- und Gemütsseele». Während des dritten Schrittes erwachen neue Bewusstseinskräfte: Es ist die «Bewusstseinsseele», die sich hier ankündigt und bemerkbar macht. Auf diese verschiedenen Seelenqualitäten oder Seelenelemente des Menschen kommt Rudolf Steiner in zahlreichen Vorträgen zu sprechen, und er hat sie u. a. in seiner *Theosophie* ausführlich dargestellt.[165] Die Qualitäten dieser seelischen Elemente gilt es in den nachfolgenden drei Siebenjahresrhythmen aus eigener Ich-Kraft zu entwickeln. Es wäre eine umfangreiche Beschreibung nötig, um diese drei Begriffe zu charakterisieren.[166] Eine Ahnung bekommen wir hier, wenn wir uns die jeweilige Seelenstimmung der Jugendlichen während der drei beschriebenen Abschnitte lebendig vorzustellen versuchen.

Mit etwa 18⅔ Jahren beginnt die Phase der «individualisierten Urteilskraft», sie löst die Phase der «theoretischen Urteilskraft» ab (s. S. 292). Nun gilt es, aus sich selbst heraus Aufgaben- und Fragestellungen zu kreieren, auch wissenschaftliche Thesen, philosophische Ideen zu erfassen und darüber sprechen zu können. «Damit wird in das Bewusstsein der jungen Erwachsenen die Reflexion der eigenen Reflexionsleistungen gehoben», hebt Michael Zech für diese Phase hervor.[167] In fast allen Unterrichtsfächern geht es im zwölften Schuljahr um das gedankliche Erfassen großer Überblicke, wichtiger Zusammenfassungen, auch um das Verständnis, wie bestimmte

Entwicklungen mit anderen zusammenhängen. Für all diese Dinge sollen die jungen Menschen ein Bewusstsein entwickeln. Für sie, die jetzt ein selbst zu verantwortendes Erwachsenwerden beginnen, sind das die Herausforderungen und Aufgaben. Individuelle Ziele und somit auch moralische Handlungsperspektiven sollen entstehen. Ernst-Michael Kranich machte immer wieder in seinen Kursen am Stuttgarter Waldorflehrerseminar darauf aufmerksam, dass es noch eine weitere sehr bedeutsame Denkfähigkeit gibt, die er in Anlehnung an Goethe «anschauende Urteilskraft» nannte. Durch phänomenologische Betrachtungen und durch individuelle bzw. eigenständige Urteile haben die Heranwachsenden die Möglichkeit, sie zu entwickeln und zu schulen.

Die Ichkräfte bahnen sich im neuen Lebensabschnitt immer mehr ihren Weg, und die Jugendlichen beginnen, um Lebensgestaltung zu ringen. Bei einigen zeichnet sich langsam ab, was sie eigentlich wollen. Ideen werden entwickelt, und etliche Schüler treten nun viel unbefangener auf. Reiselust kann einsetzen, und manch einer möchte am liebsten von zu Hause ausziehen. Es können auch Krisen auftreten. Einige Schüler wollen lange an der Schule bleiben, haben eine starke Beziehung zur Klassengemeinschaft, andere drängen hinaus ins Leben. Für alle, die das Abitur anstreben, wird es noch ein weiteres gemeinsames Jahr geben; für die anderen, die am Ende der 12. Klasse abgehen wollen, heißt es voneinander Abschied nehmen. Die Klassengemeinschaft wächst gerade in diesem Schuljahr durch zwei besondere Ereignisse noch einmal intensiv zusammen: beim Einstudieren eines Theaterstücks und bei einer dreiwöchigen Kunstreise.

Zum Klassenspiel: Gegen Ende des vorangehenden Schuljahres wird gemeinsam gesucht und entschieden, was man aufführen möchte, und nach dem gemeinsamen Lesen und Durcharbeiten des Stücks kann die Besetzung besprochen werden. Nicht jeder wird die Rolle bekommen, die er sich gewünscht hat. Während der nächsten Zeit heißt es, sich mit der zugedachten Rolle innerlich zu verbinden, sie auswendig zu lernen, schließlich verständlich sprechen und darstellen zu können. Die Aufführungstermine werden festgelegt und ein Probenplan erstellt. Die Proben kosten viel Zeit, sodass jeder an Probentagen auf persönliche Termine verzichten muss. Anfangs kann man sich noch nicht vorstellen, wie später die einzelnen eingeübten Auftritte einmal gelingen sollen. Parallel dazu müssen Kostüme beschafft, eventuell selbst genäht werden, müssen Kulissen entworfen, gebastelt und bemalt werden. Wer sammelt die vielen Requisiten ein und betreut sie bei der Aufführung? Wer souffliert, kümmert sich um Plakate, Programmhefte, Beleuchtung, um das Vorhangziehen? Wer kann beim Schminken helfen? Schließlich naht das Ende der Probenzeit, und es kann losgehen! Bei größeren Klassen werden meistens zwei Besetzungen gebildet, damit möglichst alle Schüler Rollen bekommen. Dementsprechend müssen auch mehrere Aufführungen stattfinden. Das intensive Miteinander schmiedet die Spieler und Helfer sehr zusammen, und wenn das Publikum begeistert Applaus gespendet hat, sieht man, wie sehr sich die Spieler übereinander freuen und gegenseitig beglückt umarmen. Nicht selten wird nach der Aufführungszeit bedauert, dass man nicht öfter spielen kann und die schöne Zeit vorbei ist.

Die Abschlussfahrt der 12. Klasse prägt den Zusammenhalt der jungen Menschen noch stärker. Es handelt sich um eine dreiwöchige Kunstreise, die meist Richtung Süden führt, etwa nach Italien. So wurde z. B. in der Waldorfschule Hamburg-Bergstedt oft eine Reise in die italienischen Apenninen unternommen. Nach zwei bis drei Tagen Busfahrt kam man endlich im Dörfchen an, kraxelte zu Fuß den Berg hinauf, während alles Gepäck und «Fußkranke» hinaufgefahren wurden. Kalte Duschen, kein Fernsehen, nur ein einziges Haustelefon, kein Luxus, anfangs nur Toilettenhäuschen draußen, aber sehr gutes Essen und durchweg zufriedene Jugendliche! Von dort aus fuhr man in alle Himmelsrichtungen zu den Kunststätten in Florenz, Siena, Rom, lauschte dort einem Referat, das jeweils ein Schüler vorbereitete, und sang mit allen gemeinsam die eingeübten Choräle in den Kirchen und bewunderte die herrliche Akustik. Urlauber kamen, um zuzuhören, was dem Selbstbewusstsein der

Schüler Auftrieb gab. Bei den langen Fahrten, beim Stadtbummel, an den Abenden: immer wieder bot sich die Gelegenheit, sich mit den Mitschülern zu unterhalten, sie von neuen Seiten kennenzulernen. Viele Freundschaften wurden erneuert, und bei den letzten Fahrten saßen so manche pärchenweise nebeneinander. Für die ganze Klasse und ihre Gemeinschaft war eine solche Reise ein Höhepunkt der ganzen Schulzeit, an den man sich später gern erinnerte.

Der Zeitpunkt von 18⅔ als Beginn des letzten Drittels im dritten Jahrsiebt trifft mit einem Ereignis zusammen, das man als «ersten Mondknoten» in der Biografie eines Menschen bezeichnet. Machen wir uns zunächst klar, was ein Mondknoten astronomisch bedeutet: Da die Mondbahn gegenüber der Ekliptik (der geozentrischen Sonnenbahn) eine Neigung von 5 Grad hat, gibt es zwei Stellen, an denen sich die beiden Bahnen überschneiden; diese Punkte nennt man von alters her «Mondknoten». In jedem siderischen Monat (27,32 Tage) überschreitet der Mond die Sonnenbahn beim aufsteigenden Mondknoten in nordsüdlicher Richtung und vierzehn Tage später in umgekehrter Richtung beim absteigenden Mondknoten. Bis diese Schnittpunkte oder Mondknoten auf der Ekliptik einmal ganz rundherum gewandert sind, dauert es genau achtzehn Jahre, sieben Monate und knapp 10 Tage. Für jeden Menschen ergibt sich zu diesem Zeitpunkt am Himmel zwischen Sonne und Mond die gleiche Konstellation wie bei seiner Geburt. Der Sternenhimmel wiederholt im Rhythmus des Mondknotens die kosmischen Verhältnisse, die bei der Ankunft eines Menschen auf der Erde herrschten. Alle Orte der Sonnenbahn befinden sich in der gleichen Lage im Tierkreis wie bei der Geburt. Es handelt sich daher um einen bedeutsamen biografischen Schicksalspunkt für den Menschen. Dieser Zeitpunkt hängt mit dem Phänomen des astronomischen Mondknotens zusammen, kann aber einige Monate nach vorn wie nach hinten versetzt auftreten; solche Verschiebungen kennen wir ja auch von anderen Rhythmen. Florian Roder beschreibt, dass sich der biografische Mondknoten sogar bis zu einem ganzen Jahr verschieben kann, hat aber auch beobachtet, dass in vielen anderen Biografien der erste

Knoten (wie auch die späteren) mit «fast uhrwerkartiger Präzision» zum Tragen kommt.[168]

Was kann man zu jenem Zeitpunkt an den Heranwachsenden beobachten? Greifen wir von den vielen individuellen Möglichkeiten einige charakteristische heraus. Im Jugendlichen werden jetzt individuelle Kräfte frei. Seine Ichkräfte greifen verstärkt ein. Er spürt, dass er sich leichter aus den Bindungen der Kindheit und Jugend, der Familie, den Blutsbanden zu lösen vermag. Schicksalhafte Begegnungen können stattfinden, die viel tiefer gehen als alle Freundschaften, die während der früheren Jahre geschlossen wurden. Menschliche Beziehungen entstehen, von denen man später weiß, dass sie für das ganze weitere Leben wichtig waren. Es ist auch möglich, dass Schüler jetzt eine schwere Krise durchstehen.

Für Roder steht der erste Mondknoten «im Zeichen jugendlichen Aufbruchs». Dieser kann sich als Protest und Revolte manifestieren, wenn im Elternhaus einengende Bedingungen herrschen und der engste Umkreis dem jungen Menschen nicht genügend Verständnis entgegengebringt. Es kann aber auch das Bedürfnis auftreten, eine eigene Wohnung zu haben. Roder hat auch beobachtet, dass in diesem Alter junge Menschen eine spontane Genialität im Künstlerischen oder auf anderem Feld zeigen, die später, wenn man ihnen wiederbegegnet, wie verraucht erscheint. «Etwas von dem ursprünglichen Wesen kann aufblitzen in diesem Zeitpunkt: Der Betreffende wird sich seiner Ideale bewusst, er erfasst, wie aus Untergründen herauf, plötzlich sein Lebensmotiv, auch wenn er sich vorher andere Bilder ausgemalt hat. Vielfach spiegelt sich der Umschlagpunkt auch in entscheidenden Begegnungen.»[169]

Auch die weiteren Mondknoten in einer Biografie sind von großer Bedeutung. Wir können sie hier nicht beschreiben, wollen sie aber wenigstens nennen: Der zweite Mondknoten ereignet sich etwa 18 2/3 Jahre später, genau nach 37 Jahren, 2 Monaten und knapp 20 Tagen, was wiederum nicht pedantisch genommen werden darf; vielmehr kann man sagen: Der biografische Einschnitt wirkt sich im 37./38. Lebensjahr aus. Hatte der erste Knoten mehr Aufbruchscharakter und war von jugendlicher Stimmung begleitet, zeigt sich nun das Zeichen eines Umbruchs. Nach weiteren 18⅔ Jahren findet der dritte Mondknoten im 56. Lebensjahr statt (genau: mit 55 Jahren und 10 Monaten). Dieser Zeitpunkt ist besonders interessant, weil er sich mit dem Siebenjahresrhythmus überschneidet, den wir hier nur bis zum 21. Lebensjahr verfolgen, der aber auch weiterhin eine große Rolle spielt. «Die Tugenden, welche nun verstärkt gefragt sind, sind Ruhe der Überschau und weisheitsvolles Zurücktreten. Immer mehr wird von einem erwartet, nicht den eigenen Willen mit allen Mitteln durchzuboxen, sondern loszulassen und das, was von der Welt her an der Zeit ist, uneigennützig zu fördern. Ein Bedürfnis nach Selbstlosigkeit, nach Losreißen von unseren gewöhnlichen Begehrungen und Wunschvorstellungen kann auftreten. Die Frage erhebt sich nach dem, was wesentlich ist im eigenen Leben: Gehört dieses oder jenes Ziel wirklich zu meinem innersten, das irdische Dasein überdauernden Wesenskern?»[170] Der vierte Mondknoten ereignet sich im 75. Lebensjahr (genau bei 74 Jahren, fünf Monaten und sechs Tagen). Noch einmal stehen Sonne und Mond so wie bei der Geburt. Die Zeit steht nun im Zeichen der Freiheit. Es sind Jahre der Gnade, Geschenke der geistigen Welt.

Der Unterricht als Antwort auf die Entwicklungssituation

Die eigentliche Waldorfschulzeit umfasst zwölf Schuljahre (das dreizehnte dient der Abiturvorbereitung), so wie es in der Musik eine chromatische Tonleiter mit zwölf Tönen gibt. Die diatonische Tonleiter besteht bekanntlich aus acht Tönen, und so begleitet der Klassenlehrer in der Regel seine Klasse auch acht Jahre, ebenfalls ein musikalischer Aspekt. Beim Betrachten der einzelnen Fächer wird uns auffallen, dass es sich bei vielen um eine Zusammenfassung und Abrundung handelt.

Deutsch und Geschichte

Die Behandlung von Goethes *Faust* wird sich kaum ein Waldorflehrer entgehen lassen, ergibt sich doch beim Lesen und Besprechen reichlich Gelegenheit, die neuen Bewusstseinskräfte anzusprechen, zu vielseitigen Fragestellungen zu gelangen und schließlich zu erleben, wie sich jeder von uns im Faust spiegelt und wie modern dieses Drama deshalb auch heute noch ist. Denn Faust charakterisiert den heutigen Menschen, wie er um Erkenntnis ringt, sich Verführungen verschiedenster Art ausgesetzt fühlt; er bringt exemplarisch die sozialen Probleme der Individuation zum Ausdruck. Seine Begegnungen mit Mephisto, der im ersten Teil des Dramas völlig anders auftritt als im zweiten, regen die Schüler dazu an, sich zu fragen, was gut, was böse ist, welche Bedeutung das Böse hat, ob es wesenhaft ist, wo und wie man ihm als heutiger Mensch zu begegnen hat. Viele Bezüge zu gegenwarts- und zukunftsrelevanten Themen ergeben sich, etwa die Problematik wissenschaftlicher Forschung und deren moralisch-ethische Grenzen, die Themen Liebe, Egoismus und Schuld, Fragen nach Freiheit und Verantwortung bis hin zur Auseinandersetzung des Menschen mit den Grenzen seines Bewusstseins.

In einer zweiten Epoche besteht die Möglichkeit, den Schülern einen Überblick über die deutschsprachige Dichtung oder über die Weltliteratur zu geben. Dabei geht es nicht darum, einen «normierten» Dichtungskanon zu vermitteln, sondern der Lehrer sollte die jungen Menschen befähigen, eigene Methoden und poetische Qualität zu empfinden, zu beurteilen und zu reflektieren. Diese gilt es dann weiterzuentwickeln.

Den Höhepunkt während des zwölften Schuljahres bildet die Aufführung eines Theaterstücks, das sich die Schüler selbst auswählen, im Deutschunterricht sorgfältig erarbeiten und dann gemeinsam mit einer Lehrkraft künstlerisch durchgestalten, um es schließlich bühnenreif der Öffentlichkeit darzubieten. «Sowohl für das Verständnis eines Stückes als auch für die Biografie der Jugendlichen sowie für die soziale Gemeinschaft der Klasse kann solch ein Projekt bedeutsam sein. Die Chance, über sich hinauszuwachsen und dabei etwas aus sich herauszusetzen, was zukünftige Qualitäten ihrer Persönlichkeit erahnen lässt, kann erfahrungsgemäß erst im 12. Schuljahr wirksam werden.»[171]

Im Geschichtsunterricht gilt es, schülerzentriert einen kulturgeschichtlichen Gesamtüberblick zu erstellen. Alles, was in früheren Geschichtsepochen erarbeitet wurde, was an Aufzeichnungen und Materialien von früher, an primären und sekundären Quellentexten zur Verfügung steht, kann als Grundlage dienen, den kulturgeschichtlichen Wandel exemplarisch zu erarbeiten. Ein zweiter Schwerpunkt bezieht sich auf politische, gesellschaftliche und kulturelle Phänomene der Gegenwart und ihre jüngste Geschichte (20./21. Jahrhundert).

Mathematik und Geometrie

Im Mittelpunkt stehen die Differenzial- und die Integralrechnung. Werden im Unterricht mit den Schülern mathematische Betrachtungen angestellt, so wäre es sinnvoll, auch eine philosophische Reflexion über die Grundlagen der Mathematik anzuschließen. Alle in der Schulzeit bearbeiteten Themen können in solche Betrachtungen einbezogen werden und bilden ein Ganzes, sodass die jungen Menschen erleben, wie sich die Oberstufenzeit rundet.

Wie im Geschichtsunterricht die Betrachtung einzelner Vorgänge den Blick differenziert, um dann aus den Einzelheiten zu einer Gesamtschau zu kommen, die die Einzelheiten wieder integriert, so werden die Kurven differenziert und dann wieder integriert. Jede Erkenntnis muss durch einen Nullpunkt hindurchgehen.

Auch in der Geometrie spielt der Gegensatz von analytischem und konstruktivem Vorgehen im Lehrplan der Waldorfschule eine zentrale Rolle. Es geht darum, die zwei gegensätzlichen Tätigkeiten des Geistes geschmeidig einzuüben (projektive und affine Abbildungsgeometrie, konstruktiv und analytisch).

Dass die Entwicklung der Mathematik parallel den übrigen Entwicklungen des Geisteslebens einhergeht und dass sie ein Bild des sich von seinen Erinnerungsvorstellungen emanzipierenden Geistes darstellt, kann in mathematikhistorischen Einfügungen erarbeitet werden. Die Mathematik soll ebenfalls als Teil der Gesamtkultur der Menschheit erlebt werden können. Gerade in der Mathematik wird es besonders deutlich, dass das geistige Streben der Menschheit ein einheitliches ist.

Biologie, Geografie, Sozialkunde

In diesem Schuljahr gilt es auch in der Biologie, die erarbeiteten Inhalte zu einer Überschau zusammenzuführen und durch den Entwicklungsgedanken zu erweitern. Ein solcher Überblick über die Naturreiche trägt dazu bei, dass der Jugendliche immer mehr zu einer eigenen Lebensauffassung gelangt, Gesichtspunkte findet, um sich die Frage nach dem Wesen, der Stellung und der Bedeutung des Menschen anfänglich beantworten zu können. Zwei umfassende Themen stehen im Mittelpunkt: in der Botanik die höheren Pflanzen, in der Zoologie das gesamte Tierreich und der Mensch. Sind wir in den Klassen vier bis sechs vom Menschen über die Tier- und Pflanzenwelt zum Mineral die Stufenleiter hinuntergestiegen, wird in der Oberstufe der umgekehrte Weg gegangen, von den einfachsten Lebensformen zu immer höheren Lebensformen aufsteigend. Auch hier sind wieder die sich ergänzenden geistigen (gedanklichen) Prozesse von Analyse und Synthese zielführend.

Was in der Welt an Problemen geschieht, wird im Geografieunterricht mit gereifter Urteilskraft angeschaut. Der Gesichtskreis der jungen Menschen weitet sich. Auch in diesem Fach geht es nun um große Zusammenhänge, steht doch das ganze Schuljahr unter der Überschrift «Überblick». Langsam nähert man sich seiner künftigen Lebensaufgabe, die man in seinen unbewussten Tiefen keimhaft ahnt und ins Licht der Erkenntnis rücken möchte. Es wächst die Bereitschaft, mehr und mehr Verantwortung in der Welt zu übernehmen. Die Wirtschaftsgeografie (Globalisierung) und die verschiedenen Weltkulturen sind Schwerpunktthemen des zwölften Schuljahres.

Daran schließen sich auch die Themen der Sozialkunde an. Den Schwerpunkt bildet das Thema «Globalität und Ich – Interdependenzen globaler Entwicklungen in Wirtschaft, Politik und Kultur». Es geht um die Wechselwirkungen zwischen Politik, Wirtschaft und Kultur, ebenso zwischen Ich, Mitmensch und Umwelt, und da ergibt sich ein breites Übungsfeld für die Ausbildung eines reflexiv-überblickenden Urteilsvermögens.

Kunstgeschichte

In diesem Jahr ist das wichtigste Thema in der Kunstbetrachtung die Architektur, die umfassendste aller Künste, denn sie gestaltet den Raum, in dem wir unser Leben verbringen, sich unsere Kultur abspielt und die anderen Künste ihren Platz finden. Die jungen Menschen finden zu diesem Thema einen besonderen Zugang, da sie in diesem Alter den Bau ihres Körpers schon zu einem gewissen Abschluss bringen konnten und die Architektur eigentlich einem Hinausprojizieren der Gesetze des physischen Leibes gleichkommt. Da gilt es die Gesetzmäßigkeiten der Statik, des Tragens und Lastens in allen Varianten zu begreifen und in den vielen unterschiedlichen Bauformen zu entdecken und die jeweiligen Besonderheiten zu verstehen. Man behandelt die Architektur, angefangen bei der ägyptischen Kultur mit ihren Monumentalbauten bis zur Gegenwart. Außerdem werden die Gespräche über das Wesen und die Bedeutung der Kunst weitergeführt.

Englisch

In der 12. Klasse sollen die jungen Menschen lernen, «die eigenständigen Sprach- und Denkstile der jeweiligen Fremdsprache» zu erfassen und «landestypische Kulturleistungen in den interkulturellen Kontext» einzuordnen.[172] Sie können dadurch die Vielfalt kultureller Eigenarten wahrnehmen und zugleich am Verstehen des Fremden ein zunehmend tieferes Verständnis für die eigene Kultur und Sprache entwickeln. Der Lehrplan regt an, das aktuelle Zeitgeschehen regelmäßig im Unterricht anzusprechen, wozu das Lesen einer seriösen Zeitung gehört, etwa die *New York Times* oder *The Guardian*. Zu den Kernanliegen des Unterrichts gehört eine individuelle Auseinandersetzung mit der Literatur, und so kann z. B. jeder Schüler gemäß seinen Fähigkeiten der Klasse ein selbst erarbeitetes Werk vorstellen. Künstlerische Projekte in kleinen Gruppen sind denkbar, die eine Szene dramatisch im Duktus von Chamber Theatre bearbeiten. Es kann aber auch ein Auszug eines Prosawerkes oder die szenische Bearbeitung eines modernen Gedichtes erfolgen. All dies lässt sich so erarbeiten, dass es der Jugendliche einem größeren Publikum darbieten kann. Nach zwölf Jahren verfügen die Waldorfschüler bereits über beachtliche Kompetenzen in den Fremdsprachen, was das Hör- und das Leseverstehen, das mündliche Sprechen und den schriftlichen Ausdruck betrifft.[173]

Philosophie

Der Jugendliche möchte jetzt das, was er gelernt hat und weiß, von einem höheren Gesichtspunkt aus betrachten. Philosophische Fragestellungen sind ihm mittlerweile zu einem wichtigen Anliegen geworden, bekommen doch die eigenen Probleme eine neue, größere Dimension, indem sich die persönliche Perspektive zu einer menschheitlichen weitet. Einführend werden die Ursprünge philosophischer Fragestellungen erörtert. Dann lassen sich philosophische Fragen aus dem Sprachunterricht, der Geschichte, dem Kunstunterricht, der Religion usw. aufgreifen. Die Philosophie erweist sich als ein Werkzeug, das in allen Lebensgebieten (Fächern) eine, klärende und erhellende Aufgabe hat. Die wichtigsten Fragen stellt sich der Mensch, wenn er beginnt, sein Bewusstsein auf sein Erkenntnisvermögen zu lenken, und nach den Ursprüngen seiner Moralität und Ethik, dh. seines Handelns, sucht.

Die musisch-künstlerischen Fächer

Bis in die obersten Klassen hinein werden die Schüler in allen Künsten unterrichtet. Diese bilden einen harmonisierenden Ausgleich zu den intellektuellen Anstrengungen, die in anderen Fächern gefordert werden.

Musik: Die charakteristischen Phänomene der Musik des 20. und 21. Jahrhunderts sollte jeder Schüler erkennen und beschreiben können. Dazu ist es notwendig, sich eines Darinnenstehens in den Musikfragen der Gegenwart bewusst zu werden und Interesse für verschiedene Kompositions- und Stilrichtungen unserer Zeit zu entwickeln. Die wichtigsten Züge der Musikgeschichte sollten die Jugendlichen kennenlernen. Man möchte außerdem jeder Klasse wünschen, dass sie bei passenden Gelegenheiten chorisch singt oder auch musiziert.

Auch das Malen wird fortgesetzt, und bei Klassenreisen, bei denen Kunstbetrachtungen im Mittelpunkt stehen, sieht man in den Freizeiten so manchen Schüler mit Zeichenblock und Stiften hier und dort sitzen, um zu zeichnen oder skizzieren, anstatt zu fotografieren.

Beim Plastizieren sollen die jungen Menschen jetzt zu einer gewissen Reife und Selbstständigkeit gelangen und mehr und mehr einen freieren Umgang mit den Formen entwickeln, die sie sich bisher angeeignet haben. Sie können sich nun auch mit dem Modellieren in Ton, mit Holzschnitzen und Steinhauen, eventuell sogar mit dem Bronzeguss vertraut machen.

In den meisten Schulen endet der Eurythmieunterricht mit der 12. Klasse, aber es gibt auch die Ausnahme, dass Eurythmie Abiturfach sein kann und daher in der 13. Klasse unterrichtet wird. Mit ihren neuen Bewusstseinskräften erleben die Schüler die bekannten Inhalte auf neuem Niveau und lernen sie reflektierend einzuordnen. Im Laufe des zwölften Schuljahres bereiten sie eine Bühnenaufführung vor, oder die Eurythmie wird in das Klassenspiel eingebunden, kann aber auch in fächerübergreifende Projekte (z. B. Deutsch, Musik, Kunst) eingebunden werden. Gibt es an einer Schule die Gepflogenheit, dass jeder Schüler eine Jahresarbeit anfertigt, so entscheiden sich oft einige Schüler für eine eurythmische Darbietung, die sie allein oder auch zu mehreren in vielen Proben bis zu einem bühnenreifen Abschluss erarbeiten. Sie wählen selbst aus und erarbeiten sich alles Methodische selbstständig, werden aber fachmännisch betreut.

Im Unterricht erarbeiten sich die Schüler sprachliche und musikalische Phänomene und stellen sie in eurythmischen Gebärden und Choreografien dar. Die Texte stammen aus Epik, Lyrik und Dramatik und umfassen, wie auch die Stücke der Toneurythmie, alle Stilepochen.

Der handwerklich-praktische Unterricht

Neben der Erziehung in den Künsten legt die Waldorfpädagogik die ganze Schulzeit hindurch großen Wert auf die unmittelbare praktische Tätigkeit. So finden wir neben den kognitiven und den künstlerischen Fächern die handwerklich-praktischen Fächer. Die handwerklichen Herausforderungen dabei müssen immer an der Entwicklungsstufe der Heranwachsenden orientiert sein.

Buchbinden: Nachdem die Schüler im Jahr zuvor Kartonagearbeiten kennengelernt haben, können sie sich, daran anknüpfend, mit dem Thema «Buchbinden» theoretisch wie praktisch befassen. Die Geschichte des Papiers und des Buches wird in einem theoretischen Teil des Unterrichts ebenso erarbeitet wie die Entwicklung der heutigen Buchform und des Buchbindens. Schließlich werden die Schüler alles bis hin zur handwerklichen wie künstlerischen Buchgestaltung selbstständig in die Praxis umsetzen.

Werken: Da in diesem Alter die Eigenverantwortung der Jugendlichen voll zum Tragen kommen soll, arbeiten sie im Werkunterricht sehr selbstständig und verschaffen sich z.B. im Vorhinein einen Gesamtüberblick über ihr Vorhaben von der ersten Skizze bis hin zur Errechnung der Kosten ihres Werkstücks. Beim Entwurf eines Möbelstücks gilt es also zu überlegen, ob bei seinem Design eine organische oder sachliche Formensprache zur Anwendung kommen soll. Beim Tischlern geht es um Möbelbau, Instrumentenbau, Bootsbau, Fahrgeräte, Modellbau usw. Dabei werden verschiedene Materialien verwendet.

Der letzte Abschnitt der ersten drei Jahrsiebte bis zum einundzwanzigsten Lebensjahr steht ganz unter dem Zeichen der individuellen Entwicklung und endet mit der Tatsache, dass die Persönlichkeit, das Ich des jungen Menschen sich ganz mit seinem Leib und seiner Seele verbunden hat und er nun im Vollbesitz seiner Ichkräfte ist. Spätestens von diesem Zeitpunkt an kann nur noch von «Selbsterziehung» gesprochen werden.

Rückblick und Ausblick auf das weitere Leben

Wir haben die Entwicklungsschritte des Kindes und des Jugendlichen von der Geburt bis zum einundzwanzigsten Jahr begleitet und dabei gesehen, dass sich in allen Phasen ein «Urmotiv» widerspiegelt: die Dreiheit der ersten Errungenschaften des Lebens – «Gehen, Sprechen und Denken» –, die sich jeder Mensch durch Eigenaktivität erwerben und erüben muss. Das gelingt aber nur, wenn in den ersten Lebensjahren Menschen in der Umgebung sind, die diese Tätigkeiten vorleben. Das Kleinkind lernt durch Nachahmung. Am Vorbild lernt es sich im ersten Lebensjahr aufzurichten. Dies geschieht in einem Dreischritt, wobei es zunächst versucht, den Kopf zu heben, dann den Rumpf und, sich an den Händen hochziehend, auf die Beine zu stellen. Aufrecht stehend, erlernt es schließlich das Gehen. Das Ich durchdringt von oben nach unten den ganzen Leib und ergreift ihn.

Im zweiten Jahr beginnt eine entgegengesetzte Bewegung: Die Bewegung der Beine und Arme wirkt hinauf in den Brustraum und wirkt bei der Bildung der Sprache mit, im dritten Jahr trägt sie in einem dritten Schritt im Kopf zur Bildung der Denkfähigkeit bei. Die Bewegungsrichtung von unten nach oben haben wir bei genauerer Betrachtung als die Dreiheit unserer Seelenkräfte Wollen, Fühlen, Denken erkannt. Pestalozzi, Piaget und Steiner entdeckten, dass nahezu jegliches Lernen des Kindes auf gesunde Weise in dieser Reihenfolge vonstatten geht. Der pädagogische Weg verläuft «vom Tun mit den Händen über das Fühlen im Herzen hinauf in den Kopf».

Diese Dreiheit ist das «Urmotiv», das sich in allen weiteren Schritten widerspiegelt: zunächst in den kleineren Entwicklungsphasen innerhalb der Siebenjahresrhythmen, die in derselben Reihenfolge immer wieder auftauchen, und schließlich in den ersten drei Siebenjahresrhythmen selbst.

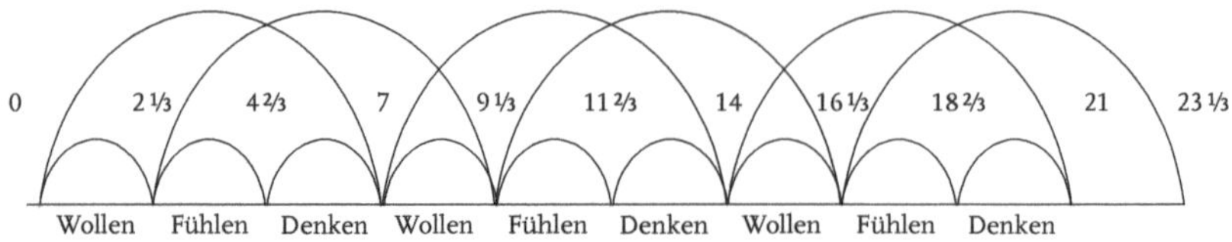

Abb. 35: Die verschiedenen Dreierschritte in Kindheit und Jugend

Wir haben noch zwei weitere Rhythmen entdeckt: einen Siebenjahresrhythmus, der beim Zeitpunkt von 2⅓ Jahren mit der «Trotzphase» beginnt, beim Rubikon wiederkehrt und ein drittes Mal mit 16⅓ auftaucht; hier zeigt sich ein «Ich-Rhythmus», bei dem jedes Mal ein Ich-Impuls verstärkt einsetzt. Der zweite Rhythmus beginnt mit 18⅔ Jahren und kehrt nach dem gleichen Zeitraum mehrmals wieder. Darin spiegelt sich ein Schicksalsmotiv der Biografie, das eng mit dem Geburtsmotiv verbunden ist: Sonne und Mond stehen am Himmel im gleichen Verhältnis zueinander wie bei der Geburt, 18⅔ Jahre zuvor.

Nach dieser Zusammenfassung blicken wir noch auf einen unbeachteten Aspekt: Im ersten Lebensjahr spiegelt sich ein kleiner Dreischritt in dem großen der ersten einundzwanzig Lebensjahre (der ersten drei Jahrsiebte) wider: Im ersten Jahr will sich das Kind aufrichten und tut dies zuerst mit dem Kopf, setzt sich dann hin und richtet dabei den Rumpf auf; schließlich stellt es sich auf seine Beine. Wir haben es hier mit der Inkarnationslinie zu tun. Bis es aber mit seinem Ich, seinem ganzen Wesen den Leib vollständig ergreifen kann, vergehen etwa einundzwanzig Jahre. Während dieser dreimal sieben Jahre durchformt das Ich mithilfe von Bildekräften in derselben Reihenfolge wie im ersten Jahrsiebt eine Region nach der anderen, beginnend mit dem Kopf, der zum Nerven-Sinnes-System gehört. Es lässt sich gut beobachten, wie stark die Formkräfte einen Kinderkopf mit seinem Gesicht und den Sinnesorganen nach sieben Jahren verändert haben, während der übrige Körper noch wesentlicher Durchformung bedarf. Im zweiten Jahrsiebt ergreifen die formgebenden Bildekräfte das Rhythmische System (mit den Veränderungen des Atem-Puls-Rhythmus von 1:5 auf 1:4 und der Umformung des «walzenförmigen» Rumpfes zur Taille). Die Umformungen im dritten Jahrsiebt sind demgegenüber weit auffälliger. Die Gliedmaßen werden jetzt zu Männer- bzw. Frauenbeinen, zu Männer- bzw. Frauenhänden. Auch die Zeugungsfähigkeit ist ein Zeichen dafür, dass unser Wesen im Stoffwechsel-Gliedmaßen-System angekommen ist. Im Gesicht formen sich nun Kinn und Nasenspitze um. Auch der Stimmwechsel hängt mit diesen Phänomenen zusammen.

Wir können zusammenfassend sagen, dass in der Entwicklung des Kindes und Jugendlichen ein bedeutsamer Strom von oben nach unten wirksam ist und ein zweiter in die umgekehrte Richtung verläuft. Der erste hat mit der Tatsache zu tun, dass wir am Anfang des Lebens lernen müssen, unseren Leib zu ergreifen und ihn zum «Werkzeug» unserer seelischen und geistigen Kräfte zu machen. Dies ist ein «Inkarnationsweg». Der zweite Strom führt in die Zukunft und liegt dem Lernprozess des Kindes zugrunde. Der Weg beginnt «unten» in den Willensregionen, die mit dem Stoffwechsel-Gliedmaßen-System verbunden sind, und führt über das Fühlen im Herzen hinauf in den Kopf, zu den Denkkräften. Es ist der ideale Weg des Lernens, der «pädagogische Weg».

Zum Abschluss der pädagogischen Betrachtungen weisen wir noch auf zwei weitere Dreischritte hin. Sie machen deutlich, dass eine bestimmte Fähigkeit, die ein Kind im ersten Jahrsiebt durch Eigenaktivität erwirbt, im zweiten durch Verwandlung als neue Fähigkeit hervortritt. Aus ihr wird schließlich nach einer weiteren Verwandlung im dritten Jahrsiebt eine andere bedeutsame Fähigkeit. Diese Metamorphose kann aber nur geschehen, wenn der Erzieher in der jeweils vorausgegangenen Phase auf die richtige Entwicklung geachtet und sie hilfreich begleitet hat. Rudolf Steiner hat dies in seinen Vorträgen über *Die pädagogische Praxis vom Gesichtspunkt der Geisteswissenschaft* dargestellt.[174]

Die erste Metamorphose beginnt mit der Aufgabe, das Kind in den ersten Jahren dazu anzuleiten, Dankbarkeit zu entwickeln. Da das charakteristische Erziehungselement die «Nachahmung» ist, bedeutet dies für die Eltern, Dankbarkeit vorzuleben, damit das Kind sie nachahmen kann. Wenn es bei Mutter und Vater erlebt, dass sie sich bei vielen Gelegenheiten ehrlichen Herzens dankbar zeigen und es zum Ausdruck bringen können, wird das Kind es seinen Eltern gern nachtun. Hat das Kind Dankbarkeit erlebt und sich diese Gefühle angeeignet, erlangt es im zweiten Jahrsiebt die Fähigkeit, «allgemeine Menschenliebe» zu empfinden und aufzubringen. Es ist noch nicht die Liebefähigkeit, die wir im Hinblick auf das vierzehnte Lebensjahr beschrieben haben (s. S. 258f.), sondern ein naturhaftes «Lieben-Wollen» der Menschen. Die Kinder wollen zu ihren Erziehern aufschauen, sie gern haben, einfach lieben dürfen. Hat das Schulkind diese Möglichkeit durchlebt, indem es z. B. einen Lehrer als Autorität achten und lieben konnte, taucht im dritten Jahrsiebt die Fähigkeit auf, Verantwortung für sich selbst, innere Verpflichtung zu übernehmen, wächst der Wille, zur Tat zu schreiten; wir können ihn als «Werkwillen» bezeichnen. Steiner macht darauf aufmerksam, dass der junge Mensch nun auch Pflichtgefühl entwickeln will, wenn die beiden vorangehenden Schritte gelungen sind. Er zeigt, dass diese drei Fähigkeiten eng zusammenhängen, und verbindet sie daher mit dem Begriff «Willen». «Dankbarkeitswillen» wird zum «allgemeinen Liebewillen», und dieser wird zum «Werkwillen».

Rudolf Steiner regte an, auf einen weiteren Dreischritt während der ersten 21 Jahre zu achten; er steht im Zusammenhang mit der sich entwickelnden Fähigkeit des Kindes und Jugendlichen, das verstehen zu wollen, was die Erwachsenen vorleben. Im Allgemeinen nimmt man an, die Kinder würden die Taten der Erwachsenen so sehen und verstehen, wie wir dies mit unserem Erwachsenenbewusstsein können. Das ist aber nicht der Fall. Für das Kind im ersten Jahrsiebt ist alles Tun der geliebten Eltern und der anderen Erwachsenen «Geste». Was die Mutter für ihr Kind täglich tut, vom Wickeln und Stillen über das Liebkosen, Sprechen, Umsorgen und Spielen bis zum abendlichen Zubettbringen, empfindet es als Geste der mütterlichen Hingabe, der liebevollen Betreuung, der Zuwendung, die das Kind seelisch wärmt.

Gelingt dies der Mutter nicht, sondern nur mit Widerwillen, empfindet das Kind es als Geste der Ablehnung. Anders empfindet das Schulkind im zweiten Jahrsiebt die Taten seiner Lehrer und Eltern. Rudolf Steiner umschreibt die Empfindungen mit den Worten: «Alles spricht eine Sprache.» Wie wir Erwachsenen uns bewegen, wie wir die Dinge tun, erleben die Kinder intensiv, sind beeindruckt. Jeder Mensch hat seine besonderen Eigenarten, auch solche, die schwer zu ertragen sind, aber auch Besonderheiten, die von den Kindern wohlwollend aufgenommen werden. Alle Eigenarten sprechen eine Sprache, und dafür haben die Schüler ein Empfinden. Im dritten Jahrsiebt endlich können die jungen Menschen die Taten des Erwachsenen so sehen, wie sie sind.

Unsere Betrachtungen abrundend, wollen wir uns fragen, wie diese Pädagogik von Eltern und Schülern aufgenommen wird. Was sagen Eltern von Schülern, die nach dreizehn Jahren soeben ihr Abitur bestanden haben? Gespannt hörten beispielsweise alle Anwesenden einer Schülermutter aus der Waldorfschule Hamburg-Bergedorf zu, die 2019 bei einer Abschiedsfeier vor mehr als zwanzig Abiturienten und deren Familien eine Ansprache hielt und dabei weit ausholte. Ihre Darstellungen wurden oft durch freudigen Applaus unterbrochen, der deutlich machte, dass alle mit dem Dargestellten einverstanden waren. Die Mutter brachte zum Ausdruck, was diese Schulzeit für Schüler und Eltern bedeutet hat: aufs Ganze gesehen für alle einen großen Lernprozess.

Ich bat sie, mir ihre Ansprache zur Verfügung zu stellen – und hier ist sie.

Rückblick aus Elternsicht auf die Schulzeit ihrer Kinder

Liebe Abiturientinnen, liebe Abiturienten, liebe Mitglieder der Lehrerschaft, liebe Eltern, liebe Gäste!
Man hat mich ausgeguckt, um mit euch einen Rückblick aus Elternsicht auf eure Schulzeit zu werfen. Viele von uns Eltern sind nämlich wesentlich länger in diese Schule gegangen als in ihre eigene. Bei mehreren Kindern bringt man es da locker auf achtzehn bis fünfundzwanzig Jahre. Im Leben erklärt sich vieles oft erst, wenn man zurückschaut. Man versteht den Sinn und die Entwicklung der Dinge und auch sich selbst. Mithilfe eurer Eltern, die mir bereitwillig einige Fragen beantwortet haben, will ich das jetzt gern tun.

1. Warum habt ihr eure Kinder gerade in diese Schule eingeschult?

- Einige von uns hatten gute Erfahrungen mit der Waldorfschule gemacht, weil sie selbst Waldorfschüler waren oder bereits Geschwisterkinder an dieser Schule waren.
- Oder: Wir hatten schlechte Erfahrungen auf anderen Schulen gemacht. Viele von euch waren deshalb Quereinsteiger.
- Wir hatten uns aber vor allen Dingen die Frage gestellt: Welche besonderen Fähigkeiten und Fertigkeiten muss unser Kind denn für seine Zukunft erlernen? Wir kennen die Herausforderungen eurer Zukunft nicht. Uns war daher wichtig, euch möglichst breit aufzustellen und auszubilden.

Das Konzept dieser Schule deckte diese Wünsche ab: Erziehung zur Freiheit und zu selbstbestimmtem Handeln, zur Individualität und dazu eure Initiativkraft und Verantwortung gegenüber den Mitmenschen und der Umwelt zu wecken und zu schulen! Oder kurz gesagt: Wir wollten, dass unsere Kinder gesehen und in ihrer Entwicklung unterstützt werden, weniger gemessen, verglichen, beurteilt und aussortiert!

Vieles war genauso, wie wir es erhofft hatten, manches anders als erwartet und oft besser. Symptomatisch war da für unsere Familie der erste Schultag. Unsere Tochter hatte von vielen Seiten gehört, dass sie ja jetzt den Ernst des Lebens kennenlernen würde, wenn sie in die Schule komme. Nach der ersten Unterrichtsstunde kam sie uns mit ihrer gebastelten Schultüte entgegen und verkündete strahlend, es gebe gar keinen Ernst in ihrer Klasse! Und der kleine, blonde und witzige Junge, der neben ihr sitze, heiße Aljosha.

2. Was haben wir Eltern durch die Schulzeit unserer Kinder dazugelernt?

Auch wir sind noch einmal eingeschult worden. Ich will das mal die Schule des Lebens nennen. Selbst dazugelernt bzw. weiterentwickelt und geübt haben wir:

- Geduld – mit uns, der Schule und euch; Gras wächst nicht schneller, wenn man daran zieht.
- Vertrauen – wir haben euch Freiräume geboten, in denen ihr euch ausprobieren konntet. Wir haben auf euch vertraut und auf eure Schule.
- Zuhören – z. B. an Elternabenden. Es lohnte sich zuzuhören, die Meinung anderer anzuhören, sich auszutauschen. Gab es mal ein Problem, von dem man dachte, dass es einen in seiner Familie gerade nicht betreffe, lag es häufig einige Tage später in ähnlicher Form auch auf unserem Abendbrottisch. Es tat gut, vorbereitet zu sein.

Wir lernten auch dazu, dass Bildung ein Entwicklungsprozess ist und nur gemeinsam gelingt! Das gilt für die Entwicklung im Äußeren, z. B. der Gebäude (Sanierung der Schulgebäude, Neubau des Kindergartens, Neubau der Mensa) und der Entwicklung im Inneren, z. B. der Strukturen in der Selbstverwaltung, durch die Einführung des Schulforums, wodurch mehr Mitbestimmung, mehr Transparenz und dadurch auch mehr Verbundenheit möglich war. Oder auch durch das große Projekt «Wege zur Qualität», dem Leitbild der Schule, oder der Umgestaltung der Schule in eine Ganztagsschule.

Vor allen Dingen aber durften wir euer inneres Wachstum begleiten und dadurch auch selbst innerlich wachsen. Oder anders formuliert: So wie wir auf euch geachtet und geschaut haben, habt ihr ja auch auf uns geachtet und geschaut.

Das hat etwas mit uns gemacht! Es hat uns Impulse für unsere innere Weiterentwicklung gegeben. In dem Maße, wie ihr innerlich gewachsen seid, konnten auch wir das tun. Unser wichtigstes Prüfungsfach war dabei die Wahrhaftigkeit. Ihr habt uns darauf geprüft: Welche Haltung nehmen meine Eltern zu den Fragen des Lebens ein? Was denken und sagen sie? Vor allen Dingen aber: handeln sie auch danach? Dazu möchte ich euch ein Bild geben. Wenn ich – in Zeiten, in denen sich meine Kinder mit Umweltthemen wie Upcycling und Nachhaltigkeit beschäftigen und nebenbei an ihrer Medienkompetenz arbeiten, sich z. B. eine eigene Handy-Nutzungsregelung erarbeiten – mit dem Coffee to go-Becher in der einen Hand und dem Blick starr auf mein Handy gerichtet, auf den Schulhof latsche, liege ich «wahrhaftig» völlig daneben!

Ihr seht also, auch wir mussten uns vielen Themen widmen, obwohl sie nicht unserem inneren Wissensdurst entsprangen oder weil sie uns Spaß gemacht haben, sondern weil ihr uns dazu herausgefordert habt! Wir durften Stellung beziehen zu Themen wie Politik, Religion, Geschichte, Medienkonsum, Drogenkonsum, Integration (als 2015 die Flüchtlingswelle über uns kam), oder dem Umweltschutz, um nur einige Beispiele zu nennen. Für diese Anstöße sind wir sehr dankbar.

Wir haben erfahren, wie schön es ist, etwas für eine Gemeinschaft zu tun! Es gäbe diese Schule nicht, wenn es nicht Lehrer, Eltern und Schüler gäbe und gegeben hätte, die genau das tun: sich für eine Gemeinschaft einzusetzen und mitzuarbeiten, damit etwas Gutes entstehen kann und bestehen bleibt.

In dieser Klasse hat es viele Eltern gegeben, die sich lange Jahre intensiv eingebracht haben und das auch immer noch tun. Sie haben im Vorstand, im Basarkreis, Finanzkreis, im Schulforum und als Elternvertreter oder in der Holzgruppe mitgearbeitet. Besonders wichtig war aber immer auch der «stille Beitrag», die Schule und ihre Weiterentwicklung zu begleiten und mitzutragen. Natürlich haben wir auch immer ganz handfest mitgearbeitet durch Putzen, Backen, Kochen, Bauen (Bühne), Bäumefällen, Kränzebinden, Gärtnern ... oder durch Demonstrationen, als der Länderfinanzausgleich wieder einmal gekündigt wurde.

3. Was habt denn ihr Schüler in der Schule gelernt?

Ihr habt das Zeugnis der Reife erhalten, und es bescheinigt euch Kenntnisse in Sprachen, Naturwissenschaften und Mathematik, Geisteswissenschaften, Bewegung, Kunst und Musik. Es bildet aber damit nur einen Bruchteil dessen ab, was ihr während des Prozesses eures «inneren Wachstums» gelernt habt. Denn quasi nebenbei habt ihr euch euren individuellen Werkzeugkasten erarbeitet! Ihr habt gelernt:

- Herausforderungen anzunehmen
- ein soziales Wesen zu sein, teamfähig zu sein und zusammenzuhalten
- mutig zu sein und auch mal zu scheitern und trotzdem weiterzumachen («Wer nicht mal einen Umweg macht, lernt auch nicht die Umgebung kennen.»)
- die eigene Stärke auf die richtige Weise zu nutzen und auch auf euren Bauch zu hören.
- Ihr seid begeisterungsfähig und könnt andere begeistern.
- Ihr habt Durchhaltevermögen.
- Ihr habt gelernt, euch eine Aufgabe zu suchen, die euch fordert, sie zu erledigen, umfassend und zuverlässig, und dabei umsichtig und vorausschauend zu sein.

Beispiele hierfür, die auch unsere Highlights waren:

- Jahresarbeiten
- eure vielen und diversen Praktika – oder sich selbst einen Praktikumsplatz zu suchen, dort zu bestehen und das auch noch vor uns zu präsentieren

- und natürlich alle Projekte, mit denen ihr auf der Bühne der Schule gestanden habt
- besonders aber ein außerordentliches Theaterstück (*Krieg ist nicht Frieden*) zu entwickeln und aufzuführen, für das ihr ausgezeichnet wurdet; hierfür habt ihr von uns gerade deshalb stehende Ovationen erhalten, weil es euch gelungen ist, mit etwas, das ihr euch selbst erarbeitet habt, unsere Herzen zu berühren! Das ging von unbändigem Staunen über Lachen bis dahin, dass man Rotz und Wasser heulen muss, weil es so durch einen hindurchgeht. So fühlt sich das an, wenn man im Herzen berührt wird!

Durch diese «Werkzeugkiste» und euer Abi seid ihr heute in der Lage, euch eure eigene, freie Meinung zu erarbeiten und sie zu vertreten. Ihr könnt selbst bestimmen und gestalten.

Bei eurem Entwicklungsprozess wurdet ihr von vielen, wunderbaren Lehrerinnen und Lehrern begleitet. So wie auch eure Eltern, waren sie für euch Orientierungspersönlichkeiten, die euch dabei unterstützt haben, euch weiterzuentwickeln und euren eigenen Weg zu finden. Damit meinen wir nicht, dass wir oder sie immer perfekt waren, aber wir und sie standen zur Orientierung zur Verfügung – so wie Leuchttürme den Schiffen den Weg weisen. Bedenkt bitte: Leuchttürme stehen in kaltem Wasser und bekommen reichlich Wind um die Ohren, machen aber trotzdem ihre Arbeit.

4. Was wünschen sich eure Eltern für euch?

Hier nur eine kleine Auswahl:

- dass ihr euch so toll weiterentwickelt wie bisher
- dass ihr frei und glücklich seid und bleibt
- Zufriedenheit
- persönliche Erfüllung
- Menschen, denen ihr vertrauen könnt, die ehrlich sind und Gutes für euch im Sinn haben
- dass ihr eure Freundschaften nie vergesst
- dass ihr weiter an euch glaubt, auch wenn es mal schwierig wird

- dass ihr unabhängig sein könnt
- dass wir alle den nächsten Schritt im Entwicklungsprozess gehen: loszulassen! («Wer loslässt, hat die Hände frei für Neues.»)

Fragt bitte noch einmal persönlich eure Eltern, denn diese Liste ist nur ein Ausschnitt und ist wirklich sehr anrührend!

5. Fazit

Ich fasse zusammen: Liebe Kinder oder liebe Abiturientinnen und Abiturienten, ihr habt einen unglaublichen Entwicklungsprozess durchlaufen. Ihr habt euer Abitur bestanden und euch euren individuellen Werkzeugkasten erarbeitet. Bei all dem seid ihr oft an eure Grenzen gestoßen. Viel öfter aber seid ihr darüber hinausgewachsen! Wir Eltern durften euch begleiten und uns dadurch weiterentwickeln. Ihr seid umfassend vorbereitet, euren eigenen Weg zu gehen und zu gestalten. Die Zukunft ist euer! Seid so frei!

Für die Elternschaft der 13. Klasse, im Jahr 2019 an der Rudolf Steiner Schule in Hamburg Bergedorf, Dorothee Schmiegel

Sicherlich gehört dieser Bericht zu den Highlights, und ein solches Resümee wird überall etwas anders klingen, aber da ich es gemeinsam mit all denen erlebt habe, die gemeint waren und für seine Richtigkeit bürgten, darf es hier unsere Betrachtungen abrunden.

Ausblick

Die Siebenerrhythmen enden nicht mit dem 21. Jahr, sondern durchziehen auch das weitere Leben. Sie seien der Vollständigkeit halber hier wenigstens benannt. Wir entwickeln in den nächsten drei Jahrsiebten die erwähnten drei «Seelenglieder»: die Empfindungsseele bis zum 28., die Verstandes- oder Gemütsseele bis zum 35. und die Bewusstseinsseele bis zum 42. Lebensjahr. Man vergleiche hierzu die weiterführende Literatur.[175] Zum anthroposophischen Menschenbild zählen noch drei Geistesglieder, die wir keimhaft in uns tragen und nach dem 42. Lebensjahr zu entwickeln beginnen. In ferner Zukunft, nach vielen weiteren Erdenleben, werden wir uns diese Kräfte, die wie ein Vorausblick zwischen dem 42. und dem 63. Lebensjahr in unsere Biografie hereinstrahlen, erringen können.

Bis zum 72. Lebensjahr wirkt in jedem von uns das, was man als «Karma» bezeichnet, schicksalhafte Zusammenhänge; sie münden in Entschlüsse, die wir uns z. B. vor der Geburt vorgenommen haben. Sie führen dazu, dass wir mit bestimmten Menschen, mit denen uns frühere Erlebnisse verbinden, etwas erleben wollen. Wir begegnen Menschen, die wir von früher her kennen, aber auch bisher unbekannten, mit denen wir künftig weiterhin zu tun haben werden. Ist man jemandem begegnet, mit dem man fortan vieles gemeinsam erlebt, kann man rückblickend bemerken, dass alle Wege und Umwege nötig waren, ihm schließlich begegnen zu können. Es kommt einem vor, als hätte man ihn gesucht. Unter einem höheren Gesichtspunkt bestand eine Notwendigkeit, diesen Menschen zu treffen. Was die beiden aber nach der Begegnung miteinander tun, ist nicht vorausbestimmt, darin sind sie frei.

Das Urmotiv von «Gehen–Sprechen–Denken» oder «Wollen–Fühlen–Denken» endet nicht mit dem 21. Lebensjahr, sondern ist noch ein weiteres Mal zu finden. Es zeigt sich ja zunächst in den ersten drei Lebensjahren, dann in dem etwas größeren Rhythmus von jeweils 2⅓ Jahren. Beim Übergang vom ersten zum zweiten Jahrsiebt geht es in einen Siebenerrhythmus über und endet mit dem 21. Jahr. Betrachten wir das ganze Leben und nehmen die ersten 21 Jahre als Einheit, ergeben sich zwei weitere Abschnitte, die das nachfolgende Leben umspannen. Die ersten drei Jahrsiebte können wir als die große Willensphase ansehen, eine Phase des Hineingehens ins Leben; sie bildet das Fundament für das Leben. Dann folgt eine Phase, die zur Lebensmitte gehört, und eine dritte, in der sich der ältere Mensch entfaltet.

Was aber bedeuten diese drei großen Bögen? Alles, was wir in der Kindheit und Jugend mit unseren Willenskräften in der Welt getan haben, geht in den zweiten 21 Jahren in eine Phase über, in der wir uns durch unsere Empfindungen und Gefühle mit allem verbinden, einen Beruf ergreifen, vielen Menschen begegnen, Partner kennenlernen, eine Familie gründen, das Leben an uns heranbranden lassen und zu meistern versuchen. Wir können uns Fähigkeiten aneignen, dabei alles verinnerlichen, und was wir erleben, durchdringen wir mit Bewusstsein und sammeln Erfahrungen. Wir reifen. Das Motiv dieser Phase ist das Fühlen, das Sprechen. Tatsächlich sind wir bei allen Erlebnissen mit unseren Gefühlen dabei, verbinden uns mit Beruf, Arbeit und Menschen, erleben eine gewaltige Gesprächsphase. Die dritte Zeit lässt sich als eine Phase des Denkens charakterisieren. Seit Urzeiten sagt man dem alternden Menschen nach, dass er weise sein kann. Nicht jeder alternde Mensch bringt es allerdings dazu, weise zu werden. Manche Menschen wissen außerordentlich viel und zeigen das auch deutlich; sie sind klug, aber nicht weise. Es hängt wohl viel davon ab, wie wir im mittleren Alter auch dazu kommen, erhabene Gedanken zu denken, große Gesichtspunkte für unsere Lebenseinstellung zu finden, unserem Leben einen Sinn zu geben. Man sagt, dass Weisheit aus dem Herzen kommt. Das bedeutet, dass sie durchfühlt, durchlebt sein muss, mit Mühe erworben wird und andere Menschen erwärmen kann. Diese Art zu denken zeigt, dass wir im Laufe unseres Lebens die Fähigkeit erlangen können, unsere Gedanken mit Gefühlen und Willenskräften zu durchdringen, sodass sie lebendig wirken, den ganzen Menschen ergreifen. So kann der Lebenslauf mit seiner so unterschiedlichen Länge ebenfalls mit dem «Urmotiv» in Beziehung gebracht werden – als ein ganz individueller Rhythmus.

Und was kommt danach?

Der Anfang dieses Buches, als wir einen vorsichtigen Blick auf Ereignisse vor der Geburt eines Menschen geworfen haben, fordert dazu heraus, dass wir uns auch fragen: Was geschieht mit allem, was wir uns an Tugenden aneignen konnten, uns vielleicht mühsam durch Fleiß, Aufrichtigkeit, Treue, Geduld erarbeitet haben, was wir im Zusammensein mit anderen Menschen aus Freundschaft oder gar Liebe taten oder auch empfangen haben? Was wird aus all dem, was uns misslungen ist, was wir anderen Menschen angetan, an Schaden verursacht haben? Sagt uns nicht der gesunde Menschenverstand, dass unser inneres Streben einen Sinn haben muss und wir auf dem Weg zu immer größerer Vollkommenheit mehr als nur ein Leben benötigen? Wenn wir uns diesen Fragen zuwenden, müssen wir uns einen Einblick in das nachtodliche Dasein verschaffen.

Vor mehr als hundert Jahren ist Rudolf Steiner solchen Fragen geisteswissenschaftlich auf den Grund gegangen, hat viele Einzelheiten dazu erforscht und seine Erkenntnisse dann so dargestellt, dass sie jeder gedanklich nachvollziehen und sich vorstellen kann, anstatt sie glauben zu müssen. Inzwischen haben etliche Menschen sogenannte Nahtoderfahrungen gemacht, ihre Erlebnisse aufgezeichnet und publiziert. Da diese Erfahrungen erste Anregungen sein können, sich mit dem ungewohnten Thema auseinanderzusetzen, wollen wir unsere Betrachtungen damit beginnen.

Alles fing in den Vierzigerjahren des 20. Jahrhunderts an, als George Ritchie in den USA nach der Highschool Medizin studieren wollte.[176] Vor der Immatrikulation meldet er sich jedoch als medizinische Hilfskraft freiwillig bei der Armee und absolviert 1943 eine Ausbildung in Texas. Wenige Tage vor seiner Immatrikulation für das Medizinstudium in Richmond, Virginia, erkrankt er an einer schweren Lungenentzündung, bekommt hohes Fieber, das am Tag vor der Abfahrt abflaut, doch nachts auf 41 °C ansteigt, sodass er in höchster Eile ins Krankenhaus gebracht wird. Dort verliert er bei der Röntgenuntersuchung das Bewusstsein ...

Dann spielt sich etwa folgende Szene ab: Ritchie wacht in der Nacht auf, steht auf, dreht sich um und sieht jemanden in seinem Bett liegen, wo doch soeben er selbst gelegen hat. Er geht auf den Flur, ohne die Tür geöffnet zu haben, sieht einen Feldwebel auf sich zukommen, ruft ihm entgegen, er solle aufpassen, aber dieser geht durch ihn hindurch. Ritchie «geht» den langen Flur der Krankenhausbaracke entlang nach draußen, erhebt sich in die Luft, durchdrungen von dem Gedanken, nach Richmond zu wollen, bewegt sich fliegend über eine Landschaft, die er Jahre später tatsächlich wiederfinden wird, sieht weit vor sich eine Stadt, wendet sich nach unten, erblickt das blaue Licht einer Bar, tritt auf der Straße von hinten an einen Passanten heran und fragt ihn, wo er sei. Dieser reagiert nicht, was ihn verunsichert, und so lehnt er sich nachdenklich an einen Laternenpfahl – doch der ist plötzlich vor ihm.

Nun wird ihm bewusst, dass er ohne seinen Körper unterwegs ist. Er versteht, dass er in Richmond ja gar nicht gesehen werden kann und zuvor seinen Leib suchen muss. Er findet, indem er sich erneut durch die Luft bewegt, das Lazarett wieder, geht, ohne die Türen zu öffnen, in viele Räume und sucht seinen Körper, von dem er nicht recht weiß, wie er eigentlich aussieht, weil er ihn bisher immer nur vor dem Spiegel erblickt hat. Alle Köpfe in den Betten sind kahl geschoren und sehen gleich aus, aber da fällt ihm ein, dass er einen Pi-Alpha-Ring trägt, und in einem der letzten Räume findet er so seinen eigenen Leib wieder und setzt sich davor, da er nicht weiß, wie er wieder in ihn hineinkommen soll.

Ihm wird klar, dass er gestorben ist. Ein helles Licht erscheint, ein Licht, das, wäre es physisch, die Augen erblinden lassen würde. Aber daraus spricht eine gütige Stimme mit ihm, fragt ihn und gibt ihm das Gefühl, zutiefst von diesem Wesen geliebt zu werden. Gleichzeitig taucht vor ihm sein ganzes Leben wie in einem Panorama auf: Jede einzelne Situation wird in diesem Schauen lebendig mitsamt den Gesprächen und Gedanken, und das alles im selben Augenblick nebeneinander. Die weiteren Erlebnisse Ritchies möge man selbst nachlesen und all die Folgen, die dieses Ereignis für ihn haben sollten.

Entscheidend ist in diesem Zusammenhang, dass ein junger Krankenpfleger zu diesem Zeitpunkt kein Lebenszeichen mehr bei Ritchie feststellt, weder Atmung noch Puls oder Blutdruck. Ein herbeigerufener Arzt wiederholt die Tests, kommt zum gleichen Ergebnis und erklärt ihn für tot; er gibt die Anweisung, den Verstorbenen für das Leichenhaus fertig zu machen. Erst neun Minuten nach Einsetzen des Todes – nachdem der Krankenpfleger den Offiziersarzt zu der ungewöhnlichen und eigentlich wenig erfolgversprechenden Maßnahme überredet hat, mit einer Adrenalinspritze ins Herz noch einen Wiederbelebungsversuch zu unternehmen – wird Ritchie ins Leben zurückgerufen. Als er wieder zu sich kommt, will er seinem Retter von den Erlebnissen berichten, doch der rät ihm, niemandem davon zu erzählen; andernfalls würde man ihn in die Psychiatrie bringen und ihm kein Wort glauben.

Das Erlebnis veränderte Ritchies ganze Lebenseinstellung, und er wartete viele Jahre, bis er damit an die Öffentlichkeit trat. Während dieser Zeit wurde bekannt, dass hier und da Menschen vorübergehend klinisch tot waren und ihren Freunden von sonderbaren Erlebnissen berichteten. Das veranlasste in den Sechziger- und Siebzigerjahren den amerikanischen Psychiater Raymond A. Moody, der Sache auf den Grund zu gehen. Er interviewte ausführlich Menschen mit Nahtoderfahrungen und veröffentlichte seine Ergebnisse in dem Buch *Leben nach dem Tod*; der Bericht wurde ein Bestseller und verlieh dem bisher wenig beachteten Phänomen eine breite Aufmerksamkeit.[177]

Heute sind die Phänomene der Nahtoderfahrung und Moodys Forschungen weithin bekannt; daher seien hier nur einige Elemente solcher Erlebnisse aufgeführt. Menschen, die sich z. B. während eines Absturzes im Gebirge, während einer Operation, einer Vergiftung oder eines Unfalls außerhalb ihres Körpers befanden und ihn von außen «sahen», beschreiben, dass sie «hörten», was in der Umgebung gesprochen wurde; dass sie ihren früher verstorbenen Verwandten wiederbegegneten; sich frei im Raum bewegen konnten; dass sie ein Lichterlebnis hatten und ihr ganzes Leben wie ein Panorama vor sich schauten; dass sie schließlich gern in diesem Zustand verweilen wollten, aber dann wie durch einen Tunnel, durch den sie anfangs hinausgegangen waren, wieder in ihren Körper zurückkehren mussten.

Menschen berichten also von einem leibfreien Zustand, in dem sie überraschenderweise trotzdem sehen und hören, denken und sprechen und sich bewegen können. Sie versuchen nach dem Zurückkehren, anderen Menschen davon zu erzählen, finden aber nicht ohne Weiteres ein offenes Ohr. Diese wollen es nicht glauben, weil sie es sich nicht vorstellen können und ihrem Denken nicht zumuten wollen oder können. Es gibt auch Berichte – etwa die des Amerikaners Dannion Brinkley[178] –, in denen Menschen mit Nahtoderfahrung die Folgen ihrer bisherigen Taten erblicken, in denen sie etwa die Schmerzen oder den Kummer derjenigen, denen sie Leid zugefügt haben, aus deren Perspektive intensiv erleben. Manche begegnen in der nachtodlichen Welt auch geistigen

Wesenheiten, die ihnen für ihr weiteres irdisches Leben Aufgaben stellen, die sie erledigen sollten.

Zum Abschluss seien hier noch die Erlebnisse des anerkannten Neurochirurgen Eben Alexander erwähnt, der sieben Tage im Krankenhaus im Koma lag und in dieser Zeit intensive, voll bewusste Erlebnisse und Wahrnehmungen hatte.[179] Er belegt sehr eindrucksvoll, dass ichbewusste Erfahrungen nicht unbedingt an die menschlichen Hirnfunktionen gebunden sein müssen. All diese Berichte von nachtodlichen Erlebnissen können uns herausfordern, Ungewohntes zu durchdenken.

Wenden wir uns nach diesen Betrachtungen noch einigen Aspekten der geisteswissenschaftlichen Forschungen Rudolf Steiners zu, der zu Beginn des 20. Jahrhunderts in seinen zahlreichen Schriften und Vorträgen den Weg der Menschenseele zwischen Tod und einer neuen Geburt umfassend dargestellt hat. Wir ergänzen damit unsere Darstellung zu den Entwicklungsstufen des Menschen um den Bereich, der über das irdische Leben hinausgeht und in dem schließlich, den Bogen zu unseren Ausführungen am Anfang des Buches rundend, der Impuls zum Beginn einer neuen Inkarnation heranreift.

In unserem Tagesbewusstsein sind, wie wir dargestellt haben, alle vier Wesensglieder des Menschen eng miteinander verbunden (s. S. 148f.). Doch wenn wir abends einschlafen, verlieren wir unser Wachbewusstsein, unser Empfindungsleben, und das bedeutet, dass unser Ich und unser Empfindungsleib gemeinsam aus dem physischen Leib herausgehen; der Lebens- oder Ätherleib bleibt demgegenüber auch im Schlaf eng mit ihm verbunden. Die Lebenskräfte bauen nachts das auf, was tagsüber durch unser Wachbewusstsein an Abbau geschieht. Ich und Astralleib treten dagegen im Schlaf in eine andere Welt ein und verarbeiten dort nachts ihre Tageserlebnisse.

Im Todesaugenblick löst sich hingegen auch der Ätherleib aus dem physischen Leib heraus. Dies ist der Moment, in dem der Verstorbene sein ganzes Leben von der Geburt an als Panorama erlebt. Da sein Ich und sein Astralleib nun eng mit dem Ätherleib verbunden sind, schaut er jede Einzelheit seines Lebens von der Geburt bis zum Tod – ist doch der Ätherleib der Träger des Gedächtnisses. Staunend blickt der Verstorbene auf dieses Panorama, auf sein Lebenswerk. Etwa drei Tage lang erlebt er diese Bilder seines Lebens. Während dieser Zeit löst sich der Ätherleib in der ätherischen Welt auf und damit im Zusammenhang auch das Panorama. Das Ich in Verbindung mit dem Astralleib trennt sich von ihm und beginnt eine neue Phase. Was wir uns aber an guten Gewohnheiten, an Tugenden erworben haben, was an Wertvollem für ein nächstes Leben errungen worden ist, geht nicht verloren, sondern wird von nun an bewahrt und in Zukunft auf dem Weg zu einer neuen Geburt in die neuen Wesensglieder aufgenommen, es wird als Talent erscheinen.

Was erleben wir fortan, nach dem Weggang des Ätherleibes? Das Ich betritt mit dem Astralleib eine Seelenwelt, eine Astralwelt. In ihr beschäftigen wir uns jetzt mit allem, was wir im Leben seelisch bewirkt haben. Wir werden von nun an von unserem Engel, der uns das ganze Leben hindurch begleitet hat, an jede einzelne Lebenssituation herangeführt hat, und zwar rückwärts, angefangen vom Todesmoment bis in unsere frühe Kindheit. Unser ganzes Leben arbeiten wir auf diese Weise in rückwärtiger Folge durch. Dabei erleben wir das, was wir bisher nicht erleben konnten: Wir erfahren oder durchleben, wie wir auf die anderen Menschen gewirkt haben, mit denen wir zu tun hatten. Damals waren wir in unserem Leib, nun werden wir so an jede Begebenheit herangeführt, dass wir das empfinden, was der andere an uns erleben musste. Wir erfahren die Freude, die er daran hatte, dass wir zu ihm höflich und freundlich waren, ihm helfen konnten, ein tröstendes Wort gesprochen haben. Ebenso müssen wir erleben, wie wir in einem anderen Fall jemanden beleidigten, ablehnten, wie wir ihn kalt kritisierten, ihm seelisches Leid zufügten und ihn vielleicht sogar belogen haben oder in einer Angelegenheit versucht haben, einen Vorteil für uns herauszuschlagen.

Im Rückwärtserleben kommen wir immer zuerst an die Wirkung heran, danach an die Ursache, an den Moment, in dem wir entsprechend gehandelt haben. Nun empfinden wir tief, wie das auf den anderen gewirkt hat, und empfinden vor unserem geistigen Begleiter und dessen Beurteilung (nicht Verurteilung!) die entsprechende Scham. Auch tritt ein erster Willensentschluss auf, was wir an Ungutem, an Unrecht bewirkt, an Leid zugefügt haben, in Ordnung zu bringen, es wiedergutzumachen. Das nächste Leben wird uns mit diesen Menschen zusammenführen und Situationen schaffen, in denen wir die Gelegenheit haben, schicksalsausgleichend zu handeln. «Karma» ist hierfür der richtige Begriff. Dass wir die Möglichkeit bekommen, unser Fehlverhalten selbst zu erkennen und in einem neuen Leben auszugleichen, ist ein Geschenk an uns, das uns der «Herr des Schicksals» gibt.

In diesem Bereich, in dem die menschliche Seele intensiv an sich arbeitet, sich mit den Taten des vergangenen Lebens auseinandersetzt, streift sie nach und nach alles ab, was sie auf dem Weg in die geistige Welt nicht mitnehmen kann. Menschen, denen es gelungen ist, vieles aus echter Liebe gegenüber ihren Mitmenschen zu tun, werden dort erleben, dass ihre Taten die anderen Menschen vorangebracht haben. Man wird sich im nächsten Leben wieder begegnen und sich sicherlich sogleich verstehen.[180]

Schritt für Schritt müssen wir uns während dieser Zeit von allem lösen, was uns auf Erden durch unsere Wünsche, Begierden, Leidenschaften an die hiesige Welt gebunden hat. Schließlich haben wir es geschafft, sind in unserem rückwärts verlaufenden Durchgang durch das vergangene Leben bei der Geburt angekommen, und alle errungenen edlen und guten Eigenschaften werden uns für ein weiteres Leben zur Verfügung stehen, wenn wir wieder zur Erde herabsteigen. Eigenschaften, die das Gegenteil davon beinhalten, werden uns im nächsten Leben zum karmischen Ausgleich veranlassen. Der Astralleib aber löst sich auf. Nun ist unser Ich als unser geistiges Wesen allein und tritt in eine geistige Welt ein. Als weiterführende Literatur über das gesamte nachtodliche Leben ist – neben Steiners Darstellungen – auch die anschauliche Zusammenfassung von Arie Boogert zu nennen.[181]

Unser Ich ist dort in Gemeinsamkeit mit all den Menschen-Individualitäten, denen wir im Leben begegnet sind. Wir sind in Begleitung unseres Engels, mit dem wir bisher unser ganzes Leben rückwärts durchgearbeitet, dabei auch neue Willensimpulse und Vorsätze gefasst haben. Wir sind nun in einer göttlich-geistigen Welt mit stetig ansteigenden höheren Stufen, in der außer unseren Engeln und Erzengeln weitere, noch höhere göttliche Wesen wirken und uns umgeben. Sie alle wirken bei der Ausgestaltung eines neuen Erdenlebens mit, bilden die karmischen Fäden zwischen uns und den Menschen, die bisher zu uns gehörten, und schaffen neue Beziehungen zu denen, die wir im nächsten Leben ganz neu kennenlernen werden. Diese Wesen helfen uns bei all den Verwandlungen, die wir erfahren, um im nächsten Leben die durch unsere Taten oder auch Untaten bewirkten Fähigkeiten bzw. Unfähigkeiten zu erlangen und im richtigen Augenblick den Menschen zu begegnen, mit denen wir uns etwas gemeinsam vorgenommen haben.

Stellen wir uns das Leben zwischen dem Tod und einer neuen Geburt als auf- und absteigenden Bogen vor, so markiert seine höchste Stelle den Zeitpunkt, von dem an unser Ich einem weiteren Leben auf der Erde zustrebt. «Weltenmitternacht» nennt die Geisteswissenschaft diesen Höhepunkt, den wir nun überschreiten. Große Zeiträume sind in der Regel auf der Erde seit dem letzten Leben vergangen, und die Vorbereitung auf das neue wird ebenfalls noch lange dauern. Stufenweise durchschreiten wir dann die geistige Welt in der umgekehrten Richtung, verweilen dabei unterschiedlich lang in den einzelnen geistigen Sphären der uns bekannten Planeten und verbinden uns karmisch mit deren Kräften, was sich im Geburtshoroskop widerspiegeln wird. Während dieses Verweilens umkleiden wir uns mithilfe höherer Wesen mit einem neuen «Astralleib» («astra» = Sterne; man könnte ihn daher auch «Sternenleib» nennen), in den die Folgen des vergangenen Lebens eingearbeitet werden. So ausgestattet, sucht das Ich den Zeitpunkt, das Volk, das Land und vor allem das künftige Elternpaar. Dies alles geschieht wiederum unter hoher Anleitung. Unsere Eltern haben wir im vorigen Leben bereits in irgendeinem Zusammenhang kennengelernt. Auch zu unseren Geschwistern, Großeltern und Verwandten können Beziehungen zum vorigen Erdenleben bestehen.

Nun werden sich Ich und Astralleib mit einem neuen Ätherleib umgeben. Dessen geistige Substanz wird während der Schwangerschaft mit dem Ätherleib der Mutter und des Vaters verbunden, sodass es berechtigt ist zu sagen: Den Ätherleib erbt das Kind von seinen Eltern. In ihn werden von hoher Seite auch die verwandelten Folgen des früheren Seelenlebens, des früheren Astralleibes, eingearbeitet.

In der Plazenta der Mutter bilden sich nach der Empfängnis zunächst die notwendigen Hüllen, in denen sich das Ich mit den beiden anderen Wesensgliedern im Laufe von zehn Mondmonaten (10 mal 28 Tage) mit einem physischen Leib umgibt. Das Ich des werdenden Kindes ist bereits ab dem siebzehnten Tag gemeinsam mit höheren Wesen an der Gestaltung seines neuen Leibes beteiligt.

Der Mensch beendet diesen Durchgang durch die geistige Welt schließlich mit dem Vorausblick auf das ganze künftige Leben. Wir dürfen einen Blick auf das werfen, was uns der Herr des Schicksals im kommenden Erdenleben zumutet. In seinem Sinne haben höhere Wesenheiten unser Karma ausgearbeitet, und zeigen uns, was als karmischer Ausgleich – niemals als Strafe – auf uns zukommt. Hier könnten wir an den Anfang des Buches springen (s. S. 16ff. und 22ff.) und das erste Kapitel noch einmal mit vertiefenden Gedanken auf uns wirken lassen.

Fragen wir uns ein letztes Mal, ob sich auch hier das beschriebene Urmotiv von Gehen–Sprechen–Denken bzw. Wollen–Fühlen–Denken finden lässt. Wenn wir einen Bogen über das ganze vergangene Leben ziehen, drücken wir damit alles das aus, was mit unseren Willenskräften (Wollen), besonders mit unserer Hände Arbeit, vollbracht haben. In all diese Tätigkeiten sind wir hineingegangen (Gehen). Das Verweilen in der geistigen Welt zwischen dem Tod und einer neuen Geburt beruht darauf, dass wir vor der Geburt lernend und voller Hingabe (Fühlen) an die höheren Wesen lebten, auch mit ihnen im Gespräch (Sprechen) waren. Während dieser Zeit geschehen die erwähnten Umwandlungen und Verwandlungen in neue Fähigkeiten. Unsere Denkfähigkeiten (Denken), insofern wir diese mitbringen und noch nicht neu errungen haben, basieren auf dem, was wir früher mit unserem Willen in die Tat umgesetzt haben. Wir können gedanklich also einen dreigeteilten Bogen ziehen, der sich vom vergangenen Leben (Bogen des Willens, Gehen) über das Verweilen im Geistigen zwischen Tod und neuer Geburt (Bogen des Fühlens, Sprechen) bis zum künftigen Leben (Bogen des Denkens) spannt.

Die drei Seelenglieder, die wir immer wieder voneinander getrennt angeschaut haben, wirken eigentlich stets ineinander und gehören innigst zusammen. Das Menschenbild mit seiner Dreiheit, in das wir uns einzuarbeiten versuchten, fasst Rudolf Steiner in folgendem Spruch mit wenigen Worten zusammen:

In dem Herzen
webet Fühlen,
In dem Haupte
leuchtet Denken,
In den Gliedern
kraftet Wollen.
Webendes Leuchten,
Kraftendes Weben,
Leuchtendes Kraften:
Das ist – der Mensch.[182]

Ausklang

Ein Kreis hat sich geschlossen! Am Anfang unserer Betrachtungen hatten wir auf eine vorgeburtliche Existenz aller Kinder geblickt und waren davon ausgegangen, dass diese ihre Eltern aus einem früheren Leben kennen und mit ihnen schicksalhaft verbunden sind. Ein solcher Ausgangspunkt musste eine Fülle von Fragen erwecken, und die wohl wichtigsten versuchten wir erst im letzten Kapitel ein Stück weit zu beantworten.

Durch all diese Gedanken können wir angeregt werden, in unserem Leben einen tieferen Sinn zu suchen. Gelingt es uns, diese Gedanken mit der Zeit und nach längerem Studium ernst zu nehmen, bedeutet es, dass wir unser ganzes Leben hindurch ein werdender Mensch bleiben. Wir erkennen, dass wir zur Verwirklichung unserer großen Ziele mehrere Erdenleben benötigen. In jedem Leben durchlaufen wir eine weitere Kindheit und begegnen vielen uns bisher noch unbekannten Menschen, aber auch all denen, mit denen uns Schicksale von früher verbinden. So dürfen wir am Ende unserer Betrachtungen auch den Gedanken fassen, dass zwischen den Kindern und ihren Lehrern bzw. Lehrerinnen ein «karmisches Verhältnis», ein Schicksalszusammenhang, bestehen kann. Das bedeutet, dass nicht nur Vergangenes eine Rolle spielt, sondern auch alles, was im vielfältigen Unterricht und ebenso zu Hause mit den Kindern geschieht, ein künftiges Karma bewirkt.

Was wir als Lehrplan kennengelernt haben, kann der Lehrerschaft als Anregung dienen, die möglichen Unterrichtsinhalte individuell für die ihr anvertrauten Schüler einzufärben und zu gestalten. Jedes Kind lernt dadurch, dass seine Lehrerin oder sein Lehrer die Unterrichtsstoffe auf schöpferische Weise in sich verlebendigt und so an sich selbst arbeitet. Da jede Erziehung eigentlich Selbsterziehung bedeutet, benötigt das Kind lernende Lehrer, an denen es sich selbst emporranken kann.

Die Verwirklichung solcher Pädagogik ist dadurch möglich, dass die Waldorfschule eine «Freie Schule» ist, die unter anderem ihre Lehrer selbst aussuchen darf und sie auch nach einem Studium zusätzlich weiterbildet. Der Lehrplan ist nicht zwingend, wird auch in Abständen überarbeitet und ergänzt, stets auf die inneren Entwicklungsschritte des werdenden Kindes eingehend.

Werfen wir noch einmal einen Blick auf die dargestellten Rhythmen: Man spricht schon länger davon, dass wir eine «Akzeleration», eine Beschleunigung feststellen können, dass die Kinder die Rhythmen schneller durchlaufen. Das mag tatsächlich für viele Kinder der Fall sein, aber ebenso gibt es diejenigen, die in allem spät dran sind, und solche, die diese Rhythmen genau einhalten. Auf die Frage nach den Ursachen der Beschleunigung gibt es vielerlei Vermutungen. Beantworten wir sie mit einer Frage: Kann es sein, dass diejenigen Kinder, bei denen wir eine Akzeleration feststellen können, ihre Entwicklung dadurch beschleunigen, dass sie im frühen Alter zu wenig kindgemäß, zu sehr gedanklich angesprochen, wie kleine Erwachsene behandelt werden? Erinnern wir uns daran, dass zuerst die Willenskräfte und die Gefühlswelt angesprochen sein wollen, weil sie die Grundlage für eine gesunde, lebendige Denkentwicklung bilden müssen!

Zum Abschluss wollen wir eine Zukunftsaufgabe erwähnen, die Rudolf Steiner den Waldorflehrern ans Herz gelegt hat, die aber ihre derzeitigen Fähigkeiten im Allgemeinen übersteigt, sodass sie wirklich ein künftiges Ziel sind. Steiner wollte, dass sich Lehrer durch das Studium der Geisteswissenschaft und durch einen geistigen Schulungsweg die Fähigkeit der «Prophetie» aneignen. Dann könnten sie sich die Fähigkeit aneignen, prophetisch vorauszuschauen oder wenigstens vorauszuahnen, geistig wahrzunehmen, welche Ziele sich ein Kind vorgeburtlich gesteckt hat, welche Fähigkeiten es besonders zu entwickeln gilt, zu welchen Mitschülern es eine besondere karmische Beziehung haben könnte.

Mein Freund Rolf Speckner hat diese Gedanken zur «Prophetie» mit folgenden Worten ergänzt: «Gemeint ist damit das Folgende: Jedem Satz, den wir aussprechen, geht ein einheitliches Gesamterlebnis dieses Satzes voraus, das wir Intuition nennen. Darin sind die Worte nicht als ausgesprochene vorhanden, sondern als ahnende Empfindung, die wir im Aussprechen erst begreifen und formulieren. Die intuitive Empfindung des Kommenden ist die prophetische Ahnung, die wir aber begreifen und aussprechen können. Jedes Ich ist voller solcher prophetischen Ahnungen, die aber nicht nur in Worte, sondern auch in Taten ausfließen möchten. Und so wie wir von einem Kind oftmals schon verstehen, was es sagen will, bevor es dies ausgesprochen hat, können wir auch die Richtung seiner zukünftigen Handlungen bemerken, bevor es sie ausgeführt hat. Dazu gehört eine große Verfeinerung der Beobachtung und ein taktvoller Umgang mit den prophetischen Ahnungen, damit sie nicht zu überstülpenden Prägungen ausarten. Derartige Beobachtungen und Einschätzungen werden auch vorgenommen, wenn man sich der letzten Fähigkeiten gar nicht bewusst ist, z.B. beim Elterngespräch am Ende der Schulzeit, wenn die Lehrer eine Empfehlung für die künftig angemessene Weiterbildung abgeben. Ist es nicht besser, seine Wahrnehmungsfähigkeiten bewusst zu verfeinern, als ohne eine solche Übung der Ichwahrnehmung am Kind, mit Empfindungen, von denen man nicht weiß, wie man zu ihnen kam, schicksalsentscheidende Urteile über das Kind zu fällen? Angestrebt wird eine Erziehung, die dem Kind hilft, dasjenige Wesen zu werden, das es selbst werden will.»

Es steht jedem von uns frei, sich durch die Beschäftigung mit Anthroposophie solchen Zielen mit viel Geduld langsam zu nähern.

Anmerkungen

1 Helmut Eller, *Der Klassenlehrer an der Waldorfschule,* Stuttgart: Verlag Freies Geistesleben [3]2007; ders., *Die vier Temperamente. Anregungen für die Pädagogik,* Stuttgart: Verlag Freies Geistesleben [4]2017.

2 Tobias Richter (Hrsg.), *Pädagogischer Auftrag und Unterrichtsziele – vom Lehrplan der Waldorfschule,* Stuttgart: Verlag Freies Geistesleben [5]2016.

3 Wenzel M. Götte, Peter Löbell, Klaus-Michael Maurer, *Entwicklungsaufgaben und Kompetenzen. Zum Bildungsplan der Waldorfschule,* Stuttgart: Verlag Freies Geistesleben [2]2016.

4 Claus-Peter Röh, Robert Thomas, *Unterricht gestalten – im 1. bis 8. Schuljahr der Waldorf-/Rudolf Steiner-Schulen,* Dornach: Verlag am Goetheanum 2019.

5 Dietrich Bauer, Max Hoffmeister, Hartmut Görg, *Gespräche mit Ungeborenen. Kinder kündigen sich an,* Stuttgart: Verlag Urachhaus [6]2006.

6 Ebd., S. 18.

7 Ebd., S. 53f.

8 Ebd., S. 57.

9 Ebd., S. 58.

10 Aus der Fülle der Darstellungen Rudolf Steiners können hier nur einige Werke angegeben werden: Rudolf Steiner, *Das Leben nach dem Tod und sein Zusammenhang mit der Welt der Lebenden,* hrsg. von Frank Teichmann, Themen aus dem Gesamtwerk Bd. 15, Stuttgart: Verlag Freies Geistesleben [6]2016; ders., *Inneres Wesen des Menschen und Leben zwischen Tod und neuer Geburt,* GA (= Rudolf Steiner Gesamtausgabe) 153, Dornach: Rudolf Steiner Verlag [6]1997; ders., *Schicksalsbildung und Leben nach dem Tode,* GA 157a, Dornach: Rudolf Steiner Verlag [4]2016; ders., *Das Geheimnis des Todes,* GA 159, Dornach: Rudolf Steiner Verlag [3]2005; ders., *Die Verbindung zwischen Lebenden und Toten,* GA 168, Dornach: Rudolf Steiner Verlag [4]1995; ders., *Der Tod als Lebenswandlung,* GA 182, Dornach: Rudolf Steiner Verlag [4]1996.

11 Siehe Dietrich Bauer, Max Hoffmeister, Hartmut Görg, a.a.O. (Anm. 5), S. 82f.

12 Siehe Rudolf Steiner, *Die Theosophie des Rosenkreuzers,* GA 99, Dornach [7]1985, S. 55f.

13 Helmut Eller, *Die vier Temperamente,* a.a.O. (Anm. 1).

14 Wilhelm zur Linden, *Geburt und Kindheit. Pflege – Ernährung – Erziehung,* Frankfurt a.M.: Vittorio Klostermann [13]1992, S. 76f.

15 William Stern, zitiert in Karl König, *Die ersten drei Jahre des Kindes. Erwerb des aufrechten Ganges, Erlernen der Muttersprache, Erwachen des Denkens,* Stuttgart: Verlag Freies Geistesleben 2017 (Jubiläumsausgabe), S. 19f.

16 Siehe im Internet unter https://de.wikipedia.org/wiki/Wolfskind

17 Michaela Glöckler, Wolfgang Goebel, *Kindersprechstunde. Ein medizinisch-pädagogischer Ratgeber,* Stuttgart: Verlag Urachhaus 1990, S. 267f.

18 Zur Sinneslehre Rudolf Steiners siehe die einführende Darstellung von Albert Soesman, *Die zwölf Sinne – Tore der Seele,* Stuttgart: Verlag Freies Geistesleben

[9]2019, sowie Rudolf Steiner, Zur Sinneslehre, hrsg. von Christoph Lindenberg, Themen aus dem Gesamtwerk Bd. 3, Stuttgart: Verlag Freies Geistesleben [5]2004.

19 Siehe dazu Michaela Glöckler, Wolfgang Goebel, *Kindersprechstunde,* a.a.O. (Anm. 17), S. 252.

20 Ebd., S. 268.

21 Rainer Patzlaff, *Sprache – das Lebenselixier des Kindes. Moderne Forschung und die Tiefendimensionen des gesprochenen Wortes,* Stuttgart: Verlag Freies Geistesleben 2017.

22 Johann Wolfgang Goethe, *Zur Farbenlehre. Didaktischer Teil,* Einleitung.

23 Siehe z. B. Rudolf Steiner, *Allgemeine Menschenkunde als Grundage der Pädagogik,* GA 293, Dornach [9]1992, 8. Vortrag vom 29.8.1919.

24 Siehe dazu Rainer Patzlaff, *Sprache – das Lebenselixier des Kindes,* a.a.O. (Anm. 21), S. 120f.

25 Ebd., S. 137.

26 Ebd., S. 139.

27 Siehe dazu ebd., S. 149.

28 Als weiterführende Literatur sei hier empfohlen: Michaela Glöckler, Wolfgang Goebel, *Kindersprechstunde,* a.a.O. (Anm. 17); Michaela Glöckler, *Elternsprechstunde. Erziehung aus Verantwortung,* Stuttgart: Verlag Urachhaus [9]2016; Wilhelm zur Linden, *Geburt und Kindheit,* a.a.O. (Anm. 14); Philipp Gelitz, *Frühe Kindheit verstehen. Pädagogik im Waldorfkindergarten,* Stuttgart: Verlag Freies Geistesleben 2017.

29 Ausführlich dazu: Rainer Patzlaff, *Sprache – das Lebenselixier des Kindes,* a.a.O. (Anm. 21), S. 147ff.

30 Siehe z. B. Mathias Schreiber, Machtmensch mit Phantasie, in: Annette Großbongardt, Diemar Pieper (Hrsg.), *Die Staufer und ihre Zeit. Leben im Hochmittelalter,* München: Deutsche Verlags-Anstalt [2]2010, S. 100ff.; außerdem *Kaiser Friedrich II. Sein Leben in zeitgenössischen Berichten,* hrsg. von Klaus J. Heinisch, München: Deutscher Taschenbuch Verlag [3]1988, S. 197, und im Internet unter https://www.spektrum.de/lexikon/psychologie/waisenkinderversuche/16645

31 Siehe dazu Rainer Patzlaff, *Sprache – das Lebenselixier des Kindes,* a.a.O. (Anm. 21), S. 182ff.

32 Ebd., S. 182ff.

33 Ebd., S. 188.

34 Ebd., S. 194f.

35 Ebd., S. 195.

36 Ebd., S. 207.

37 Die Definition von «Embodied Cognition» lautet: «Der Begriff ‹Embodied Cognition› – manchmal auch ‹Grounded Cognition› oder ‹Embodiment› – beschreibt eine Theorie der mentalen Repräsentation, die davon ausgeht, dass eine Wechselwirkung zwischen Kognition, Sensorik und Motorik besteht und dass sich das in der Repräsentation von Denkprozessen widerspiegelt.» Siehe https://lexikon.stangl.eu/14550/embodied-cognition/

Die Wissenschaft wandte sich, anknüpfend an das neue Forschungsfeld der Embodied Cognition auch der Frage zu, welchen Einfluss Gesten auf kognitive

Lernvorgänge haben. Rainer Patzlaff führt dazu einige Beispiele an und stellt dar, dass Gestik u.a. beim Rechnenlernen hilft, dass sie die Beweglichkeit des Denkens stärkt, dass sie die Wortfindung beschleunigt und das Erlernen fremder Sprachen fördert (siehe Rainer Patzlaff, *Sprache – das Lebenselixier des Kindes*, a.a.O., S. 227ff.).

38 Siehe Susan Goldin-Meadow, Susan Wagner Cook, Zachary A. Mitchell, *Gesturing Gives Children New Ideas About Math*, Chicago 2009, zitiert nach Rainer Patzlaff, *Sprache – das Lebenselixier des Kindes*, a.a.O. (Anm. 21), S. 227ff.

39 Karl König, *Die ersten drei Jahre des Kindes*, a.a.O. (Anm. 15), S. 55f.

40 Ebd., S. 48ff. und 58ff.

41 Ebd., S. 53.

42 Ebd., S. 68.

43 Philipp Gelitz, *Frühe Kindheit verstehen*,a.a.O. (Anm. 28), S. 24.

44 Jean Paul, Levana, in: *Sämtliche Werke*. Abteilung 1, 6. Band, München/Wien: Carl Hanser 1987, S. 1061.

45 Michaela Glöckler, Wolfgang Goebel, *Kindersprechstunde*, a.a.O. (Anm. 17), S. 278.

46 Ebd., S. 280.

47 Ebd., S. 281.

48 Ebd., S. 284.

49 Siehe Rainer Patzlaff, *Sprache – das Lebenselixier des Kindes*, a.a.O. (Anm. 21), Kapitel 13.

50 Ebd., S. 332.

51 Ebd., S. 336.

52 Ebd., S. 340.

53 Siehe dazu z. B. Friedel Lenz, *Bildsprache der Märchen. Märchen als Künder geistiger Wahrheiten*, Stuttgart: Verlag Urachhaus ²2018; Arnica Esterl, *Die Märchenleiter. Welches Märchen erzähle ich meinem Kind?*, Stuttgart: Verlag Freies Geistesleben ²2007.

54 Philipp Gelitz, *Frühe Kindheit verstehen*,a.a.O. (Anm. 28), S. 79ff.

55 Ebd., S. 81.

56 Ebd., S. 42.

57 Rainer Patzlaff, *Sprache – das Lebenselixier des Kindes*, a.a.O. (Anm. 21), S. 378.

58 Rudolf Steiner, *Die Erziehung des Kindes vom Gesichtspunkte der Geisteswissenschaft*, Einzelausgabe, Dornach 1969, S. 23 und Rudolf Steiner, *Die pädagogische Praxis vom Gesichtspunkte geisteswissenschaftlicher Menschenerkenntnis*, GA 306, Dornach ⁴1989, S. 79.

59 Siehe Herta Schlegtendal, *Außenseiter. Berichte von anderen Lebenswegen*, Stuttgart: Verlag Freies Geistesleben ⁴1990, S. 137. Diese Fähigkeiten im Kindesalter führen zu einer schicksalhaften Begegnung, die Schlegtendal so formuliert: «Einmal übte Champollion vor der Kirchtür mit seinen kleinen Spielgefährten ein Stück ein, das er nach einer Geschichte über Hirten, Wölfe und bissige Hunde aus dem Stegreif dramatisierte. Drei fremde Pariser Studenten sahen belustigt zu, mit herzlichem Gefallen an dem erfindungsreichen, so orientalisch aussehenden Knaben. Als aber einer von ihnen begann ‹Wie kommst du kleiner Araber denn nach Figeac?› und versuchte, ihn zu einer eigenen Unterhaltung aus der Schar seiner Kameraden

auszusondern, antwortete François: ‹Bleibt ihr drei doch lieber und spielt mit! Uns fehlen gerade noch ein paar bissige Hunde!› Diese Antwort gewann ihm die lebenslange Freundschaft des Studenten. Er war Biot, der später ein berühmter Mathematiker wurde und mit dem zusammen es Champollion im Jahre 1830 gelang, eines der großen Rätsel der menschlichen Geschichte zu lösen.»

60 Siehe z. B. Manfred Spitzer, *Digitale Demenz. Wie wir uns und unsere Kinder um den Verstand bringen,* München: Droemer Taschenbuch [9]2014; Wolfgang Bergmann, Gerald Hüther, *Computersüchtig? Kinder im Sog der modernen Medien,* Weinheim: Beltz Verlag [4]2013; Michael Winterhoff, Deutschland verdummt: Wie das Bildungssystem die Zukunft unserer Kinder verbaut, Gütersloh: Gütersloher Verlagshaus [8]2019.

61 Siehe dazu Frank Teichmann, *Die Kultur der Empfindungsseele. Ägypten – Texte und Bilder,* Stuttgart: Verlag Freies Geistesleben [2]2008; ders., *Die Kultur der Verstandesseele. Griechenland – Texte und Bilder,* Stuttgart: Verlag Freies Geistesleben [2]2008.

62 Philipp Gelitz, *Frühe Kindheit verstehen,*a.a.O. (Anm. 28), S. 43.

63 Ebd., S. 44.

64 Ebd., S. 45.

65 Ebd., S. 48.

66 Michaela Strauss, *Die Zeichensprache des kleinen Kindes. Spuren der Menschwerdung,* Stuttgart: Verlag Freies Geistesleben [6]2007.

67 Ebd., S. 29.

68 Ebd., S. 81.

69 Manfred Spitzer, *Digitale Demenz,* a.a.O. (Anm. 60).

70 Friedrich Schiller, *Über die ästhetische Erziehung des Menschen in einer Reihe von Briefen* (1795).

71 Rudolf Steiner, *Menschenfragen und Weltenantworten,* GA 213, Dornach [2]1987, S. 168.

72 Lothar Vogel, *Der dreigliedrige Mensch. Morphologische Grundlagen einer allgemeinen Menschenkunde,* Dornach: Verlag am Goetheanum [3]1997.

73 Johannes W. Rohen, *Morphologie des menschlichen Organismus,* Stuttgart: Verlag Freies Geistesleben [4]2016.

74 Ernst-Michael Kranich, *Anthropologische Grundlagen der Waldorfpädagogik,* Stuttgart: Verlag Freies Geistesleben [2]2019, S. 112.

75 Ebd., S. 113.

76 Siehe z. B. Rudolf Steiner, *Theosophie. Einführung in übersinnliche Welterkenntnis und Menschenbestimmung,* GA 9, Dornach: Rudolf Steiner Verlag [33]2013; ders., *Die Geheimwissenschaft im Umriss,* GA 13, Dornach: Rudolf Steiner Verlag [31]2013.

77 Rudolf Steiner, *Die Erziehung des Kindes vom Gesichtspunkte der Geisteswissenschaft,* a.a.O. (Anm. 58), S. 26.

78 Rudolf Steiner, *Die geistig-seelischen Grundkräfte der Erziehungskunst,* GA 305, Dornach [3]1991, 1. Vortrag vom 16.8.1922, S. 17.

79 Rudolf Steiner, *Die Erziehung des Kindes vom Gesichtspunkte der Geisteswissenschaft,* a.a.O. (Anm. 58), S. 24.

80 Hermann Koepke, *Das siebte Lebensjahr. Die Schulreife,* Dornach: Verlag am Goetheanum [3]2013.

81 Ebd., S. 188.
82 Ebd., S. 190f.
83 Ebd., S. 192.
84 Rudolf Steiner, *Die Erziehung des Kindes vom Gesichtspunkte der Geisteswissenschaft*, a.a.O. (Anm. 58).
85 Darauf macht auch Patzlaff aufmerksam, in: *Sprache – das Lebenselixier des Kindes*, a.a.O. (Anm. 21).
86 Hermann Koepke, *Das siebte Lebensjahr*, a.a.O. (Anm. 80), S. 200.
87 Ebd.
88 Rudolf Steiner, *Die Erziehung des Kindes vom Gesichtspunkte der Geisteswissenschaft*, a.a.O. (Anm. 58), S. 27.
89 Rudolf Steiner, *Allgemeine Menschenkunde als Grundlage der Pädagogik*, GA 293, Dornach: Rudolf Steiner Verlag [9]1992; ders., *Erziehungskunst. Methodisch-Didaktisches*, GA 294, Dornach: Rudolf Steiner Verlag [6]1990; ders., *Erziehungskunst. Seminarbesprechungen und Lehrplanvorträge*, GA 295, Dornach: Rudolf Steiner Verlag [4]1984.
90 Rudolf Steiner, *Erziehungskunst. Methodisch-Didaktisches*, a.a.O. (Anm. 89), 4. Vortrag.
91 Ebd.
92 Ebd.
93 Ebd.
94 Siehe Helmut Eller, *Der Klassenlehrer an der Waldorfschule*, a.a.O. (Anm. 1).
95 Manfred Spitzer, *Digitale Demenz*, a.a.O. (Anm. 60).
96 Siehe auch Helmut Eller, *Der Klassenlehrer an der Waldorfschule*, a.a.O. (Anm. 1).
97 Rudolf Steiner, *Erziehungskunst. Seminarbesprechungen und Lehrplanvorträge*, a.a.O. (Anm. 89), S. 43.
98 Rudolf Steiner, *Die geistig-seelischen Grundkräfte der Erziehungskunst*, a.a.O. (Anm. 78), S. 110ff.
99 Siehe dazu Rudolf Steiner, *Erziehungskunst. Seminarbesprechungen und Lehrplanvorträge*, a.a.O. (Anm. 89), 2. Lehrplanvortrag vom 6.9.1919, S. 168, und Ernst Schuberth, *Der Anfangsunterricht in der Mathematik. Aufbau und fachliche Grundlagen*, Stuttgart: Verlag Freies Geistesleben 32012, S. 73ff.
100 Tobias Richter (Hrsg.), *Pädagogischer Auftrag und Unterrichtsziele – vom Lehrplan der Waldorfschule*, a.a.O. (Anm. 2), S. 458.
101 Ebd., S. 250.
102 Siehe dazu Erhard Dahl, Johannes Kiersch, Peter Lutzker, *Fremdsprachen in der Waldorfschule. Rudolf Steiners Konzept eines ganzheitlichen Fremdsprachenunterrichts*, Stuttgart: Verlag Freies Geistesleben [2]2016.
103 Tobias Richter (Hrsg.), *Pädagogischer Auftrag und Unterrichtsziele – vom Lehrplan der Waldorfschule*, a.a.O. (Anm. 2), S. 179.
104 Claus-Peter Röh, Robert Thomas, *Unterricht gestalten*, a.a.O. (Anm. 4), S. 89.
105 Anita Schröder, *Farbgeschichten. Pädagogisch-malerische Anregungen für Eltern, Erzieher und Therapeuten*, Stuttgart: Verlag Freies Geistesleben [3]1994.
106 Claus-Peter Röh, Robert Thomas, *Unterricht gestalten*, a.a.O. (Anm. 4), S. 95.
107 Tobias Richter (Hrsg.), *Pädagogischer Auftrag und Unterrichtsziele – vom Lehrplan der Waldorfschule*, a.a.O. (Anm. 2), S. 351.

108 Ebd., S. 351.

109 Rudolf Steiner, Ansprache vom 7.9.1919, in: *Allgemeine Menschenkunde als Grundlage der Pädagogik,* a.a.O. (Anm. 89), S. 206.

110 Siehe dazu z. B. Rudolf Steiner, *Eurythmie. Die neue Bewegungskunst der Gegenwart, Vorträge und Ansprachen zu Eurythmie-Aufführungen in den Jahren 1918 bis 1924,* Rudolf Steiner Taschenbücher aus dem Gesamtwerk 642, Dornach: Rudolf Steiner Verlag ^{2}1991.

111 Zur Bedeutung der Eurythmie für die Entwicklung des Kindes siehe z. B. Elisabeth Göbel, *Eurythmie im ersten Jahrsiebt: Ein Lebenselexier in unserer Zeit,* Stuttgart: Verlag Freies Geistesleben 2005.

112 Siehe Helmut Eller, *Die vier Temperamente,* a.a.O. (Anm. 1).

113 Rudolf Steiner, *Erziehungskunst. Seminarbesprechungen und Lehrplanvorträge,* a.a.O. (Anm. 89), S. 16.

114 Viele weitere Anregungen zu den verschiedensten Unterrichtsfächern, vor allem auch im Bereich der Musik, findet man außer in dem Buch *Die vier Temperamente* (Anm. 1) besonders in dem umfangreichen Werk von Peter Lipps, *Temperamente und Pädagogik. Eine Darstellung für den Unterricht an der Waldorfschule,* Stuttgart: Verlag Freies Geistesleben 1998.

115 Rudolf Steiner, *Die gesunde Entwicklung des Menschenwesens,* GA 303, Dornach: Rudolf Steiner Verlag 41987, 10. Vortrag vom 1.1.1922.

116 Stefan Leber, *Die Menschenkunde der Waldorfpädagogik. Anthropologische Grundlagen der Erziehung des Kindes und Jugendlichen,* Stuttgart: Verlag Freies Geistesleben 1993, S. 262.

117 Rudolf Steiner, *Idee und Praxis der Waldorfschule,* GA 297, Dornach 1998, S. 264f.

118 Christy Brown, *Mein linker Fuß,* Zürich: Diogenes Verlag 111995.

119 Rudolf Steiner, *Die gesunde Entwicklung des Menschenwesens,* a.a.O. (Anm. 115), 10. Vortrag.

120 Siehe Rudolf Steiner, *Die Geheimnisse der biblischen Schöpfungsgeschichte,* GA 122, Dornach: Rudolf Steiner Verlag ^{6}1984.

121 Tobias Richter (Hrsg.), *Pädagogischer Auftrag und Unterrichtsziele – vom Lehrplan der Waldorfschule,* a.a.O. (Anm. 2), S. 255ff.

122 Siehe dazu Johannes Brakel, *Biber, Buntspecht und Delphine. Wie Tiere leben,* Stuttgart: Verlag Freies Geistesleben 32014; Ernst-Michael Kranich, *Wesensbilder der Tiere. Einführung in die goetheanistische Zoologie,* Stuttgart: Verlag Freies Geistesleben ^{2}2004.

123 Siehe dazu Johannes Brakel, *Birken, Mohn und Baobab. Ein Streifzug durch die Pflanzenwelt,* Stuttgart: Verlag Freies Geistesleben 22011; Ernst-Michael Kranich, *Urpflanze und Pflanzenreich. Metamorphosen von den Flechten bis zu den Blütenpflanzen,* Stuttgart: Verlag Freies Geistesleben 2007.

124 Siehe Tobias Richter (Hrsg.), *Pädagogischer Auftrag und Unterrichtsziele – vom Lehrplan der Waldorfschule,* a.a.O. (Anm. 2), sowie Claus-Peter Röh, Robert Thomas, *Unterricht gestalten,* a.a.O. (Anm. 4).

125 Ernst Schuberth, *Der Mathematikunterricht in der sechsten Klasse an Waldorfschulen. Die Einführung der Algebra aus der Wirtschaftskunde,* Stuttgart: Verlag Freies Geistesleben 1995.

126 Siehe Tobias Richter (Hrsg.), *Pädagogischer Auftrag und Unterrichtsziele – vom Lehrplan der Waldorfschule,* a.a.O. (Anm. 2), S. 467.
127 Ebd., S. 435f.
128 Ebd., S. 368f.
129 Ebd., S. 613.
130 Siehe Gerlinde Idler, Lutz Gerding (Hrsg.), *Der Sportunterricht an der Waldorfschule,* Stuttgart: Verlag Freies Geistesleben 2018.
131 Siehe u. a. Rudolf Steiner, *Die gesunde Entwicklung des Menschenwesens,* a.a.O. (Anm. 115), 13. Vortrag vom 4.1.1922.
132 Rudolf Steiner, *Die Kunst des Erziehens aus dem Erfassen der Menschenwesenheit,* GA 311, Dornach [5]1989, 1. Vortrag vom 12.8.1924, S. 11.
133 Rudolf Steiner, *Die Erziehung des Kindes vom Gesichtspunkte der Geisteswissenschaft,* a.a.O. (Anm. 58), S. 19 und 40.
134 Rudolf Steiner, *Erziehung und Unterricht aus Menschenerkenntnis,* GA 302a, Dornach: Rudolf Steiner Verlag [4]1993, Vortrag vom 21.6.1922, S. 84; ders., *Menschenerkenntnis und Unterrichtsgestaltung,* GA 302, Dornach [5]1986, Vortrag vom 14.6.1921, S. 52.
135 Rudolf Steiner, *Erziehung und Unterricht aus Menschenerkenntnis,* a.a.O. (Anm. 134), Vortrag vom 21.6.1922, S. 76.
136 Rudolf Steiner, *Erziehung und Unterricht aus Menschenerkenntnis,* a.a.O. (Anm. 134), Vortrag vom 16.6.1921.
137 Ebd., S. 74ff.
138 Ebd., S. 76.
139 Ebd., S. 82f.
140 Rudolf Steiner, *Die Erziehung des Kindes vom Gesichtspunkte der Geisteswissenschaft,* a.a.O. (Anm. 58).
141 Tobias Richter (Hrsg.), *Pädagogischer Auftrag und Unterrichtsziele – vom Lehrplan der Waldorfschule,* a.a.O. (Anm. 2), S. 269.
142 Ebd., S. 270.
143 Siehe dazu Arnold Bernhard, *Vom Formenzeichnen zur Geometrie der Mittelstufe. Anregungen für das Lenken des geometrischen Denkens in der 6., 7. und 8. Klasse,* Stuttgart: Verlag Freies Geistesleben 1996.
144 Tobias Richter (Hrsg.), *Pädagogischer Auftrag und Unterrichtsziele – vom Lehrplan der Waldorfschule,* a.a.O. (Anm. 2), S. 400f.
145 So die Formulierung in der früheren Auflage des von Tobias Richter herausgegebenen Lehrplans (Anm. 2), 3. Auflage, S. 358.
146 Tobias Richter (Hrsg.), *Pädagogischer Auftrag und Unterrichtsziele – vom Lehrplan der Waldorfschule,* a.a.O. (Anm. 2), S. 438.
147 Siehe Rudolf Steiner, *Die Kernpunkte der Sozialen Frage in den Lebensnotwendigkeiten der Gegenwart und Zukunft,* Dornach: Rudolf Steiner Verlag [6]1976; Albert Schmelzer, *Die Dreigliederungsbewegung 1919. Rudolf Steiners Einsatz für den Selbstverwaltungsimpuls,* Stuttgart: Verlag Freies Geistesleben 1991.
148 Tobias Richter (Hrsg.), *Pädagogischer Auftrag und Unterrichtsziele – vom Lehrplan der Waldorfschule,* a.a.O. (Anm. 2), S. 320.
149 Erhard Fucke, *Grundlinien einer Pädagogik des Jugendalters. Zur Lehrplankonzeption*

der Klassen 6 bis 10 an Waldorfschulen, Stuttgart: Verlag Freies Geistesleben [2]1991, S. 12.

150 Hans-Gerhard Wyneken, Die Entwicklung des Kindes und ihre Berücksichtigung in der Praxis der Waldorf-Pädagogik, in: Achim Hellmich, Peter Teigeler (Hrsg.), *Montessori-, Freinet-, Waldorfpädagogik, Konzeption und aktuelle Praxis*, Weinheim/Basel: Beltz Verlag [5]2007, S. 184.

151 Mona Doosry, *Zwischen Pubertät und Mündigkeit. Erziehungsaufgaben im Jugendalter*, Heidelberg: Menon Verlag 2003.

152 Ebd., S. 20.

153 Ebd., S. 20f.

154 Ebd., S. 31.

155 Diese Aspekte hat Mona Doosry in einem Kurs über die Menschenkunde der einzelnen Klassenstufen der Waldorfpädagogik, den sie zusammen mit dem Autor im Seminar für Waldorfpädagogik in Hamburg gegeben hat, herausgearbeitet.

156 Henning Köhler, *Jugend im Zwiespalt. Eine Psychologie der Pubertät für Eltern und Erzieher*, Stuttgart: Verlag Freies Geistesleben [8]2015, zitiert nach Mona Doosry, *Zwischen Pubertät und Mündigkeit*, a.a.O. (Anm. 151), S. 20.

157 Wenzel M. Götte, Peter Löbell, Klaus-Michael Maurer, *Entwicklungsaufgaben und Kompetenzen*, a.a.O. (Anm. 3), S. 249.

158 Tobias Richter (Hrsg.), *Pädagogischer Auftrag und Unterrichtsziele – vom Lehrplan der Waldorfschule*, a.a.O. (Anm. 2), 3. Auflage, S. 193.

159 Siehe Tobias Richter (Hrsg.), *Pädagogischer Auftrag und Unterrichtsziele – vom Lehrplan der Waldorfschule*, a.a.O. (Anm. 2), 3. Auflage, S. 144f.

160 Ebd., S. 233.

161 Wenzel M. Götte, Peter Löbell, Klaus-Michael Maurer, *Entwicklungsaufgaben und Kompetenzen*, a.a.O. (Anm. 3), S. 278.

162 Siehe Alain Olivier, Die Musik aus Hegels Ästhetikvorlesung von 1826, in: *Hegel-Studien 33*, hrsg. von Friedhelm Nicolin und Otto Pöggeler, Hamburg: Felix Meiner Verlag 2000, S. 10.

163 Tobias Richter (Hrsg.), *Pädagogischer Auftrag und Unterrichtsziele – vom Lehrplan der Waldorfschule*, a.a.O. (Anm. 2), S. 616.

164 Ebd., S. 628.

165 Rudolf Steiner, *Theosophie*, a.a.O. (Anm. 76), Abschnitt IV.: Leib, Seele und Geist.

166 Siehe dazu z. B. Frank Teichmann, *Die Kultur der Empfindungsseele*, a.a.O. (Anm. 61); ders., *Die Kultur der Verstandesseele*, a.a.O. (Anm. 61); Jörg Ewertowski, *Die Entdeckung der Bewusstseinsseele: Wegmarken des Geistes*, Stuttgart: Verlag Freies Geistesleben 2007.

167 Michael Zech, Urteilsbildung in der Oberstufe, in: Richard Landl (Hrsg.), *Aufbruch in die Welt: Waldorfpädagogische Grundlagen der Oberstufe mit Unterrichtsbeispielen*, Dornach: Verlag am Goetheanum 2018, S. 67.

168 Florian Roder, *Die Mondknoten im Lebenslauf*, Stuttgart: Verlag Freies Geistesleben [2]2007, S. 44.

169 Ebd., S. 45.

170 Ebd., S. 85.

171 Tobias Richter (Hrsg.), *Pädagogischer Auftrag und Unterrichtsziele – vom Lehrplan der Waldorfschule,* a.a.O. (Anm. 2), S. 280ff.

172 Ebd., S. 207.

173 Ebd.

174 Rudolf Steiner, *Die pädagogische Praxis vom Gesichtspunkte geisteswissenschaftlicher Menschenerkenntnis,* GA 306, Dornach: Rudolf Steiner Verlag 41989, 5. und 6. Vortrag.

175 Siehe z. B. Bernard Lievegoed, *Lebenskrisen, Lebenschancen. Die Entwicklung des Menschen zwischen Kindheit und Alter,* München: Kösel Verlag 1979; Diether Lauenstein, *Der Lebenslauf und seine Gesetze,* Stuttgart: Verlag Urachhaus ^{2}1985; Rudolf Steiner, *Vom Lebenslauf des Menschen,* hrsg. von Erhard Fucke, Themen aus dem Gesamtwerk Bd. 4, Stuttgart: Verlag Freies Geistesleben ^{6}2006.

176 George Ritchie, Elizabeth Sherrill, *Rückkehr von morgen,* Marburg: Verlag der Francke-Buchhandlung ^{39}2010; siehe auch Calvert Roszell, *Erlebnisse an der Todesschwelle,* Stuttgart: Verlag Freies Geistesleben 1991, S. 45ff.; Pim van Lommell, *Endloses Bewusstsein. Neue medizinische Fakten zur Nahtoderfahrung,* Mannheim: Walter Verlag ^{3}2010, S. 10f.

177 Raymond A. Moody, *Leben nach dem Tod. Die Erforschung einer unerklärlichen Erfahrung,* Reinbek: Rowohlt ^{11}2009.

178 Dannion Brinkley, Paul Perry, *Zurück ins Leben: Die wahre Geschichte des Mannes, der zweimal starb,* München: Droemer Knaur 1994.

179 Eben Alexander, *Blick in die Ewigkeit. Die faszinierende Nahtoderfahrung eines Neurochirurgen,* München: Ansata Verlag ^{19}2015.

180 Rudolf Steiner, *Esoterische Betrachtungen karmischer Zusammenhänge. Erster Band,* GA 235, Dornach: Rudolf Steiner Verlag ^{8}1994, 5. Vortrag.

181 Arie Boogert, *Der Weg der Seele nach dem Tod. Unser Leben nach dem Leben,* Stuttgart: Verlag Urachhaus ^{5}2005.

182 Rudolf Steiner, *Wahrspruchworte,* GA 40, Dornach ^{8}1998, S. 140.

Helmut Eller geboren 1935, studierte Erziehungswissenschaft in Hamburg und absolvierte danach eine Ausbildung zum Klassenlehrer an Waldorfschulen. Ab 1960 unterrichtete er als Klassenlehrer an den Rudolf-Steiner-Schulen Hamburg-Wandsbek und Hamburg-Bergstedt. Seit vielen Jahren ist er zudem als Dozent an Waldorflehrerseminaren tätig.

Helmut Eller
Die vier Temperamente.
Anregungen für die Pädaogogik
4. Auflage, 247 Seiten, kartoniert
ISBN 978-3-7725-1644-3

Von den vier Temperamenten des Menschen – dem cholerischen, sanguinischen, melancholischen und phlegmatischen Temperament – spricht man schon seit der Antike; Rudolf Steiner griff diese Betrachtungsweise 1919 bei der Gründung der ersten Waldorfschule auf und gab wertvolle Hinweise für den Unterricht im Hinblick auf die verschiedenen Temperamentsfärbungen des Kindes.

Helmut Eller, langjähriger Klassenlehrer an einer Waldorfschule, führt hier anschaulich und umfassend in diese Thematik ein. Durch charakteristische Schilderungen schärft er den Blick für einzelne Temperamentszüge und vermittelt ein Verständnis für die verschiedenen seelischen Dispositionen.

Helmut Eller
Der Klassenlehrer an der Waldorfschule
3. Auflage, 247 Seiten, kartoniert
ISBN 978-3-7725-1561-3

Dem Klassenlehrer kommt an der Waldorfschule eine zentrale Rolle zu: Er unterrichtet seine Schüler in der Regel von der 1. bis zur 8. Klasse. Was bedeutet dies in der Praxis? Wie gestaltet sich für die Schüler die Unterrichtszeit während dieser acht Jahre? Der Leser erhält in dieser Darstellung einen guten Einblick in das Unterrichtsgeschehen, sodass er die Arbeit und die Bedeutung des Klassenlehrers überblicken kann. Für Eltern von Waldorfschülern ergibt sich so die Möglichkeit, den Unterricht ihres Kindes während der einzelnen Schuljahre zu begleiten und besser zu verstehen. Darüber hinaus gibt Eller dem angehenden Klassenlehrer eine Fülle von Anregungen.

Johannes Kiersch
Die Waldorfpädagogik
Eine Einführung in
die Pädagogik Rudolf Steiners
13. Auflage, 110 Seiten, kartoniert
ISBN 978-3-7725-2684-8

Eine kompetente, einführende Darstellung der wichtigsten Elemente der Waldorfpädagogik. Klar und anschaulich werden Intentionen und Grundlagen der Waldorfschulen beschrieben. Ein ausführliches kommentiertes Literaturverzeichnis gibt dem Leser außerdem wertvolle Lektürehinweise zur Vertiefung einzelner Gesichtspunkte.

Wolfgang Held
Das ist Waldorfschule!
Sieben Kernpunkte
einer lebendigen Pädagogik
221 Seiten, Klappenbroschur
ISBN 978-3-7725-1419-7

Was ist die Waldorfschule heute? Im Aufspüren ihrer Grundzüge und Eigenheiten hat Wolfgang Held, selbst Waldorflehrer, deutschlandweit verschiedene Waldorfschulen besucht und mit dem Blick von innen und von außen Kernanliegen, Innovationen, Unterrichtsansätze und pädagogisches Leben beschrieben. Dabei zeigt sich übergreifend: Es geht in der Waldorfschule um den Menschen, also ist und bleibt der Mensch auch die Antwort. Sie ist in dieser Darstellung siebenfach: Es geht um den ganzen Menschen, er ist einzigartig, er kommt vom Himmel, er sucht die Gemeinschaft und findet sie über den Kopf zum Herzen und zur Hand; er schließt Partnerschaft mit der Zeit und sucht uns Ältere, um an unserer Seite ein ganzer Mensch zu werden.

Pädagogischer Auftrag und Unterrichtsziele –
vom Lehrplan der Waldorfschule
Herausgegeben von Tobias Richter
5. überarb. Auflage, 705 Seiten, gebunden
ISBN 978-3-7725-2669-5

Jeder Lehrer muss sich mit einem Lehrplan auseinandersetzen. Das gilt in besonderem Maße in der Waldorfschule, wo die Inhalte ganz der Entwicklungssituation des Kindes entsprechen sollen.
Dieser von vielen Pädagogen in gemeinsamer Arbeit erstellte Lehrplan, herausgegeben von Tobias Richter, stellt umfassend Bildungsziele, Methodik und Unterrichtsinhalte der Waldorfschule dar.
Er gibt sowohl eine horizontale Übersicht – die Beschreibung dessen, was in den verschiedenen Altersstufen der Kinder und Jugendlichen unterrichtet wird – als auch eine vertikale Übersicht, die die Inhalte aller Fächer vom ersten bis zum zwölften Schuljahr skizziert.